U0125361

高等学校中文一流学科参考教材

训诂学通论

路广正 著

山东大学出版社

·济南·

图书在版编目(CIP)数据

训诂学通论/路广正著. —济南:山东大学出版
社,2023.7
高等学校中文一流学科参考教材
ISBN 978-7-5607-7653-8

Ⅰ.①训… Ⅱ.①路… Ⅲ.①训诂–高等学校–教材
Ⅳ.①H13

中国版本图书馆 CIP 数据核字(2022)第 187231 号

责任编辑　张铭芳
文案编辑　杨露宾
封面艺术　徐　超
美术编辑　王秋忆

训诂学通论

XUNGUXUE TONGLUN

出版发行	山东大学出版社
社　　址	山东省济南市山大南路 20 号
邮政编码	250100
发行热线	(0531)88363008
经　　销	新华书店
印　　刷	山东新华印务有限公司
规　　格	720 毫米×1020 毫米　1/16
	23 印张　389 千字
版　　次	2023 年 7 月第 1 版
印　　次	2023 年 7 月第 1 次印刷
定　　价	68.00 元

"高等学校中文一流学科参考教材"
编辑出版工作委员会

"高等学校中文一流学科参考教材"
总序

　　中国最早的教材要数相传孔子教弟子用的《诗经》《尚书》《乐经》《易经》《仪礼》《春秋》,这六部书被称为"六经",师徒相授,代代不绝。教材是对先民历史和智慧的总结,具有系统性。《礼记·经解》说:"其为人也,温柔敦厚,《诗》教也。疏通知远,《书》教也。广博易良,《乐》教也。絜静精微,《易》教也。恭俭庄敬,《礼》教也。属辞比事,《春秋》教也。"《史记·太史公自序》:"《易》著天地阴阳,四时五行,故长于变。《礼》经纪人伦,故长于行。《书》记先王之事,故长于政。《诗》记山川溪谷、禽兽草木、牝牡雌雄,故长于风。《乐》乐所以立,故长于和。《春秋》辩是非,故长于治人。"用现在人的眼光看,是完整的"教材体系"。这个教材体系,经过千百年的阐释而不断丰富,成为中华民族文化的"根脉"。辛亥革命推翻了帝制,1912年教育总长蔡元培主持制定颁发《普通教育暂行办法》《普通教育暂行课程标准》,废除了"读经科"。我国的小学、中学、大学课程体系逐步走上了一条与国际接轨的新路,教材体系也随之改变,从民国间商务印书馆的全套教材,可以看到它的面貌。"读经科"废止后,"五经"的内容并没有中止传播,而是经过调整散入了新的课程体系,不过对这些经典的诠释有了全新的角度,"五经"转化为"历史文化"。时至今日,大学分科早已成熟,文、史、哲、政、经、法、数、理、化、生物等等,门类齐全,应有尽有。与之适应的教材也同样体系完备。教材是一个国家教育水平的基本标志,学术体系、学科体系、话语体系、教材体系、评价体系的建设,成为加快构建中国特色哲学社会科学体系的组成部分。2017年,国务院办公厅发布关于成立国家教材委员会的通知,决定成立国家教材委员会,旨在加快构建中国特色的教材体系。为响应党中央号召,山东大学文学院决定组织出版"高等学校中文一流学科参考教材",把中国语言文学学科具有参考价值的教材修订重印,同时把正在使用而尚未正式出版的优秀教材进行完善,正式出版。希望教育界的同行试用或参考这些教材,提出修改意见,使这些教材逐步成为适应新时代课程体系的成熟教材。历史经验告诉我们,教材建设是一项复杂的工作,优秀教材是在教学实践中逐步形成的,有一个被接受、被认可的过程。例如郭在贻先生的《训诂学》,1986 年由湖南人民出版社出版(周秉钧主编的"古汉语学习丛书"之一),以其独创性和实用性,逐步被教育界、学术界认可,2005 年中华书局出版的修订单行本,被誉为"训诂学的经典教材"。其间经历了二十年的历史。我们把这套教材叫"参考教材",正是本着这样的思路。我们希望用这样的方式为国家教材建设做出一定的贡献。

　　这项工作得到各位专家教师的积极合作,山东大学文学院用学科建设经费予以资助,山东大学出版社予以大力支持,谨此申谢。

杜泽逊

2022 年 5 月 8 日

序

　　作为潜科学之训诂学,当与语言文字同生同步。有语言文字,即有稽古论今,即有文化知识之交流播扬,或口耳相传,或形诸载体,历世而不衰。何谓训诂?"训,说教也"(《说文·言部》);"诂,古今之异语也"(《尔雅音义》引三国魏张揖《杂字》)。毋庸置疑,语言早于文字,可以推知,甲骨钟鼎之前,训诂学已萌动潜行其间了。至商周两汉,坟典始作,文献见倡,诸子百家,接踵而出;迄儒家独尊之后,传统之经学大兴,相应的解经之作蜂出,《尔雅》《说文》相继问世。是时已奠定了训诂学之基础。

　　中国训诂学漫历三千载,至清代乾嘉之世形成学术史上之第一个峰巅。其时,学人为避"文字狱",相率致力于考据之学,加之西学东渐,世界先进的科技历算及相应之先进思维方式,亦启迪了正处探索中的有志之士,这就促进了本时期训诂学理论的建立。其间戴震、段玉裁、王念孙父子、阮元、章学诚、杭世骏、郝懿行诸大家倍出。不过,中国的训诂学,直至清王朝覆亡前夕,其主旨大抵为解经服务,其形式则始终偏重于训诂实践,鼎盛期之乾嘉时代,亦只完成了由肇始之潜科学至前科学之过渡;王引之在《经籍籑诂序》中虽有"训诂之学,发端于《尔雅》,旁通于《方言》"之语,其"训诂之学"亦只是称名而已。直至公元 1906 年,章炳麟在《国粹学报》第二十四、二十五期刊出《论语言文字之学》一文,主张传统之小学(即文字、音韵、训诂)应摆脱经学羁绊成为独立学科,并命名为"语言文字之学"。今学者评之曰:"这标志着旧学的终结和新学的开端,具有划时代的意义。不过作为章氏'语言文字学'三门类之一的'训诂'继承了宋代以来的含义,即仅仅指词义训释。章氏通过他的《文始》和《新方言》等著作,将训诂学引入语源学和语义学的规道。"(见冯浩菲《中国训诂学》第二章第七节)至 20 世纪 20 年代,章炳麟及其弟子黄侃、沈兼士率大批学者专事语言文字学研究,尤着意于训诂学之探讨,他们汲取历代特别是乾嘉以还之既有创获,借鉴异国他邦之语言学成就,致力于训诂学科学体系与理论体系的建设。其时黄侃执教于金陵大学、中央大学诸高校,首开训诂学课程,始以《训诂学讲词》命名其教学纲要。此一教学纲要的诞生,明示训诂学最终摆脱了经学之附庸地位,崭新的训诂学体系已逐步建立。约于同时,沈兼士执教北大,亦有类似训诂学论说,互为响应。(参见《沈兼士学术论文集》)其后,章黄之弟子洪诚、殷孟伦、徐复诸先生复执教于大江南北,致使斯道更得张扬光大。今殷、洪二先生已谢世,徐先生年届耄耋而犹孜孜不倦,章黄之学亟待四传学子。

吾友路广正君早年喜爱文学,颇涉经史,后师事殷孟伦先生,为入室弟子,又亲炙于徐复、蒋维崧、殷焕先诸名家,学殖深厚,颇得章黄之津奥。获硕士学位后,即留任母校山东大学教职。今积其十余载之教学、研究之心得,发而为《训诂学通论》。据其弟子李晓东称,原稿系研究生授课讲义,并汇有历年所发之论文,晓东及其同窗亦襄助补充整理焉。其书由微观训诂入手,就当代高校古汉语教学及经史子集注解、古籍整理中存在之症结,列例条贯,匡谬正讹,一字一词,信而有征,一扫空泛议论之习,实为传统朴学作风之再现。近年来,国运昌盛,著述日丰,训诂学亦得以长足发展,各有建树,令人欣慰。但由于师承不同,观点有别,时见与其他学科交叉混同,路君用相当篇幅,爬梳训诂学与相关学科之关系,从理论上进一步廓清了训诂学之界划与定位,这确属当代训诂学之钤键,借此略可窥见作者学识之广博。尤可喜者,路君绍嗣乾嘉学派之治学精神与以章黄为代表的训诂学体系,甚注重于历代语言文字经典之作,对于"根柢书"的介绍、评价和研究,尤其是对《尔雅》《说文》《玉篇》等书的研究,实乃作者几十年治学之精髓所在,殊不同于一般浮光掠影之作。本书既可为研究者之资粮,又可为检阅者之良友,尤有助于教学,绳先启后,实呕心沥血之作也。

路君谨于师训,祖述章黄遗绪,却又不囿于门户之见,广采薄发,形诸篇章,时见警辟。书成之日,嘱余为序,率尔命笔,意犹未尽,余待读者自味。

谨以是奉诸简端,聊表万一。

华　夫

丙子夏六月望日

目　录

引言 …………………………………………………………………… 1

第一章　绪论 ………………………………………………………… 6

第一节　训诂与训诂学 …………………………………………… 6

第二节　训诂学与词汇学、语义学 ……………………………… 10

第三节　训诂学的功用 …………………………………………… 12

一、训诂学与中学文言文教学 ……………………………… 13

二、训诂学与古代汉语教学 ………………………………… 23

三、训诂学与古书注解工作 ………………………………… 33

四、训诂学与辞书编纂工作 ………………………………… 43

第二章　训诂学与诸相关学科的关系 ……………………………… 45

第一节　训诂学与传统文字学 …………………………………… 45

第二节　训诂学与古音学 ………………………………………… 53

第三节　训诂学与校勘学 ………………………………………… 68

第四节　训诂学与语法学 ………………………………………… 77

第五节　训诂学与修辞学 ………………………………………… 86

第六节　训诂学与古典文献学 …………………………………… 93

第三章　训诂的条例与方式 ………………………………………… 102

第一节　训诂的条例 ……………………………………………… 102

一、形训 ……………………………………………………… 102

二、声训 ……………………………………………………… 108

三、义训 ··· 117

第二节 训诂的方式 ······················· 121

一、互训 ··· 121

二、推因 ··· 123

三、义界 ··· 124

第四章 训诂的方法 ························· 126

第一节 求证据 ························· 126

第二节 求本字 ························· 134

第三节 通文法 ························· 140

第四节 因声求义 ····················· 145

第五节 训诂的注意事项 ··········· 163

第五章 训诂学的术语 ················· 170

一、也 ··· 170

二、者……也 ··· 171

三、曰、为、谓之、之为、是为、是谓 ········· 172

四、谓 ··· 172

五、言、以言、此言、言此者 ················· 173

六、称、之称、名 ································· 174

七、貌、之貌、然 ································· 174

八、犹 ··· 175

九、读如、读若、读曰、读为 ················· 177

十、之言、之为言 ································· 180

十一、所以 ··· 181

十二、同 ··· 181

十三、声 ··· 182

十四、辞、词、语词、语助 ··················· 182

十五、互文 ··· 183

十六、浑言、析言 ………………………………………… 184

十七、或作、本作、一作 ………………………………… 185

第六章 训诂学的根柢书 …………………………………… 187

第一节 《尔雅》 …………………………………………… 188

一、全书训释方式有以下三类 ……………………… 196

二、《释诂》《释言》《释训》三篇之简例 …………… 197

三、《释亲》以下九篇简例 ………………………… 201

四、《释草》以下七篇简例 ………………………… 202

第二节 《广雅》 …………………………………………… 205

第三节 《说文解字》 ……………………………………… 212

第四节 《玉篇》 …………………………………………… 256

第五节 《方言》 …………………………………………… 271

第六节 《释名》 …………………………………………… 278

第七节 《广韵》 …………………………………………… 293

第八节 《集韵》 …………………………………………… 297

第七章 训诂学的发展概况 ………………………………… 301

第一节 先秦时期的训诂 ………………………………… 301

第二节 两汉时期的训诂学 ……………………………… 303

第三节 魏晋至隋唐时期的训诂学 ……………………… 313

第四节 宋元明时期的训诂学 …………………………… 320

第五节 清朝及近代的训诂学 …………………………… 327

第六节 训诂学的现状与前景 …………………………… 350

整理后记 …………………………………………………… 354

引　言

"训诂学"这个名称，一般人不常接触，可能感到有些生疏。其实，它就是研究怎么样用语言去解释语言的一门学问。古代典籍的字义词义固然需要解释，就是用现代文写的作品，有的地方也需要解释，才能读得更明白。广义的训诂学，就是解释学、注释学，或者叫作考释学，因为除注释之外，往往还要加上一些考证，使得出的结论更具说服力。当然，仅仅是"随文释义"地去注释词语，还远远不够，作为一门科学，它必须有理论、有条贯、有方法、有原则，所以如果从严格意义上讲，训诂学就是系统地研究自古以来的注释、疏证和那些保留下来的文字材料，分析归纳其条理方法，演为系统，并在此基础上进一步探明其源流，辨明其指归，阐明其枢要，形成理论，进而指导人们根据汉语特点去探求其发展规律，从而促进语言发展的一门科学。

"训诂学"并不神秘。让我们看几段鲁迅杂文中涉及语言文字的话吧：

　　以摆脱传统思想的束缚而来主张男女平等的男人，却偏喜欢用轻靓艳丽字样来译外国女人的姓氏：加些草头，女旁，丝旁。不是"思黛儿"，就是"雪琳娜"。西洋虽然和我们远哉遥遥，但姓氏并无男女之别，却和中国一样的，——除掉斯拉夫民族在语尾上略有区别之外。所以如果我们周家的姑娘不另姓绸，陈府上的太太不另姓陈，则欧文家的小姐正无须改作妪纹，对于托尔斯泰夫人也不必格外费心，特别写成奖妳丝苔也。

　　　　　　　　　　　　　　　　　　(《华盖集·咬文嚼字之一》)

　　古时候，咱们学化学，在书上很看见许多"金"旁和非"金"旁的古怪字，据说是原质名目，偏旁是表明"金属"或"非金属"的，那一边大概是译音。但是，锇、镭、锡、错、矽，连化学先生也讲得很费力，总须附加道："这回是熟悉的悉。这回是休息的息了。这回是常见的锡。"而学生们为要记得符号，仍须另外记住腊丁字。现在渐渐译起有机化学来，因此这类怪字就更多了，也更难了，几个字拼合起来，像贴在商人帐桌面前的将"黄金万两"拼成一个的怪字一样。中国的化学家多能兼做新仓颉。我想，倘若就用原文，省下造字的功夫来，一定于本职的化学上更其大有成绩，因为中国人的聪明是决不在白种人之下的。

（《华盖集·咬文嚼字之二》）

五月十二日《京报》的"显微镜"下有这样的一条——

"某学究见某报上载教育总长'章士钉'五七呈文，愀然曰：'名字怪僻如此，非圣人之徒也，岂能为吾侪卫古文之道者乎！'"

因此想起中国有几个字，不但在白话文中，就是在文言文中也几乎不用。其一是这误印为"钉"的"钊"字，还有一个是"淦"字，大概是在人名里还有留遗。我手头没有《说文解字》，钊字的解释完全不记得了，淦则仿佛是船底漏水的意思。我们现在要叙述船漏水，无论用怎样古奥的文章，大概总不至于说"淦矣"了罢，所以除了印张国淦、孙嘉淦或新淦县的新闻外，这一粒铅字简直是废物。

至于"钊"，则化而为"钉"还不过一个小笑话；听说竟有人因此受害。曹锟做总统的时代……要办李大钊先生，国务会议席上一个阁员说："只要看他们名字，就知道不是一个安分的人。什么名字不好取，他偏要叫李大剑？！"于是乎办定了，因为这位"大剑"先生已经用名字自己证实，是"大刀王五"一流人。

（《华盖集·忽然想到之八》）

《甲寅》第一次出版时，我想，大约章士钊还不过熟读了几十篇唐宋八大家文，所以模仿吞剥，看去还近于清通。至于这一回，却大大地退步了，关于内容的事且不说，即以文章论，就比先前不通得多，连成语也用不清楚，如"每下愈况"之类。

（《华盖集·答 KS 君》）

在《华盖集续编》中有一篇《杂论管闲事·做学问·灰色等》，其中有段话：

陈源教授就举着一个例："就以'四书'来说"罢，"不研究汉宋明清许多儒家的注疏理论，'四书'的真正意义是不易领会的。短短的一部'四书'，如果细细的研究起来，就得用得了几百几千种参考书"。

这就足见"学问之道，浩如烟海"了，那"短短的一部'四书'"，我是读过的,至于汉人的"四书"注疏或理论,却连听也没有听到过。陈源教授所推许为"那样提倡风雅的封藩大臣"之一张之洞先生在做给"束发小生"们看的《书目答问》上曾经说:"'四书',南宋以后之名。"我向来就相信他的话,此后翻翻《汉书·艺文志》,《隋书·经籍志》之类,也只有"五经","六经","七经","六艺",却没有"四书",更何况汉人所做的注疏和理论。

鲁迅先生的杂文,是刺向反动营垒的投枪和匕首,而要想真正读懂鲁迅杂文,对文言文一无所知或知之甚少也是不行的。譬如"每下愈况"那个成语,出自《庄子·知北游》:

东郭子问于庄子曰:"所谓道,恶乎在?"庄子曰:"无所不在。"东郭子曰:"期而后可。"庄子曰:"在蝼蚁。"曰:"何其下邪?"曰:"在稊稗。"曰:"何其愈下邪?"曰:"在瓦甓。"曰:"何其愈甚邪?"曰:"在屎溺。"东郭子不应。庄子曰:"夫子之问也,固不及质。正获之问于监市履狶也,每下愈况。"(按:获是人名。履是踏的意思。狶是猪。况是状况。)

这个寓言的意思是:用脚踏猪来估量猪的肥瘦,越踏在猪的脚胫处,越能得知其肥瘦,比喻越从低微的事物上推求,越能看出真实的情况。后来多作"每况愈下",形容情况越来越坏,已不是《庄子》原义。鲁迅先生讽刺章士钊错用成语,和讽刺陈西滢不知"四书"名称来源一样,都有"反戈一击,易制强敌的死命"的意思,这也是当时提倡白话文、反对文言文形势的需要。鲁迅先生曾从章太炎学过国学,功底十分深厚,虽然由于当时斗争形势的需要,他没有能够专心研究国学,但要读懂他的杂文,没有一定的国学基础也还是不行的。蔡尚思先生在他所著的《中国文化史要论》中曾说,研究鲁迅应当注意基础,"应当从各方面去研究他,才能全面地了解他。至少也要像他的博学"。

下面讲第二个问题:训诂学像汉语言科学的其他学科一样,也要逐步走向世界。

我国改革开放以来,为适应经济和科技文化交流的需要,许多外国人学习汉语的热情空前高涨,汉语变得在世界上越来越"值钱"了。

《羊城晚报》(港澳海外版)1994年2月载文说:随着我国对外经济贸易文化交流的日益频繁,热衷汉语的人越来越多。一个"学习中国话"的热潮,正在全球范围内升温。文章列举了香港地区和新加坡、韩国、美国等国家重视汉语的事例,指出目前全世界已有六十多个国家和地区的一千多所学校开设了汉语课程,许多大学设立了中文系,每年来中国学习汉语的海外人士超过一万四千人。到 1993 年 7 月,世界汉语教学学会已拥有三十六个国家和地区的会员六百三十多名。又据近期报道,1996 年 5 月在北京举行的最具权威性的中国高等汉语水平考试,有一百五十五个国家和地区的四万六千人参加了考试。(详《中国教育报》1996 年 5 月 14 日)"汉语热"日益高涨的形势实在是令人振奋。

汉语"值钱"了,海外的研究者和学者也日益增多,外国人不只满足于"会说中国话",有许多人加入到汉语史的研究队伍中来了。在各大学的外国留学生中,就有不少人选中国古代典籍作为研究课题,因为他们认识到中国浩瀚的古籍中所蕴藏的丰富知识是属于全人类的。

日本东京大学就有一个"古籍整理学习小组"。日前,其成员桥本秀美曾寄赠我们《清家论语抄初探》一文,其中谈到皇侃(梁代人,"侃"字《南史》作"偘",吴郡人,为国子助教,撰有《礼记讲疏》及《论语义疏》)的《论语义疏》,该书除了敦煌发现的残卷外,只有日本抄本见存。要测旧抄《论语义疏》的可靠程度,《论语抄》是不可忽视的材料。大家知道,今所见《十三经注疏》本的《论语注疏》是用魏何晏的集解和宋邢昺的疏。何晏之前有汉人的注,但几乎全部亡佚,今残存者,唯有郑玄注的敦煌本及日本发现的唐写本残卷,估计十存六七。何晏之后,邢昺之前,为《论语》作注的,包括皇侃等,《四库全书总目》称:"陈氏《书录解题》亦遂不著录,知其佚在南宋时矣。惟唐时旧本流传,存于海外。康熙九年,日本山井鼎等作《七经孟子考文》,自称其国有是书,然中国无得其本者,故朱彝尊《经义考》注曰'未见'。"又说:"今乃发其光于鲸波鲛室之中,藉海舶而登秘阁。""其经文与今本亦多异同。""知彼国递相传写,偶然讹舛或有之,亦未尝有所窜易矣。""而胜于明刻监本者亦复不少,尤可以旁资考证也。"桥本氏研究《论语抄》,对于皇氏《义疏》的校正比勘是很有意义的,而且引书六十余种,用力很勤,可见在治学方面日本还有相当一部分学者秉承乾嘉余绪,十分注重考据。

训诂学注重"实学",不尚空谈,它继承并发扬了清代"朴学"的优良传统,重考据,重实证,所以在学习方法上提倡实事求是,靠积累,不靠顿悟,这一点是前辈学者多次教导我们的。在继承与发展的问题上,继承应该是首要的问题,只有对前人的研究成果、治学方法以及他们的优良学风认真加以继承,才有可能获得发展与实现创新。我们反对那种虚夸浮躁甚至盲目崇洋的不良做法,但同时也反对抱残守缺,拒绝新思想、新理论的守旧做法,而提倡踏踏实实,耐得住寂寞,"坐得住冷板凳"的老实认真的态度。在当前商品意识泛滥的情况下,做到这一点是不容易的。但是,为弘扬数千年的中华优秀传统文化,使中华民族昂首挺胸地自立于世界民族之林,个人在名利方面作出点牺牲还是值得的。

搞训诂学,还是要从一词一句的"微观训诂"入手,逐渐积累,好学深思,不断地在这个领域中开拓发掘,才能最终形成自己坚实的理论体系,进入"宏观"境界。有的学者没有读几本书就匆匆忙忙地构建所谓"理论框架",甚至企图以连自己也一知半解的西方理论"改造"中国的传统学术,可是自己并没有在古书训诂方面有什么建树,这样的做法我们是不赞成的。学习和研究训诂学,还是要练"基本功",不搞"花架子",才有可能真正做出成绩来。

本书在第五章不吝篇幅详细介绍了几种治训诂学的根柢书,目的是引导读者自己去下功夫钻研这些书。要从头至尾地精研细读,不要像当年黄侃先生批评的某些人那样"杀书头",这本书刚读了个开头就扔下再去读另一本。要知道古人著书往往穷毕生精力为之,每一种重要典籍都称得上是一个知识宝库,不花大力气,不下苦功夫,只浏览而不钻研,是不会真正有收获的。

第一章 绪 论

第一节 训诂与训诂学

先说什么是训诂。

《说文·言部》:"训,说教也。"段玉裁注:"说教者,说释而教之,必顺其理。"

《说文·言部》:"诂,训故言也。"段玉裁注:"故言者,旧言也。十口所识前言也。训者,说教也。训故言者,说释故言以教人,是之谓诂。分之则如《尔雅》析故、训、言为三,三而实一也。汉人传注多称'故'者,'故'即'诂'也。《毛诗》云'故训传'者,'故训'犹'故言'也,谓取故言为传也。取故言为传,是亦诂也。贾谊为《左氏传训故》,训故者,顺释其故言也。"

段氏提到《尔雅》中的《释故》("故""诂"通用,樊光、李巡本皆作《释故》。郝懿行云:"诂之为言故也,故之为言古也。诂通作故,亦通作古。"可见这三个字同源)、《释言》和《释训》,孔颖达指出:"《释言》,通古今之字,古今之异言也。"可见两篇属同一类。他指出:"《释训》,言形貌也。"可见此篇集中解释形貌之词。关于《尔雅》一书,后面专门介绍,这里不再多说。

他又提到毛亨的《诗故训传》,这是历史上第一次把"故"和"训"二字连言。"故""训""传"三者并列,"故训"二字指解释《诗》的词语,"传"是说明诗篇的思想内容。

有的学者不同意段氏把"训诂"解释为支配关系("解释古语"),而认为"诂"的意义偏重于"释故言","训"的意义偏重在"顺理以释"。张揖《杂字》:"诂者,古今之异言;训者,谓字有意义也。"(见陆德明《经典释文》所引)孔颖达在《诗·周南·关雎》正义中说:"诂者古也,古今异言,通之使人知也;训者道也,道物之貌以告人也。"

广义地看,"训"和"诂"实在是一回事,都有"解释"的意思,所以黄侃先生说它们"析言有别,通言不分,诂训或曰训诂,诂或作故,其义一也"。他又概括说:"训诂者,用语言解释语言之谓。"(《文字声韵训诂笔记》)这一界说的意义在于它从千百年来训诂在形式上对于经学的依附地位中概括出它的语言学本质,从而把训诂看成一种语言现象或语言使用现象,这是符合现代语言学的科学精神的。

前人对"训诂"多有异称。

或称"古训":《诗·大雅·烝民》:"古训是式。"毛《传》:"古即故。训,道也。"

或称"训故":《汉书·艺文志》:"鲁申公为诗训故。"

或称"诂训":《诗·周南·关雎》正义:"诂训传者,注释之别名。"

或称"故训":《汉书·艺文志》:"《毛诗故训传》三十卷。"郝懿行《尔雅义疏》云:"《汉书·艺文志》作故训;《诗·烝民》曰:古训是式。盖古训即故训,故训亦即古训,并字异而义通。"

或称"解诂":何休有《公羊解诂》。

或称"解故":《汉书·艺文志》有《大小夏侯解故》二十九卷。

或单称"训":《汉书·艺文志》有《淮南道训》二十篇。

或单称"传":《春秋三传》《易大传》。

这些都是训诂的别称。其实质,都是用语言解释语言。

语言为什么需要解释呢?

明陈第在《毛诗古音考序》中说:

> 盖时有古今,地有南北,字有更革,音有转移,亦势所必至。

他指出,语言变迁是不以人的主观意志为转移的客观规律。这一点,在今天看起来不过是极简单的常识,但在古时,人们多认为语言文字是先古帝王发明以教后世的,当世代相沿,不能更易,所以陈第的这种观点在当时是一个很大的进步。

戴震在《尔雅文字考序》中指出了语言隔阂的时间因素。他说:

> 士生古古后,时之相去千百年之久,视天地之相隔千百里之远无以异。昔之妇孺闻而輒晓者,更经学大师转相讲授仍留疑义,则时为之矣。

陈澧在《东塾读书记》中又指出了语言隔阂的另一个原因,即是空间因素。他说:

盖时有古今,犹地之有东西,有南北,相隔远则言语不通。

刘师培在《中国文学教科书》中又进一步指出,除时空因素外,语言隔膜还有人为的因素。他说:

三代以前,以字音表字义,无俟训诂。然语言之变迁,略有数端:有随时代而殊者。如《尔雅》"夏曰岁,商曰祀,周曰年,唐虞曰载",《孟子》"夏曰校,商曰序,周曰庠"是也。同一事物而历代之称谓各殊,则生于后世,必有不能识古义者。若欲通古言,必须以今语释古语。同一名义而四方之称各殊,则生于此地必有不能识彼地之言者。若欲通方言,必须以雅言证方言。且语言既与文字分离,凡通俗之文,必与文言之文有别,则书籍所用之文,又必以通俗之文解之。综斯三者,而训诂之学以兴。

此外,文章尚有雅俗、文野之分及观点之殊,都需要靠训诂加以说明。

训诂的语言性质,在很长一段历史时期内不被人们重视,很多学者把训诂仅仅视为经学的附庸。

当然,如果从历史上考察,我们会发现训诂的兴起确实与经学有密切关系。汉代立五经于学官,士人利禄与通经关系很大,又加上今古文经各派之争,特别是古文经学派讲求训诂,无疑会对训诂的发展起很大的推动作用。从客观上看,训诂与经学的确是密不可分的。但是训诂较多地为经学所利用,并不能说它就仅仅依附于经学。

譬如《尔雅》这部书,学术界都承认它是最早的训诂专书,是训诂学正式兴起的标志之一,但《四库全书总目》就指出,它既非专为释《诗》,亦非专为释"六艺"而著,因为《尔雅》之中"释五经者不及十之三四","释《诗》者不及十之一","今观其文,大抵探诸书训诂名物之同异,以广见闻,实自为一书,不附经义"。(详本书第五章《训诂学的根柢书》)像这样一部重要著作,它的性质如何,当然足以说明训诂的性质。既然《尔雅》并非专为解经而作,那么,以它为标志的汉代训诂当然也并非纯粹依附于经学。

总的来看,训诂作为一种手段,其目的即全面地、正确地解释古代文献,包括注音、辨形、释义,还有校勘等等。

下面说一说训诂学。

"训诂学"三字连言,据说是黄侃先生首先提出的。黄侃为弟子讲授《训诂述略》,后经潘重规整理,于1935年发表于《制言》杂志第七期,潘重规附记云:"戊辰之春,师始来教南雍,第一讲即为'训诂学'。"戊辰,即1928年。在此之前,没有人开设过"训诂学"。所以,训诂学的建立,当在 1928 年至 1935 年之间,这是一门年轻的学科。

黄先生的弟子沈兼士在 1932 年曾于《北大学刊》第八期发表论文《研究文字学形和义的几个方法》,首次提出了训诂学的研究范围。

黄侃在《训诂述略》中指出:

> 诂者,故也,即本来之谓;训者,顺也,即引伸之谓。训诂者,用语言解释语言之谓。若以此地之语释彼地之语,或以此时之语释昔时之语,虽属训诂所有之事,而非构成之原理。真正之训诂学,即以语言解释语言,初无时地之限域,且论其法式,明其义例,以求语言文字之系统与根源是也。

本师殷孟伦先生指出:黄侃先生"是初步建立起训诂学一个理论体系的第一人"。他还指出:

> 什么是训诂学?我个人认为,首先应当明确"学"字的含义。"学"字相当于西文 logy,是有系统条贯,可以因简驭繁,并明其理法规律的意思。
>
> ……
>
> 训诂学是汉语语言学的一个部门,它是以语义为核心,用语言来解释语言,从而正确地理解语言、运用语言的科学。同时它是兼有解释、翻译(对应)和关涉到各方面知识的综合性科学。其任务就是研究语言的训释方式,掌握其系统条贯,说明其表达情状,进一步探求语言的发展规律、本原和演变,从而促进语言的丰富和发展。
>
> 　　　　　　　　　　(《子云乡人类稿·训诂学的回顾与前瞻》)

殷先生还指出:由于表达的需要,人们解释自己的话,或所引用的话,便是训诂。不要认为训诂只是解释古代文献的,语言本身就存在训诂现象(也就是解释现象)。如汉语音节由单趋复,很大程度上是出于解释的需要。譬如,解——解释、解脱、解放、解开、开解、了解、理解等等。当然,在训诂实践中,我们运用各种方法所解释的,大半是古代典籍中的词语,所以陆宗达先生称训诂学为"文献语言学",也是无可指摘的。可以说,无论广义的理解,还是狭义的理解,训诂学都不外乎研究训诂范围、训诂方法、训诂原则等方面的内容。齐佩瑢先生说,训诂学"是研究我国古代语言和文字的意义的一种专门学术","训诂学也可以叫做'古语义学'"。但是,他提出:"从前认为训诂学是兼括文字形体的训诂和语言音义的训诂二者的界说,实际上是不合理而欠精确的。"他认为,训诂学"由专门训释故言的工作,进而探寻历代古今语言转化的轨迹及其规律,更进而调查现代方言的音义以究古语的遗留及流变,已有些侵入古语学的领域了”。(《训诂学概论》)这是针对他的老师沈兼士对训诂学范围的界定而提出的修正意见。沈先生在 20 世纪 20 年代提出,训诂学应当包括概论、代语沿革考、现代方言学三方面的内容。现在看来,现代方言学既已成为独立学科,自不应继续包含在训诂学范围之内,但探讨古今语言转化的轨迹及规律的内容似乎还不应排除在外,因为章太炎、黄季刚等人都把求语根看作是训诂学的最高目标,至于解释词义,乃是普通训诂之事,所以因声求义、探寻语根、系联词族、探求同源字等,仍属训诂学范围。

近年王力先生提出“新训诂学”这个概念,认为训诂学不能只重视上古的语言材料,而应当把语言史的每一个时代都看作具有同等的价值,还提出训诂学除应重视语义和语音的关系外,也应同时注意语义和语法的关系,又提出应当重视语义和文化史的关系等,这些意见都是极为宝贵的。但是他认为“新训诂学”也就是语义学(semantics),只是由于方法上有异同,才把语义学称为新训诂学,这种提法是否妥当,还有待于进一步讨论证明。(参见《龙虫并雕斋文集·新训诂学》)

第二节　训诂学与词汇学、语义学

有的学者认为训诂学就是词汇学。我们认为词汇学研究的部分内容(如词义分析等)可以与训诂学重合,但作为两门学科,它们是不相等的。

词汇学(lexicology)在语文学时期与语音学、语法学并列,是语言学的组成部分。在现代语言学中,它是语义学的一支,所以也称词汇语义学;我们既然不同意把训诂学与语义学等同,当然也不同意把训诂学等同于词汇语义学,因为那样做就把训诂学范围缩小了,或者说把它取消了。特别是现代词汇学着重于理论模式的建立,除注重历时的词义变异的分类(如扩大与缩小、褒义与贬义、具体与抽象、本义与转义等)之外,还要把它们放在符号与公式的基础上,同时研究不同语言里词汇的共性成分。现代词汇学受生成语法的影响,力求找出词的变化规则,并把这些规则用符号写成公式,例如:$M_1 \rightarrow M_2$(M 代表形态,加词尾后,形态从 M_1 变成 M_2),$S_1 \rightarrow S_2$(S 代表句法关系,例如名词加词缀以后变为形容词,就用 $S_1 \rightarrow S_2$ 表示),$R_1 \rightarrow R_2$(R 代表语义,由于形态和句法关系发生变化,词义也有相应的变化),等等,这些都是训诂学在研究词义时很难照搬的。当然,在训诂学的具体研究过程中,我们并不主张全部排斥现代词汇学研究的某些理论模式,譬如 J. 特里尔取材于 13 世纪中古高地德语而提出的"语义场"理论,其中关于把研究限制在可以进行工作的范围内的原则还是可以为我们所接受的。此外,现代词汇学关于社会性词义变素(如方言变素、职业变素、语域与语用变素等)的观点也可以部分地被训诂学的词义研究利用。但总体来说,词汇学研究分析词项、词义和词汇演变,它的特定对象是词,而训诂学在研究词、词义及词的演变的同时,也要研究由词组成的更大的语言结构,以及组成这些结构的法则和规律。所以,把训诂学等同于词汇学是不科学的。

有的学者是主张训诂学即语义学,这也是我们所不敢苟同的。

语义学一词,既可指自然语言中词语意义的研究,也可指对逻辑形式系统中符号解释的研究。前一类研究历来在哲学和语言学两个领域交叉进行,后一类研究有人称之为纯语义学,主要在逻辑学领域中进行,当前的发展趋势是两者汇流。

哲学家们对自然语言的语义进行研究,主要围绕"什么是意义"这一命题展开。

语文学家们对词义演变问题进行的研究,可以称为"历史语义学"。我国学者所做的大量而细致的词源研究和训诂研究,与西方学者关于词义扩展、词义紧缩、词义升值或贬值等研究,都可以归入此类。

研究词与词之间的语义关系,由历时性研究转向共时性研究,从而建立"语义场"的理论,可以称为"结构语义学",我们在上文中提出的 J. 特里尔就是一位代表人物。结构语义学注重研究词与词之间的同义、反义、多义、歧义、上义、下义等等问题,与训诂学关系比较近,但它只以词或语素为单位,既没有考虑如何对词义内部结构进一步分析,也没有考虑如何把词义组合成词组、句子的意义。

生成语法学派语义学进了一步,即除了描写词的意义外,还描写一切词组和一切句子的意义,但是生成语法代表人物 N. 乔姆斯基自己也认识到,语义学只能处理一部分语义问题,尤其是与逻辑有关的语义,其他语义问题则属于语法以外的认识系统。

以上所举各派语义学都不太考虑语言环境,不考虑词语与世界上事物的联系,于是 R. 孟德鸠提出他的语义学模式,即为了精密地描写自然语言中句子语义的真值条件,需要建立一个数学模式,使用一种"元语言"作过渡。孟德鸠语义学派设计出一套内涵逻辑系统作为元语言,将自然语言的句子翻译成元语言的句子,给元语言的句子作语义解释,从而得到相应的自然语言句子的语义,并用间接的办法保证语义描写的精确性。

任何一个有基本常识的人都会明白,用孟德鸠语义学派的办法去研究古代汉语,只能把问题越搞越复杂,把原本人们还能够读懂的东西搞得谁也读不懂了。

当前哲学界还有一些有影响的语义学派,如游戏论语义学、概念作用语义学、目的论语义学、情况语义学等等。不论是哪一派的语义学理论,都不能与训诂学等同。而且,不管哪一派的语义学,也解决不了中国古代典籍中文字的校勘、错简的辨识、本字的探求、伪书的考订等这些无法回避的重要内容。书写符号及书籍物质形式并不属于语言本身,它和语言构成要素的语义绝对不能混同,所以训诂学不等于语义学。

王力先生也不得不承认:"我们所谓语义学的范围,大致也和旧说的训诂学相当,但是在治学方法上,二者之间有很大的差异。"(《龙虫并雕斋文集·新训诂学》)

我们认为这种差异不止于治学方法。给一门学科确定一个科学的名称,不是一件简单的事情,不能用"大致""相当"这样的概念;而且,王先生所谓的"我们所谓语义学的范围"究竟有多大,具体指哪些内容,还有待于阐明。周祖谟先生在为《中国大百科全书》写的"汉语训诂学"词条中说:"汉语训诂学:中国语言文字学中一门传统的解释词语和研究语义的学科。"作为定义,我们认为这也是不够全面的。但是,指出训诂学是中国语言文字学中的一门传统学问,毕竟还是承认了它有自身的不可替代性,较之生搬硬套,以西方现代语言学的名词概念去强加于训诂学甚至企图取代训诂学的做法,是明智多了。

训诂学就是训诂学,为什么要用别的并不太合适的名称去替代它呢?

第三节　训诂学的功用

在古人心目中,训诂学与经学密不可分,或者说它简直就是经学的羽翼,所以戴震说："一字一句之安妥,亦天地位、万物育之气象也。"(参见段玉裁《经韵楼集》卷八《娱亲雅言序》)把训诂学功用看很重。在今天,我们只把它当作语言学中的一个分科,与所谓"经邦治国平天下"关系不大了,但这并不能说它是可有可无的,尤其是在面对浩如烟海的中国古籍的时候,它无疑是解决诸多难题的利器。史传中往往说某人"训诂大义,不为章句"。譬如《汉书·扬雄传上》:"雄少而好学,不为章句,训诂通而已。"这是因为章句之学过于烦琐,但是训诂还是要通的。训诂不通,则语义难明。章太炎在《国故论衡》中说:"在现在研究古书,非通小学是无从下手的。"又说:"宋朱熹一生研究五经四子诸书,连寝食都不离,可是纠缠一世,仍弄不明白,实在他在小学没有功夫,所以如此。"黄侃先生曾说:"小学者,中国语言文字之学也。""小学为文字、声韵、训诂之总名。训诂学为小学之终结。文字、声韵为训诂之资粮,训诂学为文字、声韵之蕲向。"(《文字声韵训诂笔记》)可见章先生批评朱熹不通小学,主要是指他在文字、声韵、训诂方面的功夫下得不够。作为一个理学家,朱熹在古代哲学史上自有他一定的地位,但他在声韵、文字、训诂方面的不足之处,影响了他对经史诸书的正确理解与阐释。

训诂学的功用是多方面的,这里我们只拣较重要的讲。

一、训诂学与中学文言文教学

其实,中学教材中的现代文也涉及不少训诂知识,为突出重点,我们只讲文言文注释问题。

现行高中语文课本所选文言文篇目不多,注释也大多精确无误,反映了教材编写者的渊博学识和科学态度。但智者千虑,必有一失,这里提出几个问题来进行讨论。限于篇幅,仅举高三语文课本文言文注释为例。

高三文言文注释中存在的问题,主要有三个方面。其一为误注,就是把词语意思解释错了。其二为失注,就是该注释的地方没有下注,这就容易造成语文老师臆度之弊。其三为语焉不详,易使老师讲授时不明所以,也容易造成学生囫囵吞枣的毛病。下面,我们举几个例子加以说明。

勤而无所　　必有悖心

《殽之战》(《左传·僖公三十二—三十三年》):"师之所为,郑必知之;勤而无所,必有悖心。且行千里,其谁不知?"其中"勤而无所,必有悖心"二句,课本注释说:"军队劳苦却没有用武之地,一定会有违背军纪不服约束的情绪。"这个注,至少犯了两个错误。一个是增字为训,把"勤而无所"的"所"讲成"用武之地",把"悖心"讲成"违背军纪不服约束的情绪"。这都是在原文意思之外,另加上一些意思。"所"就是处所,怎么成了"用武之所"?"悖心"就是悖逆之心,怎么会有"违背军纪不服约束的情绪"? 注的另一个错误是不合情理。上文明明写着"杞子自郑使告于秦曰:'……若潜师以来,国可得也。'",又用蹇叔的话指出这是"劳师以袭远",怎么可以说是"没有用武之地"? 不用武如何得其国? 不用武何以谓之"袭"? 凡师,有钟鼓曰伐,无钟鼓曰侵,轻曰袭。《春秋·襄公二十三年》:"齐侯袭莒。"杜预注:"轻行掩其不备曰袭。"怎么能不用武呢? 所以注中对"所"字的解释是不合情理的。那么"勤而无所"究竟应该怎样理解呢? 朱骏声说:"所,处也。言若令我师知,则郑亦必知之;若不令我师知之,则劳师而不知其处,士卒必有悖心。"(《春秋左传识小录》)联系课文下文的"且行千里,其谁不知"和上文的"师劳力竭,远主备之"来看,朱骏声的理解是正确的。所谓"无所"不是"没有处所",更不是"没有用武之地",而是"不知其所"的意思。既然要潜行千里袭击人家,当然要在军中保密;士卒千里行军却不知去哪儿和跟谁作战,当然会产生背悖之心。所谓"悖心",就是指悖逆之心。《国语·周语上》:"是以事行而不悖。"韦昭注:"悖,逆也。"《汉书·高五王传》:"悖逆人伦。"颜师古注:"悖,乖也。"《玉篇》:"悖,逆也。"都是说"悖"有"乖逆不顺"的意思。课本注释中所谓"违背军纪不服约束的情绪",显然是编注者想当然的一种随意的解释。

妇人暂而免诸国

《殽之战》:"武夫力而拘诸原,妇人暂而免诸国。"其中的"妇人暂而免诸国",课本注释说:"妇人几句谎话就在都城把他们放走。妇指文嬴。暂,一下子。免,赦免,释放。"究竟这个"暂"字当"谎话"讲呢,还是当"一下子"讲呢? 这个注令人无所适从。杜预是把"暂"讲成"卒(猝)"的,但因为两句是对文,上句的"力"与下句的"暂"在意思上也应该相对才好;如果把上句的"力"讲成名词用作动词,"靠武力","尽全力",那么下句的"暂"讲成"猝","一下子",显然不能够对应。因此,我同意这样一种意见:把"暂"讲成"欺诈",认为它是"渐(jiān)"的借字。"渐"字何以有"欺诈"的意思呢? 不妨看一下王念孙《读书杂志·荀子》中的说法:

（《荀子·不苟》）"小人知则攫盗而渐，愚则毒贼而乱。"杨倞注曰：
"渐，进也，谓贪利不知止也。"引之曰：杨未晓"渐"字之义。渐，诈欺也。
小人之智，则攫盗而已矣，诈欺而已矣。《议兵》篇曰："招近募选，隆势
诈，尚功利，是渐之也。"《正论》篇："上幽险，则下渐诈矣。"（杨训"渐"为
"进"，又训为"浸渍"，皆失之）义并与此同。《吕刑》曰"民兴胥渐"，言小
民方兴，相为诈欺也。《庄子·胠箧》篇曰："知诈渐毒。"此皆古人谓诈为
渐之证，说者都不寻省，望文生义，失其传久矣。

　　另外，王引之在《经义述闻·尚书上》中释《书·盘庚中》"乃有不吉不迪，
颠越不恭，暂遇奸宄"一句曰："暂读曰渐；渐，诈欺也。"章炳麟《春秋左传读·
妇人暂而免诸国》也说："暂，借为渐……此暂亦诈也。文嬴言：'彼实构吾二
君。'又言：'使归就戮于秦。'皆诈语也。不当如杜预训暂为卒。"

　　从声音方面看，"暂"与"渐"二字同谐声，古音皆在从纽谈部，是可以音近
相假的。

　　如果我们同意这个讲法，那么"武夫力而拘诸原，妇人暂而免诸国"二句
就可以讲成："将士们竭尽全力在战场上捉住他们，妇人的几句欺诈之言就
（使您）从都城中放走了他们。"于情于理，都恰然而顺。

其文约　其辞微

　　《史记·屈原列传》："屈平之作《离骚》……其文约，其辞微，其志洁，其行
廉。"课本注"微"字曰："含蓄。"这是不够准确的，这个"微"，有幽微、深奥、精
妙的意思。《礼记·学记》："其言也约而达，微而臧。"孔颖达疏："微谓幽
微。"《荀子·解蔽》："处一之危，其荣满侧；养一之微，荣矣而未知。"杨倞注：
"微，精妙也。"又："蚊虻之声闻则挫其精，可谓危矣，未可谓微也。"杨注亦曰：
"微者，精妙之谓也。"桓宽《盐铁论·刑德》："法之微者，固非众人之所知
也。"葛洪《抱朴子·任命》："道靡远而不究，言无微而不研。"其中的"微"字，
皆有精妙、深奥之义。《离骚》的言辞，精妙绝伦，幽微深奥，千古不朽，绝对不
止于"含蓄"之义，下文有"其志洁，其行廉"，是说屈原志行高洁廉正，与"其文
约，其辞微"文意相承；后文又说："其称文小而其指极大，举类迩而见义远。"
都是说《离骚》文辞之精微深奥，可以为上两句作注脚。

自疏濯淖污泥之中　不获世之滋垢

　　《史记·屈原列传》："其志洁，故其称物芳；其行廉，故死而不容。自疏濯

淖污泥之中,蝉蜕于浊秽,以浮游尘埃之外,不获世之滋垢,皭然泥而不滓者
也。"这段话中,有两处地方的注释值得注意。一处是"其行廉故死而不容自
疏濯淖污泥之中"的句读问题。旧传的《史记》三家注本断句作:"其行廉,故
死而不容自疏,濯淖污泥之中"。其中的"濯淖"二字,《汉语大词典》解释作
"浸渍"。高中语文课本采取的是另一种断句方法,即"其行廉,故死而不容,
自疏濯淖污泥之中"。这样,"濯淖"二字的解释就要与前者不同。课本注云:
"〔自疏濯淖污泥之中〕自动地远离污泥浊水。自疏,自己疏远。濯,通'浊'。
淖,泥浆。"注释者认为"濯"是"浊"的通假字,从声音方面说,虽然在《广韵》
中,它们同在"觉"韵,但上古"濯"在"药"部,而"浊"在"屋"部,它们并非同
音。而且,"濯"字本身在上古就有污浊的意思,不必妄说通假。《广雅·释
器》:"潲、濯,潘也。"王念孙《疏证》:"臭汁谓之潲,亦谓之潲,亦谓之濯。"《仪
礼·士丧礼》:"浴用巾,挋用浴衣,渜濯弃于坎。"《礼记·丧大礼》:"澡濯弃
于坎。"孔颖达疏引皇侃云:"濯谓不净之汁也。"在《读书杂志·史记第五》中,
王念孙又特别立"濯淖"一条,他解释说:

> "濯淖污泥之中",《索隐》曰:"濯,音浊。污,音乌故反。泥,音奴计
> 反。"念孙案:上言洗濯,下言淖,则文不相属。濯字当读直教反(濯、淖,
> 叠韵字)。濯、淖、污、泥,四字同义。《说文》曰:"潘,淅米汁也。"又曰:
> "周谓潘曰泔。"又曰:"潲,久泔也。"《广雅》曰:"濯,潲也。"曹宪音直貌
> 反。《士丧礼》:"渜濯弃于坎。"郑注曰:"沐浴余潘水。"《释文》:"濯,直
> 孝反。"《丧大记》:"濡濯弃于坎。"皇侃疏曰:"濯,谓不净之汁也。"《广
> 雅》曰:"淖,浊也。"是濯、淖皆污浊之名。

既然王念孙引经据典,把"濯"字有"污浊"之义解释得那么清楚明确,有什么
必要再说它是通假字呢?妄说通假,是训诂家一大忌,需要特别留神。

在上面所引《屈原列传》的一段话中,还有一句:"不获世之滋垢。"其中的
"获"字,课本注释中没有单独训释,而把全句译为:"不沾染尘世的污垢。"看
得出,这个注是把"获"字解释为"沾染"了。可是,大家都知道"获"的本义是
"猎所获也"(《说文·犬部》)。由它引申,可得"猎获""猎物""获得""得到"
"得以"甚至"遭受"诸义,但很难有"沾染"这个义项。其实,"获"字在上古有
"辱"或"被辱"的意思。《广雅·释诂三》:"获,辱也。"王念孙《读书杂志》指
出:"获者,辱也,言不为滋垢所辱也。"汉人庄忌的《哀时命》也有一句:"务光
自投于深渊兮,不获世之尘垢。"意思大抵相同。

以上所举中学课本中的两处误注,其原因皆在于编注者不够审慎,不是妄说通假就是望文生训,这种态度是会贻患后学的。如果仔细考察一下字的古义,就不会出现这样的问题。

而蒙世之温蠖乎

《史记·屈原列传》:"又安能以皓皓之白,而蒙世之温蠖乎?"课本注释云:"温蠖,尘垢。""温蠖"怎么会有尘垢的意思呢?这令人费解。

司马贞《史记索隐》说:"温蠖,犹昏愦。《楚辞》作'蒙世之尘埃哉'。"看来课本注释是把《楚辞》中的异文当作《史记》文字的解释了。当然,作为一种重要的训诂方法,"考异文"常常能够解决许多训诂中的难题,但"温蠖"与"尘埃",形、音、义毕竟相去太远,拿来相互训释,难免失之鲁莽。这里,我们觉得汤炳正在《释"温蠖"》一文中的看法比较可取。汤先生说:"《韩诗外传》则作'容人之混污然'……'混污'为本字,而'温蠖'则为同音借字。"把"温蠖"看成"混污"的假借字,仍然需要从声韵方面加以说明。"温"与"混",上古一在影母,一在匣母,二字同在文部,声韵皆不相远;"污"与"蠖",上古皆在影母,"污"在鱼部,"蠖"在铎部,声韵亦不相远。所以,把"温蠖"看成是"混污"的借字,是说得通的,何况还有《韩诗外传》的异文作为证明。

皆祖屈原之从容辞令

《史记·屈原列传》:"屈原既死之后,楚有宋玉、唐勒、景差之徒者,皆好辞而以赋见称;然皆祖屈原之从容辞令,终莫敢直谏。"课本注释于"从容辞令"下云:"说话得体,善于应酬。从容,言语举动适度得体。"这个注有两个问题:一个是"从容"的词性问题,从注文的意思看,是把它当作形容词,这个我们不敢苟同;另一个是词义问题,注文"从容"一词既包括"言语"又包括"举动",而且皆"适度得体",这就犯了增字为训的错误。因为如果把"从容辞令"四个字的关系看成是支配的关系,那么只能是指屈原的辞令"从容",或者说屈原使辞令"从容",当然不包括"举动"在内;而如果把它们看成并列关系,则作为形容词的"从容"与作为名词的"辞令"也很难并列。况且,在同一册的另一篇课文《张衡传》中也有"从容"一词,说张衡"常从容淡静,不好交接俗人"。课本在"从容淡静"之下没有下注,看来也是把"从容"当作形容词来理解了。但是,如果说把"从容"讲成"言语举动适度得体"在《屈原列传》中还可以勉强说得过去的话，那么对那位"不好交接俗人"而且生性"淡静"的张衡来说，又怎么能说他"言语举动适度得体"呢？

其实，这些矛盾很好解决，只要把"从容"看成名词，当"行动""举止"讲就可以了。古时"从容"确实有作名词讲的。例如《楚辞·九章·怀沙》："孰知余之从容？"王逸注即云："从容，举动也。"《礼记·缁衣》："长民者衣服不贰，从容有常。"孔颖达疏："从容有常者，谓举动有其常度。"

姜亮夫《楚辞通故》对"从容"一词有详尽的阐释，下面摘引一部分看看：

> 王念孙《广雅疏证》以为从容有两义：一训为舒缓，一训为举动。其训为举动者，字书韵书皆不载其义，下引古籍之当训为举动者，详辩而精析之，至为精审。……《九章·怀沙》："孰知余之从容？"王注："从容，举动也。言圣辟重华，不可逢遇，谁得知我举动，欲行忠信也？"又《九章·抽思》："尚不知余之从容。"与《怀沙》同义。《哀时命》亦言："孰知余之从容？"然所谓举动，与后世所谓一举一动之义小别。此举动当指发自心志之诚言，故《抽思》王注以"未照我志之所欲"训之，精审绝伦，体会作意至为深切。举动者心之表，故举动可占人之诚伪。《九辩》："信未达乎从容。"王注："若不明察其真伪。"是也。

其训为舒缓者，亦见《九章·悲回风》："寤从容以周流兮。"王逸注："觉立徙倚而行步也。"《惜誓》亦云："愿从容乎神明。"《九叹·忧苦》："步从容于山廋。"《九思·伤时》："且从容兮自慰。"皆同此义。

王念孙在《广雅疏证》卷六上《释训》中对《广雅》"从容，举动也"一条的训释，十分详尽。除上面提到的《楚辞》文例外，还有：

> 《后汉书·冯衍传·显志赋》："惟吾志之所庶兮，固与俗其不同。既俶傥而高引兮，愿观其从容。"此亦谓举动不同于俗。李贤注云："从容，犹在后也。"失之。《中庸》云："诚者，不勉而中，不思而得，从容中道，圣人也。""从容中道"，谓一举一动，莫不中道，犹云动容周旋中礼也。《韩诗外传》云："动作中道，从容得礼。"《汉书·董仲舒传》云："动作应礼，从容中道。"王褒《四子讲德论》云："动作有应，从容得度。"此皆以"从容""动作"相对成文。……《墨子·非乐》篇云："食饮不美，面目颜色不足视也；衣服不美，身体从容不足观也。"《庄子·田子方》篇云："进退一成规，一成矩；从容一若龙，一若虎。"……此皆昔人谓举动为从容之证。

看了上面这些例子，我们可以有较充分的理由把"从容"一词解释为"举动"，在"皆祖屈原之从容辞令"一句中把它当成名词，与"辞令"并列，共同作为动词"祖"的宾语。

由广西教育出版社出版的中国训诂学研究会所编《新编标准高中文言文注释》一书中，"从容辞令"一语下注："言语适度得体，从容自如。从容，用如动词。"这个讲法，我们也不赞成。既然把"从容"讲成"从容自如"，怎么又说它是"用如动词"呢？

可见，不少学者囿于"从容自如""从容不迫"这类成语的影响，不联系上下文，也无暇考察古代文献与近人研究成果，展转引申，强为之解，造成文意诘屈之病，这是令人遗憾的。

明经义谙雅故

袁枚《祭妹文》："尝谓女流中最少明经义谙雅故者，汝嫂非不婉嫕，而于此微缺然。"其中"雅故"一词，中学课本注云："过去的文章典故。"这是不准确的。"雅故"犹言雅诂，指正确的训释。"谙雅故"与上文"明经义"当指同样的事。《汉书·叙传下》："函雅故，通古今，正文字，惟学林。"颜师古注引张晏曰："包含雅训之故，及古今之语。"钱谦益《向言》之一："夫儒者之学，函雅故，通文章，逢衣博带，摄齐升堂，以为博士官文学掌故，优矣。""雅"，是正的意思。《诗序》："言天下之事，形四方之风，谓之雅。雅者，正也。"《论语·述而》："《诗》、《书》、执礼，皆雅言也。"何晏《集解》引孔安国曰："雅言，正言也。"皇侃《义疏》亦云："雅，正也。"《荀子·儒效》："法二后王谓之不雅。"杨倞注："雅，正也。""故"与"诂"通，训释故言。《汉书·艺文志》："《鲁故》二十五卷。"颜师古注："故者，通其指义也。"所谓"通其指义"，就是训诂。由"训释故言"的意思引申，"故"又可指旧典。《左传·定公十年》："齐鲁之故，吾子何不闻焉？"杜预注："故，旧典。"指的上古典籍或典章制度，仍然是训诂之义。中学课本的注把"雅故"解释为"过去的文章典故"，容易使人将其误会为一般的成语典故。其实，这里袁枚是借妻子与三妹在学问方面的差异来褒扬袁机懂得经史之学，可以在学问上与作者进行研讨，所以上文说"家中文墨眎汝办治"，下文又说"故自汝归后，虽为汝悲，实为予喜"。"为汝悲"指袁机受封建礼教束缚又遇人不淑，终至仳离，与前段"呜呼！使汝不识诗书，或未必艰贞若是"遥相呼应。"为予喜"是指袁机归家后可与自己讨论《诗》《书》，作者得一知己或助手，婉转地反映出作者对经学的矛盾态度：在当时的社会条件下,袁枚虽对儒家"诗教"不满,通过诗篇抨击汉儒和程朱理学,甚至愤言"六经尽糟粕",但是作为那时的读书人,他又不得不读经书以求仕进。三妹的归来,使他在读书著述时有个助手和伴侣,故而可喜。如果把"谙雅故"理解为熟知文章典故之类,则又与"文墨"关系不大了。

以上所举,都是中学语文课本误注的例子。误注的原因是多方面的,类型主要是望文生训、增文成训、妄说通假、以今例古四种。

课本中失注的地方也很多,即当注未注,自以为不必下注而其实学生未必真懂的词语。以下试举几例。

不复聊赖

《聊斋志异·促织》:"夫妻向隅,茅舍无烟,相对默然,不复聊赖。"中学语文课本于"聊赖"二字未下注。广西教育出版社出版的《新编标准高中文言文注释》注云:"〔不复聊赖〕不再有所寄托。"基本正确,但语焉不详。聊赖,此处意谓依赖,指生活上的凭借或精神上的寄托。蔡琰《悲愤诗》:"为复强视息,虽生何聊赖!""聊""赖"二字双声,"聊"亦训"赖"。《楚辞·九章·悲回风》:"怜思心之不可惩兮,证此言之不可聊。"朱熹《集注》:"聊,赖。"《汉书·张耳陈馀传》:"使天下父子不相聊。"颜师古注:"言无聊赖,以相保养。"刘向《列女传·齐东郭姜》:"争邑相杀,父母无聊。"《晋书·石勒载记下》:"自是刘、石祸结,兵戈日交,河东弘农间百姓无聊矣。"这些例中的"无聊"皆指贫穷无依,非郁闷空虚之谓。直至20世纪二三十年代,在白话文中还有这样的意思。鲁迅杂文《三闲集·在钟楼上》:"夫面前无饭锅而觉得无聊,觉得苦痛,人之常情也。"小说《祝福》中也说过老年落魄的祥林嫂"百无聊赖"。如果对"聊赖"一词不加注释,学生容易受现代口语"无聊""无赖"的影响而误会词义,至少不会了解得很明白透彻。

给贡职如郡县

《荆轲刺秦王》(《战国策·燕策三》):"(蒙嘉)为先言于秦王曰:"燕王诚振怖大王之威……愿举国为内臣,比诸侯之列,给贡职如郡县。"其中的"给贡职如郡县"一句,课本注云:"像秦国的郡县那样贡纳赋税。给,供。"这个解释基本正确,但其中的"贡职"二字仍需单独拿出来解释一下才行,因为这个"职"不是指的一般的"职位""职务""职责"等,而是指赋税、贡品。《周礼·

夏官·大司马》:"施贡分职,以任邦国。"郑玄注:"职,谓职税也。"《淮南子·原道》:"海外宾服,四夷纳职。"高诱注:"职,贡。"《史记·孔子世家》:"分同姓以珍玉,展亲;分异姓以远职,使无忘服。"韩愈《请上尊号表》:"四面辐辏,各修贡职。"都是指应纳的赋税或贡物。"贡职"亦称"职贡"。《左传·襄公二十九年》:"鲁之于晋也,职贡不乏,玩好时至。"明人刘基《次韵和石末公开读有感》诗:"山海若时共职贡,郊原何处有戈兵?"《清史稿·礼志十》:"厥后至者弥众,乃令各守疆圉,修职贡,设理藩院统之。"各例中的"职贡",都是指藩属或外邦对朝廷按时的贡纳。

设九宾

《荆轲刺秦王》:"秦王闻之,大喜。乃朝服,设九宾,见燕使者咸阳宫。"其中的"九宾",课本中没有注释,学生只能根据上下文推测,知道是一种隆重礼节,具体一点,这个"宾"究竟是指什么,就不得而知了。

关于古代朝会大典所设九宾,历来有不同解释。裴骃的《史记集解》说:"九宾则《周礼》九仪(按:指公、侯、伯、子、男、公、卿、大夫、士)。"王先谦《汉书补注》则引刘攽曰:"宾,谓传摈之宾。九宾,摈者(按:指导引宾客者)九人,掌胪句传也。"所谓"胪句",犹"胪传"。程大昌《演繁露·胪传》:"今之胪传,自殿上至殿下,皆数人,抗声相接,使所唱之语联续远闻。"广西教育出版社出版的由中国训诂学研究会编写的《新编标准高中文言文注译》说:"〔设九宾〕原指安排了九个傧相依次传呼。这里表示礼节非常隆重。"这个解释基本是正确的。(按:"傧"与"摈"同,《说文》:"傧,导也,或从手。"《周礼·秋官·司仪》:"掌九仪之宾客摈相之礼。"郑玄注:"出接宾曰摈。")

子墨衰绖

《殽之战》:"遂发命,遽兴姜戎。子墨衰绖,梁弘御戎,莱驹为右。"其中的"子墨衰绖"一句,中学语文课本注释说:"〔子墨衰绖(cuī dié)〕晋襄公穿上染黑的丧服。子,指晋襄公。这时晋文公未葬,晋襄公还没有正式即位,所以称'子'。"这个注释,对"衰绖"二字有音无注,学生还是不明白丧服何以称"衰绖"。按:"衰绖"或作"缞绖",又称"缞服""缞麻"。古人丧服胸前当心处缀有长六寸、广四寸的麻面,名衰,因名此衣为衰;围在头上的散麻绳为首绖,缠在腰间的为腰绖。衰、绖是丧服的主要部分,所以用来代指丧服或服丧。衰经不是服什么丧都可以用的,唯服三年之丧(臣为君、子为父、妻为夫)者用之。《左传·僖公十五年》:"穆姬闻晋侯将至,以太子罃、弘与女简璧登台而履薪焉,使以免服衰绖逆。"《墨子·节葬下》:"缞绖垂涕,处倚庐,寝苦枕凷(块)。"其中的"衰绖""缞绖"指的都是这种丧服。孔颖达《左传·襄公十七年》疏云:"衰用布为之,广四寸,长六寸,当心。"郑玄《仪礼注·丧服》云:"麻在首在要(腰)皆曰绖。"都把古时的这种制度说得很清楚。

劳苦倦极

《史记·屈原列传》:"人穷则反本,故劳苦倦极,未尝不呼天也;疾痛惨怛,未尝不呼父母也。"其中的"极"字,中学课本失注,有人就理解为"疲倦到极点"。其实不对,"劳苦倦极"与"疾痛惨怛"为对文。

极,这里有困惫之义。《汉书·王褒传》:"胸喘肤汗,人极马倦。"以"极""倦"对文。《世说新语·言语》:"丞相(王导)小极,对之疲睡。"吴善述《说文广义校订》云:"极,又因穷极之义引为困也,病也,疲也。"汉魏六朝时期的不少作品中,"极"字都有困惫之义,这里就不详细举例了。《说文》:"惤,惫也。"这个"惤",就是"倦极"的"极"之本字。

泥而不滓

《史记·屈原列传》:"嚼然泥而不滓者也。"中学语文课本注释说:"意思是说,屈原是出于污泥而不染,依旧保持高洁品质的人。嚼,洁白。滓,污黑。"这个注释的大意是对的,但对"泥"字失注。

"泥"通"涅",本指黑色染料。亦用作动词,染或染黑的意思。司马贞《史记索隐》:"泥亦音涅,滓亦音淄。"王引之《经义述闻·大戴礼记》:"泥读为涅,涅为黑色。"

此外,注释中对"滓"的解释也不够准确。"滓"本指污浊、污秽。《释名·释彩帛》:"泥之黑者曰滓。"《字汇》:"滓,浊也。"此指被污染、玷污。不滓,谓不被污秽所侵染。

上面所举的这组例子,都属于当注而未注的,我们姑且称之为"失注"。失注的原因是多方面的,但主要是编注者对词义把握得不准确,以今例古,觉得既属常义,可不必下注,哪知文言文中有些词语的含义恰恰不与今之常义相同,此种易致模糊或令人困惑之处如不下注,难免有"碎义逃难"之诮,这是应当注意的。

　　最后,再举两个课本注释中语焉不详的例子。

亦无售者

　　《聊斋志异·促织》:"村中少年好事者驯养一虫……欲居之以为利,而高其直,亦无售者。"课本注:"售者,这里指买主。"这是对的。但是,为什么买主也称"售者"呢? 这个问题不解释清楚,依然使人疑惑。按:"售"字古时既可指卖出,亦可言买入。王筠《说文句读》指出:"售乃雠之俗字。"《说文》:"雠,应也。"(依王筠《句读》)本义为对答,引申而为雠对、相等、等值、等价。做买卖必求价格合适,故卖与买均可言"售"。《集韵》:"售,俦也。"而"俦"字,《说文》训"卖",《玉篇》又训"买"。桂馥《说文义证》云:"俦,此如'沽'字,亦买卖无定训也。""售"字训"买"的例子,如柳宗元《永州八记·钻鉧潭西小丘记》:"问其价,曰:'止四百。'余怜而售之。"又如沈括《梦溪笔谈·书画》:"藏书画者,多取空名,偶传为钟、王、顾、陆之笔,见者争售,此所谓'耳鉴'。"

歌台暖响　舞殿冷袖

　　杜牧《阿房宫赋》:"歌台暖响,春光融融;舞殿冷袖,风雨凄凄。"课本注释说:"意思是说,人们在台上唱歌,歌声响起来,好像充满着暖意,如同春光那样融和。融融,和乐。人们在殿中舞蹈,舞袖飘拂,好像带来寒气,如风雨交加那样凄冷。"按:二句为互文,意谓宫殿中的歌舞仿佛能使天气都改变了,极言其歌舞之盛,并非说歌是暖意的、舞是冷意的,应当把两句合起来一起体会其比喻意味。另外,"暖响""冷袖"似又采用了移情的修辞手法。总之,如果抛开修辞,单从词义和文句内容上去解释,话说得再多,也还是没有讲清楚。

　　由以上例子可以看出,中学语文教材的注释中还存在不少问题。学习训诂知识,有助于教师在备课时及时发现问题并设法找到例证去纠正它们。当然,这样不等于说要把有争议的问题都讲给学生。我们的着眼点主要在于提高师资水平,从根本上提高中学语文教学的质量。

二、训诂学与古代汉语教学

　　大学古代汉语基础课是一门很重要的课程。目前各校讲授这门课程的除一部分老教师外,多为中青年教师,水平不太一样,因此很难就这门课程的讲授问题谈什么比较中肯的意见。这里要谈的，主要是教材注释中的问题。教材注释得精确，即使照本宣科，也不会出现大的错误；否则，授课教师易以己意为之，出现的问题就多了。

目前各高校除使用自编教材者外，古代汉语教学大多采用北京大学编的《古代汉语》教材。现在修订本也由天津教育出版社印行了，我们就从修订后增选的课文注释中找些例子谈谈。

水浩洋而不息

《淮南子·览冥训》中"女娲补天"故事有"往古之时，四极废，九州裂，天不兼覆，地不周载，火爁焱而不灭，水浩洋而不息"几句。教材注文中说："爁焱（làn yàn）：叠韵联绵字，火势蔓延的样子。焱：火花。原作'炎'，依王念孙说改。浩洋：水势浩大的样子。"按：王念孙《读书杂志·淮南内篇第六》云："'火爁炎而不灭，水浩洋而不息。'念孙案：'炎'当为'焱'，字之误也。《说文》：'焱，火华也。'……《广韵》：'……爁焱，火延也。'……'洋'当为'潒'字之误也。《玉篇》：'潒，弋沼切。''爁焱''浩潒'皆叠韵，'浩洋'则非叠韵，盖后人多见'炎''洋'，少见'焱''潒'，故'焱'误为'炎'，'潒'误为'洋'矣。"王念孙说得如此明白，两句又是明显的对文，"爁焱"既是联绵字，"浩洋"字当从王说改为联绵字"浩潒"才是。司马相如《上林赋》有"灏溔潢漾"，郭璞曰："皆水无涯际貌也。"可见"灏溔"与"潢漾"都是叠韵的联绵词。教材注文只依王念孙说改"爁炎"为"爁焱"，而不依王念孙说改"浩洋"为"浩潒"，不知是何道理？

飞泉植茗，就以烹煍

白居易《庐山草堂记》："又有飞泉植茗，就以烹煍，好事者见，可以销永日。"教材注文说："飞泉：从高处喷落下的泉水。就：动词，就着，趁着。烹煍（chǎn）：烧火煮。这是说：就着飞泉和植茗来烹茶。"最后一句容易引起误解，以为"茗"和"茶"不是同一事物，不如直接解释成"就着飞泉来烹茶"。《说文新附》："茗，茶芽也。"《尔雅·释木》："槚，苦荼。"郭璞注："今呼早采者为荼，晚取者为茗。"郝懿行《义疏》："今'茶'字古作'荼'。"引申而为茶的通称。"飞泉"与"植茗"两个偏正词组连言，是为求修辞之美；"就以烹煍"，就是"就泉以烹茗"的意思。

其巅谽谺 行者兀兀不可入

李孝光《大龙湫记》:"望见西北立石,作人俯势,又如大楹。行过二百步,乃见更作两股倚立。更进百数步,又如树大屏风。而其巅谽谺,犹蟹两螯,时一动摇,行者兀兀不可入。"教材注云:"谽谺(hān xiā):双声联绵词,山谷空阔的样子。""兀兀(wù wù):停止不前的样子。"两个词的解释都不确切。

说"谽谺"是双声联绵词,是对的,但把它理解为"山谷空阔的样子"就不对了。明明说的是"其巅",又比喻为"两螯",怎么会有空阔的意思呢? 这里的"谽谺"应该是指山石险峻的样子。唐独孤及《招北客文》:"其北则有剑山巉巉,天凿之门,二壁谽谺,高岸嶙峋。"清王于阳《蠜垫山人词集》:"怪石斗谽谺,老树幻龙蛇。"意思大致相同。至于说到"山谷空阔的样子",都是"谽谺"一词的另一个义项。譬如《玉篇·谷部》:"谽谺,谷空。"《广韵·麻韵》:"《字统》云:'谽谺,谷中大空貌。'"等等,都与这段文字中的意思不相合。

把"行者兀兀不可入"中的"兀兀"讲成"停止不前的样子"也显得勉强,因为"可"字没有了着落。"兀兀"当指行者由于山石摇晃而产生畏惧、惊恐甚至痴呆的情绪表现,主要还不是指行动上的静止不动。蒲松龄《聊斋志异·猪嘴道人》:"巇望见,兀兀如痴,寄目不暂瞬。"形容得有些近似于此情。《徐霞客游记·游黄山日记》有"磴石倾侧谽谺,兀兀欲动"一句,说的是磴石摇摇欲坠的样子,与"行者兀兀不可入"意思不同,但一从客观写,一从主观写,可以互相参照,加深理解。

独见明月宛宛如故人

李孝光《大龙湫记》:"日已入,苍林积叶,前行,人迷不得路,独见明月宛宛如故人。"教材注:"宛宛,柔顺依恋的样子。"以明月喻故人,"依恋"二字尚可,"柔顺"二字欠妥。不如改训"迟回缠绵的样子"为更贴切。方孝孺《喜嘉猷秀才至》诗:"宛宛心所慕,盈盈日兴思。"高启《送家兄西迁》诗:"匆匆逐途旅,宛宛谢亲戚。"都是形容迎送亲友,其情缠绵,其行迟回。"宛宛"二字,十分生动,但并无"柔顺"的意思。

昔逮我献公及穆公相好

《吕相绝秦》(《左传·成公十三年》):"夏四月戊午,晋侯使吕相绝秦,曰:'昔逮我献公及穆公相好,戮力同心,申之以盟誓,重之以昏姻。'"教材注云:"逮,自从。"这是望文生训。

刘淇《助字辨略》卷四"逮"字条引此例说:"此逮字,犹云及至也。"裴学海《古书虚字集释》卷六"逮遝"条也引此例说:"逮,语助也。"都没把这个"逮"字讲成"自从"。新近出版的《汉语大词典》"辵"部"逮"字下立了一个义项:"逮:昔;从前。"引了《左传》的这个例子,又引《史记·李斯列传》:"李斯乃从狱中上书曰:'臣为丞相,治民三十余年矣。逮秦地之陕隘,先王之时秦地不过千里,兵数十万。'"还引韩愈的《柳子厚墓志铭》:"子厚少精敏,无不通达。逮其父时,虽少年,已自成人,能取进士第,崭然见头角。"认为这几个例子中的"逮"字都有"昔""从前"的意思。如果我们采纳这个说法,那么"昔"与"逮"在这个例句中意思相同,可以看作高邮王氏父子所谓的"古人自有复语""古人行文不避重复"和俞樾《古书疑义举例》所指出的"语词复用例"之类。

此外,还有一种说法,认为"逮"是"肆"的借字,而王氏父子又以为"肆"是"肄"的俗书(详《经传释词》卷八及《经义述闻》卷二十六)。《说文》:"肄,极陈也。从长,隶声。"《尔雅·释诂》:"肆(肄),故也。"那么此例中的"昔逮"可以理解成"昔故",即"故昔",也是"从前"的意思。

郑人怒君之疆埸

《吕相绝秦》:"郑人怒君之疆埸,我文公帅诸侯及秦围郑。"教材的注释说:"怒,发怒。这里是侵犯的意思。"这也是望文生训。

郑人侵犯秦之疆界这件事情并不曾有过。杜预注曰:"晋自以郑贰于楚,故围之,郑非侵秦也,晋以此诬秦。"即使真的侵犯了秦的疆界,也与"发怒"无关。况且,由"发怒"也引申不出"侵犯"的意思来。这里的"怒"是"越过"的意思。《荀子·君子》:"刑罚不怒罪,爵赏不逾德。"王念孙《读书杂志·荀子》:"念孙案:怒、逾,皆过也。(《淮南子·主术》篇注:'逾,犹过也。')《方言》曰:'凡人语而过,东齐谓之��。'又曰:'��,犹怒也。'是'怒'即'过'也。上言'刑不过罪',此言'刑罚不怒罪',其义一而已矣。"由此可知,"郑人怒君之疆埸"就是"郑人过君之疆埸"或"逾君之疆埸"的意思。

不穀恶其无成德

《吕相绝秦》:"楚人恶君之二三其德也,亦来告我曰:'秦背令狐之盟,而来求盟于我。昭告昊天上帝、秦三公、楚三王曰：余虽与晋出入，余保证利是视。不穀恶其无成德，是用宣之，以惩不壹。'"教材注释说："成德：全德，专一的德行。"这不准确。

《说文》："成，就也。从戊，丁声。"可以引申为"成就""齐备"诸义，但很难引申为"专一"的意思。教材注释大概是看到上文的"二三其德"和下文的"以惩不壹"，所以把"成德"解释为"专一的德行"了。这个讲法从上下文意来看固然可以说得过去，但缺乏依据。新出版的《汉语大词典》第五册"成"字条下把"成德"解释为"盛德"，即引此例为证，又引了《易·乾》的"君子以成德为行"和韩愈《唐故中散大夫少府监胡良公墓神道碑》中的"年几八十，坚悍不衰，事可传载，可谓成德"和王安石《枢密使张昇父惠赠太师可赠中书令制》中的"终有成德，为吾宗工"为例。此外，我们还可以找到一些例子：《释名·释言语》："成，盛也。"王先谦《疏证补》："成、盛，声义互通，见于经典者甚多，故成训为盛。"《荀子·非十二子》："盛名况乎诸侯，莫不愿为臣。"俞樾《平议》："成与盛通。"

"成德"讲成"盛德"固然可通，讲成"诚德"也未尝不可以通。朱骏声《说文通训定声·鼎部》："成，假借为诚。"《墨子·贵义》："子之言则成善矣。"孙诒让《间诂》引王念孙云："古或以成为诚。"《韩非子·功名》："近者结之以成，远者誉之以名。"陈奇猷《集释》引陶鸿庆曰："成当作诚。"

可见无论把"成德"讲成"盛德"还是"诚德"，都比讲成"全德，专一的德行"准确，而且不乏依据。

不敢彻声闻于天王

《句践灭吴》（《国语·越语上》）："遂使之（按：指大夫文种）行成于吴曰：'寡君句践乏无所使，使其下臣种，不敢彻声闻于天王，私与下执事曰……'"教材注释说："彻声，表达意见，即传达越王勾践的意见。"我以为，"彻声闻"三字当连言，"声闻"二字都是"彻"的宾语。韦昭注说："彻，达也。"那么"彻声闻"也就是"达声闻"，把"彻声"二字拿出来单独下注是不妥当的。《辞源》及《汉语大词典》都把"声闻"立为词条并引此例为据，以为是"音信"的意思，《北史·刘炫传》："炫与妻子，相去百里，声闻断绝。""声闻"又可作"声问"，《吕氏春秋·赞能》："孙叔敖、沈尹茎相与友，叔敖游于郢三年，声问不知，修行不闻。"《汉书·苏武传》："前发匈奴时，胡妇适产一子通国，有声问来，愿因使者致金帛赎之。"两例中的"声问"也是"音信"的意思,与"声闻"同。

乃必有偶

《句践灭吴》:"若以越国之罪为不赦也,将焚宗庙,系妻孥,沉金玉于江,有带甲五千人将以致死,乃必有偶。是以带甲万人事君也,无乃即伤君王之所爱乎?"教材注释说:"乃必有偶:于是一定有加倍的勇气。意思是五千人拼死作战,一个人就会有相当于两个人的战斗力,所以下文说'带甲万人'。"把"偶"字解释为"加倍的勇气""相当于两个人的战斗力"都是不确切的,"偶"字哪里有"勇气"和"战斗力"的意思呢? 韦昭的注说:"偶,对也。"清人董增龄的疏说:"'偶,对也'者,言相当也。"《史记·越王句践世家》记载道:"种顿首言曰:'愿大王赦句践之罪,尽入其宝器。不幸不赦,句践将尽杀其妻子,燔其宝器,悉五千人触战(按:触战即参战),必有当也。'"司马贞《索隐》曰:"言悉五千人触战,或有能当吴兵者,故《国语》作'耦','耦'亦相当对之名。又下云'无乃伤君王所爱乎',是有当则相伤也。"可见"偶"字意思很明确,就是"对""当"。《广韵·厚韵》:"偶,对也。"《庄子·齐物论》:"彼是莫得其偶,谓之道枢。"郭象注:"偶,对也。"《史记·秦始皇本纪》:"有敢偶语《诗》《书》者弃市。"张守节《正义》:"偶,对也。"

下文的"是以带甲万人事君也",韦注说:"言赦越罪,是得带甲万人事君。"这个讲法恐怕有些词气不顺。教材的注释说:"这是外交辞令,实际上是说要与吴王决一死战。"这个说法易与下文的"无乃即伤君王之所爱乎"相衔接,可从。

寡人礼先壹饭矣

《句践灭吴》记载夫差败后对句践说的一段话:"寡人礼先壹饭矣,君若不忘周室,而为弊邑宸宇,亦寡人之愿也。君若曰'吾将残汝社稷,灭汝宗庙',寡人请死,余何面目以视于天下乎? 越君其次也!"其中"礼先壹饭"这个词组,教材注释说:"按礼节说从前有恩于越,(应当得到回报)。礼:名词作状语。先:动词。从前有……。壹饭:指壹饭之恩。意谓小小的恩惠。夫差曾经没有消灭越国,意味着有恩于越,今旧事重提,希望越国能同意媾和。"这种解释是很勉强的。

韦昭的注说:"言己年长于越王,觉差壹饭之间,欲以少长求免也。"《辞源》:"壹饭:一顿饭。常用以比喻时间很短。"即引此例为证据。我觉着这样讲比所谓"壹饭之恩"要好些。因为如果按教材注释的说法,这个"恩"就是夫差曾经没有消灭越国,不但与"饭"不相干,而且不太合于情境及外交辞令之常规。

把"礼"字讲成"名词作状语"也欠妥当。其实它是动词,"先"也不该讲成"从前有……",而是"早一步"的意思。总的意思是说:自己礼待句践,因为年长,故而早了一步,现在请对方也不忘同姓之谊,能够同意庇覆自己,不使残灭。

今者义渠之事急

《范雎说秦王》(《战国策·秦策三》):"范雎至秦,王庭迎,谓范雎曰:'寡人宜以身受令久矣。今者义渠之事急,寡人日自请太后。今义渠之事已,寡人乃得以身受命。躬窃闵然不敏,敬执宾主之礼。'范雎辞让。"教材注释说:"今者:副词性固定词组,表示最近一段时间。"联系上下文来看,下文即说"今义渠之事已",那么"义渠之事急"当为追叙之词,不当谓"今者"。

王念孙《读书杂志·战国策一》指出:"'今者'乃'会'字之讹。下文既云'今义渠之事已',则'义渠之事急'二句乃追叙之词,不得言'今者'。《史记·范雎蔡泽列传》正作'会义渠之事急',当据改。"他说的有理据,应当采纳。

臣闻古之君人

《燕昭王求士》(《战国策·燕策一》):"郭隗先生曰:'臣闻古之君人,有以千金求千里马者,三年不有得。'"教材注释说:"君人:国君。"这个说法不恰当。古书中没见有称呼国君为"君人"的。

王念孙《读书杂志·战国策二》指出:"'君人'当依《新序·杂事》篇作'人君'。"又说:"《艺文类聚》《太平御览》《文选》并引作'人君',当据改。"他的意见是对的,应当采纳。《战国策》一书,"由学者不习,或衍或脱,或后先失次"(鲍彪《战国策注序》),"先秦之书,惟《战国策》最古,文最讹舛"(吴师道《战国策校注序》),王念孙在前人校对的基础上,博考异文,进一步校改,其言凿凿,不应当忽视。

黯与亢礼

《史记·汲郑列传》:"大将军青既益尊,姊为皇后,然黯与亢礼。"教材注释说:"亢礼:抗礼。平等相见,揖而不拜。"把"亢礼"讲成"抗礼",大概是以为"亢"与"抗"通,这不准确。"亢"当通"伉",是"相当""匹敌"的意思。《广雅·释诂三》:"伉,当也。"王念孙《疏证》:"伉与亢通。"《字汇》:"亢,敌也。"《说文通训定声·壮部》:"亢,假借为伉。"《汉书·终军传》:"臣年少材下,孤于外官,不足以亢一方之任。"颜师古注:"亢,当也。"由此可见,"亢礼"当训"伉礼"。

"亢"字当然也通"抗",但那是"抵御""抵挡"的意思。《说文通训定声·壮部》:"亢,假借为抗。"《字汇》:"亢,抵也。"《左传·宣公十三年》:"我则为政,而亢大国之讨。"杜预注:"亢,御也。"由此可见,以"抗礼"释"亢礼"是不准确的。

以微文杀无知者五百余人

《史记·汲郑列传》:"陛下纵不能得匈奴之资以谢天下,又以微文杀无知者五百余人,是所谓'庇其叶而伤其枝者也'。"教材注释说:"微文:微不足道的法律条文。"这是望文生训。

《史记·酷吏列传》写减宣治狱,深文周纳,诬人入罪,称"微文深诋,杀者甚众"。又《汉书·元帝纪》:"百姓仍遭凶厄,无以相振,加以烦扰乎苛吏,拘牵乎微文,不得永终性命。"《汉书·刑法志》:"其后,狱吏复避微文,遂其愚心。"各例中的"微文"都是指法令之苛细或繁多,没有"微不足道"的意思。另外,本篇中的"刀笔吏专深文巧诋,陷人于罪,使不得反其真,以胜为功"几句,可与"以微文杀无知者"对照阅读。

其相似也适然

王安石《同学一首别子固》:"予考其言行,其不相似者何其少也。曰:学圣人而已矣。学圣人,则其师若友必学圣人者。圣人之言行岂有二哉?其相似也适然。"其中的"适然",教材注释说:"合适,适宜。"这不准确。

这里的"适然"是"当然"的意思。《汉书·贾谊传》引贾子《治安策》云:"至于流俗失世坏败,因恬而不知怪,虑不得于耳目,以为是适然耳。"颜师古

注："适，当也。谓事理当然。"又颜师古注："适，当也。谓事理当然。"又《汉书·礼乐志》："至于风俗流溢，恬而不怪，以为是适然耳。"颜师古注："言正当如此，非失道也。"这两个例子中"适然"的意思与王安石的"其相似也适然"是一致的，新出版的《汉语大词典》卷十"适"字头下"适然"条即列有这个义项，可供参考。

养三老五更

《汉书·艺文志·诸子略》："墨家者流……养三老五更，是以兼爱。"教材注释说："据说古代天子以父兄之礼养三老、五更各一人。见《礼记·文王世子》。'更'当作'叟'。《释文》：'更，蔡作叟。'"

查《礼记·文王世子》："遂设三老五更群老之席位焉。"郑玄注："三老、五更各一人也，皆年老更事致仕者也，天子以父兄养之，示天下之孝悌也。名以三五者，取象三辰五星，天所因以照明天下者。"孔颖达疏云："三老五更各一人，蔡邕以为'更'字为'叟'；'叟'，老称也。又以三老为三人，五更为五人，非郑义也，今所不取。云皆年老更事致仕者，三老亦有更名，五更亦有老称，但尊此老名，特属三老耳，以其天子父兄所事，故知致仕者……云取象三辰五星者，三辰谓日、月、星，五星谓东方岁星、南方荧惑、西方大白、北方辰星、中央镇星。"

可见对于"更"字，郑玄的讲法与蔡邕不同，郑氏认为"五更"与"三老"意思差不多，"三""五"之名也不过是取象于三辰五星，并非实数。在《礼记·乐记》中，也有"食三老五更于大学"的话，郑玄注："三老、五更，互言之耳，皆老人更知三德五事者也。"这个"三德五事"，孔颖达解释说："三德谓正直刚柔，五事谓貌言视听思也。《文王世子》注云：'象三辰五星者，义相包矣。'"可见"三德五事"与"三辰五星"都不是直接指人数而言，这一点，孔颖达也没有取蔡邕的说法。

孔颖达认为"更"是"老年更事"而且辞官的人，与"老"字互文。"更事"指阅历世事。《三国志·魏书·武帝纪》："公曰：'吾预知当尔，非圣也，但更事多耳。'"所以古书中就有用"更"字指代经验丰富、深历事故的老年人的。《魏书·尉元传》："夫尊老尚更，列圣同致。"潘岳《闲居赋》："祗圣敬以明顺，养更老以崇年。"由此可见，教材注释根据《经典释文》所载蔡邕的一种说法就认定"'更'当作'叟'"，是过于武断了。当然，从字形看，"更"与"叟"可能互讹,但既有上述的那些说法与用例,再认定是讹书,就缺乏说服力了,不如改为"一说'更'或作'叟'"。

物不得其平则鸣

韩愈《送孟东野序》:"大凡物不得其平则鸣。"教材注释说:"不得其平则鸣:受到不公正的待遇就要发出不满的声音。成语'不平则鸣'出此。"这个讲法不够全面。

钱锺书指出:"一般人认为'不平则鸣'与'发愤所为作'涵义相同,事实上,韩愈和司马迁讲的是两码事。司马迁的'愤'就是'坎壈不平'或通常所谓'牢骚'。韩愈的'不平'和'牢骚不平'并不相等,它不但指愤郁,也包括欢乐在内。……按照古代心理学,不论什么感情都表示'性'暂时失去了本来的平静,不但愤郁是'性'的骚动,欢乐也一样,好比水的'湍激'或'汹涌'。"(《诗可以怨》,《文学评论》1981 年第 1 期)这段话中关于"性"的"骚动"的说法我不敢苟同,但钱先生指出"韩愈和司马迁讲的是两码事",这是很有道理的。韩愈写《送孟东野序》这篇文章当然也可能寄托着对现实的不平与不满,但他在结尾处分明写着:"东野之役江南也,有若不释然者,故吾道其命于天者以解之。"况且其上还有:"三子者之鸣信善矣。抑不知天将和其声而使鸣国家之盛邪?抑将穷饿其身、思愁其心肠而使自鸣其不幸邪?""其在上也奚以喜?其在下也奚以悲?"联系全篇上自咎陶、禹,下至唐代诸家"皆以其所能鸣"来看,韩愈的"鸣"大约并非仅指"发出不满的呼声",而是指广义的文学艺术乃至各种各样的"术",所以这个"不平"也并非仅指"受到不公正的待遇",而是指足以激起人们喜怒哀乐各种情绪的主客观环境。

其哭也有怀

韩愈《送孟东野序》:"有不得已者而后言,其歌也有思,其哭也有怀。"教材注释说:"思:思念,思慕。怀:怀念,留恋。"其实"思"与"怀"对文,"怀"也是"思"的意思。

《说文·心部》:"怀,念思也。"段玉裁注:"念思者,不忘之思也。"《方言》:"怀,思也。"《尔雅·释诂》:"怀,思也。"《诗经·召南·野有死麕》:"有女怀春。"《小雅·常棣》:"兄弟孔怀。"《齐风·南山》:"曷有怀止。"毛《传》并云:"怀,思也。"又《豳风·东山》:"伊可怀也。"《鄘风·载驰》:"女子善怀。"

《鄘风·蝃蝀》:"怀婚姻也。"《小雅·小明》:"岂不怀归。"《大雅·大明》:"聿怀多福。"郑《笺》并云:"怀,思也。"又《左传·宣公八年》:"辟不怀也。"《宣公十四年》:"怀于鲁矣。"《昭公十二年》:"宴语之不怀。"杜预注并云:"怀,思也。"可见"其歌也有思,其歌也有怀"二名互文,"歌"与"哭"、"思"与"怀"皆对文而义有相通。

邹衍·尸佼

韩愈《送孟东野序》:"杨朱、墨翟……邹衍、尸佼、孙武、张仪、苏秦之属,皆以其术鸣。"教材注释说:"邹衍:阴阳家,战国时魏国人(一说鲁国人),曾为秦相商鞅门客,著有《尸子》,早佚,清人有辑佚本。"这个注释的错误十分明显,我怀疑是排印之误。

邹(一作"驺")衍,战国末年的哲学家,是阴阳五行学派的代表人物。齐国人。历游魏、燕、赵等国,受诸侯尊礼。《汉书·艺文志》注:"齐人,为燕昭王师,居稷下,号谈天衍。"著《邹子》四十九篇。又有《邹子终始》五十六篇,颜师古曰:"亦邹衍所说。"

尸佼,战国时杂家。《汉书·艺文志》注:"鲁人,秦相商君师之。鞅死,佼逃入蜀。"著《尸子》二十篇,据说有六万余言,今已十佚八九。教材注合二为一,张冠李戴了。

以上仅就教材中新增各篇散文的注释进行考察,指出其较为明显的失误之处,其他还有一些问题。可见古代汉语教学,词义问题当是首要的,而要准确地解释词义,就不能盲从某些选本的注释,要好学深思,发现问题,及时加以辩证,在讲授知识的同时,教师应以实事求是的良好学风影响学生。

上面所举的例子,有的是因为注释者凭私臆断或以今例古,有的却是由于不够审慎。我们在备课时应当下功夫尽可能多地搜集材料,然后甄别取舍,择善而从。如有新解,一定要讲证据,说服力才强,绝对不要强作解人,信口雌黄。

三、训诂学与古书注解工作

注解古书,是训诂的首要之事,也是最基本的工作。这里,简单讲一下当前注解古书的问题。

我国历史悠久,古籍浩瀚。据国务院有关部门统计,我国流传至今的古籍至少有十多万种。新中国成立以来,虽然党和政府高度重视古籍整理工作,但四十年来系统整理过的古籍也不过五六千种,今后的路程很长,任务也很繁重。古籍整理包含的内容很多,如校勘、标点、注解、翻译等等,但注释显然是其中特别重要的一环。

不仅古籍整理,编写教材、编写通俗的文学历史读本、编写字典辞书等工作也都与注释工作密切相关。如果把古书注解这一环节抓好了,上述各项工作做起来就都容易一些了。当前文史工作者队伍有了很大变化,一批前辈学者逐步退出了阵地,大批中青年学者承担起越来越艰巨的任务。特别是一些二三十岁的年轻人,以满腔热忱投入到这项工作中来,他们精力充沛,敢想敢干,勇于开拓创新,这都是十分可喜的。但是,由于高等教育本身存在着许多有待于改善的问题,再加上图书等客观条件的限制,许多青年文史工作者在教学、科研工作中还面临着不少困难,致使他们中的某些人学养不足,在古书注释工作中暴露出一些问题。这些问题如果不及时提出来加以解决,势必影响当前乃至今后的古籍整理、教学、科研及书籍出版的质量,所以有必要提出来加以讨论。

首先是学力问题。

为古代诗文作注,实在是一件很见功力、很不容易的事情。要想注释得好,不但应对原作有全面、准确、深刻的理解,而且注释者的学力也至少能与原作者相颉颃。清代学者杭世骏说:“作者不易,笺疏家尤难。”又说:“才不必言,夫必有什倍于作者之卷轴,而后可以从事焉。”(《道古堂文集》)汉唐以来见于史传的许多大学问家,如贾逵、马融、毛亨、郑玄、朱熹、王念孙父子、段玉裁等等,无不是以注释、整理古书名世的;自汉魏至于明清,注释古书的工作已有悠久的历史。对于前人留给我们的大量遗产和经验、教训,我们都应当认真加以审查、清理,择善而从,进行吸收和继承。郑玄笺《诗》,自称“宗毛为主。其义若隐略,则更表明;如有不同,即下己意”(《六艺论》)。王念孙在《广雅疏证》的自序中提出既反对“望文虚造而违古义”,又反对“墨守成训而少会通”。阮元也说:“古注之善者采之,浅者、误者弃之,其有新义,即下己意。”(《揅经室集》)所以王力先生论证说:“古代的经生们抱残守缺,墨守故训,这是一个缺点。但是我们只是不要墨守故训,却不可以一般地否定故训。……汉儒去古未远,经生们所说的故训往往是口口相传的,可信的程度较高。汉儒读先秦古籍,就时间的距离说,略等于我们读宋代的古文。我们现代的人读宋文容易懂呢,还是千年后的人读宋文容易懂呢? 大家都会肯定是前者。"(《龙虫并雕斋文集·训诂学上的一些问题》)他的意见是正确的。继承和创新,二者密不可分。对于已经掌握了先进理论武器和科学方法论的现代人,继承本身就包含有创新因素。所以下功夫研读前人注疏,系统地继承前人研究的成果,对于现代青年学者来说,乃是第一位的问题。学养不足,是当前古书注解工作的最大障碍,所以前辈学者总是谆谆告诫我们要耐得住寂寞,坐得住冷板凳,认真读书。尽管改革开放以来西方许多值得我们吸收借鉴的理论和体系同样十分重要,但那也不能代替我们传统学问中精粹的东西。读古书旧注是一门踏踏实实的基本功,到任何时候都是重要的。

　　一经认真研读前人著作,我们就会发现,在今人注释乃至字典辞书中常常出现一些前人早已指出来的错误,我们又重犯了;或者前人犯过的错误,我们又"重蹈覆辙"了。例如,王引之在《经义述闻·通说上》中早已指出:"大氐双声迭韵之字,其义即存乎声。求诸其声则得,求诸其文则惑矣。"又说:"夫双声之字,本因声以见义。不求诸声而求诸字,固宜其说之多凿也。"他指出,"犹豫"字或作"犹与",转之则曰"夷犹""容与"等等,而《颜氏家训·书证》篇"人将犬行,犬好豫在人前,待人不得,又来迎候,如此往返,至于终日,斯乃豫之所以未定也,故称犹豫"的说法是错误的,同时那种认为"犹是兽名,每闻人声,即豫上树,久之复下"以及"豫字从象,犹、豫俱是多疑之兽"的看法也是穿凿不可信的。他还指出,作"都凡""大凡"讲的"无虑",可根据双声叠韵的轨迹转为"勿虑""摹略""莫络""孟浪"等等。后来朱起凤的《辞通》等著作对这个问题论述得更加详尽,实例也已丰富到无以复加的地步,看来联绵词的问题已成定论,并为大家所接受,照理不会有什么疑问了。但是近来行用甚广的几种辞典和某些古文注释书中仍然出现类似的问题。如"狼狈"字又作"剌捲""赖跛"等,是"行不正"的意思,引申为彼此勾结、困顿窘迫诸义。但是自从唐人段成式《酉阳杂俎》把它讲成两种动物,说什么"狈前足绝短,每行常驾两狼,失狼则不能动,故世言事乖者称狼狈"之后,大家陈陈相因,都把这种说法列为辞书重要义项,或直接用来下注,谁也不去认真想想,世上究竟会不会存在这种"每行常驾两狼"的奇怪动物,这不是很可笑的吗? 又有甚者,某书释"螳螂"说:"两臂如斧,当辙不避,故名。"那么"螳螂"又作"刀螂",怎么解释呢? 乃云:"以其两臂如刀,故名。"释"蜘蛛"说:"古人以其能设一面之网,知物触而后诛之,故名。"释"蜣螂"说:"以其高鼻深目,状如胡羌,背负黑甲,故名。"如此等等,不一而足。流风所被,在电视、广播中竟有推演"望洋兴叹"这个成语的,踢球不进,曰"望球兴叹";访人不遇,曰"望门兴叹""望锁兴叹";等等。

望文生训的毛病也不仅在解释联绵词方面才有,某些常见字义的解释也存在这个问题。例如《诗经·卫风·氓》:"隰则有泮。"郑《笺》明明说:"泮读为畔。畔,涯也。"从音、义两方面说都是无可指摘的。上古"泮"属滂纽元部,"畔"属并纽元部,既为旁纽双声,又是叠韵。《说文·田部》:"畔,田界也。"由"田界"之义引申为"水涯",其义昭然。可是某书注释硬是"望形为谊"(章太炎《文始》),说"泮"字当作"水边"讲。查《说文·水部》:"泮,诸侯乡射之宫。西南为水,东北为墙。从水,从半,半亦声。"《玉篇》:"泮,散也,破也。亦泮宫。"即使最新出版的《汉语大词典》"泮"字下也只列"融释""泮宫""泮奂""通'畔'""通'判'""水名"诸义项,而无"水边"一说,可见仅据字形偏旁附会字义是很不可靠的。

又如《三国志·吴书·周瑜传》:"刘表治水军,蒙冲斗舰,乃以千数。"其中的"蒙冲",《释名》《通典》都讲成一种形体狭长的攻击型轻快战船。胡三省《通鉴注》也引杜佑的说法云:"蒙冲,以生牛皮蒙船覆背,两厢开掣棹孔,左右有弩窗、矛穴,敌不得近,矢石不能败。此不用大船,务于速疾,乘人之所不及,非战之船也。"那么《太平御览》卷七七○引《吴志》:"董袭讨黄祖,祖横两艨冲,夹守沔口。"《旧五代史·贺环传》:"以艨艟战舰厄其中流。"又作何理解呢?两艨冲而可以夹守沔口,艨艟战舰而可以厄其中流,难道是轻快小船可以胜任的吗?况且刘表治水军,船以千数,皆为小船,这怎么可能呢?这个问题,早有人专门讨论过,认为艨冲(字或作"艨艟")乃是攻坚、拒守之舰,与专用于游击驰斗之"斗舰"有别。《玉篇·舟部》也只说"艨艟,战船",并未言其形制。可见"艨冲"二字未必就作"蒙牛皮而冲击"解。近来有的学者编辞书、作注释,盲目袭用前人旧说而不加以辩证,也不吸收现代学者的研究成果,以古为尚,其实古人也不见得完全正确。可见,对于学养问题的学习,应当包含古今中外优秀的研究成果。许慎《说文·秃部》讲"秃"字,引用"通人"王育的说法云:"仓颉出,见秃人伏禾中,因以制字,未知其审。"段玉裁就指出:"因一时之偶见,遂定千古之书契,秃人不必皆伏禾中,此说殆未然矣。"但是许慎毕竟还说"未知其审",他引王育说不过是博采"通人",聊备一说,并没有全然肯定,而现在有的学者则妄说语源。如释"泥鳅"云:"以遒健好动,故名。"释"鲫鱼"云："以其游行时相即，故名。"释"鲤"云："以其首有七星，传云夜朝北斗，有自然之礼，故名。"等等。更加武断而不言出处，令人全然不能接受。由于学养不足，我们在注释古书时还常常犯"以今例古"的毛病。例如，"寝疾"本指卧病，是古时的常语。《管子·小问》："曾子寝疾，病。"《礼记·檀弓上》："成子高寝疾，庆遗入请曰：'子之病革矣！'"《孔子家语·终记解》："遂寝病七日而终。"《后汉书·董卓传》："及灵帝寝疾，玺书拜卓为并州牧。"《后汉书·宋均传》："均尝寝病，百姓耆老为祷请。"诸例中的"寝疾""寝病"都指病重不起。某教材在注释时却讲成"睡觉时得了病"。其实，这个问题段玉裁早就指出过。《说文·寱部》有个"寱"字，许慎说解云："病卧也。从寱省，壹省声。"段玉裁注："'寝'者，卧也。'寱'者，病卧也。此二字之别。今字概作'寝'矣。"在《宀部》"寝"字下注文中，段氏也指出："今人皆作'寝'。'寝'乃《寱部》'寱'字之省，与'寝'异义。"可见原非一字，后来字形省并了，但在古书中词义仍有不同，明了这一点，就不会把"寝疾"讲成"睡觉时得了病"。

又如《说苑·建本》："暮，何不炳烛乎？"有个注本把"炳烛"解释为"点亮蜡烛"，这也是"以今例古"。《说文·火部》："烛，庭燎，火烛也。"段玉裁注："古烛盖以薪蒸为之，麻蒸亦其一端。"毛《传》就曾指出过："粗曰薪，细曰蒸。"郑玄注《周礼·甸师》也曾指出："大曰薪，小曰蒸。"段玉裁在《说文·火部》"燋"字下又说："大烛树于地，烛则执于手。"可见古时的"烛"指以木、麻为干做成的火炬。章太炎《检论》说："汉初炷烛不过麻蒸，后汉之季，始有蜡烛。"《晋书》中始有"蜡烛"的正式记载。

又如《列子·说符》："得其精而忘其粗，在其内而忘其外。"某教材注释"忘"字谓"不妨忽略"，不但是增字为训，而且对"忘"字的古义也不甚了解。"忘"字古有遗失、舍弃之义。《诗经·大雅·假乐》："不愆不忘，率由旧章。"郑《笺》："不过误，不遗失。"《汉书·武五子传》："子胥尽忠而忘其号。"颜师古注："忘，亡也。"陆机《叹逝赋》："乐隤心其如忘，哀缘情而来宅。"李善注："忘，失也。"等等。此外，"在"字古有"察"义。《尚书·尧典》："在璇玑玉衡，以齐七政。"孔《传》："在，察也。"《尔雅·释诂》："在，察也。"这些古今意义不同的词语，都是在注释时应当特别留意的。

魏晋以下有许多俗语词的词义也往往被人们所误解。如杜甫诗《与鄠县源大少府宴渼陂》："主人情烂漫，持答翠琅玕。"其中的"烂漫"，有的选本注为"美好"，这是不准确的。在唐代，"烂漫"有"多"与"深"的意思。李贺诗《春归昌谷》:"京国心烂漫,夜梦归家少。"是说心事多且深,纷扰得无暇念家。如果把"心烂漫"讲成"心事美好",就适得其反了。又如王维诗《老将行》:"少年十五二十时,步行夺得胡马骑。射杀山中白额虎,肯数邺下黄须儿!"其中的"肯数",有的选本注为"怎么数得着",这是不准确的。"数"字,唐代有"让""亚于"的意思,"肯数"是"岂肯让""岂能亚于"的意思。总之,对于某些看上去似乎很平常的词语的解释尤其应当谨慎,因为这往往最能反映注释者学养的深浅。

同时,有些词语是多义的,旧注和辞书里有几种不同的讲法。在具体语境中选取最恰当的说法下注,这也是衡量学力的试金石。如《列子·汤问》:"薛谭学讴于秦青。"其中的"讴"字,《说文》曰:"齐歌也。"王逸在《楚辞·大招》注中说:"徒歌曰讴。"《广雅·释乐》:"讴,歌也。"此外,《古乐志》有"齐歌曰讴"的说法,指齐地的民歌或歌谣。某教材在注释"薛谭学讴"时,把"讴"讲成"不用乐器伴奏的歌唱",看来是采用"徒歌"的说法了,但"薛谭向秦青学习不用乐器伴奏的歌唱"算是个什么说法?太不符合人们的语言习惯了。而且,怎么就一定能排除他有乐器伴奏的可能性呢?其实《广雅》"讴,歌也"的说法何等简洁明白!

有时,我们还会遇到这种情况:一个词,原本不必下注,读者可以明白,一加上注释反倒把人讲糊涂了。如《列子·说符》:"若皋之所观,天机也。"某教材注云:"天机,天然的机理。"又云:"指千里马具有的禀赋。""机理"和"禀赋"难道是同一概念吗?《抱朴子·广譬》:"聪者料兴亡于遗音之绝响,明者觌机理于玄微之未形。"其中的"机理"指事物变化的道理,与"禀赋"毫不相干。俗语说:"天机不可泄露。"陆游诗《醉中草书因戏作此诗》:"稚子问翁新悟处,欲言直恐泄天机。"无非是指造化的奥秘,不注释也能明白。

有的学者平时不甚措意于古汉语的语法修辞,下笔注释古代诗文时也常常使文意不安。如辛弃疾词《鹧鸪天》:"燕兵夜娖银胡䩮,汉箭朝飞金仆姑。"其中的"娖"字,某选注本云:"谨慎貌,小心翼翼的样子。"既无书证,也不合相俪偶的两句中"夜娖"与"朝飞"对仗的修辞特点。《辞海》采用某专家的意见,谓"娖"通"捉",但"夜捉"亦甚不词。其实"娖"是俗语词,宋时有"整理""整顿""齐整"之义。宋人诗文中每有"整促""整娖""整踧"等,本字当为"踧"。《广雅·释诂》:"踧,齐也。"《玉篇》:"踧,等也,齐也。"《后汉书·中山简王焉传》:"官骑百人,称娖前行。"李贤注:"称娖,犹齐整也。"上例中的"夜娌"犹言"夜整""夜理"。

又如《列子·说符》:"臣有所与共担缫薪菜者有九方皋,此其于马非臣之下也,请见之。"前人指出,"菜"通"采",后一个"有"字是衍文,这句话应作"臣有所与共担缫薪采者九方皋"。这本是极易读懂的,但某教材却把它讲成"我有个同别人一起背绳打柴名叫九方皋的朋友"。"所与共担缫薪采者"怎么会有"同别人一起"的意思呢?如果可以这样理解的话,那么《孟子·离娄下》的"其妻问所与饮食者,则尽富贵也"倒是指与别人共进饮食的,而非那个齐人了。同类的例子还有很多,如《晏子春秋·内篇杂下》:"圣人非所与熙也。"难道"非所与熙"的不是"圣人"本人,而是别的什么人吗?《史记·淮南王列传》:"太子迁诸所与谋反者皆族。"难道族灭的不是同太子迁一起谋反的,倒是同别的什么人一起谋反的人吗?

还有《左传·成公二年》:"齐侯曰:'余姑翦灭此而朝食!'不介马而驰之。"某教材注云:"之:指晋军。"那么"不介马而驰之"就成了"不介马而驰晋军"了,齐侯怎么能"驰"敌人的军队呢?其实这个"之"是一个意义很虚的代词。

又如《左传·僖公三十年》:"焉用亡郑以陪邻?"几种教材都把它讲成"哪里用得着灭亡郑国来增加邻国的土地?"把"焉用"讲成"哪里用得着",文气能够贯通吗?杨树达《词诠》曰:"焉用犹何为。"讲得多么好!这种误虚为实、错会词义的例子,在近年来注释作品中俯拾皆是,是最易将初学者引入歧途的。

还有那个《木兰诗》中著名的例子:"雄兔脚扑朔,雌兔眼迷离。双兔傍地走,安能辨我是雄雌?"几家大型辞书及不少注本中都作如下讲法:"兔难辨雌雄,俗常提兔耳悬空,雄兔四脚搔爬,为扑朔;雌兔两眼眯起,为迷离。奔路时则难辨其为雌为雄。"也许最先这样讲的人是经过了目验的,怎见得提耳悬空时雌兔就全不搔爬,雄兔就全不眯眼呢?万一有例外的,岂不是又难辨了吗?其实二句互文,有的辞书在解释时就未用此说,反倒让人觉得更可信一些。清人陈玉树在《尔雅释例》中说:"凡泛言者,不必求其地以实之。如'东方有比目鱼''南方有比翼鸟''西方有比肩兽''北方有比肩民'等,一一求其实地,反失之穿凿矣。"这话值得我们参考。古代诗文中的某些本属于修辞范畴的说法,需要从修辞角度加以解释才能怡然理顺,强行穿凿,反而会杌陧不安。

当前注释古书另一个值得注意的问题,是治学态度。

古人往往以对待经学的谨慎态度来对待语言文字之学。戴震说:"一字一句之安妥,亦天地位、万物育之气象也。"把训诂看得如此之重,几与天地造化同工，即使是从经学立场出发，跟我们当今注释古书的目的大不相同，但那种求"一字之安"的认真态度却是不容否定的。黄侃常以"好学深思，心知其意"和"多闻阙疑，慎言其余"这十六个字勉励和告诫他的弟子。他说："学问之道有五：一曰不欺人，二曰不知者不道，三曰不背所本，四曰为后世负责，五曰不窃。"他指出："汉学之所以可畏，在不放松一字。"这就充分肯定了古代朴学的可贵传统。他批评近代人治学之病有三：一是"郢书燕说之病"，指的是以讹传讹、曲解原意；一是"辽东白豕之病"，指的是少见多怪，自命不凡；一是"妄谈火浣之病"，指的是凭私臆断，强作解人。这三种毛病，当前注解古书工作中都还严重地存在着。正如他曾指出的这些毛病的原因："一曰急于求解，二曰急于著书，三曰不能阙疑，四曰不能服善。"（说详殷孟伦师《黄侃先生汉语论著在汉语史上的地位》）

　　中国的传统学问，有如仰山铸铜，煮海为盐，永无止境。那种华而不实、趋新求异、主观武断的态度，正是学者的大敌。

　　注解古书同做别的学问一样，首先要有谦虚谨慎、实事求是的态度。既要日日有所知，又当日日有所不知。郑玄注《三礼》，于所不知，辄云"未闻"；许慎著《说文》，"于所不知，盖阙如也"；郭璞注《尔雅》，"未详""未闻"之处凡一百八十余条；高诱注《淮南子》，于所不知，则云"诱不敏也"。这样的态度才是科学的、实事求是的。张舜徽先生在《郑学丛著》中说："于所不知，不加臆断，疑以传疑，留待后人定之。既明其慎，亦见其谦。知之为知之，不知为不知，可为后世法也。"当前有的学者注释古代诗文，一定要竭力推翻成训，强觅新解。例如《诗经·周南·关雎》第二章："参差荇菜，左右流之。"毛《传》训"流"为"求"，择取之义，是叠韵为训，平正通达，无懈可击，可是有人偏要说毛《传》牵强，而以"流"为"水流""流动"。但《诗经》中这一首为"叠章体"，其下两章有"左右采之""左右芼之"（毛《传》："芼，择也。"）如果以"流"的主语为荇菜，那么"采"与"芼"的主语也会是荇菜么？与整首诗的句法不伦，这么说法的谬误是显而易见的。又如《离骚》："朝饮木兰之坠露兮，夕餐秋菊之落英。"其中"坠露"与"落英"对文，"落"训"坠"无疑，但宋人好奇，提出"落"字应据《尔雅》"落，始也"之义训为"始"。清代的蒋骥在《山带阁注楚辞》中早就指出："'落'字与上句'坠'字相应，强觅新解，殊觉欠安。"近人游国恩《楚辞论文集》也说："我们不必问菊花是否会落，或者有落有不落；即使一切菊花都不落，而且有现代物理学作根据，也不能说屈子的'落英'不许用'坠落''陨落'

义。因为骚人下笔为文，兴之所至，决无暇想到格物的问题，更不会想到作文章非根据物理不可……何况《离骚》一篇用'落'字的地方很多，凡四见，都是'陨落'的意思，不可作'始'字或其他意义解。"问题已经辩论得很清楚了，但直至今天，还有人坚持"落英即始花"的说法，认为屈子"好修以为恒"，不会吃那已经凋落的菊花。更有甚者，把陶渊明《桃花源记》中的"落英缤纷"也释为"始开之花"，然而《陶渊明集》中"落"字凡八见，如"误落尘网中""零落同草莽""落地为兄弟""落叶掩长陌""景落西轩"等，无一处可释为"始"义。戴东原在《答江慎修先生论小学书》中早就指出过："即《尔雅》亦多不足据。姑以《释故》言之，如'台、朕、赉、畀、卜、阳，予也'，台、朕、阳当训予我之予，赉、畀、卜，训赐予之予，不得错见一句中。""其解释《诗》《书》，缘词生训，非字义之本然者，不一而足。"可见，读《尔雅》应当态度审慎，明白义例，断不可脱离语言环境，任取一义，即为规尺。"落，始也"之义，在"落成"等始终代嬗、荣落互根的具体语境中才有"始"义，这是一种"名若相反而义实相通"的特殊情况（参见郝懿行《尔雅义疏》）不能无限推演而以为处处应合。

　　更有可笑者，把《水经注·三峡》中"常有高猿长啸，属引凄异"一句中的"属"字讲成"一种高大的、吃猿的猴子"。据说也是取证于《尔雅》《方言》《埤雅》等，诚如王力先生批评的那样："先假设了一种新颖可喜的解释，然后再乞灵于'一声之转'之类的'证据'，那么，这些假设只能成为空中楼阁了。"（《龙虫并雕斋文集·训诂学上的一些问题》）先把"属"字据古音读为"独"，再据"独"的字形去强觅故训，就造成上面的那种奇怪说法了。如果翻开《说文》，在"独"字下又有这样一种解释："一曰北嚣山有独狢兽，如虎，白身，豕鬣，尾如马。"难道我们据此也可以随意把"属引凄异"的"属"字讲成"如虎之兽"吗？岂不是太荒唐了？可见这种强觅新解的好奇态度在注释工作中是首先应当警惕和防止的。

　　注解古书，像做其他工作一样，谁也难免有错误。宋代洪迈《容斋随笔》指出："注书至难，虽孔安国、马融、郑康成、王弼之解经，杜元凯之解《左传》，颜师古之注《汉书》，亦不能无失。"关键是要提倡一种实事求是的朴学精神。清人顾广圻谈"校书之弊"有二："一为性庸识暗，强预此事。一为才高意广，易言此事。"（《礼记考异跋》）现在，在注释古书方面，除此二端之外，恐怕还得加上"性庸识暗"而"易言此事"这一端。"性庸识暗"并不是最可怕的，因为可以通过孜孜不倦的学习提高自己；自以为"才高意广"而其实"性庸识暗"却又"易言此事",才是最可怕的。当今学术界确实日甚一日地在滋长着这种风气,一些人视注释古书为"雕虫小技",正与当年扬雄的看法相反,不知是什么道理?注释古书虽然可以根据读者水平的高下而在深浅程度上有所区别,但从根本上讲,这是一项十分严肃的、有价值的工作,须以极严格的科学态度加以对待。

除上面谈到的学力问题和态度问题外,古书注解工作还存在一些其他方面的问题,有待于语文工作者们逐步研究解决。

譬如术语问题,就很不统一。古书中的假借字,注释中或曰"某通某""某同某""某假为某""某为某之借字""某读为某""某今作某"等等。仔细考察起来,"通""同""假借"这几个概念不应该等同起来看。古人用字,有时因声义并近而通用,有时用了异体字,有时用单纯的音同音近字,有时用了古字,情况不同,使用术语时就应当有所区别。这个问题,不是没有人专门写文章讨论过,但迄今没有达成共识,因而实际使用起来,仍带有较大的随意性。其实要解决也并不难,有关语言工作主管部门组织专家认真讨论,得出较为一致的意见之后,首先在报刊杂志上发表,引起争鸣,然后将大家一致认可的结论施诸中学语文课本就可以了。同时,编辑出版单位在编审书稿时也应当充分重视这个问题。又如散文中的韵语,有的注释中常用"叶韵"这个概念表示。《左传·隐公元年》:"公入而赋:'大隧之中,其乐也融融。'姜出而赋:'大隧之外,其乐也泄泄。'"某教材注云:"融、中叶韵","泄、外叶韵"。这很容易引起人们的误解,以为早已被清人批倒了的"叶音"(或称"叶韵""协句")之说又复活了。"叶音"之说是南北朝以来由于学者不明古音而在读《诗经》时随意改读以求押韵的一种不科学的做法,古音学兴起并日臻缜密之后,它就没有市场了。但它竟然"阴魂不散",在某些《诗经译注》及行用较广的教材中还被较频繁地使用着,实在是误人子弟。其实古音"融"与"中"押韵、"泄"与"外"押韵,是不必用"叶韵""叶音"这种容易引起误解的概念去表述的。这看起来是个术语问题,其实也是个很严肃的学术问题,应该用严格的科学态度去对待。

古书注解涉及的知识面很广,它跟古籍整理、辞书编纂、文科教学等关系密切,由于读者知识层次不同,古书注解的深浅详略也就不同,所以,随着精神文明建设的不断进展,有计划、有步骤地建立一支素养较高、训练较严格的队伍是很有必要的。大专院校、社会科学研究单位、出版单位及其他有关单位应当展开协作,共同就某些重要问题开展学术研讨,以期尽快提高一些出版物的质量,争取为振兴民族文化作出更多贡献,这是我们日夜期盼的。

四、训诂学与辞书编纂工作

在我国历史上，从来就有专书训诂和随文释义的训诂两大基本体裁。专书训诂即指《尔雅》《说文》两大系的辞书，以及后来不断出现的韵书（韵书中对词义和解释也有不少宝贵的资料，绝对不容忽视）。随文释义的训诂即指历代学者对经、史、子、集各部中大量词语的训释。这两大体裁虽说是各具特点，但从来都是互相依存、互相联系的。对古书作训释，离不开字典辞书和其他工具书，而编写字典辞书和各种工具书，又不能不从前人训诂中吸取素材以建立义项。虽说是各有不同的任务与特点，但正如车之两轮、鸟之双翼，缺一不可。

编纂字典辞书，要以大量语言材料和前人传注为依据，排比归纳，概括为义项，再反回来指导人们更好地注解古书，而这种搜集、归纳和概括，如果不具备丰富的语言知识，不明白训诂的条例与方法，是做不好的。

例如，大家最常见、常用的"为"字，就是个含义非常广泛的词，既可用作实词，又可用为虚词。在《辞海·语词分册》中，为它立了十九个义项，可以说比较全面了，但是如果我们在读书时遇到下面这样的文句，如何去理解其中的"为"字呢？

《后汉书·卓茂传》："茂辟左右问之曰：'亭长为从汝求乎？为汝有事嘱之而受乎？'"

《全上古三代秦汉三国六朝文》所载王羲之《杂帖》："十一月五日羲之报：适为不？吾悉不适。"

《景德传灯录·南岳怀让禅师》："汝学坐禅，为学坐佛？"

在《辞海》《辞源》中，都查不到"为"字的这种用法，它相当于今语的"还是"，是个选择连词。新编的《汉语大词典》收了这个义项，是很好的。

又譬如，大家都很熟悉的一个"行"字，《辞海》列了二十多个义项，也比较全面了，但如果遇到下面的句子，其"行"字当什么讲呢？

《仪礼·丧服》"子嫁"郑玄注："凡女行于大夫以上曰嫁。"

《诗·邶风·泉水》："女子有行，远父母兄弟。"朱熹《集传》："言始嫁来时，则固已远父母兄弟矣。"

郦道元《水经注·江水》："宋玉所谓天帝之季女，名曰瑶姬，未行而亡，封于巫山之阳。"

在《辞海·语词分册》中没有办法找到答案，在《辞源》中也查不到。这些"行"字相当"嫁"讲，女子谓嫁曰"行"。在新出的《汉语大字典》《汉语大词典》中都能查到。

又如，"劳动"这个词是现在人们常用的，大家都知道它有"劳作""工作"或"活动"之义，但在古书中它还有一个大家不常见的义项：

> 《三国志·魏书·钟会传》："诸葛孔明仍规秦川，姜伯约屡出陇右，劳动我边境，侵扰我氐羌。"

这个"劳动"当"骚扰"讲。郭在贻在《训诂丛稿》中指出，《辞海·语词分册》漏掉了这个义项，而《辞源》收进去了，这是好的。

又如，成语"差强人意"，在《后汉书·吴汉传》中记载：

> 诸将见战陈不利，或多惶惧，失其常度。汉意气自若，方整厉器械，激扬士吏。帝时遣人观大司马何为，还言方修战攻之具，乃叹曰："吴公差强人意，隐若一敌国矣！"

这个"差"字究竟当什么讲？《辞海·语词分册》漏了这个义项。《辞源》和《汉语大词典》都讲成"还能"。《辞源》对这个成语的解释是："比较使人满意。"《汉语大词典》的解释是："还能振奋人们的意志。"如果我们联系上下文，会发现这个"差强人意"是皇上对吴汉的褒词，如果讲成"还能""比较""还能使人满意"，显然是不对的，上文有"整厉器械，激扬士吏"，下文有"隐若一敌国矣"，在诸将多惶惧的情况下，吴汉的行为应当是最了不起的，所以王先谦《后汉书集解》引王幼学的话说："谓汉甚起发人意思。"意思是说吴汉很能振奋士气。"差"当"甚""很""最""颇"讲，这在张相的《诗词曲语词汇释》中是立有义项的。《辞海》讲成"比较使人满意"显然不符合《后汉书》原意，可能是后人在使用这个成语时改造过了，正如"每下愈况"和"每况愈下"的情况差不多。《汉语大词典》对"强"字的解释是对的，但对"差"字的解释就不妥。

由此可见，编写字典辞书，特别是为词语划分、建立义项，是件很不容易做的事情。《辞海》的毛病有些是因袭旧误造成的，也有些是出于臆测、割裂文意造成的，这种毛病在任何一部大型辞书中都是难免的。譬如《康熙字典》，初出时有人因为对它提批评意见而被砍了头，但到后来王引之还是找出了它引书之误达数千处。王引之是个大训诂学家，所以他能发人所未发，看出辞书中的毛病，这也说明了一个道理：要想搞好辞书编纂工作，没有扎实的训诂学功底是不行的。当然，辞书编纂与古书注释各有其自身的特点，一个编过辞书的学者，来从事古籍注释工作，效果自然也会好。段玉裁注《说文》，王念孙疏证《广雅》，都是既明于训诂，又贯通辞书条例，二者缺一不可。

第二章　训诂学与诸相关学科的关系

第一节　训诂学与传统文字学

训诂的一个最直接的目的就是了解词语的意义,而汉字又是表意体系的音节文字,因此,传统的文字学与训诂学是相互包容的,就是说,古人研究汉字形体,一定离不开对它的读音和意义的解释,而汉字的音、义总是通过对字形的分析来求得的。晁公武在《郡斋读书志》中说:"文字之学,凡有三:其一体制,谓点画有横纵曲直之殊。其二训诂,谓称谓有古今雅俗之异。其三音韵,谓呼吸有清浊高下之不同。"他把文字、训诂、音韵统称为"文字之学"。可见在古人眼中,广义的文字之学是包括训诂学在内的。反过来讲,训诂学有"形训"之例,就是通过字形推求字义,从这个意义上讲,训诂学又该是包括传统的汉字之学在内的,所以黄侃先生在《声韵略说》中概括说:"(形、音、义)三者虽分,其实同依一体:视而可察者,形也;闻而可知者,声也;思而可得者,义也。有其一必有其二,譬如束芦,相依而往矣。"训诂学是求字义的,而字义以字形为依归,段玉裁说:"义出于形,有形以范之,而字义有一定。"又说:"形在而声在焉,形声在而义在焉。"(详《说文解字注》)不明字形,就不能了解字的本义;而了解字的本义,对于推求它的引伸义、假借义是何等重要,又是不言而喻的。对于这一点,胡朴安《古书校读法》曾有举例说明:

> 不知本义而读古书,每有笼统不分之弊……何谓笼统不分之弊?例如:今人对于天地生育的能力,浑言之曰"造化"。不知析言之:自无而之有谓之"造",自有而之无谓之"化"。今人对于地之能发生万物者,浑言之曰"土壤"。不知析言之:以万物自生则曰"土",以人所耕种树艺则曰"壤"。……今人对于瞽者,浑言之曰"矇瞍"。不知析言之:有眸子而不见谓之"矇",无眸子曰"瞍"。

　　胡氏的意思在于说明后来的双音节词或结合得比较固定的近义词组,如果不能了解其每一个单词或词素的原始意义,那么对全词的理解也是笼统的。如果我们举单音词的例子,那么"日""月"之象形,"刃""朱"之指事,"戍""戒"之会意,更是形与义密不可分。即使是形声字,段玉裁在《说文解字注》中不是每每提出"凡同声多同义""凡字之义必得诸字之声""凡从某皆有某义""形声多兼会意"这样一些看法吗?虽说不是每个形声字都是如此,但其作为一种条例,却是万万不可忽视的。章太炎先生在《小学略说》中分析六书之转注曰:

　　　　转注云者,当兼声讲,不仅以形义言。所谓"同意相受"者,义相近也。所谓"建类一首"者,同一语原之谓也。同一语原,出生二字,"考"与"老",二字同训,声复叠韵。古来语言不齐,因地转变,此方称"老",彼处曰"考";此方造"老",彼处造"考",故有"考""老"二文。造字之初,本各地同时并举,太史采集异文,各地兼收,欲通四方之语,故立转注一项。是可知转注之义,实与方言有关。

　　按照章太炎的看法,方言不同,而一字音转,须加以互相注明,就是转注。当然,关于六书中转注的解释目前尚不能趋于统一,有从字形入手言转注的,有从字音入手言转注的,有从字义入手言转注的,也有从形、音、义的结合入手言转注的。这些都不是我们现在要讨论的问题,我们这里要说的是如果接受章太炎的"转注说",来进而分析六书转注与训诂的关系的话,那么训诂是由已知的语言文字去解释未知的语言文字,转注也是以甲地已知的语文去注释乙地未知的语文。只是,转注字之间必有声韵的关系,而训诂之互训未必皆有声韵的关系。所以,训诂可以看作是广义的转注,而转注可视为狭义的训诂。由这一点上,也可以看出传统文字学与训诂学的密切关系。至于六书之假借与训诂的关系,那也是不言自明的。譬如,"来"之本义为"瑞麦",《诗经》中"贻我来牟",正是用的本义,而后代用作"来往"之"来";"西"本义为鸟栖,而假借为"东西"之"西",又假借为物件之东西;"颂"本义为"容颜",假借为"歌颂"之"颂"、"颂扬"之"颂";"翁"本义为"颈毛",假借为"老翁"之"翁"、"翁姑"之"翁"。凡此之类,无不与训诂有着直接的关系。至于经传用字之假借,又不止于六书之假借,往往本字现存,而采用同音之借字,如《诗经·卫风·芄兰》:"能不我甲。"借"甲"为"狎";《诗经·豳风·七月》:"八月断壶。"借"壶"为"瓠"。如此之类,比比皆是,不明本字、借字之分,势必文辞窒碍难通,即使勉强讲通,也不免望文生训。

当然,由于学术发展日见精密,文字学由传统学术发展而为今天的科学语言学的一科,又生出古文字之学,形成自己的体系,就再也不能把它和训诂学混为一谈,侈谈什么谁包括谁的问题了。但是,即使是识读甲骨文、金文,最终也是要解决其字义的问题,而反过来说,以甲金文字义来考证古籍中的词义,也仍是个训诂问题。所以我们的文字学家、古文字学家,同时也多是训诂的高手,而一个不懂得文字学、古文字学的人,也很难成为训诂学家。

下面,我们就结合《说文解字》中关于六书的解说,联系汉字的实际,谈一下传统文字学的基本内容。

关于六书的名称,汉代人郑众、班固、许慎三家说法不统一:

郑众《周礼解诂》:象形、会意、转注、处事、假借、谐声。

班固《汉书·艺文志》:象形、象事、象意、象声、转注、假借。

许慎《说文叙》:指事、象形、形声、会意、转注、假借。

一般学者于三家之中取班固排列的次第而从许慎所定的名称。

许慎对六书的解释是:

> 一曰指事。指事者,视而可识,察而见意,二、一是也。

段玉裁注曰:

> 有在一之上者,有在一之下者,视之而可识为上、下,察之而见上、下之意。

指事字除"上、下"外,如"文、八、本、末、刃、匕、辰、丸、非、夭、交"等都是。其中"文""八"是独体指事,也叫纯指事。"本""末""刃"是合体指事,是在独体之文上加一个不成文的符号。"七""匕""丸"是变体指事,它们或是一个文的倒写,或是一个文的反写。而像"非""片"这样的则是省体指事,是省减一个文的笔画而成另一文。还有一种变体指事,就是一个文的笔画加以变化而成另一文,如"夭"是"大"变曲其上,"交"是"大"变曲其下而形成的。

> 二曰象形。象形者,画成其物,随体诘诎,日、月是也。

段玉裁注曰:

> 有独体之象形,有合体之象形,独体如日、月、水、火是也。合体者,从某而又象其形,如眉从目而以ㄔ象其形。箕从竹而以甘象其形;衰从衣而以龹象其形;畕从田而以巜象耕田沟诘屈之形是也。独体之象形,则成字可读。辅于从某者,不成字,不可读。

段氏认为象形与指事的分别在于象形字义有专属,指事则泛指众事,换句话说,象形是象具体之物,所以多为名词;指事则指抽象之事,故多为动词、形容词。他说:"指事之别于象形者,形谓一物,事晐众物,专博斯分,故一举日、月,一举二、一;二、一所晐之物多,日、月只一物。学者知此,可以得指事、象形之分矣。"

三曰形声。形声者,以事为名,取譬相成,江、河是也。

段玉裁注曰:

以事为名,谓半义也;取譬相成,谓半声也。江、河之字,以水为名,譬其声如工、可,因取工、可成其名。其别于指事、象形者,指事、象形独体,形声合体。其别于会意者,会意合体主义,形声合体主声。声或在左、或在右、或在上、或在下、或在中、或在外,亦有一字二声者,有亦声音,会意而兼形声也。有省声者,既非会意,又不得其声,则知其省某字为之声也。

形声字声符在左的如"鹅""鸭",声符在右的如"松""柏",声符在上的如"思""想",声符在下的如"霜""露",声符在中的如"圂""圏",声符在外的如"闻""问"。一字二声的如"韲",从"韭"从"次"。亦声者如"莫",从"日"在"茻"中,"茻"亦声。省声者如"觉",从"见","学"省声。

四曰会意。会意者,比类合谊,以见指㧑,武、信是也。

段玉裁注曰:

指㧑与指麾同,谓所指向也。比合"人言"之谊,可以见必是"信"字;比合"止戈"之谊,可以见必是"武"字,是会意也。会意者,合意之谓也。凡会意之字,曰"从人言"、曰"从止戈","人言""止戈"二字皆联属成文,不得曰"从人从言""从止从戈"……然亦有本用两"从"字者,固当分别观之。

段玉裁指出会意之例有两种:一种是"从某某",顺递为义,如"胐"从"月出"、"衍"从"水行"等等;另一种是"从某从某",并峙为义,如"里"从"田"从"土"、"蛊"从"虫"从"皿"等等。此外,还有同文相比以见义之会意字,如"北"从二"人"相背、"焱"从三"火"之类。又有比类省体之会意字,如"羨"从"次"、"羑"省,"慶"从"心"从"夂"、"鹿"省之类。

会意与指事、象形的不同,在于合体与独体之别;即使有的指事、象形字是复体的,但其中仅有一文可读,而会意则两体皆能成字。至于会意与形声的区别,则一主义、一主声,前面已经提到过了。

　　五曰转注。转注者,建类一首,同意相受,考、老是也。

段玉裁注曰:

　　建类一首,谓分立其义之类而一其首,如《尔雅》第一条说"始"是也。同意相受,谓无虑诸字意旨略同,义可互受,相灌注而归于一首。如'初、哉、首、基、肇、祖、元、胎、俶、落、权舆'其于义或近或远,皆可互相训释,而同谓之'始'是也。

段玉裁对于转注的这种解释,本于戴震。他们认为转注就是互训,这种解释似乎太宽泛了,他们所举的例子是训诂学上那种广义的转注,与六书说狭义的转注并不完全相同。六书转注说历来纷歧,上文提到大致可分为三派:一派以形体论转注,或牵于字形,或拘于部首,如徐锴、郑樵、杨桓、刘泰、戴侗、周伯琦、江声、曹仁虎、曾国藩、黄以周等人皆主此说;一派以音声论转注,或混于假借,或淆于形声,如张有、赵古则、杨慎、赵宧光、顾炎武等人皆主此说;第三派以互训论转注,如上文提到的戴震、段玉裁,以及许瀚、刘师培、刘台拱、章太炎等人。但戴、段之说失之太广,而许、刘(师培)之说又略牵于体,只有刘(台拱)、章之说认为互训中那些有音类关系的为转注,限制得较为严格,相对来讲比较合理。

　　下面,我们引章太炎《国故论衡·转注假借说》来看看:

　　休宁戴君以为,考,老也;老,考也;更互相注,得转注名。段氏承之,以一切故训皆称转注,许瀚以为,同部互训然后称转注。由段氏所说推之,转注不系于造字,不应在六书;由许瀚所说推之,转注乃豫为《说文》设。保氏教国子时,岂县知千载后有五百四十部书耶? 且夫故训既明,足以心知其意,虚张类列,亦为繁碎矣。又分部多寡,字类离合,古文、籀篆,随时而异。(五百四十部非定不可增损也。如蠋本从蜀,而《说文》不立《蜀部》,乃令蜀、蠋二文同隶《虫部》,是小篆分部,尚难正定,况益以古籀乎?)必以同部互训为剂,《说文》鹏、鷻互训也,雄、雜互训也,强、蚚互训也,形皆同部,而篆文"鹏"字作"雕",籀文"雄"字作"鸥","强"字作"疆"。佳与鸟、虫与蚰又非同部,是篆文为转注者,籀文则非,籀文为转注者,篆文复非,更仓颉、史籀、李斯二千余年,文字异形,部居迁徙者,其数非徒什伯计也。苟形体有变而转注随之,故训焉得不凌乱耶? 余以转注、假借,悉为造字之则,泛称同训者,后人亦得名转注,非六书之转注也。

　　……何谓"建类一首"? "类"谓声类,郑君《周礼序》曰:"就其原文字之声类。"《夏官·序官》注曰:"薙读如剃,小儿头之剃,《书》或为夷,字从类耳。"古者类、律同声,以声韵为类,犹言律矣。首者,今所谓语基。《管子》曰:"《凡将》起五音之首。"《庄子》曰:"乃中经首之会。"此声音之基也。……《史记·田儋列传》:"蒯通论战国之权变,为八十一首。"……此篇章之基也。《方言》曰:"人之初生谓之首。"初生者,对孳乳寖多,此形体之基也。考、老同在幽类,其义相互容受,其音小变。按形体,成枝别;审语言,同本株。虽制殊文,其实公族也。非直考、老,言寿者亦同。循是以推,有双声者,有同音者,其条例不异。适举考、老叠韵之字,以示一端,得包彼二者矣。夫形者,七十二家改异殊体,音者,自上古以逮李斯无变,后代虽有迁讹,其大閫固不移。是故明转注者,经以同训,纬以声音,而不纬以部居形体。同部之字,声近义同,固亦有转注者矣。许君则联举其文,以示微旨。如芌,麻母也;冀,芌也,古音同在之类。……蓨,苗也;苗,蓨也,古音同在幽类。……若斯类者,同韵而纽或异,则一语离析为二也。即纽、韵皆同者,于古宜为一字。渐及秦汉以降,字体乖分,音读或小与古异。《凡将》《训纂》,相承别为二文,故虽同义同音,不竟说为同字,此转注之可见者。顾转注不局于同部。但论其声,其部居不同若文不相次者,如士与事、了与尥、丰与莑……此类尤众。在古一文而已,其后声音小变,或有长言、短言,判为异字,而类义未殊,悉转注之例也。若夫畐、葡同在之类,用、庸同在东类……此于古语皆为一名,以音有小变,乃造殊字,此亦所谓转注者也。其以双声相转,一名一义而孳乳为二字者,尤彰灼易知。如屏与藩、并与匕、旁与溥……此其训诂皆同,而声、纽相转,本为一语之变,益粲然可睹矣。若是者为转注。类谓声类,不谓五百四十部也;首谓声首,不谓凡某之属从某也。

章太炎对于转注的解释,本之于音理,简单明晰,诸家之纠葛,一扫而空,颇能去榛芜而辟坦途。

六曰假借。假借者,本无其字,依声托事,令、长是也。

段玉裁注曰:

托者寄也,谓依傍同声而寄于此,则凡事物之无字者,皆得有所寄而有字。如汉人谓县令曰令、长,县万户以上为令,减万户为长。令之本义发号也,长之本义久远也,县令、县长本无字,而由发号、久远之义引申展转而为之,是谓假借。

段氏又进一步申明许书中发明假借的方式：

原夫假借放于古文本无其字之时，许书有言"以为"者，有言"古文以为"者，皆可荟萃举之。"以"者，用也，能左右之曰"以"。凡言"以为"者，用彼为此也。如"来"，周所受瑞麦来麰也，而为以"行来"之"来"。"乌"，孝鸟也，而以为"乌呼"字。"朋"，古文"凤"，神鸟也，而以为"朋党"字。"子"，十一月阳气动万物滋也，而人以为称。"韦"，相背也，而以为"皮韦"。"西"，鸟在巢上也，而以为"东西"之"西"。言"以为"者凡六，是本无其字，依声托事之明证。本无"来往"字，取"来麦"字为之，及其久也，乃谓"来"为"来往"正字，而不知其本训，此许说假借之明文也。其云"古文以为"者，"洒"下云："古文以为灑埽字。""疌"下云："古文以为《诗》'大雅'字。""丂"下云："古文以为巧字。""臤"下云："古文以为贤字。""炊"下云："古文以为鲁卫之鲁。""哥"下云："古文以为歌字。""诐"下云："古文以为颇字。""畐"下云："古文以为靦字。""爰"下云："古文以为车辕字。""敫"下云：《周书》以为讨字。"此亦皆所谓依声托事也。而与"来""乌""朋""子""韦""西"六字不同者，本有字而代之，与本无字有异，然或假借在先，制字在后，则假借之时本无其字，非有二例。前六字则假借之后，终古未尝制正字，后十字则假借之后，遂有正字为不同耳。许书又有引经说假借者，如："政"，人姓也，而引《商书》"无有"作"政"，谓《洪范》假"政"为"好"。"莫"，火不明也，而引《周书》"布重莫席"，释云"莫席"也。《顾命》假"莫"为"蒻"也。"聖"古文"垩"，以土增大道也，而引《唐书》"朕聖谗说殄行"，释云"聖，疾恶也"，谓《尧典》假"聖"为"疾"也。"圛"，回行也，而引《商书》"曰圛"，释云"升云半有半无"，谓《洪范》假"圛"为"骆驿"也。"枯"，槁也，而引《夏书》"唯箘辂枯"，释云"木名"，谓假"枯槁"之"枯"为木名也。此皆许称经说假借，而亦由古文字少之故，与云"古文以为"者正是一例。大氏假借之始，始于本无其字，及其后也，既有其字矣，而多为假借，又其后也，且至后代讹字，亦得自冒于假借。博综古今，有此三变。以许书言之，本无"难""易"二字，而以"难鸟""蜥易"之字为之，此所谓无字依声者也。至于经传子史，不用本字，而好用假借字，此或古古积传，或转写变易，有不可知。而如许书每字依形说其本义，其说解中必自用其本形本义之字，乃不至矛盾自陷。而今日有绝不可解者，如"惡"为"愁"，"憂"为"行和"，既画然矣，而"愁"下不云

　　"恧也",云"忧也";"窒"为"窒","塞"为"隔",既画然矣,而"窒"下不云
　　"窒"也,云"塞也";"但"为"裼","袒"为"衣缝解",既画然矣,而"裼"下
　　不云"但也",云"袒也"。如此之类,在他书可以托言假借,在许书则必为
　　转写讹字。

这最后一段,段玉裁是在推明假借之变迁。但是,他关于许书必用本字说解的
看法未必正确,许慎生当汉季,未必不能用当时久已通行的"忧愁""窒塞""袒
裼"等字,而一定要去用"恧""窒""但"等字去说解,段氏这种泥古的论点,已
不能为现代人所接受。

　　又如关于六书假借,一般学者多以为朱骏声的说法更科学一点,朱氏的
《说文通训定声》中的"通训"部分,主要讲解六书的转注与假借。他自述其旨
曰:"夫叔重万字,发明本训,在转注、假借则难言;《尔雅》一经,诠释全《诗》,
而转注、假借亦终晦。欲显厥旨,贵有专书,述通训。"(《自叙》)他指出:"转
注无他字,而即在本字。""假借有本字,而偶用别字。""窃以转注者即一字而
推广其意,非合数字而雷同其训。"他认为许慎对六书转注有误解,所以大胆
地改正,提出"转注者,体不改造,引意相受,令长是也",也就是我们现在所说
的词义引申。他不但把许慎的定义和例字全改了,而且对转注、假借二法进行
了比较:"凡一意之贯注,因其可通而通之,为转注;一声之近似,非其所有而
有之,为假借。就本字本训而因以展转引申为他训者,曰转注;无展转引申而
别有本字本训可指名者,曰假借。依形作字,睹其体而申其义者,转注也;连缀
成文,读其音而知其意者,假借也。假借不易声而役异形之字,可以悟古人之
音语;转注不易字而有无形之字,可以省后世之俗书。假借,数字供一字之用
而必有本字;转注,一字具数字之用而不烦造字。"他举例说:"即以'考'譬之:
'胡考之休'(《诗经·周颂·丝衣》)为本训,老也。'考槃在涧'(《诗经·卫
风·考槃》)为转注,成也。'弗鼓弗考'(《诗经·唐风·山有枢》)为假借,敂
也;敂者,考字之训也。"又譬如:"'自公令之'(《诗经·齐风·东方未明》)为
本训,命也。秦'郎中令'为转注,官也。'令闻''令望'为假借,善也;善者,
灵字之训,实良字之训也。"这样,转注与假借区别得就比较清楚了。朱骏声
"荟萃众说而得其精","且举转注之法独创义例,根据确凿,实发前人所未发"
(罗惇衍《说文通训定声序》),是十分可贵的。

　　上面简介了六书大意,关于六书中的转注、假借与指事、象形、形声、会意
即所谓"前四书"的区别如何呢?这里介绍一下戴震的"体用说"。在《答江慎

修先生论小学书》中,戴氏说:

> 大致造字之始,无所凭依,宇宙间事与形两大端而已。指其事之实曰指事,一、二、上、下是也;象其形之大体曰象形,日、月、水、火是也。文字既立,则声寄于字,而字有可调之声;意寄于字,而字有可通之意,是又文字之两大端也。因而博衍之,取乎声谐曰谐声,声不谐而会合其意曰会意,四者书之体止此矣。由是之于用。数字共一用者,如"初""哉""首""基"之皆为始,"卬""吾""台""予"之皆为我,其义转相为注曰转注;一字具数用者,依于义以引伸,依于声而旁寄,假此以施于彼曰假借,所以用文字者,斯其两大端也。

段玉裁评价说:"戴先生曰:指事、象形、形声、会意四者,字之体也;转注、假借二者,字之用也。圣人复起,不易斯言也。"(《说文余注》)可见戴氏体用之说影响是比较大的。

第二节　训诂学与古音学

诂训音声,相为表里,欲明训诂,必先知音。顾炎武指出:"读九经必自考文始,考文自知音始。"(《答李子德书》)钱大昕指出:"古人因文字而定声音,因声音而得训诂,其理一以贯之。"(《潜研堂答问》)戴震揭举起"故训音声,相为表里"的旗帜,段玉裁、王念孙等人从而发扬光大之,清代训诂学遂出现崭新局面。段玉裁说:"治经莫重于得义,得义莫切于得音。"(《广雅疏证序》)王念孙说:"窃以训诂之旨,本于声音,故有声同字异,声近义同,虽或类聚群分,实亦同条共贯,譬如振裘必提其领,举网必挈其纲。故曰:本立而道生,知天下之至啧而不可乱也。此之不寤,则有字别为音,音别为义,或望文虚造,或违古义,或墨守成训而鲜会通,易简之理既失,而大道多歧矣。"(《广雅疏证自叙》)王引之说:"诂训之旨,存乎声音,字之声同声近者,经传往往假借,学者以声求义,破其假借之字,而读以本字,则焕然冰释。如其假借之字强为之解,则诂籀为病矣。"又说:"夫训诂之要,在声音,不在文字。"(《经义述闻》自序及卷二十三)黄承吉也说:"盖声起于义,义振于声,其源出于天地之至简极纷,其究发为口舌之万殊一本。要之,非声音不足以为训诂。"(《字诂义府合按后序》)陈澧说:"上古之世,未有文字。人之言语,以声达意。声者,肖乎意而出者也。文字既作,意与声皆附丽焉。"(《说文声表自序》)刘师培更直接了当地指出:"义本于声,声即是义,声音训诂,本出一源。"(《正名隅论》)章太炎有一段谈音义关系的话说得很具体:"古人自称曰我、曰吾、曰卬、曰言,我、吾、卬、言,初造字时实不相关,言语转变,遂皆成我义。低卬之卬,言语之言,岂为自称而造? 因各地读音转变假用耳。又古人对人称尔、称女、称戎、称若、称而。《说文》尔作尔,既造尔为对人之称,其余皆因读音转变而孳生之字:女既借用男女之女,戎即借用戎狄之戎,若即借用择菜之若,而即借用须髯之而。古无弹舌音,女、戎、若、而,皆入泥母。以今音准之,你音未变,戎读为奴、为侬,而读为奈,皆入泥母,今苏、沪、江、浙一带,或称奈,或称你,或称奴,或称侬,则古今音无甚异也……阴阳对转乃言语转变之枢纽,言与我、吾与卬,亦阴阳对转也。语言不同,一字变成多字。"(《国学讲义》)黄侃先生曾作了一个比喻,说文字之有形、音、义,就好比布、针、线。做衣服时,使布与线结合在一起,必须由针来穿引,衣服制成以后,我们见到的虽只有布与线,但如果没有针,衣服是无法制成的。所以说音是沟通形、义的要素,如果没有音的沟通,则形与义隔。这个比喻很形象,也很恰当。齐佩瑢《训诂学概要》说:"天下之大,古今之久,文字的形体日见繁多,设无法术治之,将要陷入文字障中而终身迷惘,不得其门路。换言之,耳治之音有限,目治之字无穷,以有限御无穷,所谓简易之理即在其中,故曰训诂须以声韵学为机枢。"这段话从较高层次上概括了声义关系。王力在《中国语言学史》中又从历史发展的角度阐明了这个问题,他说:"文字本来只是语言的代用品,文字如果脱离了与有声语言的关系,那么就失去了文字的性质。但是古代的文字家们并不懂得这个道理,仿佛文字是直接表示概念的;同一个概念必须有固定的写法。意符似乎是很重要的东西,一个字如果不具备某种意符,仿佛就不能代表某种概念。这种重形不重音的观点,控制着一千七百年的中国文字学(从许慎时代到段玉裁、王念孙的时代)。直到段玉裁、王念孙才冲破了这个藩篱。文字既是代表有声语言的,同音的字就有同义的可能;不但同声符、不同义符的字可以同义,甚至意符、声符都不同,只要音同或音近,也还可能是同义的。这样,古代经史子集许多难懂的字都讲清楚了。这是训诂学的革命,段王等人把训诂学推进到一个崭新历史阶段,他们的贡献是很大的。"他还指出:"'治经莫切于得义,得义莫切于得音',这是清代训诂学的宣言。清儒就是根据这一原则来进行训诂工作的。"(《中国语言学史》第十五节)

　　清代古音学研究是中国学术史上的一件大事,特别是在古韵方面,清人的成就是辉煌的。王国维说:"自汉以后,学术之盛,莫过于近三百年。此三百年中,经学、史学皆足以陵驾前代,然其尤卓绝者则曰小学。小学之中,如高邮王氏、栖霞郝氏之于训故,歙县程氏之于名物,金坛段氏之于《说文》,皆足以上掩前哲。然其尤卓绝者则为韵学。古韵之学,自崑山顾氏,而婺源江氏,而休宁戴氏,而金坛段氏,而曲阜孔氏,而高邮王氏,而歙县江氏,作者不过七人,然古音廿二部之目,遂令后世无可增损。故训故、名物、文字之学有待于将来者甚多;至古韵之学,谓之前无古人,后无来者可也。原斯学所以能完密至此者,以其材料不过群经诸子及汉魏有韵之文,其方法则皆因乎古人用韵之自然,而不容以后说私意参乎期间。其道至简,而其事有涯;以至简入有涯,故不数传而遂臻其极也。"(《观堂集林》卷八)王氏的话基本正确,可是他说清七子古音廿二部之目"遂令后世无可增损",又谓之"后无来者",未免过分了。声韵之学,代不乏人,"前修未密,后出转精",只要材料是确实的,方法是正确的,总可以不断前进,得出更加正确的结论来。

　　在介绍清代古音学以前,先要提一提宋人吴棫和郑庠。

　　吴棫《韵补》分古韵为九部,虽然引例下至欧阳修、苏轼、苏辙,为后人所诟病,其实他的目的是在说明宋代还有人沿用古韵,未可厚非。郑庠《古音辨》(已佚)曾经分古韵为六部(据《通志堂经解》所载熊朋来《经说》),他们的缺点是简单地合并唐韵,故分韵虽宽,仍不免出韵。

　　明代陈第著《毛诗古音考》,提出"时有古今,地有南北,字有更革,音有转移"这样的千古名言。他反对"叶音"之说,打破唐韵界限,真正成为清代古音学的前奏。他在《毛诗古音考自序》中说:

　　　　盖时有古今,地有南北,字有更革,音有转移,亦势所必至。故以今之音读古之作,不免乖刺而不入,于是悉委之叶。夫其果出于叶也,作之非一人,采之非一国,何"母"必读"米",非韵"杞"、韵"止"则韵"祉"、韵"喜"矣;"马"必读"姥",非韵"组"、韵"黼"则韵"旅"、韵"土"矣;"京"必读"疆",非韵"堂"、韵"将"则韵"常"、韵"王"矣;"福"必读"偪",非韵"食"、韵"翼"则韵"德"、韵"亿"矣。厥类实繁,难以殚举。其矩律之严,即唐韵不窗,此其故何耶?又《左》、《国》、《易象》、《离骚》、《楚辞》、秦碑、汉赋,以至上古歌谣、箴铭赞诵,往往韵与《诗》合,实古音之证也。

虽然在具体问题上,陈第对古音的读法还有些错误,如读"母"为"米"、读

"口"为"苦"等，但筚路蓝缕，功不可没。

顾炎武著《音学五书》(《音论》《诗本音》《易音》《唐韵正》《古音表》)，离析唐韵，分古韵为十部，他是清代古音学的先驱者。他的十部是东部、支部、鱼部、真部、幽部、歌部、阳部、耕部、蒸部、侵部。但是他"考古之功多，审音之功浅"，不太懂得等韵学，所以有时误以非韵为入韵，或误以合韵为同韵，而且时代定得太宽，但是他功大于过。

江永精于审音，他的古韵研究成果大大地超过了顾炎武。其《古韵标准》是专讲先秦古韵的，主要是讲《诗经》韵部。他分古韵平、上、去各十三部，入声八部。他的十三部比顾氏的十部要合理些，因为顾氏真、元不分，侵、谈不分，幽、宵不分。顾氏把入声并入阴声，江氏入声独立，这是个很大的发明，后来戴震的九类二十五部、黄侃的二十八部都是阴阳入三分，都是受江氏的影响。章太炎在《重锓古韵标准序》中称赞说："江氏初为古韵标准，盖实与戴东原戮力，同入相配，已肇阴阳对转之端。"江氏精于等韵之学，所以他的《四声切韵表》按照等呼排列，有条不紊。他又提出"敛侈"之说，使真、元分立，后人遂奉为圭臬。他的侵、谈分立，也是根据这一原则。所以，江永不但考古之功多，而且审音之功深。他的缺点是尚不知支、脂、之当分为三部，且入声分配也不够妥当，但他已不愧是清代古音学家中的卓越人物。

段玉裁虽是戴震的弟子，但他的古音学成就在戴氏之前，所以一般学者总是先提到他。他的《六书音均表》共包括五个部分：(一)今韵古分十七部表；(二)古十七部谐声表；(三)古十七部合用类分表；(四)诗经韵分十七部表；(五)群经韵分十七部表。段氏把古韵分为十七部，比江永多出四部，是因为他分支、脂、之为三部，分真、文为两部，又分尤、侯为两部。而且，他把顾、江二人在平入分配上的不妥当之处也改正过来了。这些，王力先生称之为"段氏四大发明"。《六书音均表》一出，钱大昕即誉为"凿破混沌"，戴震于支、脂、之三分之发现特别欣赏，叹为"能发自唐以来讲韵者所未发"，"实千有余年莫之或省者，一旦理解，按诸三百篇划然。岂非稽古大快事欤"！支、脂、之三部分立是段玉裁的创见，对后代音韵学影响很大。他的古韵十七部说，在清代古音学研究上达到了一个新的高峰。他又勇于修正错误，经过修订之后，他的古韵由十七部增至十九部，即东、冬分立，物、月分立，这样比孔广森的十八部还多一部，比王念孙、江有诰的二十一部只少两部。如果入声独立，则段氏十七部还可以增加到二十九部(增入声十一部和冬部)，这样比戴震的二十五部还多四部(戴氏尤、侯不分,东、冬不分,真、文不分,质、物不分),比黄侃的二十八部还多一部(黄氏无觉部)。由此看来,诚如王力所说:"清代古韵学到段玉裁已经登峰造极,后人只在韵部分合之间有所不同,而于韵类的畛域则未能超出段氏的范围。所以段玉裁在古韵学上应该功居第一。"(《清代古音学》第四章)

戴震的古音学受江永、段玉裁的影响颇多。江永的《古韵标准》是戴震参定的。段玉裁的支、脂、之分立说被戴震采纳,并极口称赞。但是,师生之间还是有些不同意见,彼此写信辩论,这是很好的学风。戴氏分古韵为九类二十五中,与段玉裁的十七部比较,一个不同点是入声独立,段氏不独立,戴氏独立,故除入声外,戴氏实得十六部,戴氏立祭部而段氏不立(祭部字归脂部入声),段氏幽、侯分立,真、文分立,而戴氏不分,因此戴氏除入声九部外,得十六部。祭部独立是戴氏的独创,江有诰、王念孙、章炳麟、黄侃皆用其说,遂成定局。戴氏主张阴阳入三分,阴阳对转,他审音的原则是彼此相配,四声一贯,"整之就叙"。对此,王力先生称赞说:"这一原则也可以千古矣。"但戴氏的阴阳入配合有失当之处,他以今音系统讲古音系统,从而对段玉裁提出的一些批评也不正确。

孔广森是戴震弟子,他著有《诗声类》,在古音学上有两大贡献,一个是阴阳对转,一个是东、冬分立。孔氏在提出阴阳之说时并未见到戴震的《答段若膺论韵》,他只是与戴氏暗合。但他比戴氏高明,譬如戴氏以歌、鱼相配,就不如孔以歌、元相配正确。他认为《诗》韵的阴阳对转并非人为,而是方言的实际读音,这个观点尤其正确。孔氏立冬部,曾受到段玉裁的称赞:"(孔氏)东、冬为二,以配侯、幽,尤征妙悟。"(《声类表序》)对此,江有诰、王念孙都曾不同意,但后来都相信了。所以,孔氏的冬部与段氏的支、脂、之,以及戴氏的祭部一样,都已成为定论。孔氏分古韵为十八部,他提出的歌、元对转,支、耕对转,指、真对转,鱼、阳对转,侯、东对转等都是正确的。但他提出古无入声,这是不对的。

王念孙分古韵为二十一部,他的观点详见王引之《经义述闻》卷三十一之《与李方伯书》和罗振玉所辑《高邮王氏遗书》之《诗经群经楚辞韵谱》。清代考古派的古音学研究,到王氏可谓"登峰造极"(王力《清代古音学》第八章)。至于审音派则入声一律独立,韵部因而增多,又当别论。

江有诰著有《音学十书》(已刊行者只有《诗经韵读》《群经韵读》《楚辞韵

读》《先秦韵读》《谐声表》《入声表》《唐韵四声正》七种），分古韵为二十一部。他精于等韵之学，而考古之功又不亚于段、孔，所以是清代古音学的巨星，段玉裁在为《江氏音学》作序时对他推崇备至：

> 今年春，歙江君晋三寓书于余论音，余知其未见戴、孔之书也，而持论与之合，余甚伟其所学之精。秋九月，谒余枝园，出所著书请序。余谛观其书，精深邃密。盖余与顾氏、孔氏皆一于考古，江氏、戴氏则兼以审音，而晋三于二者尤深造自得。据《诗经》以分二十一部，大抵述顾氏、江氏及余说为多。其脂、祭之分，独见与戴氏适合者也；析屋、沃以分隶尤、侯，改质、栉、屑以配脂、齐，独见与孔氏适合者也；东、冬之分，则近见孔氏之书而取者也。于前人之说，皆择善而从，无所偏徇。

> 又精于呼等字母之学，不惟古音大明，亦且使今韵分为二百六部者得其剖析之故。前人论入声，说最多歧，未有能折衷至当者。晋三则专据《说文》之偏旁谐声及周秦人平入同用之章为据，作《入声表》一卷，尤为精密，不惟陆氏分配之误辨明，即江、戴异平同入之说亦可不必。其真知确见有如此者！

段玉裁的评语是正确的，他是不会轻易以"精深邃密"这样的话许人的。

关于古韵和唐韵的对应，江有诰比段氏分得较细，也比较合于实际情况，其韵部次序的安排，也是有原则的。江有诰以区区一个贡生，能在古韵研究上超越前辈，实得力于等韵学。当然，江氏也有缺点，譬如四声论方面，他似乎认为同一个汉字在同一个时代可以读平、上、去三音或平、去、入三音或上、去、入三音，这就陷入"字无定调"的错误认识中去。此外，在注音上他也有些失误，但是瑕不掩瑜，在清代古音学家中，江有诰还是首屈一指的。

有清一代在古韵学研究上取得成果的还有姚文田、严可均、张成孙、朱骏声、夏炘等人。姚氏所著《古音谱》，分古韵为十七部。严氏所著《说文声类》《说文校议》，分古韵为十六部，并采用孔氏阴阳对转之说，其之、蒸对转，支、耕对转，脂、真对转，歌、元对转，鱼、阳对转，侯、东对转的说法都是真实可信的，只有宵、谈对转证据不足。张成孙是张惠言的儿子，所著《谐声谱》（是扩充其父《说文谐声谱》所成），分古韵为二十部，较之段玉裁的十七部多出冬、祭、缉三部，但他不懂得等韵学，在古韵与《广韵》的对比上不够精密。朱骏声没有古音学专著，但他的《说文通训定声》是按古韵部分卷的，从中可以看出他分古韵为十八部，比段玉裁多了一个泰部（即祭部）。如果把他的入声韵部算上(他叫作"分部"),则共二十八部,与后来黄侃的二十八部很接近,只比黄氏多一个物(没)部,少一个觉部。夏炘所著《诗古韵表二十二部集说》,是集顾炎武、江永、段玉裁、王念孙、江有诰五家之说,而以王念孙、江有诰两家之说为主,他说二十二部"窃意增之无可复增,减之亦不能复减。凡自别乎五先生之说者,皆异说也"。他分入声为十一部,又说:"凡定诸入,精而益精。故顾氏入声四,江氏、段氏入声八,晋三则入声十,今宗王氏分二十二部,入声十一,而入声之分配,几无遗憾矣。"与后来王力先生所定入声十一部完全一致。

这里重点介绍一下章、黄的古韵学。

章炳麟的古音学理论,主要见于其所著《文始》和《国故论衡》。他分古韵为二十三部,最大贡献是队部独立,晚年又主张以冬部并入侵部,王力先生认为这是可取的,并指出在《诗经》时代冬应归侵,到《楚辞》时代则冬部独立。章氏古韵二十三部如下:

章太炎的《文始》是汉语史上第一部理论、方法、条例初具规模的语源学著作。王力说:"由语音系统去寻求词族,不受字形的束缚,这是语史学的坦途。"(《龙虫并雕斋文集·上古韵母系统研究》)但是由于初创,章氏《成均图》还存在许多问题。黄侃在《声韵略说》中也指出:"即本师《成均图》,亦尚有待参者。"黄氏主张把音转范围局限于双转与双声叠韵,方可免宽泛琐细之失。

　　章氏弟子黄侃是清代古韵学的"殿军"。在古音学方面,他著有《音略》《声韵通例》《与友人论小学书》《集韵声类表》等。他分古韵为二十八部,自称这二十八部"皆本昔人,未曾以臆见加入"(《音略》)。其实就是章太炎的二十三部,加上戴震所立入声独立,就得二十八部。黄侃先生说:"从顾炎武继陈第而究古音,始知就古人文章韵脚以求古韵,于是知今音之分部与古则大相径庭,乃就古人用韵之证而分古韵为十部。虽剖析未精,而略具楷模。至江氏《古韵标准》,始分之为十三部。然其病又在以声之洪细弇侈为准,亦未为精确。段懋堂《六书音韵表》乃分古韵为十七部,而古韵分部大定。然段氏之大误处,则在合质于真。王氏出,乃分别泰、至、缉、盍各为一部。臧君、刘君复分锡为一部,戴、刘二氏复分铎、屋、沃、德各为一部,于是古韵分部乃跻完备。今以段氏为准,采前人之发明,证之古音以分合之,得二十八部。"(殷孟伦先生《黄侃先生汉语论著在汉语研究史上的地位》)

　　黄侃所分古韵二十八部,如下表:

阴声八部	阳声十部	入声十部
1. 歌戈（歌）	1. 寒桓（元）	1. 曷末（月）
——	2. 先　（真）	2. 屑　（质）
2. 灰　（脂）	3. 痕魂（文）	3. 没　（物）
3. 齐　（支）	4. 青　（耕）	4. 锡
4. 模　（鱼）	5. 唐　（阳）	5. 铎
5. 侯	6. 东	6. 屋
6. 豪　（宵）	7. 冬	7. 沃　（药）
7. 萧　（幽）	——	——
8. 咍　（之）	8. 登　（蒸）	8. 德　（职）
	9. 覃　（侵）	9. 合　（缉）
	10. 添　（谈）	10. 帖　（盍）

表中括号里的部目是今天一般学者所采用的名称,黄氏之所以另用别的名字,是因为他认为这些韵是古本韵。

　　黄侃先生最大的贡献是阴、阳、入三分,入声独立。章太炎以为支、鱼、侯、幽、之、宵六部的入声不能独立,黄氏却把它们独立出来。黄氏根据段玉裁"古无去声"之说,把至部改称屑部,把队部改称没部,把泰部改称曷部,这些都是正确的。他的阴、阳、入三分比戴震的更正确。

　　黄氏最得意的是他的"古本纽""古本韵"的理论。章太炎称赞说："此亦一发明。"殷孟伦先生叙及此也极口称赞曰："而这二十八部中,但有古本声十九纽,声韵相合,古今正变咸得其统纪,集前修之大成,发昔贤之未发,辟研讨之新途,导后学之先路,实为先生在音韵学上的巨大功绩。"林尹先生也称:"大氐'前修未密,后出转精',蕲春黄先生古韵二十八部既然后出,自然也最精审了。黄先生的古韵二十八部,大致是根据章太炎先生的二十三部,而加以戴氏震阴、阳、入三分的道理,把各部入声完全独立,考古与审音面面顾到,故所得的结果,最为圆满,可以说是集古韵研究大成之作了。"但王力先生对"古本纽""古本韵"之说不以为然,认为"这是一种循环论证:为什么知道它们是古本纽呢? 因为古本韵中只有它们;为什么知道它们是古本韵呢? 因为它们里面只有古本纽。这种循环论证在逻辑上是错误的。这正是黄氏的缺点,不是黄氏的优点"。但王氏也承认:"黄氏虽在理论上犯有错误,但是他在古音学上的成就,是不可磨灭的。"(《清代古音学》第十二章)对于"古本纽""古本韵"的问题还可以再继续研究和争论下去,以期取得更为科学合理的结论。

　　王力先生在黄侃所分二十八部的基础上,加上微部和觉部,构成他的三十部:

阴声	阳声	入声
1. 之部	10. 职部	21. 蒸部
2. 幽部	11. 觉部	22. 冬部
3. 宵部	12. 药部	——
4. 侯部	13. 屋部	23. 东部
5. 鱼部	14. 铎部	24. 阳部
6. 歌部	15. 月部	25. 元部
7. 支部	16. 锡部	26. 耕部
8. 脂部	17. 质部	27. 真部
9. 微部	18. 物部	28. 文部
	19. 缉部	29. 侵部
	20. 叶部	30. 谈部

王氏自己说:"我早年属于考古派,分古韵为二十三部(冬、侵合并);晚年属于审音派,分古韵为二十九部(冬、侵仍合并),后来又分为三十部,因为我认为在战国时代冬、侵已经分立了。"

关于古韵分部的问题,学者们仍在孜孜不倦地进行研究,学问无止境,相信会精益求精的。

上古声纽的研究,比韵部研究困难得多。人们往往从谐声偏旁和异文去猜测古纽,但谐声偏旁问题很复杂。例如,"路"从"各"声,"海"从"每"声,"枢"从"区"声,等等,都有待于明晰的结论。但清代以来学者们在古声纽的研究方面还是取得了一些成果的。钱大昕的古音研究成果便主要在声纽方面,他的《十驾斋养新录》和《潜研堂文集》卷十五都是讨论音韵的。他提出的"古无轻唇音"和"古无舌上音"都成为不刊之论。

钱氏指出,凡于唇之音,古读皆为重唇。他举《广韵》反切为例:"邠""放"等字是重唇音而读府巾切,"旻""忞"等字是重唇音而读武巾切,"芒""邙"等字有武方、莫郎二切,今皆读重唇,无读轻唇者。可以现代方言为证:"今吴人呼'蚊'如'门'。""今江西、湖南方言读'无'如'冒'。""今人呼鳆鱼为'鲍鱼',此方音之存古者。""古音'晚'重唇,今吴音犹然。"他又举出古书中大量异文为证,如《尚书》"于变时雍",《汉书》引作"于蕃时雍";《论语》"子贡方人",郑玄本作"谤人";《尚书》"方鸠僝功",《说文》引作"旁逑";《尚书》"敷重篾席",《说文》引作"布重";《诗》"铺敦淮渍",《韩诗》作"敷敦";《易》"遇其配主",郑本作"妃主";《论语》"色勃如也",《说文》引作"艴如"。他如,"匍匐"或作"扶服","蟠木"或作"扶木","庖牺"或作"伏羲","冯(凭)轼"或作"伏轼","蓬蒙"或作"逢蒙","黾勉"或作"密勿","岷山"或作"汶山","滑公"或作"文公","孟诸"或作"望诸",等等,皆可以证明古无轻唇音。

钱氏又指出:"舌音类隔之说不可信。"他说:"古无舌头、舌上之分。知、彻、澄三母,以今音读之,与照、穿、床无别也;求之古音,则与端、透、定无异。"他举了不少古书异文证明古无舌上音,如《史记·封禅书》"康后与王不相中",司马贞训"中"为"得";《论语》"君子笃于亲",汉简作"竺",《尔雅·释诂》"竺,厚也",《释文》"字又作笃";《书·禹贡》"大野既猪",《史记》作"既都";《诗》"追琢其章",《荀子》引作"雕琢其章";《诗》"绿竹猗猗",《韩诗》作"绿薄",音徒沃反;《汉书·张骞传》"身毒国",李奇曰"一名天竺";《诗》"左旋右抽",《说文》引作"右搯";《诗》"实维我特",《韩诗》作"我直";《论语》"申枨",《史记》作"申棠";《诗》"滮池北流",《说文》引作"淲沱";等等。钱氏说古无舌上音,这是对的,但他的解释却不正确。端系字和知系字同纽不同等,端、透、定在一、四等,知、彻、澄在二、三等,它们是互补的,不是同等的。钱氏又说："古人多舌音,后代多变为齿音,不独知、彻、澄三母为然也。"意思是说正齿音照、穿、床在古代也读舌音,但他不知道照系二等字和四等字是有分别的,只有照系三等字和舌音相通;照系二等字和舌音绝不相通,却与齿头音精系相近。而且照系三等字也只偶然与舌音相通,可见只是音近,不是音同。因此,他所说的正齿音古属舌音之说是不能成立的。

章太炎有"娘日二母归泥说",王力认为娘母归泥母是没有问题的,但日母归泥母却大可商榷,因为如果娘、日同母,都是泥母三等字,后来就没有分化的条件了,所以日母只是近泥而不完全等于泥。黄侃把照系分为两类,以照归端,以穿、审归透,以神、禅归定,以庄归精,以初归清,以床归从,以山归心,比章太炎高明,但王力认为并不完全正确,只具有参考价值。王氏认为清代古音学家的古声纽研究,只有钱大昕"古无舌上""古无轻唇"之说是可信的,其次,黄侃以庄、初、床、山并入精、清、从、心,也有参考价值,其余都不足道。他认为:"简单地用归并的办法研究古纽,不是科学的方法。"(《清代古音学》第十三章)

关于古声调的研究,大致有"四声一贯说"(顾炎武、江永)、"古无四声说"(江有诰)、"古无去声说"(段玉裁)、"古无上去说"(黄侃)、"古无入声说"(孔广森)、"古四声不同于今四声说"(王念孙)、"古有五声说"(平声有二、上、去、入各一,王国维)等。王力认为"古无去声说"最有道理,但又不完善,他说:"我们认为上古没有去声,但是入声有两种:长入和短入。"原因是:"假如上古去声字和入声字的读音完全一样,后来就没有分化的条件了。"他从现代语音学的原则出发,得出古有四声,但不是平、上、去、入,而是平、上、长入、短入的结论。这个问题,还有待于音韵学家们进一步的研究考证,因为它与词义、字义的解释关系不太直接,所以我们在这里不做详细介绍。

现在,让我们把话题再转回来,谈谈古音学对于训诂学的功用。既然不明古音就无法明训诂。那么明古音之后,学者们又是如何以它为利器去通训诂的呢?

黄侃先生曾说:"音韵之学最忌空谈音理,而必求施之于文字、训诂,则音韵不为虚设。而文字、训诂亦非以音韵为主贯串钤键不可。二者有一不明,则不足论小学、读古籍。然则音韵之于文字训诂,犹人身之有脉络关节。"又说:"推求文字的孳乳统系以得其条理者,非音韵其孰能之?""中国文字必脉络贯通,然则音韵者,实为文字的咽喉。"他还指出以声韵求训诂之根源的重要性。

（《文字声韵训诂笔记》）

　　我们在阅读古籍时常常会遇到一些音近替代字，如在银雀山出土的简书《孙子兵法》中，"又三月而后已"作"有三月而后已"，"知己知彼"作"知己知皮"；长沙马王堆汉墓出土的《战国纵横家书》中，"太后明谓左右"作"太后明胃左右"，"老妇恃辇而行"作"老妇持连而行"，"敬诺"作"敬若"，"岂非计久长"作"剀非计久长"，"恣君之所使之"作"次君之所使之"，"而况"作"而兄"，等等。其中有些是俗书错字，有些则可以视作借字，可见秦汉之际用音近音同字互相替代的现象相当普遍，如果不从声音考求，只凭字形认读，就会扞格难通。

　　王氏父子是运用古音考求训诂的专家，下面举他们的几个例子。

"魁梧"字亦作"魁岸"

　　《汉书·张良传》："以其貌魁梧奇伟。"应劭注："魁梧，丘虚状大之意。"颜师古注："梧者，言其可警悟。"《汉书·江充传》："充为人魁岸，容貌甚壮。"颜师古注："魁，大也。岸者，廉棱如崖岸之形。"颜氏的两条注释都是望文生训。王念孙《读书杂志》指出："魁岸犹魁梧，语之转耳。"在该书卷十六"连语"条下又云："凡连语之字，皆上下同义，不可分训。说者望文生训，往往穿凿而失其本旨。魁梧则曰'梧者，言其可警悟'，魁岸则曰'岸者，有廉棱如崖岸'，凡若此者，皆取同义之字而强为区别，求之愈深，失之愈远，所谓大道以多歧亡羊也。"

"踌躇"即"犹豫"

　　《广雅·释训》："踌、躇，犹豫也。"
　　王念孙《疏证》云：

　　　　此双声之相近者也。踌、犹，躇、豫为叠韵；踌、躇，犹、豫为双声。《说文》："箸，筹箸也。"《楚辞·九辩》："寒淹留而踌躇。"《七谏》注云："踌躇，不行貌。"

　　　　犹豫，字或作犹与，单言之则曰犹、曰豫。《楚辞·九章》："壹心而不豫兮。"王逸注："豫，犹豫也。"《老子》云："与兮若冬涉川，犹兮若畏四邻。"《淮南子·兵略训》云："击其犹犹，陵其与与。"合言之则曰犹豫，转之则曰夷犹、曰容与。《楚辞·九歌》："君不行兮夷犹。"王注云："夷犹，犹豫也。"《九章》云:"然容与而狐疑。"容与,亦犹豫也。案《曲礼》云:"卜筮者,先王之所以使民,决嫌疑,定犹豫也。"《离骚》云:"心犹豫而狐疑兮。"《史记·淮阴侯列传》云:"猛虎之犹豫,不若蜂虿之致螫;骐骥之踟蹰,不如驽马之安步;孟贲之狐疑,不若庸夫之必至也。"嫌疑、犹豫、踟蹰,皆双声字。狐疑与嫌疑,一声之转耳。后人误读狐疑二字,以为狐性多疑,故曰狐疑。又《离骚》犹豫、狐疑相对成文,而谓犹是犬名,犬随人行,每豫在前,待人不得,又来迎候,故曰犹豫。或又谓犹是兽名,每闻人声,即豫上树,久之复下,故曰犹豫。或又以豫字从象,而谓犹、豫俱是多疑之兽——以上诸说,具见于《水经注》《文选注》《史记索隐》等书。夫双声之字,本因声以见义,不求诸声而求诸字,固宜其说之多凿也。

"诋谰"即"抵赖"

《说文》:"谰,诋谰也"。《广雅疏证·释诂》云:"今人谓以罪诬人曰赖,即谰之转也;又谓以己罪加于他人曰抵赖,即诋谰之转也。"

"鳏""寡""孤"皆有"独"义

《孟子·梁惠王上》:"老无妻曰鳏,老而无夫曰寡,老而无子曰独,幼而无父曰孤。"《广雅疏证》"独也"条下云:"襄二十七年《左传》:'齐崔杼生,成,及强而寡。'则无妻亦谓之寡。"鳏、寡、孤一声之转,皆与"独"同义,因事而异名耳。

"居""踞""跽""𨂂""启""跪"义并相近

《尔雅》:"启,跪也。"《诗·小雅·四牡》:"不遑启处。"毛《传》与《尔雅》同。王念孙指出,"跪"与"踞"皆有安处之义,故"启"训为"跪",又训为"踞"。《诗·采薇》篇又云:"不遑启居。""居""踞"声亦相近。《说文》:"居,蹲也。""踞,蹲也。""跽,长跪也。""𨂂,长踞也。""居""踞""跽""𨂂""启""跪",一声之转,其义并相近也。

以上各例,都是王氏运用"转语"的理论解决词义训诂的著名例子。下面再讲一下通古音破假借的例子。

"国危不而安"

《淮南子·人间训》:"国危不而安,患结不而解,何谓贵智?"王念孙《读书杂志》云:"'而'读曰'能',言危不能安,患不能解,则无为贵智也。后人不知'而'与'能'通,遂改为'国危而不安,患结而不解'矣。"

"八月剥枣"

宋洪迈《容斋随笔》载,王安石作《诗新经》,起初把《诗·七月》"八月剥枣"误解为剥皮之剥,他说:"剥者,剥其皮而进之,所以养老也。"时居于紫金山麓,偶至一平民家,问翁何往,其子答曰:"去扑枣。"王安石顿悟,盖"剥枣"即"扑枣",于是修正之。

"缒瑟箫钟"

宋洪迈《容斋随笔》载,《九歌·东君》:"缒瑟兮交鼓,箫钟兮瑶簴。"洪兴祖《补注》云:"箫钟者,取二乐声之相应者互奏之。"是误"箫"为器名。将付梓时,有客来访,云此句一本作"捕",《广韵》:"捕,击也。""捕钟"盖"击钟",正与"缒瑟"对文,洪欣然改之。

"豆比"

《史记·扁鹊列传》:"躁者有余病,即饮以消石一齐,血如豆比五六枚。""豆比"即小豆。《颜氏家训·勉学》:"吾在益州,与数人同坐,初晴日明,见地上小光,问左右此是何物,有一蜀竖就视,答曰:'是豆逼耳。'相顾愕然,不知所谓。命取将来,乃小豆也。穷访蜀士,呼粒为逼,时莫之解。吾云:'《三苍》《说文》此字白下为匕,皆训粒,《通俗文》音方力反。'从皆允悟。"——这是一个黄侃所谓"音转"的例子。"逼"通"皀",《说文》:"皀,一粒也。""豆逼"即"豆皀",亦即《史记》之"豆比",双声也。

《黄侃论学杂著》中有《求本字捷术》一段,指出考求本字的途径不外乎"音同""音近""音转"三例。他说:

> 大氐见一字而不了本义,须先就《切韵》同音之字求之。不得,则就古韵同音求之,不得者盖已鲜。如更不能得,更就异韵同声之字求之。更不能得,更就同韵同类或异韵同类之字求之。……此言虽简,实为据借字以求本字之不易定法。

黄侃把音韵作为破假借、求本字的一把钥匙,可谓深得通假的奥秘。

掌握一定的古音知识,还可以避免佻谈通假,也就是避免滥说与误说通假。譬如《晏子春秋》："圣人非所与熙也，寡人反取病焉。"有人妄说"熙"字通"戏"，为"戏弄"之义，这是不正确的。这个"熙"字当通"咍"。《九章·惜诵》："行不群以颠越兮，又众兆之所咍也。"王逸注："咍，笑也。楚人谓相啁（通'嘲'）笑曰咍。"楚王说话，当然用楚方言。在上古，"熙"与"咍"同属晓母，在之部，二字以同音通假。而"戏"字上古在鱼部，与"熙"并不押韵；双声通假，韵必相近，谓"熙"通"戏"，乃是以今例古。所以说，对通假字的本字，必须依据音、义慎重考求，避免滥用或误用。又如《诗·陈风·月出》："月出皎兮，佼人僚兮，舒窈纠兮，劳心悄兮。月出皓兮，佼人懰兮，舒忧受兮，劳心慅兮。月出照兮，佼人燎兮，舒夭绍兮，劳心惨兮。"本是男女相悦而思念之辞，但有的学者却因为诗中有"纠""懰""燎"等字而妄说通假，以为此诗是奴隶起义失败而英勇就义之诗，被讥为臆说。

《经典释文·叙录》引郑玄的话来说明用字假借的原因："其始书之也，仓卒无字，或以音类比方假借为之，趣于近而已。受者非一邦之人，人用其乡，同言异字，同字异言，于兹遂生矣。"下面我们再罗列一些例子：

《大盂鼎》："勿法朕命。"借"法"为"废"。

《虢叔多父盘》："受害福。"借"害"为"夰"（即后之"介"字），大也。

《诗·召南·采蘋》："于以湘之。"借"湘"为"鬺"，式羊切，意为烹煮。

《墨子·非命上》："于何用之？废以为刑政。"借"废"为"发"。

《礼记·儒行》："虽危起居，竟信其志。"借"信"为"伸"。

《庄子·逍遥游》："野马也，尘埃也，生物之以息相吹也。"借"马"为"塺"；《说文》："塺，尘也。"徐铉音亡果切。

又："而后乃今培风。"借"培"为"凭"。（王念孙说）

又："若夫乘天地之正，而御六气之辩。"借"辩"为"变"。

《法言·学行》："遇哉师，桐子之命也。"借"桐"为"童"（童蒙之童）。

《汉书·食货志上》："竭天上之资财以奉其政，犹未足以澹其欲也。"借"澹"为"赡"（赡足）。

洪诚先生在他的《训诂学》第二章中指出："这一类的假借，汉以前，即公元3世纪以前相当多。王引之《经义述闻》卷三十二《经文假借》专论其事。隋唐以后士大夫的作品，用字渐有规范，意义不同的常用字各有用例。"但他又指出，在民间作品中，用字不规范的情况还与汉以前相似。

洪诚先生还指出：

　　语言的发展和文字的发展有矛盾,完全做到为每个词造专用的字不可能;在古代造字和用字又有矛盾,对每个词都要辨义用字也不可能,所以文字假借是汉字运用上的必然结果。两周文献,用字合于本义的是少数。文字的本质和语言一样,具有社会性。从造字的角度看,字有本义,词有本字,字形有助于了解一个词的原始意义;从语言的角度看,无所谓本字,约定俗成的用法和意义就是文字的本义。……按约定俗成的法则所用的字就是正字,不合规范的字就是借字。说文学家求本字,是从已知的词义去找一个原始书写形式,可是有些是找不到的。

　　训诂学对于文字所寻求的,是照字面讲不通的假借字在句子里实际标志的那个词。因为假借来的这个字,本有它约定俗成的用法,尽管作者用其音不用其义,但是它的本义总是伴随着它的形出来干扰读者,容易使读者见其形而取其义。

　　训诂学是以生活和语言为基础,去发现文句中哪个是假借字,再以假借字为线索去理解词义和语言。而《说文》学家寻求本字,只不过是按已知的词义,去找一个原始的书写形式。尽管在适当的时候,利用字形分析,能更好地说明词义,但是这种寻找原始书写形式的方法,对于训诂学却是不必要的。所以王念孙作《广雅疏证》,不求本字,无损于训诂的正确性。

(《训诂学》第二章)

以上重点讲了明古音、破假借以读懂古书的问题。其实,明古音这件事在训诂学上的重要性绝不止于谈转语、破假借,我们如要进一步对汉语词汇进行综合研究,探求词族、同源词,从而把训诂学推向一个新的理论高度,也非得明古音不可。所以说,任何一个真正的训诂学家,要从事真正意义上的训诂研究,都得从古音研究开始,这是一条必经之路,否则行不通。关于汉语词族、同源词的研究问题,这里不准备详说,待后面讲训诂方法时再详细举例说明。

第三节　训诂学与校勘学

　　古籍整理的第一步是校勘工作。校勘是训诂学家们的一项基本功。没有经过校勘的文字材料,不但注释起来十分困难,而且其成果的可信程度也往往很低。从这个意义上讲,校勘是训诂的第一个重要的组成部分。历来的训诂学家大多数兼为校书专家,只是到了后来,学科日益缜密,校雠学乃从训诂学中独立出来,成为专门的学问。

校雠学历来就有广、狭二义。广义的,指版本、校雠、编辑目录、保藏和流通等方面的研究;狭义的,则专指改正书面材料上的文字错误。为了便于区分,后人往往把狭义的校雠称为校勘;从这个意义上讲,校勘又是校雠的一部分。

我国的校勘事业起源甚早,周秦时代已有实例。正考父校《商颂》,是见于《左传》的例子。《吕氏春秋·察传》有个很有名的例子:

> 子夏之晋,过卫,有读史记者,曰:"晋师三豕涉河。"子夏曰:"非也,是己亥也。夫己与三相似,豕与亥相似。"至于晋而问之,则曰:"晋师己亥涉河"也。

子夏是根据古文"己"与"三"、"豕"与"亥"之字形相近,容易互讹而作出判断的。汉代的校勘,以刘向父子最为著名。孙德谦《刘向校雠学纂微·订脱误》叙述道:

> 书之贵乎校订者,惧其有脱误也。夫一书之中,其脱误或在篇章,或在字句。后人读之,苟无善本相校,必致文意难晓,有索解而不得者。班固《汉书·艺文志》于《易》家云:"刘向以中古文《易经》(按:'中'指当时宫廷所藏)校施、孟、梁丘经,或脱去'无咎''悔亡'(按:这是《易经》中表示吉凶的专门术语)。"于《书》家云:"刘向以中古文校欧阳、大小夏侯三家经文,《酒诰》脱简一,《召诰》脱简二。率简二十五字者,脱亦二十五字;简二十二字者,脱亦二十二字。文字异者七百有余,脱字数十。"则向之校书,凡书有脱误者,知其必详加厘订矣。又如《晏子书录》:"中书以夭为芳、文为各、先为牛、章为常,如此类者多。谨颇略椾。"《列子书录》:"中书多,外书少……或字误以尽为进、以贤为形,如此者众……校雠从中书。"《战国策书录》:"本字多误脱为半字,以赵为肖、以齐为立,如此者多。"

> 《文选·魏都赋》李善注引《风俗通》曰:"按刘向别录雠校,一人读书,校其上下,得谬误,为校;一人持本,一人读书,若怨家相对,故曰雠也。"所以名为校雠者,直欲使书之脱误悉从而辨订之耳。

东汉末年大学者郑玄(康成),搞校勘也是很有名的。他给《毛诗》作笺,给《三礼》作注,他的注本一直流传到现在,功绩是很大的。

唐代学者陆德明,著《经典释文》,不但对经书作了校勘,而且注了音,这对研究古书音义非常重要。

清人校勘学集前代之大成,许多著名学者,如段玉裁、王念孙父子、俞樾等,在大规模校勘古籍的基础上,总结出一些条例,这些条例成为准绳,能引导和启发后人。譬如段玉裁的《与诸同志论校书之难》、王念孙的《读淮南子杂志后序》,都是很精到的。王念孙的《读书杂志》可以说是专门谈校勘的书。俞樾著的《古书疑义举例》,共七卷,前四卷讲古书中的一些特殊语法、修辞现象,后三卷主要讲校勘。

在现代学者中,鲁迅校《嵇康集》,闻一多校《楚辞》,陈垣校《元典章》,岑仲勉校《元和姓纂》,也都有突出成就。特别是陈垣校《元典章》,他发凡起例,作《元典章校补释例》,解放后重印时更名为《校勘学释例》,为后人提供了不少方便。

书面材料发生错误的情况,重要的有讹误、缺脱、衍羡、错乱四种。在校勘过程中,人们较多遇到的是两种或两种以上的错误同时存在的情况,称为双重或多重错误。例如《韩非子·难三》:"且夫物众而智寡,寡不胜众,智不足以遍知物,故因物以治物;下众而上寡,寡不胜众者,言君不足以遍知臣也,故因人以治人。"其中的"(言)智不足以遍知物(也)"和"言君不足以遍知臣也"都是窜入正文中的注文,此其一;前面一句"(言)智不足以遍知物(也)"又脱"言""也"二字,此其二;"寡不胜众者"一句又衍一"者"字,此其三。三个错误混在一起,校勘时就要求运用训诂学知识,通过对上下文气的贯通和行文中的"对文"特点以及全书的文例来加以判定。

书面材料发生错误的原因,有音近而误的,如《吕氏春秋·审势》:"汤武之贤,而犹藉知乎势。""知"当为"资"(依靠)。又有因形近而讹的,如《淮南子·人间训》:"夫墙之坏也于隙,剑之折必有啮(niè,高诱注'缺也')。""也"当作"必"。又有由于字形难识而误的,如《墨子·经上》:"恕,明也"。"恕"即是"智"字,旧本不识,多误作"恕"。又有由于牵涉注文而误的,如《韩非子·外储说左下》:"吾父独冬不失裤。"旧注:"刖足者不衣裤,虽终其冬夏,无所损失也。"据此可知正文原作"吾父独终不失裤",故注云:"终其冬夏,无所损失。"今本是牵涉注文中的"冬夏"字而误"终"为"冬"的。还有由于牵涉避讳字而误的,如《管子·霸言》:"故贵为天子,富有天下,而伐不谓贪者,其大计存也。"原文本作"世不谓贪",本子流传到唐代,为避李世民的讳,改"世"为"代",传写中又误为"伐",遂不可读。在封建社会,读《论语》时遇到"孔丘"字样,都念作"孔某",写"丘"字时缺一笔,作"𠀉"。

利用避讳,可以考定文章的年代,譬如,宋孝宗名赵昚(shèn),不但讳"昚",而且连同音的"慎"字也讳,那么这种讳"昚"的抄本、刻本,至少不会出现于宋孝宗之前。

避讳学还可以帮助人们确定某些作品成书的年代,如王仁煦《刊谬补缺切韵》,在"显"字下注:"今上讳。"唐中宗名"显",据此可知王本《切韵》成书于中宗时代,至于具体在中宗在位(共七年)的哪一年,还要再作考证。研究音韵学的人,还可以从避讳中考察某些字的古代读音,譬如《旧唐书·萧复传》:"以复为统军长史,复父名衡,特诏避之。""统军长史"这个官职,原名"行军长史",为避萧衡的讳,改"行"字为"统"字,可见当时"行""衡"同音。

以上说的是避讳的知识对于校勘古籍的重要性。在传统经史研究中,避讳学也是训诂内容之一。

下面说一下古书流传过程中发生缺脱、衍羡及错乱的情况。《淮南子·道应训》:"(卢)敖幼而好游,至长不渝解。""渝解"犹言"懈怠"。后人不明古义,以为难解,遂删"解"字。《列子·仲尼》:"孤犊未尝有母,非孤犊也。""有母"之下,应重"有母"二字,今本无,是由于两句相连而误脱其字。《国语·晋语》:"夫利君之富,富以聚党,利党以危君。""富"字不当叠,原文只应作"利君之富以聚党",这是两字相连误叠而衍的。《礼记·檀弓》:"望反诸幽,求鬼神之道也。""反"字不可通,是牵涉同注文"庶几其精气之反"中的"反"字而误阑入正文的。《老子》第二十一章:"道之为物,惟恍惟惚。惚兮恍兮,其中有象;恍兮惚兮,其中有物。"其中的"恍兮惚兮"二句,当在"惚兮恍兮"二句之前,因为"其中有物"是和"惟恍惟惚"句押韵的,而"惚兮恍兮,其中有象"二句则另行转韵,这是数句平列而句子颠倒所致。

下面简单说一下古书校勘的方法。

陈垣先生把校勘方法分为四种:对校、本校、他校、理校。

所谓对校,就是一本书,用它的各种不同的版本去校。例如一部杜诗,要用其宋本、元本、明本直至近人的本子来校对。本校,就是以本书校本书。也就是用一部书的上下文相校、前后文相校,其前提是一个作家的思路、用语习惯有规律,所以可以上下对比,找出一些彼此互校的材料。他校,是利用类书、前人注解或甲骨金文等材料进行校对。所谓理校,就是推理的校勘,没有其他本子可以资据,只用理性去推测。

　　概括来看,对校、本校、他校这三种都是拿某种材料与他种材料进行校对,因此可以合并而统称曰对校。这种对校是有其他版本作直接根据的,在很大程度上避免了主观武断、妄改旧文的弊病。校书者往往把所有异文汇聚起来,编为校勘记,使读者手此一编即等于掌握了许多版本,如阮元的《十三经注疏校勘记》对于学者就有很大益处。如王昌龄诗:"但使龙城飞将在,不教胡马度阴山。"阎若璩根据地理,指出"龙城"当作"卢城"。因为李广是右北平太守,右北平又称"卢龙","卢"字和"龙"字连在一起,所以后来误作"龙城"。当时有一处地方叫龙城,是匈奴人祭天的地方,李广不可能跑到那里去统兵。这本来是一个推理的校勘,后来发现一本宋刻的《百家诗选》,里面正写作"卢城";《百家诗选》是王安石选编的,从前很少见,清代发现了一个宋本,翻刻出来。可见广收异本,择善而从,是校勘最基本的方法。

　　理校之法,最需要训诂学知识作指导,因为它没有足够的材料可供比勘,只能从文字、事实、义理三个方面着手,采用推理方法进行校正。在文字方面,可以根据字形、字音相近的情况来进行推断,譬如前面举过的"三豕涉河"以及《战国策》旧本误"赵"为"肖"、误"齐"为"立"等例子都是。此外,还可以根据辞例——语法结构来进行推断。譬如《诗·周南·汉广》:"南有乔木,不可休息。汉有游女,不可求思。"按照句法,"休"和"求"押韵,"求思"的"思"是语辞,那么"休息"当作"休思";下一章曰:"汉之广矣,不可泳思。江之永矣,不可方思。"虽说现在还找不到"休息"当作"休思"的实证,但根据词义、韵脚以及句法结构来推想,还是可靠的。也可以根据押韵的形式来推断,譬如《楚辞·离骚》中有两句:"曰黄昏以为期兮,羌中道而改路。"有的传本没这两句,有的却有这两句,怎样判定呢?我们通观《楚辞》韵例,发现它们都是双进的,如果有了这两句,就是"武、舍、路"五字相叶,成为单数了,与全篇的韵例不合,因此推断这两句是衍文,没这两句的本子才是正确的。还有根据历史事实来进行推断的,例如《文心雕龙·时序》:"及明帝叠妖,崇爱儒术。""明帝"和"叠"字矛盾,一个人是不能"叠妖"的,从历史上看,明帝之后是章帝,"章""帝"两字,形近易讹,由此可知这句本作"明章叠妖"。

　　王氏父子精于校勘,其于理校之途,尤多创获。这里举个大家比较熟悉的例子:

《战国策·赵策》："太后明谓左右曰:'有复言令长安君为质者,老妇必唾其面!'左师触詟愿见太后,太后盛气而揖之。"吴(师首)曰:"'触詟',姚(宏)云:'一本无言字。'《史》亦作龙。案:《说苑·敬慎》篇:'鲁哀公问孔子:夏桀之臣,有左师触龙者,谄谀不正。'人名或有同者,此当从'詟'以别之。"念孙案:吴说非也。此《策》及(《史记》)《赵世家》皆作"左师触龙言,愿见太后",今本"龙""言"二字误合为"詟"耳。太后闻触龙愿见之言,故盛气以待之。若无"言"字,则文义不明。据姚(宏)云:"一本无'言'字。"则姚本有"言"字明矣。而今刻姚本亦无"言"字,则后人依鲍(彪)本改之也。《汉书·古今人表》正作"左师触龙"。又《荀子·议兵》篇注曰:"《战国策》赵有左师触龙。"《太平御览·人事部》引此《策》曰:"左师触龙言愿见。"皆其明证矣。又《荀子·臣道》篇曰:"若曹触龙之于纣者,可谓国贼矣。"《史记·高祖功臣侯者表》有"临辕夷侯戚触龙",《惠景间侯者表》有"山都敬侯王触龙",是古人多以"触龙"为名,未有名"触詟"者。

"太后盛气而揖之",吴(师道)曰:"'揖之',《史(记)》云'胥之'当是。"念孙案:吴说是也。《(史记)集解》曰:"'胥'犹'须'也。"《御览》引此《策》,作"盛气而须之"。隶书"胥"字作"胥",因讹而为"胥",后人又加"手"旁耳。下文言"入而徐趋",则此时触龙尚未入,太后无缘"揖之"也。

这个例子很典型。王念孙所采用的方法,主要是推理,同时辅之以他书异文,证明"触詟"当为"触龙言"三字之误合。旧时抄书皆竖写,上下两字误合为一不足为奇,后来有了椠刻之术,据前人抄本误刻者也不在少数。理校之法本身须有说服力,王氏又引《荀子》、类书《太平御览》等为证,说服力就更强。近年长沙马王堆二号汉墓出土的帛书(《战国纵横家书》)正作"触龙",由此更加证明了王念孙的远见卓识。

我们再举同一篇中的另一个例子:

"而恐太后玉体之有所郄也,故愿望见太后。"鲍(彪)注:"恐太后不能前。"念孙案:鲍未解"郄"字之义。"郄"字本作"郤",读如烦勮之勮(jù,王筠《说文句读》引太公《阴谋》:"马不可极,民不可剧;马极则蹶,民剧则败。"《说文》无"剧"字,"剧"同"勮",务也),谓疲羸也。言恐太后玉体之疲羸,故愿望见也。《广雅》:"困、疲、羸、券(倦)、郄,极也。"皆谓困极也。《汉书·司马相如传（子虚赋）》："微矊受诎。"苏林曰："'矊'音'倦矊'之'矊'。"郭璞曰："矊，疲极也。"又《上林赋》："与其穷极倦矊。"郭璞曰："穷极倦矊，疲惫也。"《方言》曰："佄，矊倦也。"《说文》曰："佄，微佄受屈也。"——"俰""佄""矊""卻"，并字异而义同。《（史记）赵世家》作："恐太后体之有所苦也。""苦"与"佄"同义，则"卻"为"倦佄"之"佄"明矣。

在《读书杂志》中，此类精彩的校勘之例比比皆是。如《墨子·兼爱上》："盗爱其室，不爱其异室。"王念孙曰："下句不当有'其'字，盖涉下文而衍。下文'不爱异家''不爱异国'，皆无'其'字，是其证。"《非攻中》："然则土地者，所有余也，王民者，所不足也。"王念孙指出："'王民'二字，义不可通，当是'士民'之误。'士民'与'土地'对文。"《非儒下》："夫饥约则不辞妄取以活身，赢饱伪行以自饰。"王念孙指出："'赢饱伪行以自饰'，本作'赢饱则伪行以自饰'。'赢'之言'盈'也。僖二十八年《左传》：'我曲楚直，其众素饱。'杜（预）注曰：'直，气盈饱。''盈饱'即'赢饱'，正对上文'饥约'而言，今本'饱'字下脱'则'字，'赢饱'又讹作'赢饱'，则义不可通。"

以上这些例子，都说明通训诂乃是校读古籍的先决条件。段玉裁《与同志论校书之难》一文指出："校书之难，不在照本改字，不讹不漏，而在于难定是非。"定是非，就是理校过程中最为重要的一环。王氏父子经常根据上下文校释词义，他们的做法，首先使所校字句"揆之本文而协"，即揭示文章中上下相接邻的文句遣词造句的法式，进而从全书不同段落中抽象出句子与句子之间相同的遣词造句法式。如《晏子春秋·内篇问下》："夫逼迩于君之侧者，距本朝之势，国之所以治也；左右谗谀，相与塞善，行之所以衰也；士者持禄，游者养交，身之所以危也。"其中讲到近臣专权，却出现"国之所以治也"的话，是矛盾的，王念孙《读书杂志》注指出，"治"字上面当有"不"字。又如《老子》三十一章："夫佳兵者不祥之器；物或恶之，故有道者不处。"前人释"佳"为"善"为"饰"，都不可通，王念孙在《读书杂志》余编上指出，"佳"当作"隹"（古"唯"字）。他说：

> 上言"夫唯"，下言"故"，文义正相承也。八章云："夫唯不争，故无尤。"十五章云："夫唯不可识，故强为之容。"又云："夫唯不盈，故能蔽不新成。"二十二章云："夫唯不争，故天下莫能与之争。"皆其证也。

这种"夫唯……故……"的句式，是建立在语文规律基础上的"上下文"。

王氏父子的另一个做法,是使所校字句"验之他卷而通",即从同时代的"他书"中寻找遣词造句与本文相同的法式以相印证。如《礼记·射义》:"射者,仁之道也。射求正诸己,己正而后发。发而不中,则不怨胜己者,反求诸己而已矣。"其中"反求诸己"一句,唐石经作"求反诸己",王念孙认为文义不顺。他根据孔颖达《礼记正义》的说法"唯内求诸己,不病害于物"来考察,认为当作"反求诸己"。又举《中庸》的例子"失诸正鹄,反求诸其身",《孟子·公孙丑上》的例子"反求诸己而已矣"以及《小雅·宾之初筵》的《正义》、《白帖》八十五所引《射义》之文皆作"反求诸己",证明唐石经的错误。这是"引他书以正本书"的方法,也是利用"上下文"的原则,而又加以推广。他们的这种做法,接近于现代语言学所谓"语境"的认识。把这种方法与"因声求义"的方法有机地结合起来,常常能够使所校文句准确无误,成功地解决古书文字中的一些千古疑难。

下面举几个运用训诂学知识特别是古音学知识校勘古籍的例子。

《诗·卫风·竹竿》二章:"泉源在左,淇水在右,女子有行,远兄弟父母。"一本作"远父母兄弟",而唐石经作"远兄弟父母"。哪一种对呢? 据古音学知识可知"远兄弟父母"是对的,因为"右""母"在先秦古韵皆属之部,而"弟"字在脂部,不互押。段玉裁指出:"玉裁读坊本《诗经·竹竿》二章:'泉源在左,淇水在右,女有行,远父母兄弟。'每疑'右'为古韵第一部字(按:之部在段氏《六书音韵表》中为第一部),'弟'为第十五部字(按:脂部在段氏《六书音韵表》中为第十五部),二字古鲜合用。及考唐石经、宋本《(诗)集传》、明国子监《(十三经)注疏》本,皆作'远兄弟父母',而后其疑豁然。"在《六书音韵表》中,段玉裁特别强调:"五支、六脂、七之三韵(按:指《广韵》韵部),自唐人功令同用,鲜有知其当分者矣,今试取诗经韵表第一部(之),第十五部(脂)、第十六部(支)观之,其分用乃截然,且自三百篇外,凡群经有韵之文及楚骚、诸子、秦汉六朝词章所用,皆分别谨严,随举一章数句,无不可证。"

又如《荀子·劝学》:"积善成德,而神明自得,圣心备焉。"元刻本作"圣心循焉",卢文弨据宋本及《大戴礼记》指出:"循"当作"备"。刘台拱补充说:"当作'备',古音与'德''得'为韵。"王念孙进一步补充说:"'成德'与'圣心备',上下正相应,元刻作'循',则上下文不相应矣。"又举同书之《儒效》篇"积善而全尽,谓之圣人"为证,说:"彼言'全尽',犹此言'圣心备'也,一也。"并引《大戴礼记》《群书治要》《文选》等为证,指出:"'备'字俗书作'俻',

'循'字隶书或作'徇',二形相似而误。"他还说:"'備'字古音鼻墨反(见吴棫《韵补》),正与'德''得'为韵。"(详《读书杂志·荀子第一》)

又如《荀子·天论》:"大天而思之,孰与物畜而制之?从天而颂之,孰与制天命而用之?望时而待之,孰与应时而使之?因物而多之,孰与聘能而化之?"王念孙指出,"物畜而制之","制"当为"裁"。因为"思""裁"为韵,"颂""用"为韵,"待""使"为韵,"多""化"为韵。"思"与"裁"古韵并属之部,而"制"字古韵属祭部,不得与"思"为韵(按:段玉裁《古韵十七部表》祭在第十五部,与第一部之,相去甚远)。王念孙还指出,致误的原因正如杨倞注文所云:"使物畜积而我裁制之。"今本误将注文"制"字混入正文而又失"裁"字。(详《读书杂志·荀子第五》)

再如《荀子·君子》:"贵贱有等,则令行而不流。"王念孙指出:"流"读为"留"。他说:"贵贱各安其分,则上令而下从,故令行而不留也。《君道》篇曰'兼听齐明,而百事不留'是也。《群书治要》正作'令行而不留',作'流'者,借字耳。杨(倞)以'流'为'邪移',失之。"(《读书杂志·荀子第七》)古音"流""留"同音,皆在来母、幽部,故得相假,王念孙的分析是正确的,破了假借,找出了本字,又校正了古书。

长沙马王堆二号汉墓出土的《战国纵横家书》云:"齐勺之交,壹美壹恶,壹合壹离,燕非与齐谋勺,则与勺谋齐。"(《苏秦上赵王书》)其中的"勺"字,乃是"赵"的假借字。古韵"勺"在药部,"赵"在宵部,宵、药对转。从声母看,"勺"属禅母,"赵"属澄母,古亦相通。验之古史,亦信然。

由以上例子可以看出,古书校勘还必须掌握一定的古音学知识。清人整理古籍的规模数量和质量大大超越前代,其中一个重要原因就是古音学到了清代取得了长足的发展。段、王等人把古音学推向一个新的高度,在此基础之上从事于校勘、注释工作,较之前人,就更加科学化、系统化了。

校勘工作虽只是古代文献整理工作的第一步,但它需要具有丰富的知识才能做得好。譬如为了掌握和辨别不同的版本,收集相关的资料,就得具备目录学、版本学的知识;要发现和改正文字材料中的错误,就得具备文字学、音韵学、历史学、地理学,乃至天文、历法等方面的知识。此外,还得具备关于所校勘的那部书的专门知识。陈垣撰《元典章校补释例》,其中有关元代语言、名物的特例就有三卷之多,如果陈先生不是一位元史专家和宋元语词研究专家,他的这项工作是不可能取得那么好的成绩的。

总之,古籍校勘的工作与古籍注释工作的关系密切,如果没有训诂学的知识作为指导,校勘工作是不可能搞好的。而一个不懂得校勘学的人,也不可能是一位称职的训诂学家,所以清代诸家如段玉裁、王念孙父子、阮元、严可均、卢文弨、顾广圻、朱骏声等人,无一不是出色的校勘学家而兼训诂学家。

第四节　训诂学与语法学

古代语法研究在未能成为独立学科之前是包含在训诂研究范围之中的。《荀子·正名》篇里就论述过词的起源、构词原则、词和语句等一系列问题。文章中说:“名无固宜,约之以命,约定俗成谓之宜,异于约则谓之不宜。名无固实,约之以命实,约定俗成谓之实名。名有固善,径易而不拂,谓之善名。”(“名”,在古代汉语里有时指名称,即词;有时指概念)“词”和“物”的关系是自然的、必然的,还是由人们规定的? 对这个古希腊哲学家争论了几百年的问题,荀况不仅正确地解决了,而且指出了语言是社会的产物,并强调了语言的社会性。他在这篇文章中说:“名也者,所以期累实也;辞也者,兼异实之名以谕一意也。”(“辞”,在这里是指句子。“谕”原为“论”,依王念孙校改)“彼正其名,当其辞,以务白其志义者也。彼名、辞也者,志义之使也,足以相通则舍之矣。”这段话不仅给词和句下了一个定义,而且还指出了语言是人们用以交流思想的工具。墨翟在《墨子·经上》中说:“白马,马也;乘白马,乘马也。骊马,马也;乘骊马,乘马也。”这句话是逻辑的分析,也是语法的分析。墨翟说明“白马”“骊马”都是偏正式词组,用动词“乘”和偏正式词组“白马”“骊马”构成的“乘白马”“乘骊马”两个动宾式词组,主要成分都是“乘马”,这显然是正确的。

战国时期,《公羊传》和《穀梁传》这两部训诂书对鲁国编年史《春秋》中词义和语句的解释,有许多地方涉及汉语语法上的一些现象。例如《春秋·僖公元年》:“邢迁于陈仪。”《公羊传》解释这句话时,就以《庄公十年》“宋人迁宿”作对照说:“‘迁’者何? 其意也。‘迁之’者何? 非其意也。”这就是说,“邢迁于陈仪”是“主语—谓语—补语”的句式,谓语“迁”是自动词,“迁于陈仪”是邢侯自己愿意的。“宋人迁宿”是“主语—谓语—宾语”的句式,谓语“迁”是他动词,“宿”是“迁”这个动作所及的对象;“宋人迁宿”,并不是宿(男国)自己愿意的,而是宋(公国)强迫它迁移的。这就说明两个句子中的"迁",一个是作自动词,一个是作他动词,因为构成的句式不同,所表达的意思也不一样。

又如《春秋·桓公三年》:"有年。"《公羊传》解释这句话时,也以《宣公十六年》"大有年"作对照说:"此其曰'有年'何?仅有年也。彼其曰'大有年'何?大丰年也。"这就说明"有年"只是丰收年;在"有年"前加上一个"大",那就是大丰收年。这也可以说是从语法上说明附加语的作用。

《春秋·成公元年》:"秋,王师败绩于贸戎。"《公羊传》解释这句话:"孰败之?盖晋败之。……然则曷为不言晋败之?王者无敌,莫敢当也。"这就说明当时运用被动的句式,都是指不如意不愉快的事。为了隐讳晋军打败了王师这个事实,不用主动式,而用一个简化被动式。这样表达,不仅不叫施动者晋军作主语,而且还可以使它不在句子中出现。

《春秋·宣公十年》:"春……齐人归我济西田。"《穀梁传》解释这句话时,以定公十年"齐人来归郓、阳、龟阴之田"对照说:"不言'来',公如齐受之也。"这就是说,"齐人来归郓、阳、龟阴之田",是一个连谓式的句子,有"来""归"两个动作,表示齐人来鲁国归还郓、阳、龟阴之田。不用"来"而只说"齐人归我济西田",是"主语—谓语—间接宾语—直接宾语"的句式,表示鲁宣公到齐国去受田。这就从语法上说明了连谓式的句子和谓语动词单用而带双宾语的句子的区别。

《春秋·隐公十一年》:"春,滕侯薛侯来朝。"《穀梁传》解释这句话时,以《桓公七年》"夏,谷伯绥来朝,邓侯吾离来朝"对照说:"特言,同时也;累数,皆至也。"这就正确地说明,用一个复句分述谷伯绥、邓侯吾离来朝,讲的是桓公七年夏两人先后来朝见。用一个单句总述滕侯、薛侯来朝,讲的是隐公十一年春天两人一块来朝见。

汉代训诂学家、文字学家对于词的解释本来着重于它的意义,但是在解释工作中往往感到"实字易训,虚词难释",因而遇到句首、句中、句末没有实在意义的虚词,只好就它在句中的作用来解释。《尔雅》一书,大部分都是解释实词的,但是前三篇(《释诂》《释言》《释训》)里也有一些解释虚词的。例如:

逮、及、暨,与也。(《释诂》)

通、遵、率、循、由、从,自也。(《释诂》)

庶几,尚也。(《释言》)

　　曷，盍也。(《释言》)

　　暨，不及也。(《释训》)

扬雄的《方言》里也有一些对虚词的解释。例如：

　　迨、遝，及也。东齐曰"迨"，关之东西曰"遝"，或曰"及"。

　　佥、胥，皆也。自山而东，五国之郊曰"佥"，东齐曰"胥"。

　　欸、譻，然也。南楚凡言"然"者曰"欸"，或曰"譻"。

　　渜，或也。沅、沣之间，凡言"或如此"者曰"渜如此。"

许慎的《说文解字》里把有实在意义的实词叫"字"，把不表示实在意义的虚词叫"××词"或"××语"，有时也把作用相同或相近的虚词互相解释。例如：

　　者，别事词也。

　　宁，愿词也。

　　皆，俱词也。

　　吁，惊语也。

　　乎，语之余也。

　　矣，语已词也。

　　以，用也。

　　因，就也。

以上各词，有的可作实词也可作虚词，许慎皆就其用作虚词来解释的。

　　此后，训诂学家遇到这类虚词往往也采用同样办法，说"××词(辞)""××语"，或合称"语词"，也有时称作"语助"。例如，郑玄笺《诗》，把"勿"说成"禁词"；注《礼记·檀弓》时，把"居"说成齐鲁间"语助"；王弼注《易》，把"嗟"说成"忧叹之辞"；郭璞注《尔雅》，把"伊"说成"发语词"；颜之推的《家训》把"焉"说成"语助"；等等。

　　南北朝以后，对虚词的研究，已从一个一个字的解释方法，进入分类总括说明的方法。例如，刘勰在《文心雕龙·章句》篇里把虚词分为发端、札句、送末三类。他说："夫、惟、盖、故者，发端之首唱；之、而、于、以者，乃札句之旧体；乎、哉、矣、也，亦送末之常科。"

　　唐代孔颖达在《五经正义》中把词分为两大类，即义类和语助类。他说："句义联字而言……然'字'之所用，或全取以别义，'关关雎鸠'之类也；或假辞以为助，者、乎、而、只、且之类也。"(《诗·周南·关雎》疏)"全取以别义"，就是义类；"假辞以为助"，就是语助类。柳宗元把表示语气的虚词叫作"助字"，又就用途将其分为疑辞、决辞两类。他在《复杜温夫书》里说："但见生用助辞不当律令……所谓乎、与、耶、哉、夫者，疑辞也；矣、耳、焉、也者，决辞也。"这样分类说明虚词的作用，已具有一些概括性。

到宋代便有了"实字""虚字"的说法。这就是把汉语里所有的词分为两大类。例如，周辉在《清波杂志》里说："东坡教诸子作文，或辞多而意寡，或实字多、虚字少，皆批谕之。"张炎在《词源》里说："词之句语有二字、三字、四字至六字、七八字者，若堆叠实字，读且不通，况付之雪儿乎？合用虚字呼唤，单字如正、但、甚、任之类，两字如莫是、还又、那堪之类，三字如更能消、最无端、又却是之类，此类虚字却要用之得其所，若能善用虚字，句语自活，必不质实，观者无掩卷之诮。"把词分为"实""虚"两类，是以汉语的特点为根据。虚词比实词的数量少得多，但是使用频率却很高，特别是古代汉语虚词，在句中的作用很不容易掌握。因此，把词分为实词、虚词两类，不仅我国语法书中尚在沿用，外国的一些语法书也采用。

元代卢以纬从文献中收集一百二十九个常用虚词，阐明其作用，分析其用法，编成一部《语助》。这是我国研究汉语虚词用法最早的一部专著。这本书，有的把单个虚词列为一项解释，有的把作用相同或相近的一组虚词列为一项解释。

清初顾炎武在《日知录》里谈到虚词中有两词合并为一词的情形。他说："直言之曰'那'，长言之曰'奈何'。"因而类推出"而、已"为"耳"，"之、乎"为"诸"，"之、焉"为"旃"，等等。

清代专门研究虚词的著作主要有刘淇的《助字辨略》、袁仁林的《虚字说》、王引之的《经传释词》。

刘淇的《助字辨略》收集宋元以前经、传、子、史及俗语中四百七十六个词，共分重言、省文、助语、断辞、疑辞、咏叹辞、急辞、缓辞、发语辞、语已辞、设辞、别异之辞、断事之辞、或然之辞、原起之辞、终竟之辞、顿挫之辞、承上、转下、语辞、通用、专辞、仅辞、叹辞、几辞、极辞、总括之辞、方言、倒文、实字虚用等三十类，刘淇用正训（如"义者宜也"）、反训（如"故"训"今"）、通训（如"本"犹"根"）、声训（如"学之为言效也"）、互训（如"安"训"何"，"何"训"安"）、转训（如"容"有"许"义）等方法加以解释。例如：

　　　　[从]

　　《尔雅》云："自也。"郭注云："自，犹从也。"邢疏云："自亦从也，转互相训也。《史记·高帝纪》:"公等皆去,吾亦从此逝矣。"从此,自此也。又由也、因也。如《汉书·高帝纪》:"陈余亦怨羽独不王己,从田荣藉助兵。"此言自田荣所借兵也。……

[而]

承上转下,语助之辞,《论语》"本立而道生"是也。又如《论语》"敬事而信",此"而"字但为语助,无所乘转,去"而"字则不可以句也。……

[兮]

《广韵》云:"语助。"愚案:歌之余声。

[哉]

《说文》云:"言之间也。"《诗·大雅》:"陈锡哉周。"《朱传》云:"哉,语辞。"《正字通》云:"哉之在句中者,为助语辞,为间隔之辞;在句末者,为语已辞。"愚案:语已辞有两义:《孟子》"不识比语诚然乎哉",此疑辞也;《论语》"大哉尧之为君也""洋洋乎盈耳哉",此叹辞也。又《论语》"玉帛云乎哉,钟鼓云乎哉""乎哉",反设之辞,兼疑叹二义。又《论语》"有是哉子之迂也""有是哉",不足之辞。《后汉书·列女传》:"霸起而笑曰:'有是哉!'"此深然之辞,与上义别。

王引之的《经传释词》收集周、秦两汉古书中一百六十个虚词,先根据经传本文、注文及其他材料说明各个虚词的意义和用法,后引例证,上溯其原始,再明其演变,"前人所未及者补之,误解者正之,其易晓者则略而不论"。(清孙经世《经传释词补》与《再补》,吴昌莹《经传衍释》,都对《经传释词》一书有所补充)例如:

[犹]

《礼记·檀弓》注曰:"犹,尚也。"常语也。

《诗·小星》传曰:"犹,若也。"亦常语也。字或作"猷"。《尔雅》曰:"犹,若也。""犹"为"若似"之"若",又为"若或"之"若"。《礼记·内则》曰:"子弟犹归器,衣服、裘、衾、车马,则必献其上,而后敢服用其次也。"郑注曰:"犹,若也。"襄十年《左传》曰:"犹有鬼神,于彼加之。"言若有鬼神也。

"犹",犹"均"也。物相若则均,故犹又有均义。襄十年《左传》曰:"从之将退,不以亦退;犹将退也,不如从楚,亦以退之。""犹将退",均将退也。《论语·尧曰》篇曰:"犹之与人也,出内之吝,谓之有司。""犹之与人”，均之与人也。《燕策》："柳下惠曰：'苟与人异，恶往而不黜乎？犹且黜乎，宁于故国尔。'""犹且黜"，均将黜也。

［罔］

罔，无也。常语。

罔，犹不也。《书·盘庚》曰："罔罪尔众。"

某氏传曰："今我不罪女。"《微子》曰："乃罔畏畏。"传曰："上不畏天灾，下不畏贤人。"是也。又《盘庚》曰："罔知天之断命。"言不知天将断绝女命也。《诗·抑》曰："罔敷求先王，克共明刑。"言女不克广索先王之明刑而执守之也。《笺》曰："无广索先王之道与能执法度之人乎？"失之。

罔，犹"得无"也。家大人曰：《楚辞·九章》曰："欲高飞而远集兮，君罔谓女何之。"洪兴祖《补注》曰："言欲高飞远集，去君而不仕。得无谓女远去欲何所适也。"王注以为诬罔。失之。

《助字辨略》《虚字说》《经传释词》这三部解释古代汉语虚词的书，解释、论断较正确，甚为后人推重。

汉代王充在《论衡·正说》中说："文字有意以立句，句有数以连章，章有体以成篇，篇则章句之大者也。"这里主要讲的是字（指词）跟句、句跟章、章跟篇的关系。到南北朝时，刘勰在《文心雕龙·章句》篇里才把句子这个语言单位具体讲了一下。他说："置言有位"，"位言曰句"，"句之清英，字不妄也"。这就是说，词在句子中的位置是有一定的，按照词序安排起来就是句子或分句。并且说，要想把句子造得好，词要用得恰当，不能乱用或滥用。

唐代孔颖达不仅进一步发挥了刘勰的观点，而且提出了"语法"这个名称。他所说的"语法"就是指古代书面语的习惯用法。孔颖达就运用这种法则，纠正了古代文献注释中的一些错误。例如：

《左传·昭公二十年》："……棠君尚谓其弟员曰：'尔适吴，我将归死……尔其勉之。相从为愈。'"汉人服虔注："相从愈于共死。"孔颖达在《春秋左传正义》中驳服虔注说："服意'相从'，使员从其言也。语法，两人交互乃得称'相'，独使员从己语，不得谓'相从'也。"

宋代洪迈在《容斋随笔·四笔》中提出了"句法"这个名称。他说："作文旨意句法固有规仿前人，而音节锵亮不嫌于同意。"这里所说的"句法"是指作文的句法。与他同时代的陈骙在《文则》中提出"长句""短句"的名称。他说："《春秋》文句，长者逾三十余言，短者止于一言。如'季孙行父、臧孙许、叔孙侨如、公孙婴齐帅师，会晋郤克、卫孙良父、曹公子首及齐侯战于鞌'之类，是长句也。（见《春秋·成公二年》）如'螽'之类，是短句也。（见《春秋·桓公五年》）"这就指出在古代汉语中不仅有许多词构成的长句，也有一个词构成的短句。

金朝王若虚在《滹南遗老集》中就利用已掌握的句法规则指出了古代史书里有些句子存在的毛病。例如：

《史记·高祖本纪》："老父相吕后，曰：'夫人天下贵人。'令相两子，见孝惠，曰：'夫人所以贵者，乃此男也。'相鲁元（鲁元，指吕后长女，她食邑于鲁），亦皆贵。"

王若虚在《史记辨惑》中指出："'皆'字不妥。"这就是说，"亦皆贵"这个分句省略的主语"鲁元"只有一个人，谓语"贵"前面的状语，从上下文看，只能用一个"亦"，却不能再用一个"皆"。

又如《新唐书·张巡传》："睢阳、雍丘赐徭税三年。"王若虚在《新唐书辨》中以提问的方式提出："'赐'字便当'蠲免'之意否？"对"徭税"只能说"蠲免"，不能说"赐"。这就指出了动词"赐"和宾语配搭不当的毛病。

清代训诂学大为兴盛，王念孙、王引之父子解释经传、史书时，不仅具有语法观点，而且能利用同样句式分析、比较、纠正其中一些错误。例如：

《逸周书·度训解》："力解则力政，力政则无让。"王念孙在《读书杂志》里说："'政'与'征'同'力征'，谓以力相征伐。《吴语》曰：'以力征一二兄弟之国。'《大戴记·用兵》篇曰：'诸侯力政，不朝于天子。'皆是也。孔注云'政者，征伐之政'，则误读为政事之'政'矣。"孔注把"政"当作"政治"来解释，意思讲不通。王念孙引《吴语》里"力征"和《大戴记·用兵》篇里"力政"互证，说明"政"可同"征"，把名词"政"当动词"征"来解释，这句话就讲通了。

又如《诗·邶风·终风》："终风且暴。"毛《传》："终日风为终风。"《韩诗》："终风，西风也。"王引之在《经传释词》中批评这两种解释都是"缘词生训，非经文本义"。他说："'终'，犹'既'也，言既风且暴也。"并举《诗经》中"终温且惠""终和且平"等句为证。这就有力地说明这个句子里"终"不是"风"的定语；"终……且……"就是"既……且……"，是句子的关联词；"终风且暴""终温且惠""终和且平"，都是并列结构。

清末，继承王氏父子解释古书利用语法知识，分析、比较并归纳出若干条例来的是俞樾。他所著的《古书疑义举例》中有些条例就是语法上的语句分析和解说。该书共七卷,一、二两卷主要讲的是古书句法中的一些问题,三卷讲到了实词的活用,四卷讲到了一些虚词的用法。

在《古书疑义举例》第一卷中,俞樾归纳出古书中"倒句"和"倒序"两种条例。(唐代孔颖达在《毛诗正义》《左传正义》中就指出了倒词和倒句,但没有像俞樾这样归纳出条例)

关于"倒句",他说:"古人多有以倒句成文者,顺读之则失其解矣。"例如:《礼记·檀弓上》"盖殡也,问于耶曼父之母",俞氏指出:如不用倒装句,应当说:"问于耶曼父之母,乃殡也。"

关于"倒序",他说:"古人序事,有不以顺序而以倒序者。"例如:《周礼》"小祝,掌小祭祀……赞彻赞奠",如按顺序,"奠"在先,"彻"在后。俞樾说:"说者不知古人自有此倒序之例,而必曲为之解,多见其不可通矣。"

《古书疑义举例》第二卷,主要讲古书中语句省略问题。俞樾在这卷里归纳出"蒙上而省""探下文而省"和"语急而省"等条例。例如:《孟子·滕文公上》"夏后氏五十而贡,殷人七十而助,周人百亩而彻,其实皆什一也",第一分句"五十"后面省略了"亩",第二分句"七十"后面也省略了一个"亩"。俞樾说:"夫两文相承,蒙上而省,此行文之恒也。乃有逆探下文而预省上字,此则为例更变,而古书亦往往有之。"

在《古书疑义举例》第二卷里还谈到句中"曰"字有无问题。俞樾说:"凡回答之辞必用'曰'字,纪载之恒例也。"但是他指出三种"变例":

(一)有一人之辞中加"曰"字自为问答者。例如:

《孟子·告子章句上》:"孟子曰:'……为是其智弗若与?曰:非然也。'"

《论语·阳货》篇:"(阳货)谓孔子曰:'来! 予与尔言。'曰:'怀其宝而迷其邦,可谓仁乎?'曰:'不可。——好从事而亟失时,可谓知乎?'曰:'不可。——日月逝矣,岁不我与。'"

第一个例子"……为是其智弗若与""非然也",是孟子自问自答,其间加一个"曰"。第二个例子"怀其宝而迷其邦,可谓仁乎"和"好从事而亟失时,可谓知乎"都是阳货(季氏家臣)问孔子的话,孔子没有回答,阳货只好自己说两个"不可",成了自问自答,在两个"不可"前面都用上一个"曰"字。

(二)有非自问自答之辞,而中间用"曰"字以别更端之语者。例如:

《论语·宪问》篇:"子曰:'若臧武仲之知,公绰之不欲,卞庄子之勇,冉求之艺，文之以礼乐，亦可以为成人矣。'曰：'今之成人者何必然？……'"

《论语·微子》篇："齐景公待孔子，曰：'若季氏，则吾不能，以季、孟之间待之。'曰：'吾老矣，不能用也。'

两个例子中第二个"曰"，都是表示更端的话。

（三）有两人问答，因语气相承，明了易晓，而将"曰"字省略者。例如：

《论语·阳货》篇："子曰：'食夫稻，衣夫锦，于女安乎？'曰：'安。'
'女安，则为之……'"

《孟子·公孙丑章句上》："……'敢问何谓浩然之气？'曰：'难言也。
其为气也，至大至刚，以直养而无害，则塞于天地之间。……'"

前一例，是孔子和宰我问答的话。孔子问了一句：父亲死了还不到三年，"食夫稻，衣夫锦，于女安乎"？宰我回答说："安。"接着孔子说了底下一些话。因"语气相承"，孔子接着说的话前面就没有用"子曰"或"曰"。后一例，是孟子和公孙丑问答的话。公孙丑在前面已问了孟子许多问题，在这里又提出"敢问何谓浩然之气"，前面不用"公孙丑曰"或"曰"，文义也明白易晓。

总之，前代学者对于古书的解说，虽然有些人具有语法观念，但是到王氏父子才利用句例的比较、分析来解释语句问题。再后来，俞樾进一步从古书中归纳出一些语句条例，使人以简驭繁，汉语语法的研究才稍有系统性。不论是汉代学者，还是唐宋元明清各代学者，也不论他们是自觉的还是自发的，在阐述语法问题时总是离不开对于词义、句义、文义的解释。也就是说，作为经学家的古代学者，始终没有能够把古代汉语的语法学从训诂学中独立出来，使之成为一门有系统、有理论的学科。《马氏文通》一书出现之前，都是这样情形。但是，反过来看，也正是出于这种原因，训诂学与文言语法学才有着十分密切的关系；从事训诂研究的人，绝对不可以忽视语法问题，尤其应当措意于古书行文中的倒文、省文、叠字、叠句、复语、连文、对文、变文、互文等语法现象，虽然其中有些问题是涉及修辞的，但大多数与语法有关。郑奠、麦梅翘所编《古汉语语法学资料汇编》是一部很实用的书，在前言中他们指出：

第一，前人研究"文法"（语法）的目的，不外一面为了读通古籍（尤其着重先秦两汉之书），一面为了写通文言，也就是说，完全是为了实用的目的。一种语言有它特有的语法体系，值得专门探讨，前人是没有考虑到这个问题的。第二，前人研究语法，可以说有两条路线。一条是由"辞"

到"虚字"的虚字路线,又一条是讲句和读的句读路线。两者相辅而行。第三,前人的语法研究,一方面和训诂学(词义学)相结合,另一方面和修辞学相联系,这两方面都没有明显的界限。第四,前人研究语法,有一个普遍的严重缺点:所用的术语从来不给以定义。这对于后人研究汉语语法学史造成极大的困难。

这些看法是极正确的。古人通过语法去考求词义,非常注重实用性;我们今天研究训诂,也把明语法以通训诂看成是重要手段,在这一点上是一致的。但是,我们今天如果还一味用前人那一套语法观念去进行训诂研究,显然是不够的。所以,一个好的训诂学家,也应当同时是一个语法学家。不但对历代语法学概况有所了解,还要有系统,有理论,用科学的理论体系去指导自己的研究工作,才能取得更大成绩。王力先生在《龙虫并雕斋文集·新训诂学》中指出的,旧的训诂学忽视语法学的问题是十分中肯的。其实自清朝以迄于近代,训诂学家们都已在这方面做过一些探索。我们在前人研究的基础上,继续从事于训诂学与语法学二者的关系的研究探索,从某种意义上说,这也是一种边缘的或者是比较的研究,一定会取得新的成果。

第五节　训诂学与修辞学

我国古代训诂之学实际上也是包括修辞在内的。

如果我们认真裒集整理一下,会发现从马融、许慎、郑众、郑玄到孔颖达、贾公彦,下而至于段玉裁、王念孙、王引之这些训诂大家,对文言修辞有不少探索和阐说。搞训诂学的人,不可不重视那些包藏在训诂材料之中的修辞理论。

譬如《诗》之"六义",特别是"比兴"问题,早在郑康成注《三礼》的时候就有解说。《周礼·大师》:

> 教六诗:曰风、曰赋、曰比、曰兴、曰雅、曰颂。

郑注云:

> 风,言贤圣治道之遗化也。赋之言铺,直铺陈今之政教善恶。比,见今之失,不敢斥言,取比类以言之。兴,见今之美,嫌于媚谀,取善事以喻劝之。雅,正也,言今之正者以为后世法。颂之言诵也、容也,诵今之德,广以美之。

郑众曾谈到"风、雅、颂"之源。他说：

> 古而自有风雅颂之名，故延陵季子观乐于鲁，时孔子尚幼，未定《诗》
> 《书》，而因为之歌"邶""鄘""卫"。曰："是其卫风乎?"又为之歌"小雅"
> "大雅"，又为之歌"颂"。

郑众还解释"比"与"兴"说："比者，比方于物也。兴者，托事于物。"这实际上是在研究"比"与"兴"在修辞手法上的异同。郑玄把"比"局限于"见今之失"，把"兴"局限于"见今之美"，其实他并没有从二者形式上的不同去加以分析，所以他把"兴"也说成"喻劝"，他的概念是含混的。后来孔颖达在为《诗序》作疏时，就是采用郑众的法则又加以具体化的。他说：

> 郑司农云："比者，比方于物。"诸言"如"者，皆比辞也。司农又云：
> "兴者，托事于物。"则兴者，起也，取譬引类，起发己心，诗文诸举草木鸟
> 兽以见意者，皆兴辞也。……"比"之与"兴"虽同是附托外物，"比"显而
> "兴"隐。

后人对于《诗》之"六义"进行了许多探讨与争论，直到 20 世纪 30 年代，黎锦熙还著有《修辞学比兴篇》，成为专谈"比兴"的比较细致的文章。

郑玄注《礼记》，多次提到"参互见义"的现象。如：

> 《礼记·文王世子》："诸父守贵宫贵室，诸子诸孙守下宫下室。"又
> 云："诸父诸兄守贵室，子弟守下室，而让道达矣。"郑注："上言父子孙，此
> 言兄弟，互相备也。"

> 《礼记·杂记上》："有三年之练冠，则以大功之麻易之。"郑注："言练
> 冠易麻，互言之也。"孔颖达疏："麻谓绖带。大功言绖带，明三年练亦有
> 绖带；三年练云冠，明大功亦有冠。是大功冠与绖带，易三年冠及绖带，古
> 云互言之。"

> 《礼记·祭统》："王后蚕于北郊，以共纯服。夫人蚕于北郊，以共冕
> 服。"郑注："纯服，亦冕服也，互言之尔。纯以见缯色，冕以著祭服。"

郑玄所说的"互相备""互言之"，都是告诉我们对文之间互补为用，理解起来勿生偏颇。在其他地方，他还用了"通异语""文相变"等说法。如：

> 《礼记·文王世子》："庶子以公族之无事者守于公宫，正室守太庙。"
> 郑注："或言宫，或言庙，通异语。"

> 《礼记·丧大记》："浴水用盆，沃水用枓，沐用瓦盆。"郑注："浴沃用
> 枓，沐于盘中，文相变也。"

看来这是属于遣词造句变化参差以求其通的手法,郑玄指出"宫"与"庙"在句中异语相通,浴沐沐所用器皿变其文而已,实则一事。

在郑玄那里,互文与变文畛域分明,或则互补见义,或则临文避复避滞,这都是他对古人行文变化的认识,这种认识是可贵的。他的解释,对于人们读懂古书是有帮助的。训诂大师郑康成是懂修辞之术的,他从修辞角度去考察古人文章,可见修辞也是训诂的一项内容。

晋代的郭璞,是从理论上研究"反训"的、第一人,他指出的"美恶不嫌同名"的现象,一直为后来的训诂家所重视。他注释《尔雅》,在"肆、故,今也"条下注云:"此义相反而兼通者。"在"徂、在,存也"条下注云:"以徂为存,犹以乱为治,以曩为曏,以故为今,此皆训诂义有反覆旁通,美恶不嫌同名。"

词义本身存在着的"反覆旁通"现象,决定了训诂学上的"反训"原则,所以研究训诂学的人要去重视它、研究它。那么,这种"反义同词"的现象对于语义表达的明确性会产生何种影响呢?黑格尔说:

> 德语有些字非常奇特,不仅有不同的意义,而且有相反的意义,以至于使人在那里不能不看到语言的思辨精神:碰到这样的字,遇到对立物的统一(但这种思辨的结果对知性说来却是荒谬的),已经以朴素的方式,作为有相反意义的字出现于字典里,这对于思维是一种乐趣。

(《逻辑学·第二版序言》)

是的,这对逻辑思维是"一种乐趣",对词义研究是一种"奇特"的现象。德国是没有"训诂学"的,而在中国,它也是训诂领域里有待发掘的一个谜一般的问题。那么,对于修辞学来说,这种"相反相成"的现象或所谓"对立物的统一",难道就不该去研究它了吗?"余有乱臣十人"(《书·泰誓》)与"孔子成《春秋》而乱臣贼子惧"(《孟子·滕文公下》),同是"乱臣",在前例为治世之良才,在后例则为犯上之叛逆。善与恶、美与丑,都用一个"乱"字来表达,这种表达是清楚的吗?它有无美辞的价值?这些问题,训诂学要讨论,词汇学要讨论,文字学要讨论,修辞学也应该参加讨论;大家从不同角度去讨论,才有益于学术的相互渗透、相互促进和共同发展。

上文我们提到了孔颖达,此人著《五经正义》,纂疏经传,是个大训诂学家。同时我们发现,他在修辞方面的贡献也是不可低估的。他十分重视从语言表达这个角度去考察问题。

在《尚书正义序》中,他指出:

> 夫《书》者,人君辞诰之典,右史记言之策。

> 勋华揖让而典谟起,汤武革命而誓诰兴。

这是对于"典谟誓诰"文体之探源。

他还谈到"篇章"问题:

> 自古而有"篇""章"之名,与《诗》《礼》俱兴也。

> 句必联字而言,句者局也——联字分疆,所以局言者也。章者明也——总义包体,所以明情者也。篇者遍也——言出情铺事,明而遍者也。

他用"声训""义训"这样的训诂之法去阐明篇章文句,很有些特色。

孔颖达还谈到《诗》中助词及其在押韵方面的作用:

> 字之所用,或全取以制义,"关关雎鸠"之类也。或假辞为助者,"乎、而、只、且"之类也。

> "之、兮、矣、也"之类,本取以为辞,在句中不以为义,故处末者皆字上为韵:"之"者,"左右流之""寤寐求之"之类也;"兮"者,"其实七兮""迨其吉兮"之类也;"矣"者,"颜之厚矣""出自口矣"之类也;"也"者,"何其处也""必有与也"之类也。此等皆字上为韵,不为义也。然人志各异,作诗不同,必须声韵谐和,曲应金石,亦有即将助句之字以当声韵之体者,则"彼人是哉,子曰何其""不思其反,反是不思,亦已焉哉""是究其图,亶其然乎""其虚其徐,既亟只且"之类是也。

> (《诗·关雎》正义)

他划分了实虚,讲到《诗》中虚字之用,诗歌还是要"声韵谐和,曲应金石",讲究求美之术的,所以,归根结底,也还是个修辞问题。

训诂学到清代,发展到了它的高峰。戴、段、二王以及乾嘉学派其他学者在训诂中谈到修辞的例子,多得不胜枚举。

段玉裁注《说文》,每以"统言""析言""对言""散言""浑言""析言"等术语来辨同义词。一部《说文解字注》,提到"统言""析言"的不下十七八处。他说:

> 凡诂训,有析之至细者,有通之甚宽者,非好学深思,心知其意,不能尽其理也。

> (《说文·臣部》"毋"字注)

所谓"析之至细",就是从逻辑上把同义词、近义词划分为种属概念。所谓"通之甚宽",就是同义词、近义词的通用。这些,归结起来不过是为"尽其理",也就是认识古人在用词上的特点,以便懂得古人著述的意图,这便属于语言表达的范畴了。

我们从段氏书中择几条例子看:

《示部》"祥"字注:凡统言,则灾亦谓之祥;析言,则善者谓之祥。

《示部》"祀"字注:统言则祭、祀不别也,析言则祭无已曰祀。

《玉部》"珧"字注:凡物,统言不分,析言有别。蜃饰谓之珧,犹金饰谓之铣、玉饰谓之珪。金不必皆铣,玉不必皆珪也。

关于"省文""互见"等修辞方法,段玉裁在阐发许书体例时也屡次提到,如:

《示部》"禛"字注:声与义同源,故谐声之偏旁与字义相近,此会意、形声两兼之字致多也。《说文》或称其会意,略其形声,或称其形声,略其会意,虽则省文,实欲互见,不知此则声与义隔。

《艸部》"荷"字注:《尔雅》假叶名其通体,故分别茎、华、实、根各名而冠以荷夫渠三字,则不必更言其叶也。荷夫渠之华为菡萏,菡萏之叶为荷夫渠,省文互见之法也。

王念孙在经传诂训中,常提到"对文""连类而及"等修辞方法。如《诗·芣苢》有"薄言有之"一句,王念孙指出:

《诗》之用词不嫌于复。"有"亦"取"也。首章泛言取之,次则言取之之事,卒乃言既取而盛之以归耳。

《礼记·月令》有这样几句话:"天子三推,三公五推,卿诸侯九推。"有的传本作"公五推",王念孙认为这是对的。他指出:

凡《月令》言"三公"者,皆与"九卿"对文。其言"公"者,则与"卿"对文。

他用"对文"规律进行校勘,可见修辞在训诂学家手中的作用。他的儿子王引之,也每言"相对为文""互文""省文"等。如:

《礼记》:"君子之容舒迟,见所尊者齐遬。"引之谨按:"舒"亦"迟"也,"齐"亦"遬"也。"遬",籀文"速"字,疾也,"舒迟"与"齐遬"相对为文。

古人多谓"以"为"与"。《系辞传》曰:"是故可与酬酢,可与祐神矣。"言可以酬酢,可以祐神也。

《汉书·杨雄传》:"建道德以为师,友仁义与为朋。""与"亦"以"也。

互文耳。

这两个例子,在训诂方法上是用的比较互证之法,在修辞上是一种整齐句式中的相对为文。修辞上的特点,为训诂提供了客观条件。

王引之还指出古人行文省略的现象:

> 古人之文,多有详于下而略于上者。《檀弓》曰:"伯氏不出而图吾君,伯氏苟出而图吾君,申生受赐而死。"《晋语》曰:"彼塞我施,若无天乎? 若云有天,吾必胜之。"《孟子·公孙丑》篇曰:"夫天子欲平治天下也。如欲平治天下,当今之世,舍我其谁也? 吾何为不豫哉!"皆是也。
>
> （例俱出《经义述闻》）

俞樾撰《古书疑义举例》一书,臠括八十八例。他是训诂大师,但对古书中一些特殊语法修辞现象及古人行文的特殊习惯极为重视。他书中所举"例文""复文""变文"诸例,多与修辞学相关。譬如:

(一) 倒文

《左传·昭公十九年》:"彼何罪? 谚所谓室于怒市于色者,楚之谓矣。"其中"室于怒市于色",顺言当曰:"怒于室色于市。"杜预注:"忿于室家而作色于市人。"

《诗·小雅·节南山》:"弗躬弗亲,庶民弗信。弗问弗仕,勿罔君子。式夷式已,无小人殆。"其中"无小人殆",顺言当云"无殆小人",此盖为与"仕""子""已"等字叶韵而倒。

《左传·闵公三年》:"为吴太伯不亦可乎? 犹有令名,与其及也。"顺言当云:"与其及也,犹有令名。"杜预注:"太伯,周太王之嫡子,知其父欲立季历,故让位而适吴。"又云:"言虽去,犹有令名。"

《周礼·大宗伯》:"职以肆、献、祼享先王。"按:肆、献、祼为祭祀之名,以次第言之,祼居先,献次之,肆又次之,此倒其序,盖亦为求词序之错综。

倒文之例,有倒其字以求错综者,有倒其学以求叶韵者,又有倒其句、倒其序者以为求错综之美。

(二) 省文

《左传·定公四年》:"楚人为食,吴人及之。奔,食而从之。"按:当云"楚人奔,吴人食而从之",此蒙上而省。

《诗·邶风·七月》:"七月在野,八月在宇,九月在户,十月蟋蟀入我床下。"按："七月""八月""九月"三句之前皆省去主语"蟋蟀",此因下而省。

　　《论语·乡党》："沽酒市脯不食。"按:当云"沽酒不饮,市脯不食",此以疏略而省。

不论是哪一种省文,都与求达、求美有关。

　　（三）复文

　　《左传·襄公三十一年》："缮完葺墙以待宾客。"

　　——"缮、完、葺"三字一义。

　　《离骚》："览相观于四极兮。"

　　——"览、相、观"三字一义。

这种复文,是古人行文异例中比较奇特的一种,不明此例,极易误解,它也是重复修辞的一种手段,修辞学界对此讨论得很不够。

　　（四）变文

　　《论语·乡党》："迅雷风烈必变。"

　　——不言"烈风"而言"风烈",不过是为求用字错综。

　　《淮南子·主术训》："疾风而波兴,木茂而鸟集。"

　　——"木茂"与"疾风"相俪偶,顺言当云"茂木",这也是用字错综之例,不过这种错综是变文造成的,与倒文错综异曲同工。

　　此外,又有上下文变换虚字之例:

　　《论语·述而》："富而可求,虽执鞭之士,吾亦为之;如不可求,从吾所好。"

　　——上句用"而",下句用"如",变换虚字,以求避复。

　　俞樾的《古书疑义举例》被刘师培叹为"绝作",谓"发千古未有之奇",马叙伦更称这部书"悬之日月而不刊,发蒙百代,梯梁来学"。可惜历来只有研究训诂学的人提到它,至于它在修辞学史上的重要价值,除郭绍虞在为陈介白《修辞学讲话》所作序文中称其为"研究古修辞学的一部重要著作",郑子瑜在他的《中国修辞学史稿》第八篇中称它"极注重实例"外,几乎无人对它作过深入的分析研究。

　　以上我们只是极为简单地举了一些例子,就可以看出古代训诂学家对于修辞问题是极为重视的。揆其初衷,或许只是为解释词义或阐述某书之体例,但如果不从修辞角度去考察与说明,词义或体例也就不容易弄清楚。可见修辞与训诂,作为两门独立的学科,自是不能完全互相包含的;修辞学不能代替训诂学,训诂学也就不能代替修辞学。况且训诂学家们所谈修辞材料都散于各书之中,既无系统性可言,也就谈不上科学性,有些概念的运用也是含混不清的,譬如"对文"就有种种情况,有人已专文论述,这里不再赘言,"互文"的问题也值得分析研究。但是,这些问题都不能掩盖这样一个事实,那就是研究训诂学,不可忽视古代训诂材料中的修辞因素;研究文言修辞学,更不能舍训诂之有关材料而不顾。

萧璋先生曾说:

> 汉唐人注释古书,每每提到"互文见义"、"连类而及"、"对文则异"、"散文则通"、省文、变文等修辞手法。这种语言表达问题,清代训诂学者段、王等人亦经常提到。他们虽曾涉及而未能获得较大成绩,这便是需要后人继续开拓的领域。(见 1983 年 10 月中国训诂学研究会"纪念'段''王'学术讨论会"萧璋先生书面发言)

他的意见是重要的,值得引起学者们的重视。发掘、整理、研究古代训诂材料中的修辞学宝藏,不但有益于具有民族特色的修辞学理论的建立,而且对于古代汉语词汇学的建立,进而对于汉语史的研究都是极其重要的事情。

第六节　训诂学与古典文献学

中国是个历史悠久的文明古国,浩如烟海的古典文献是我国古代文化遗产中的重要组成部分。

古典文献包括文学、史学、哲学、宗教、民族、法律、方志、科技等等各方面的著作,凡是手抄的、雕版的、活字版的书籍,以及古代卷册文书、碑铭拓本等近代铅印出版物以外的文字材料,甚至甲骨、钟鼎、陶器上的铭文,都在古典文献之列。根据最新资料,现存古典文献不少于八万种,而且随着出土文物的不断发掘和中西方文化广泛交流,久埋地下和远播海外的汉语文献还会不断被发现。

大量的古典文献有待于我们去阅读整理,使之服务于现代社会,离开了训诂学的知识是不行的。

反过来说,研究训诂学,离开古代文献也是无从下手。

"文献"一词,最早见诸《论语·八佾》:"子曰:夏礼吾能言之,杞不足征也;殷礼吾能言之,宋不足征也。文献不足故也。"这里的"文献",按朱熹的说法,是既包括历朝的文件,也包括当时贤者们的学说。后来元朝的马端临著《文献通考》,就把"文"和"献"分别解释一番,说书本记载是所谓"文",口传议论是所谓"献"。(详马氏《文献通考》自序)今天我们提到"文献"一词时,就不再包括口传的议论,而专指书面文章了。

我国是个多民族的国家,除汉民族文献外,还有突厥文、回鹘文、彝文、纳西文、古藏文、蒙古文、契丹文、西夏文、女真文、满文等民族文字写成的文献,那就与古汉语的训诂关系不太大,搞古文字学以及民族文献学的人会去专门研究它们。

宋郑樵在《通志·校雠略》中说:"学之不专者,为书之不明也。书之不明者,为类例之不分也。有专门之书,则有专门之学。"清王鸣盛在《十七史商榷》中说:"凡读书最切要者,目录之学。目录明,方可读书;不明,终是乱读。"可见要搞学问,首先要知道读哪些书;要知道读哪些书,必须知道如何去查到它们,所以古代典籍如何分类,就是一个首要的问题。汉代刘向校书,把当时的古典文献分为六艺、诸子、兵书、数术、方技、诗赋几个大类。每类中又分若干的目,譬如六艺类就包括易、书、诗、礼、乐、春秋、论语、孝经、小学等九目;诸子类就包括儒、道、阴、阳、法、名、墨、纵横、杂、农、小说等十目;兵书类就包括兵权谋、兵形势、阴阳、兵技巧等四目;数术类就包括天文、历谱、五行、蓍龟、杂占、形法等六目;方技类就包括医经、经方、神仙、房中等四目;诗赋类就包括诗歌、赋、杂赋等。刘向把这六个大类称作"略",即所谓六艺略、诸子略、兵书略、数术略、方技略、诗赋略,又加上一篇概说,称为辑略,是综述学术源流的。这样,当时国家图书的登记、保管、流通和阅读就方便多了。后来,在刘向父子奠定的图书分类法的基础上,历代学者皆有所增损,先后出现了四分法、五分法、六分法、七分法、九分法、十二分法等等,其子目大同小异,没有太大的变化。影响深远的"经、史、子、集"四部分类法大约在三国魏文帝时就已确定了雏形,到《隋书·经籍志》中,四部之名标定了。下面又有四十个子目:经部下有易、书、礼、乐、春秋、孝经、论语、谶纬、小学等十目;史部下有正史、古史、杂史、霸史、起居注、旧事、职官、仪注、刑法、杂传、地理、谱系、簿录等十三目;子部下有儒、道、法、名、墨、纵横、杂、农、小说、兵、天文、历术、五行、医方等十四目;集部下有楚辞、别集、总集等三目。此外,还有道经部、佛经部,其下有七个子目。此后，各正史中的《经籍志》《艺文志》及《崇文总目》《四库全书》，还有像《郡斋读书志》《直斋书录解题》这样的私人藏书目录，都采用这种四部分类法，直至近代。搞训诂的人往往要查阅许多古籍，如果不熟悉古籍分类，是很困难的。譬如通常我们把"天文地理"连言，但在四部分类之中，天文之类的书在子部，地理类的书却在史部。搞训诂的人为了解前人注释的具体内容与训释条例、方式，还要对各类书的古注有所研究。一部《十三经》字数不过六十五万，但历代诂经之作汗牛充栋，仅据《四库全书总目》与《贩书偶记》等收载有关经书目录就达三千九百余部，约五万卷。还有未见于著录的，约计有上万种，其传、记、注、疏、音，字数至少超出经书原文的四五百倍，估计有三亿字。清朝编《四库全书》，著录及存目的史籍有两千多部，近四万卷，另据《贩书偶记》及其续编所计，史部典籍两千九百多部，四万五千多卷，二者相加，共近五千部，八万余卷，梁启超在《中国历史研究法》一文中估计"应在十万卷以外"。这个数量也是十分惊人的。子部之书流传至今者数量也很大，据《四库全书》与《贩书偶记》及其续编收录，总数约在六千部。史书、子书的注释，汉魏时尚未繁赜，后来日渐增多，今所见子、史诸书的注解，也是汗牛充栋。至于集部之书，包括历代文学家的总集、别集、文集等，唐朝以前的多有散失，唐代文集约在千卷以上，宋代文集见于著录的七百余种，元、明、清文集就更多，据估计，清人文集不少于五千种。历代文集加起来，总数也有八千左右。这么多的历史文献，的确是历史悠久的中华文化为全人类提供的无与伦比的宝贵财富。从事于古籍整理和训诂研究的人，在这样宏富的书籍面前，往往是叹为观止。庄子曰："吾生也有涯，而知也无涯，以有涯随无涯，殆矣！"好在"术业有专攻"，学者们各有各的研究领域，虽云博极群书，但总不至于漫无所归。

　　那么多的书籍，或传写，或刻印，大都涉及一个版本的问题。做学问的人都讲求"善本"。看一部书的版本是不是善本，除看它刻印的时代是不是较早，譬如说是不是宋元旧刻之外，还要看它是不是经过前人校勘，是不是足本。即使是善本，也不可能一字不漏、一字不讹，但无论如何也不要把坊刻滥恶之本当作善本来用。注释整理古籍，一定要审别版本，如果对版本一无所知，那么对古书就很难处理得当。研究版本，除向专家求教外，还要留意于历代书目，各家题跋，以及文人们的各种杂记、札记，等等。古书有写本，如唐写本、宋抄本、元抄本、明抄本；明抄本之中又有吴抄、叶抄等。古书又有刊本，如宋刊本、元刊本、明刊本；明刊本中又有明初刊本及嘉、隆以后刊本。又有内府刊本、书院刊本、各家刊本及坊刊本。从地域方面说,有浙本,有蜀本,有建本,等等。就一书来说,又要考察其字体、纸色、墨色,看是白口、黑口,是双边、单边,还要注意它的行款、牌记、序跋、扉页、书名等,实在是很费功夫的。毛春翔老先生在他的《古书版本常谈》中告诉我们:"书籍浩如烟海,看不尽,读不完;但举一反三,找出规律,也不必看完读尽,才算精通。懂得多少算多少,学问是日积月累,积起来的,不要有一步登天之想。"

宋版书今已少见,以浙本最精,蜀本次之,建本最下。但即使是建本,流传至今的也十分贵重——所谓建本,指福建建阳县的麻沙书坊所刻的书。麻沙本有宋版、元版,今浙江省图书馆尚有所藏。元版书初刻时皆由书院山长主管,所以质量也很好。后来私刻、坊刻的书也很多,大都有版记可资审定。明朝官刻之书称为经厂本,坊刻之书以建阳的麻沙、崇化两坊为多,贾人射利,多而不精。嘉靖年间,吴中刻书最精;徽州多巨商,饶于财,所刻也有很精美的。但明代私刻、坊刻书至多,其中有些是粗制滥造的。顾炎武在《音学五书》和《日知录》中就曾指出:

> 闻之先人,自嘉靖以前,书之锓本,虽不精工,而其所不能通之处,注之曰疑。今之锓本加精,而疑者不复注,且径改之矣。

> 万历间人,多改窜古书,人心之邪,风气之变,自此而始。

> 山东人刻《金石录》,于李易安《后序》"绍兴二年玄默岁壮月朔",不知"壮月"之出于《尔雅》"八月为壮月",而改为"牡丹"。万历以来所刻之书,多"牡丹"之类也。

郎瑛在《七修类稿》中也指出:

> 东坡跋《和靖诗集》:"诗如东野不言寒,书似西台差少骨。""西台"乃南唐李建中,今因不知李而改为"西施"。谬解远矣!

顾、郎二人指出的"牡丹""西施"二例,对我们认识明刻书帮助很大,也是版本、校勘之学不得不重视的原因之一。但是,明刻本总体来看还是好的多,坏的少,特别是有些私家所刻,校雠精审,而徽刻的版画,流传至今者,已成无价之宝。

清代三百余年刻书之多超乎前代,乾嘉考据之学大兴,所校刻之书多精审可靠。因为时代较近,流传下来的多,收藏家比较忽视,再过二三百年,清刻书的价值必定甚高。

以上所讲,十分粗略。版本学是一门专学,特别是版本鉴别,大非易事,在很大程度上取决于经验。平时连线装书都很少见到的人,去谈版本学,那是很可笑的。可是,话又说回来,如果不具备一点版本方面的知识,搞训诂也是很困难的。譬如《史记》一书,就有六十多种版本,而历代所刻杜甫诗集,竟多达五百余种,现在四川杜甫草堂中所陈列的宋、元、明、清历代精刻本、手抄本就不下一百种。又如《文心雕龙》,其元刻本及明代弘治、嘉靖、万历三种刻本均缺少《隐秀》一篇,后来钱允治得宋本,方为补足。又如将殿本《二十四史》与百衲本相比勘,其脱页、缺行、衍文、行款杂乱、注文校语遗失、文字改窜之处比比皆是(详张舜徽《中国古代史籍校读法》),给读者带来许多麻烦。可见在阅读、整理古籍时,首先要重视版本、选择版本。余嘉锡先生在《藏园群书题记续集》的序言中说:

> 今所传六朝唐人写本,固多能存古书之真,然其伪谬处,乃到不可胜乙。宋人刻书,悉据写本,所据不同,则其本互异。校者不同,则所刻又异。加以手写之误,传写之伪,故明刻可以正宋刻,刊本可以校写本。
>
> (然而)明代士风,习为妄诞,传刻古籍,奋笔涂改,至其末叶,书帕之本,卤莽灭裂,又出坊本之下。故清儒谓明人刻书而书亡,必以宋刻为贵。
>
> 余以为此特就其大较言之耳,实则宋本亦未必尽善。

由此可见,检阅古籍时,必须讲究版本。

另外,阅读古籍还有一个辩伪的工作。自古以来,伪书一直是一个令学者们和藏书家们十分头痛的问题。对学者来说,伪书提供的材料不足为据,影响了其研究成果的可靠性;对藏书家来说,一旦发现自己珍藏视之如命的书竟是伪作,那种打击是不言而喻的。

中国古代文献中,无论哪朝哪代,也无论经史子集哪个门类,都有伪书存在。《淮南子·修务》篇云:"今取新圣人书,名之孔、墨,则弟子句指而受者必众矣。盖常人之情,贵耳而贱目,故著者每托名人,以求见重于世。"这只是原因之一,其他如兵燹后典籍散失后人伪造(比如《列子》),统治阶级内部派系斗争,为制造舆论达到其政治目的而造伪书(如西汉后期王莽托古改制时出现的伪《古文经》),还有好事者伪托古人之书而抬高自己等等,都是伪书不断出现的原因。胡朴安在《校雠学》一书中指出:

> 尚有三种原因:一、造伪书以为己说之根据,王肃之伪《孔子家语》《孔丛子》是也。二、方国家求书之际,造伪书以为干禄之资,如刘炫造伪书百余卷,题名《连山易》《鲁史记》等,录上送官,求赏而去是也。三因好

奇,观古书多徒存篇名,乃伪撰之以欺人,如阮逸伪三氏《元经》、《薛氏传》、关子明《易传》、李卫公《对问》而以草稿示苏老泉是也。

汉成帝时,张霸伪造《尚书》一百二十篇,成帝曾拿手中篇《尚书》百篇与之比较,立即发现是伪书。刘向在《别录》中曾指出:"《神农》二十篇,疑李悝、商君作说。"这大约是古籍辨伪之始。此后,班固在《汉书·艺文志》中指出的托古伪书已有四五十种。其辨别之法,从时代、史实、文字、文章风格等各方面入手,可以说初具规模。譬如《文子》一书,班氏云:"老子弟子,与孔子并时,而称周平王间,以依托者也。"文子是老子学生,与孔子同时,却又说周平王曾向文子请教,这就前后矛盾,可见乃是后人伪托,否则不会悖于史实。再如《大禹》三十七篇,班氏云:"传言禹所作,其文似后语。"这是从文体风格来辨识的。又如《神农》二十篇,注云:"六国时诸子疾时怠于农业,道耕农事,托之神农。"这是从风格与史实两方面去辨别的。

唐代刘知几是著名的辨伪大家。在《史通》中,他从史实入手,对《春秋》《论语》等书内容进行了批评,指出其中失实之处,虽未否定全书,却质疑了部分内容,可以说是另一种意义上的辨伪。另一位辨伪专家是柳宗元,他经过研究,断定《鹖冠子》《亢仓子》《晏子春秋》《鬼谷子》《文子》等书乃是伪书。胡朴安称其"颇能就其文气及事实之抵语辨别真伪"。

到了宋代,疑古之风大盛,"群起而辨伪",就有些泛滥,甚至到了荒唐的地步。明代胡应麟的《四部正讹》可算是我国第一部系统的辨伪专书,它从伪书种类到辨伪方法、工具等方面进行了详细论述,内容比较全面。清代在淳厚扎实的考据之风影响下,出现了一大批辨伪专家与专著。阎若璩穷其毕生精力著成《古文尚书疏证》,列举大量事实,从各个角度判定《古文尚书》乃是伪书,其结论坚不可拔,从而解决了历史上的一段公案。其他如万斯同《群书疑辨》、姚际恒《古今伪书考》、崔述《考信录》等,也都在认真考据的基础上,论证了大量的伪书,给后来学者以很大的启发。近人黄云眉的《古今伪书考补正》和张心澂的《伪书通考》,是两部辨伪著作的集大成者,不但汇集了以前的辨伪著作,还编有索引,同时作了补正,成为相当实用的工具书。

胡应麟在《四部正讹》中总结了八条辨伪方法:"核之《七略》,以观其源;核之群志,以现其绪;核之并世之言,以观其称;核之异世之言,以观其述;核之文,以观其体;核之事,以观其事;核之撰者,以观其托;核之传者,以观其人。"梁启超又在前人基础上总结为十二条方法:

一、其书前代从未著录或绝无人征引而忽然出现者,什有九皆伪。如明人所刻《古逸史》中有《三坟记》《晋三乘》《楚史梼杌》等。

二、其书前代虽有著录,然久经散失,乃忽有一异本突出,篇数及内容与旧本完全不同者,什有九皆伪。如抄本《慎子》与四库本、守山阁本全异,《四部丛刊》竟采用之。

三、其书不问有无旧本,但今本来历不明,不可轻信。如河内女子所得《泰誓》、梅赜所上《古文尚书》及孔安国传等。

四、其书流传之绪,从他方面可以考见,而且以证明今本题某人旧撰为不确者。如《神农本草》,《汉·志》无其目,盖蔡邕、吴普、陶弘景等经千年间直至宋代然后规模大具,实为集体作成。

五、其书原本经前人称引,确有佐证,而今本与之歧异者,则今本必伪。如古本《竹书纪年》。

六、其书题某人撰,而书中所载事迹在本人后者,其书全伪或一部分伪。如《越绝书》题子贡撰,未见《汉·志》,书中叙及汉以后建制沿革;《管子》书中记西施事。

七、其书虽真,然一部分经后人窜乱之迹既确凿有据,则对于其书之全体须慎加选择。如《史记》今本有太初、天汉以后事,且有宣元以后事。

八、书中所言确与事实相反者,则书必伪。如刘向《列仙传》自序云:"七十四人已见佛经。"佛经输入后于刘歾二百年,此一语足语其伪。

九、两书同载一事绝对矛盾者,则必有一伪或两者俱伪。

十、各时代之文体,盖有天然之画,多读书者自能知之,故后人伪作之书,有不必从字句求枝叶之反证,但一望文体,即能断定其伪者。如《古文尚书》多文从句顺,《关尹子》有翻译文体。

十一、各时代之社会状态,吾人据各方面资料可以推见崖略,若某书中所言其时代之状与情理相去悬绝者,如《神农》二十篇,晁错引文有"石城十仞,汤池百步,带甲百万"之语,即可断为伪。

十二、各时代之思想,其进化阶段自有一定,若某书中所表现之思想与其时代不相衔接者,即可断为伪。如今本《管子》有批评寝兵、兼爱之说,显系墨翟、宋钘以后人著作羼入。

(《中国历史研究法》)

辨伪的目的一方面在于求真,以保证其资料价值;另一方面在于保证其文物价值,但并不是说伪书就没有价值。某一时代出现的伪书自然具有某一时代的语言特征,从语史学的角度看,它的研究价值并不在真书之下。我们既要否定它不真的一面,又要看到它"真"的一面,这样才符合辨证法。

譬如《列子》一书,我们知道它是晋朝人所伪托的书,这是确定无疑的了,但是如果我们把它当作晋朝的语言材料来处理,就不会犯时代错误。《孔雀东南飞》这首诗中有"说有兰家女,承籍有宦官,云有第五郎,娇逸未有婚"几句,徐复先生就根据晋人张湛的《列子注》中"凡人物不知出生者谓之兰也"的说法,考定这首诗写定于晋代,因为在晋代口语中,"兰家女"犹今人说某某人家的女儿一样,是一种虚指。在《列子·说符》篇中就有"宋有兰子者,以技干宋元","又有兰子能燕戏者闻之"。可见前人疑"兰家"二字为讹字,或疑其下有脱文而更改原文的做法是不对的。(详《徐复语言文字学丛稿》)。

下面简单谈一下版本作伪的问题。

版本作伪,同伪书不是一回事。一个是版本问题,一个是著者问题。版本作伪是版本不真实,伪书是著者不真实。版本作伪者多为书贾,伪书制造者多为文人墨客。从作伪原因上看,版本作伪多出于经济原因:或以新本充旧本,或以俗本充雅本,或以残本充足本,或以同本充异本,作伪的目的总是为牟取暴利。而图书作伪虽有个别出于经济原因的(如刘炫编造《连山易》就是隋初悬赏求书时为骗取钱财而作),但更多的不是出于经济原因。古时出书难,儒者们为了出书往往冒署名人之名,如兵书署"诸葛亮撰"、医书署"孙思邈撰"等。也有利用伪书进行学术斗争的,如王肃撰《孔子家语》为的是攻击郑玄。还有利用伪书进行政治斗争的,如唐代李德裕一党人托名政敌牛僧孺写小说,其目的是栽赃,等等。

版本作伪一般是在书名、著作、卷数、序言、牌记、藏书章、题跋、纸张等方面做手脚。

譬如明代嘉靖年间,吴鹏等刻印《杜氏通典》,书贾为了冒充宋本,把书名挖改为《国史通典》,并挖去作者杜佑之名,加印"南宋礼部尚书锡山邵宝国贤撰"的木记,挖改处钤"南宋翰林院印"和著名藏书家季振宜藏书印。但邵宝为明成化二十年进士,岂能在南宋任职?

又如明刻本《词致录》原是李天麟的著作,书贾于目录卷六中挖出"欧阳修"之名,移补于目录首页标题之下,又挖掉"李天麟"三字补到原来"欧阳修"三字处,以此书为欧阳修所作。但是书中南宋作品甚多,岂有北宋欧阳修编撰之理？

又如元刻本《博古图》有郑朴的序言，首云"粤稽赵宋，时维宣和"，序末署"宣和五年十月朔"，而序文中多诋毁徽宗语。徽宗于宣和七年传位钦宗，岂有当朝臣民敢肆然诋毁其君者？况且其序作于宣和，不应有"粤稽""时维"等追述之词。考史无郑朴其人，可见"郑序"是伪作。

又如明代崇祯刻本《孔子家语》跋云："此本为云间夏氏允彝所注，刊于宋乾道年。而图绘精细，确是宋版之印于元时，故毛氏亦未之见。"夏允彝是明朝人，岂有明人著作宋代刊印之理？必是作伪。

因此，阅读整理古籍时，对版本也要认真鉴别。除详审内容、认真考证、查阅有关资料之外，还要利用古籍书目等工具书，最好是熟悉各时代刻书的特点，如版式、刀法、字体、纸张等。

古籍辨伪是一门很专的学问，除多读多见各种目录版本外，还要名师指点，才能做好，对于一般从事古籍注释或整理的人来说，这是一个不能不注意而又很难做得好的工作，只有日积月累，才有可能目光敏锐，及时发现问题。

由上述内容可知，古典文献学方面的知识对于从事训诂工作是何等重要，而具有较丰富的训诂学知识与经验的学者，往往又是较好的文献学家，可见二者关系之密切。

至于古代文献整理工作中的校勘问题，因为与训诂关系更为密切，在本章第三节中已有专门论述，这里不再重复了。

第三章 训诂的条例与方式

第一节 训诂的条例

这里主要谈谈形训、声训、义训的问题。形训、声训、义训,有的学者称之为训诂的方式(详《中国大百科全书·语言文字分册》周祖谟说),有的学者称之为训诂的方法(详《训诂学初稿》周大璞说),而我们更倾向于把它们视为训诂的条例。何休《公羊解诂叙》中说:"往者略依胡毋生条例,多得其正,故遂隐括,使就绳墨焉。"明代的胡应麟云:"(条例)亦缉略之意。"与训诂的方式和具体方法相比较,形训、声训、义训,应当是更具概括性、更高一个层次上的分析。总体上看,古代典籍,特别是上古流传下来的典籍,多以单音词为主,其书面记录的语言形式,就是一个个的汉字;字有形、音、义,因此读书者首先要弄明白每一个汉字所代表的那个词究竟是什么意思,这就必须从汉字形体入手考察;而有些字所表示的词义古今有流移变化,或者古人用字有假借,那么单从字形入手还不能够弄懂它,这就需要从声音入手去进行考察;汉语词的发展变化是纷繁复杂的,有些词义通过字形、字音两条线索都不足以探明本末,那么就用得着义训,即以今释古、以俗释雅或类聚为训。总之,凡是用汉字记录下来的文献,你要去读懂它,都非由形、音、义三者入手不可,这是一个总的原则,概莫能外,所以我们称形训、声训、义训为训诂的条例。当然,这个问题还可以再进行讨论,看看训诂的条例和训诂的方式、训诂的方法这三者之间的位置关系究竟应当怎样摆才更合适些。

一、形训

所谓形训,顾名思义,就是通过分析汉字形体去考察词的意义。在《说文解字》出现之前,人们就在试图这样做。譬如:

《左传·宣公十二年》:"止戈为武。"

《左传·宣公十五年》:"反正为乏。"

《左传·昭公元年》:"皿虫为蛊。"

《韩非子·五蠹》:"自环者谓之厶,背厶谓之公。"

当然这些解释受时代限制,也受语境制约,有的未必正确,譬如"止戈为武"就是楚庄王的解释,他认为"武"的作用是"定功戢兵",这显然是春秋时期人们的看法,而不是造字时的初义,只要懂点甲骨文的,都会明白这一点。但是,上面的例子毕竟都是试图通过字形来解释字义,所以形训的历史是很久远的。

许慎《说文解字》大都依形立训,把汉字按六书原则分类,然后逐字加以解释,所以,它首先是一部"形书"。当然,这样说并不等于抹杀它的声韵、词汇等方面所具有的重要价值。

《说文》的五百四十部,每一个部首都有形、音、义,更不用说各种部中的字了。例如:

一:惟初大极,道立于一。造分天地,化成万物。

二:高也。此古文丄(上)。

二:底也。从反二为二。丅,篆文下。

示:天垂象,见吉凶,所以示人也。从二,三垂,日月星也。观乎天文以察时变,示神事也。

玉:石之美有五德者。润泽以温,仁之方也;鰓理自外可以知中,义之方也;其声舒扬专以远闻,智之方也;不挠而折,勇之方也;锐廉而不技,絜之方也。象三玉之连,丨,其贯也。

玨:二玉相合为一玨。

气:云气也。象形。

士:事也。数始于一,终于十。孔子曰:推十合一为士。

丨:上下通也。引而上行读若囟,引而下行读若退。

屮:草木初生也。象丨出形有枝茎也。古文或以为艸字。

小:物之微也。从八,丨见而八分之。

八:别也。象分别相背之形。

口:人所以言食也。

止:下基也。象草木出有址,故以止为足。

辵:乍行乍止也。从彳止。

彳:小步也。象人胫三属相连也。

品:众庶也。从三口。

㗊:众口也。从四口,读若戢。

丩:相纠缭也。一曰瓜瓠结丩起。象形。

十:数之具也。一为东西,丨为南北,则四方中央备矣。

言:直言曰言,论难曰语。从口,䇂声。

䇂:罪也。从干、二,二,古文上字。

収:竦手也。从𠂇、又。

𠬜:引也。从反、廾。

共:同也。从廿、廾。

攴:小击也。从又,卜声。

隹:鸟之短尾总名也。象形。

鸟:长尾禽总名也。象形。

𠬪:物落,上下相付也。从爪、从又。读若《诗》"摽有梅"。

受:相付也。从𠬪,舟省声。

丌:下基也。荐物之丌。象形。

㠭:极巧视之也。从四工。

丶:有所绝止,丶而识之也。

冂:邑外谓之郊,郊外谓之野,野外谓之林,林外谓之冂,象远界也。

夂:从后至也。象人两胫后有致之者。

宀:交覆深屋也。象形。

疒:倚也。人有疾痛也。象倚箸之形。

冖:覆也。从一下垂。

𠔼:重覆也,从冖、一。

从:相听也。从二人。

北:乖也。从二人相背。

欠:张口气悟也。象气从人上出之形。

广:因广为屋也。象对刺高屋之形。读若俨然之俨。

厂:山石之厓岩,人可居。象形。

产:仰也。从人在厂上。一曰屋梠也,秦谓之桷,齐谓之产。

豸:兽长脊,行豸豸然,欲所司杀形。

卤：在墙曰牗，在屋曰囱。象形。

总之，《说文解字》一书中作为部首的每一点、每一画，都具有形、音、义，各部中字也是如此。据林尹先生的意见，归纳一下，可得以下具体条目。

（一）凡某之属皆从某

五百四十部，每部建一个部首，同部中的字皆从属之，这样统摄九千三百五十三文。许氏的这种创造，揭开了古代辞书编纂的重要篇章，被颜之推誉为"檃括有条例，剖析穷根源"。段玉裁解释说："举一形以统众形，所谓檃括有条例也；就形以说音义，所谓剖析穷根源也。"在《自叙》中，许氏称"分别不居，不相杂厕"，所以在《说文》"瑱"字下，段氏分析说："按瑱不皆以玉，许专云以玉者，为其字之从玉也。凡字从某为某之属，许君必言其故。"譬如"玉"部有一百二十四个字，又有重文十七，都是玉之属，所以从玉。段玉裁说明道：

按自璙以下皆玉名也。瓚者，用玉之等级也。瑛，玉光也。璑以下五文，记玉之恶与美也。璧至瑞，皆言玉之成瑞器者也。璬、珩、玦、珥至璠，皆以玉为饰也。玼至瑕，皆言玉色也。琢、琱、理三文，言治玉也。珍、玩二文，言爱玉也。玲以下六文，玉声也。瑀至玖，石之次玉者也。珢至瑎，石之似玉者也。琨、珉、瑶，石之美者也。玓至珈，皆珠类也。琀璧二文，送死玉也。璗，异类而同玉色者。灵，谓能用玉之巫也。"

又如《说文》："庶，屋下众也。从广、炗。炗，古文光字。"段玉裁注："诸家皆曰'庶，众也'，许独云'屋下众'者，以其字从广也。《释言》曰：'庶，侈也。''侈'，郑《笺》作'肜'，此引伸之义。又引伸之，《释言》曰：'庶，幸也。'《诗·素冠》传同。又《释言》曰：'庶，几尚也。'光取众盛之义。"尽管"庶"字的引申义为"侈"、为"肜"、为"幸"、为"几尚"，而《说文》独释本义，且与字形相应，训为"屋下众"。他如"元、天、丕、吏"皆为"一"之属，故皆在《一部》；"祜、礼"以下六十三文，加上重文十三，皆为"示"之属，故皆在《示部》。综观全书，若网在纲，无一例外。根据这个条例，我们可以校正今本《说文》中的某些讹误。如《说文·匠部》："戺，广匠也。从匠，巳声。古文戺从户。"段玉裁注：

广颐曰戺，引伸为凡广之称。……按此"古文从户"疑当作"从尸"。凡人体字多从"尸"，不当从"户"也。……今本《说文》异于唐时也，然唐时已从"户"，则亦误矣。

段氏因为"㙨"字从"瑢"，"瑢"的本义是"颐"。凡"瑢"之属皆当为人体字，所以校正《说文》所载古文云不当从"户"而当从"尸"，才能与人体相关。这是段氏深明许书"凡某之属皆从某"的条例之后得出来的结论。

（二）凡会意，必以所重为主

会意字都是合二字或二字以上为一字，那么这两个或两个以上的独体字中，选取哪一个作为部首字呢？或者反过来说，一个合体会意字由两个或两个以上独体字组成，要查这个字所属的部首，须如何入手呢？段玉裁指出："会意合二字为一字，必以所重为主。"所谓"所重"，是指合体会意字的义类而言。如《说文》"拘"字不入《手部》。"笱"字不入《竹部》，"鉤"字不入《金部》，"拘、笱、鉤"三字皆入《句部》，是因为"句"训"曲也"，而"拘，止也，从手句"，"笱，曲竹捕鱼笱也，从竹、句，句亦声"，"鉤，曲鉤也，从金句，句亦声"，三字皆与句曲之义相属，又皆为会意兼形声，所以皆入《句部》。

又如《说文》有《丩部》，训"相纠缭也，一曰瓜瓠结丩起，象形"。"茻""纠"二字为之属，"茻"不入《艸部》、"纠"不入《糸部》，是因为二字之义重在纠缭。"茻"训："艸之相丩者，从艸丩，丩亦声。""纠"训："绳三合也，从糸丩，丩亦声。"段玉裁指出："按丩之属二字，不入艸、糸部者，说与《句部》同。"

又如《说文·茻部》有"莫、莽、葬"三字，"莫"训："日且冥也，从日在茻中，茻亦声。""莽"训："南昌谓犬善逐兔艸中为莽，从犬茻，茻亦声。""葬"训："臧也，从死在茻中……茻亦声。"这三个字不入《日部》《犬部》《死部》而皆入《茻部》，也是因为重在"茻"，以"茻"为主。

《说文》中有个"臭"字，读 gǎo，训："大白也。"这个字在《白部》中查不到，要在《大部》中才能查到，许慎把它归入《大部》，也是因为其意义的重点在"大"而不在"白"，所以段玉裁注云："不入白部者，重大也。"

由此可见，经过段氏的反复阐明，许书的这条通例"凡会意必以所重为主"就更易于掌握了。

（三）于形得义

于形得义就是根据汉字形体来解说字义。在许慎《说文解字》出现之前，就有"止戈为武""皿虫为蛊""人言为信""一贯三为王""背厶为公"等说法见诸《左传》《穀梁传》《韩非子》等书，但未成系统，而且所解也未必正确。汉代纬书中也有许多根据当时通行的隶书字形解说字义的，如《说文叙》中所批评的"马头人为长""人持十为斗""苛人受钱，苛之字止句也"等等，皆鄙俗野言，不明字例之条，自然就更加荒谬。至许氏著《说文》，根据当时他所见到的古文篆籀而"博采通人，至于小大，信而有证"，因形说义，务去穿凿，虽不能完全正确,但作为条例,却是贯穿全书,各字毫无例外的。

段玉裁深明此例,往往在注中指出"于形得义""义在于形""义见于形""即形为义"等。例如:

> 北,乖也。从二人相背。段注:乖者,戾也。此于其形得其义也。
>
> 珏,二玉相合为一珏。段注:不言从二玉者,义在于形,形见于义也。
>
> 狀,两犬相啮也。从二犬。段注:义见于形也。
>
> 林,二水也。段注:即形而义在焉。
>
> 鱻,二鱼也。段注:此即形为义,故不言从二鱼。
>
> 斦,二斤也。段注:二斤也,言形而义在其中。

还有些字,段玉裁虽然没有明确指出于形得义,但是我们可以用这个条例去推求,如"垂""齐""交""集"等字。

(四)凡言物之盛者,多三合其文

造字之初,凡形容事物的盛大,多三合其文以制字,所以段玉裁注《说文》,每每加以发凡。如:

> 晶,精光也。从三日。段注:凡言物之盛者,皆三其文,日可三者,所谓累日也。
>
> 焱,火华也。从三火。段注:凡物盛则三之。
>
> 灥,三泉也。段注:凡积三为一者,皆谓其多也。不言从三泉者,不待言也。
>
> 品,从庶也。从三口。段注:人三为众,故从三口会意。
>
> 羴,羊臭也。从三羊。段注:羊多则气羴,故从三羊。
>
> 毳,兽细毛也。从三毛。段注:毛细则丛密,故从三毛。
>
> 磊,众石貌。从三石。段注:石三为磊,犹人三为众。磊之言累也。
>
> 毚,疾也。从三兔。段注:与三马、三鹿、三犬、三羊、三鱼取意同。兔善走,三之则更疾。
>
> 惢,心疑也。从三心。段注:今俗谓疑多为惢。
>
> 鱻,新鱼精也。从三鱼。不变鱼也。段注:此释从三鱼之意,谓不变其新生也。他部如骉、麤、猋等皆谓其生者,鱻则谓其死者,死而生新,故曰不变。又曰:引申为凡物新者之称。又曰:凡鲜明、鲜新字皆当作鱻。
>
> 蟲,有足谓之蟲,无足谓之豸。从三虫。段注:人三为众,虫三为蟲,蟲犹众也。

由以上例子可见,段玉裁根据《说文》说解归纳出的这一条例也是因形而见义,凡形容物之盛者,多"三合其文"以会意。

二、声训

王引之在《经义述闻》卷二十三指出:"夫训诂之要,在声音,不在文字。"黄侃先生在《制言》第七期发表文章也指出:"详考吾国文字,多以声音相训,其不以声音相训者,百分之中不及五六,故凡以声音相训者,为真正之训诂;反是,即非真正之训诂。"可见先贤对声训的重视。

声训之例,可归纳为以下各条。

(一)声义同源

戴震在《六书音均表序》中首发此议,指出:"故训音声,相为表里。"在给朋友的信中,他又屡次提及:"字书主于故训,韵书主于音声,然二者恒相因","字学、故训、音声,未始相离。"(详《论韵书中字义答秦蕙田书》及《与是仲明论学书》)到段玉裁,就把这个问题阐述得更加明白。他在《说文》"禛"字注中说:

> 声与义同源,故谐声之偏旁多与字义相近,此会意、形声两兼之字致多也。《说文》或称其会意,略其形声;或称其形声,略其会意。虽则省文,实欲互见。不知此,则声与义隔。

后来的黄承吉、阮元、陈澧、刘师培等人都持此议。在《左盦外集·物名溯源》中,刘师培举例说:

> 古人之于物类也,凡同形同色,则其呼名亦同。《说文》云:"瓢,蠡也。"蠡与蠃同,蠃为螺字之正体。螺之大者,可剖之为瓢,与匏瓠剖为瓢者同形,故瓢亦谓之蠃。《说文》又云:"蜾蠃,蒲卢,细要土蜂也。一曰虒蝓。"又"蜗"字下云:"蜗蠃也。"——盖三物同名为蠃。其所以同名者,皆以形圆而中细得名。螺为蜾蠃,转音又名蒲卢,而螺蠃之音,又转为果蓏。《说文》云:"苦蔞名果蓏。"盖苦蔞亦为圆形,故字异音同,果蓏亦作果蠃。苦、螺、蔞、蠃,皆系双声,若近人称瓠为胡卢,或曰蒲卢,其音亦由果蠃通转,盖瓠亦形圆中细之物。蒲卢之合声近瓠,瓠、壶叠韵,蒲、匏双声,莫不取义于圆转。今江淮之南称物之圆转不已者,恒曰圆滚卢,故物之圆而转者,古人皆称以此名。植物之果蓏、胡卢,动物之土蜂、虒蝓、螺蛳,所由异物而同名也。即取名不同,其音亦不甚相远,则以在有音无字之前,仍为

一字也。

其实,清人程瑶田早就著有《果臝转语记》,称"果臝"之音的东西不下于二百种。程氏谓"果裸"肖物形而名之,非一物之专名。殷孟伦先生为之疏证,认为这个词群可以分为五个较大的意义层次。他说:

> 杨榷言之,果臝之转,疾读之则瓜也,此以瓜为始语也。瓜为始语,声转则名为果、为蓏,《说文》别之以在木、在地,骈举之则曰果裸,施于物为栝楼,为土蜂,为鸟名,以形并圆全,故命名从同,此其一。圆全之义衍绎之而为曲屈,故舟之舳舻,人之疴偻,车奔之枸篓,轮中之菌蓤,莫不皆然,此其二。圆全之义又衍绎之而为専布周匝,故荷芙蕖,绡名竹孚俞,蘦蕍华开貌,其体如是,并其邻类,此其三。圆全者,动非止静,若抽陀螺,故又衍绎之而为旋转之形。《方言》"枢榆,旋也",《尔雅》"蚶臝,蜾蠃""扶摇谓之猋"之类称是,此其四。圆体连缀,复衍绎之而为稀疏适历,稀疏适历者,盖论其状,如岑岭之连蜷,浪潮之追逐,群辐之并建,情意之牵引也,故由孚俞转而为《方言》之"惞愉,悦也"。如扶胥,如官隅、城隅之角浮思,如婆娑、舞也,如容与、旌旗高低之貌者近,此其五。凡斯数端,其义固相因而成,若其语转,以为侏儒、为莱菔、为餺飥、为铁铲、为瞙眾嶛豁,则出自圆全之义者也。为拘留、为金巨罗、为窭数,则出自曲屈之义者也。为蝤蛑、为苏涂、为蠪略,则出自旋转之形者也。为于思、为跳丸剑之挥霍、为瘕蠱、为络索,则出自适历之状者也。是诸义者,亦皆相推相引,而以成名。是故果臝之名,其朔则一,乃充类至尽,浩穰滋蔓,而名逾三百,适其势之有然也。

　　　　　　　　　　　　　　　(《子云乡人类稿·果臝转语记疏证叙说》)

任继昉《汉语语源学》分果裸词族为十八个词群:(1)圆形义;(2)块状义;(3)屈短义;(4)圆全义;(5)浑沌义;(6)糊涂义;(7)旋转义;(8)运行义;(9)回还义;(10)范围义;(11)拘律义;(12)卷束义;(13)纠结义;(14)勾曲义;(15)穹窿义;(16)坑洞义;(17)空疏义;(18)晓灵义。这十八个词群从头到尾自有其引申孳乳的轨迹。

黄侃先生说:"盖万物得名,各有其故,虽由约定俗成,要非适然偶会。推求其故,即求语根之谓也。""形、声、义三者莫不由简趋繁,此势之必至也。然繁由简出,则简可统繁;简既滋繁,则繁必归简。于至繁之字义,求至简之语根,文字语言训诂之语根胥在是矣。"(《文字声韵训诂笔记》)

由此可见,声义同源的立论,不仅是探讨字根的基本理论,也是探讨语根的基本理论,就训诂学而言,它又是"声训"的基本理论。

(二)凡同声多同义

既然声义同源,而声由义发,所以同声之字多同义。段玉裁在《说文解字注》中对此屡有阐发。譬如"嘶"训"悲声也"。段注:"斯,析也;澌,水索也。凡同声多同义,今谓马悲鸣为嘶。"又"晤"训"明也"。段注:"晤者,启之明也。《心部》之悟,《寤部》之寤,皆训觉,觉亦明也。同声之义必相近。"又"欸"训"安气也"。段注:"如趣为安行,䮾为马行疾而徐,音同义相近也。今用为语末之辞,亦取安舒之意。通作與,《论语》'與與如也'。"又"浏"训"水石之理也"。段注:"《阜部》曰:阞,地理也,从阜。《木部》曰:朸,木之理也,从木。然则浏训水之理,从水,无疑矣。浅人不知水有理,又见下文引《周礼》说石,乃妄增一字。水理如地理、木理可寻,其字皆从力,力者,人身之理也。"在"力"字下又注云:"象其条理也。人之理曰力,故木之理曰朸,地之理曰阞,水之理曰浏。"

上面的例子中,"斯、澌、嘶"为同声同义,"晤、悟、寤"为同声近义,"趣、䮾、與、欸"为音同近义,"阞、朸、浏、力"皆为同义,看上去,好像只是"字根"相同,但实际上,段氏的所谓"同声多同义"并不限于声符字相同的各组。譬如,他指出:"钦、歆、欲、歉,皆双声叠韵字,皆谓虚而能受也。""祄,衣无色也。《日部》曰:暜,日无色也。祄读若暜,则音义皆同。《女部》曰:姘,妇人污也。义亦相近。"可见并不拘于字形。段氏所说的"凡同声多同义",这"声"字就是"音"的意思。

段氏之外,王念孙、王引之父子也是主张"声近义同"的。在《广雅疏证》《经义述闻》等书中,他们运用这一条例解决了许多经籍训诂的问题。王念孙《释大》一文更是专门证明声义相切的关系的。譬如:

敖,出游也。

《说文》:"敖,出游也。从出、放。"隶省作敖。长谓之敖。

《诗·硕人》三章:"硕人敖敖。"

毛《传》:"敖敖,长貌。"郑《笺》:"敖敖犹颀颀也。"亦作"謷"。《庄子·德充符》篇:"謷乎大哉。"

故大谓之骜

音敖。《广雅》:"马骜,大也。"

傲谓之敖。

傲、敖声相近。《尔雅·释言》："敖，傲也。"《释训》："敖敖，傲也。"字亦作"嚣"，又作"聱"。《诗·板》三章："听我嚣嚣。"毛《传》："嚣嚣，犹聱聱也。"《楚辞·九思》："令尹兮聱聱。"注："聱聱，不听话言而妄语也。"

谊谓之嚣

音敖。《诗·车攻》三章："选徒嚣嚣。"毛《传》："嚣嚣，声也。"亦作"聱"。《诗·十月之交》七章："谗口嚣嚣。"《释文》："嚣，《韩诗》作聱。"又作"敖"。《荀子·强国》篇："百姓欢敖。"

众口愁谓之嗷

《说文》："嗷，众口愁也。"亦书作"聱"。《诗·鸿雁》三章："哀鸣聱聱。"又作"敖""聱""嚣""熬"。《荀子·富国》篇："天下敖然。"《汉书·食货志》："天下聱聱然。"《汉书·董仲舒传》："此民之所以嚣嚣，苦不足也。"《汉书·陈汤传》："熬熬苦之。"并与"嗷"同。

戟锋谓之𢧵

音敖。《广雅》："戟锋谓之𢧵。"

骏马谓之𩣡

音敖。《说文》："𩣡，骏马。"亦书作"骜"。《吕氏春秋·察今》篇："良马期乎千里，不期乎骥骜。"高注："骜，千里马名也。"

大狗谓之獒

《尔雅·释畜》："狗四尺为獒。"

海大龟谓之鳌

《楚辞·天问》："鳌戴山抃，何以安之？"王注："鳌，大龟也。"引《列仙传》曰："有巨灵之鳌，背负蓬莱之山而抃沧海之中。"

蟹首大足谓之螯

音敖。《广韵》："螯，蟹大脚也。"

通作"敖"。《荀子·劝学》篇："蟹八跪而二敖。"

咢，讼也

《说文》："咢，讼也。从吅屰，屰亦声。"

故直言谓之谔

《玉篇》："谔，正直之言也。"《史记·商君传》："不如一士之谔谔。"

通作"鄂"。《大戴礼·曾子立事》篇:"是故君子出言以鄂鄂。"又通作"咢"。《汉书·韦贤传》:"咢咢黄发。"

高谓之咢

《后汉书·张衡传》:"冠咢咢其映盖兮。"李注:"咢咢,冠高貌也。"亦作"噩"。《扬子·问神》篇:"周书噩噩尔。"通作"锷"。张衡《西京赋》:"锷锷列列。"李善注:"皆高貌。"

崖谓之崿

音咢。张衡《西京赋》:"坻崿鳞眴。"

李善注引《文字集略》:"崿,崖也。"

圻谓之崿

音咢,《广韵》:"崿,圻崿也。"通作"鄂",《汉书·扬雄传》:"纷被丽其亡鄂。"颜注:"鄂,垠也。"又通作"锷"。张衡《西京赋》:"前后无有垠锷。"

刀剑刃谓之剐

音咢。《说文》:"剐,刀剑刃也。"亦作"锷"。《庄子·说剑》篇:"以燕谿石城为锋,齐岱为锷。"通作"咢"。《汉书·王褒传》:"清水焠其锋,越砥敛其咢。"

大雕谓之鹗

《汉书·邹阳传》:"臣闻鸷鸟累百,不如一鹗。"孟康注:"鹗,大雕也。"

海大鱼似鼍谓之蝚

音咢。亦作"鳄"。

争辩貌谓之断

《史记·鲁世家》:"洙泗之间断断如也。"《汉书·刘向传》:"朝臣断断。"

犬吠声谓之狺

《说文》:"狺,犬吠声。"字亦作"狺"。《楚辞·九辩》:"猛犬狺狺而迎吠。"

大簏谓之沂

《尔雅·释乐》:"大簏谓之沂。"

(《高邮王氏遗书》)

由以上例子可以看出,王念孙《释大》之作以义类为经,以声类为纬,在贯穿证发的时候,主要着眼于语根。敖、嚣、咢、斤等字根相同,繁衍之字,一脉相牵。如嚣为喧、嗷为众口愁、咢为诖讼、斳为争辩貌,皆声同义近。戡为戟锋、剠为刀剑刃,声义皆相近。獒为大狗、鹗为大雕、鳌为海大龟、蟫(鳄)为海大鱼,更是声义相通。《释大》一文,共作了见、溪、群、疑、影、喻、晓、匣八母,从发音的"声"上取其相同的为一类,旁通互证,不但可以求得声同义近的证据,而且声与义之间的脉络和递转的关系也推求得很明白。上面所列举的是其第四上疑母的一段,余皆类此。

王氏之后,用同声纽来推求词义的,有刘赜的《古声同纽之字义多相近说》等。从同韵部上去证明音同义近的,有黄承吉、刘师培等人。刘氏提出"古韵同部义多相近"说,认为"若于古韵各部,建一字以为众声之纲,以音近之字为纬,立为一表,即音审义,凡字音彼此互同者,其义亦可递推"(《左盦集》卷四)。在《正名隅论》中,对此又有更加详尽的叙述,皆可证明古韵同部之字义多相近。由此可知,段玉裁所提出的"凡同声多同义"这一条例是有语言事实作为依据的,在训诂学上是有其应用价值的。

(三)凡字之义必得诸字之声

声义同源,造字之初必然义寓于声,所以段玉裁提出"凡字之义必得诸字之声"的条例。他在《说文》"鏓"字下注云:

> "鏓,鎗鏓也。从金,悤声。一曰大凿中木也。""中木也",各本作"平木者"。《玉篇》《广韵》竟作"平木器",今正。凿非平木之器。马融《长笛赋》:"鏓硐隤坠。"李注云:《说文》曰:鏓,大凿中木也。"然则以木通其中,皆曰鏓也。今按"中"读去声,许正谓大凿入木曰鏓,与种植、舂杵,声义皆略同。《诗》曰:"凿冰冲冲。"传曰:"冲冲,凿冰之意。"今四川富顺县邛州凿盐井深数十丈,口径不及尺,以铁为杵架,高缒而凿之,俗称"中井","中"读平声,其实当作此"鏓"字。"卤"者多孔,"悤"者中空。"聪"者耳顺,义皆相类。凡字之义必得诸字之声者如此。《释名》曰:"輶言辐輴入(按:《慧琳音义》引此作'揔入')毂中也。""輴入"正"鏓入"之讹。

段氏举出了"鏓""中""悤""卤""聪""輴"等字,意义都近"中通",推之于"种植"的"种"、"舂杵"的"舂",意义也略近"中通"——说明不论字形如何分歧不一,字义必得诸字之声音。

刘师培推阐此义而作《字义起于字音说》,提出"古人制字,字义即寄于所

从之声"。归纳一下他所举出的证据,可得十项:

1. 右文说。

2. 形声字先有声符,所以义寄于声。

3. 殷周吉金所著诸字,恒省偏旁,《说文》所载古文亦然,足见字义寓于声符。

4. 周秦古籍同声之字互相同用,为音近义通之证。

5. 骈词两字之同声音,不拘形异,其用即同。

6. 造字之初,重义略形,故同从一声,取义亦同。

7. 字从某得义,斯从某得声。

8.《说文》声训字,音义多相兼。

9.《说文》"读与某同"之字,声同者义亦相通。

10. 形声字所从之声,不必皆本字,而训释字中有意义相符者,为音近假用之故,故谐声之字,不兼意者极少。

这十项都说明一个总的意思,即"字从某得义,即从某得声",不论其得声的声符字形是否一样,只要声符的字音相同,义即相同或相近,足以证明"凡字之义必得诸字之声"。

(四)凡从某声多有某义

黄承吉著有《字义起于右旁之声说》,较之传统的"右文说"又进了一步,他提出:

凡字之以某为声者,皆原起于右旁声义以制字,是为诸字所起之纲。其在左之偏旁部分(或偏旁在右,在上之类皆同),则即由纲之声义而分为某事某物之目,纲同而目异,目异而纲实同。如右旁为某声义之纲,而其事物若属于水,则其左加以水旁而为目;若属于木、火、土、金,则加以木、火、土、金之旁而为目。若属于天时、人事,则加以天时、人事之旁而为目;若属于草木、禽鱼,则加以草木、禽鱼之旁而为目,其大较也。盖古人之制偏旁,原以为一声义中分属之目,而非为此字声义从出之纲,纲为母而目为子。凡制字所以然之原义,未有不起于纲者。

他的意思是说,造字之初,形声字的声符先出,它代替各形声字,后来为区别义类,增设形符,专属其类别,所以一系列的形声字,原本都包含有声符的意义。刘师培推阐其说,指出"古人名物,凡义象相同,所从之声亦同。则以造字之初,重义略形,故数字同从一声者,即该于所以得声之字,不必物各一字也。及增益偏旁,物各一字,是义仍寄于字声,故所从之声同,则所取之义亦同"(《左盦集·字义起于字音说》)。在黄、刘二氏之前,戴震曾提出"古字多假借,后人始增偏旁"的说法,钱大昕也曾提出类似的看法,到了段玉裁,这个条例得到较好的阐发。在《说文解字注》中,讲到"从某声有某义"的地方有八十多处。例如:

　　诐,辩论也。古文以为颇字。从言,皮声。段注:此诐字正义。皮,剥取兽革也。披,析。凡从皮之字,皆有分析之义,故诐为辨论也。

　　翑,羽曲也。从羽,句声。段注:凡从句者皆训曲。《释木》曰:句如羽乔。上句曰乔。然则羽曲者,谓上句反乡。

　　圆,回也。从口,云声。段注:云字下曰:象回转形。沄字下曰:转流也。凡从云之字皆有回转之义。

　　甬,草木华甬甬然也。从马,用声。段注:小徐曰:甬之言涌也。《周礼》钟柄为甬。按凡甬声之字,皆兴起之义。

　　襛,衣厚貌。从衣,农声。《诗》曰:何彼襛矣。段注:凡农声之字皆训厚。醲,酒厚也。浓,露多也。襛,衣厚貌也。引申为凡多厚之称。

　　烼,盛火也。从火,多声。段注:凡言盛之字从多。

　　襟,交衽也。从衣,金声。段注:凡金声、今声之字皆有禁制之义。

　　漮,水虚也。从水,康声。段注:《释诂》曰:漮,虚也。虚,颜师古引作空。康者,谷皮中空之谓,故从康之字皆训为虚。

　　娠,女妊身动也。从女,辰声。《春秋传》曰:后缗方娠。段注:凡从辰之字皆有动意。

　　陉,山绝坎也。从昌,圣声。段注:陉者领也。《孟子》作"径",云山径之蹊。赵注:山径,山领也。扬子《法言》作山岊之蹊,皆即陉字。凡圣声之字皆训直而长者。

这里有个问题需要注意,即段氏在行文中往往用全称肯定,谓"凡从某声之字皆有某义",是不够科学的。章太炎在《文始略例》中就曾指出:"若农声之字,多训厚大,然农无厚大义。"但是在《文始》七下中,章氏又指出:农声之字所以有厚义,实在是假借乳字为字根的。正是由于有这类假借关系的存在,说"凡从某声皆有意义"就不如说"凡从某声多有某义"更恰切些。

(五)形声多兼会意

既然从某声之字多有意义,那么形声字的声旁多兼表意,所以形声之字多兼会意;这个会意,是指声符兼表意,并非六书中的那种"比类合谊"的意思,因此与王安石《字说》取消形声,牵强字形说义的观念全然不同。

晋人杨泉《物理论》有云:"在金石曰坚,在草木曰紧,在人曰贤。"(见于《艺文类聚·人部》所引)可以看作此论的端绪。其后宋人王圣美作《字解》,提出"右文说"。《字解》已不传,仅于宋人沈括《梦溪笔谈》中尚存一节:

> 王圣美治字学,演其义以为右文。古之字书,皆从左文。凡字,其类在左,其义在右,如木类,其左皆从木。所谓右文者,如戋,小也。水之小者曰浅,金之小者曰钱,歹而小者曰残,贝之小者曰贱,如此之类,皆以戋为义也。

宋宁宗时的张世南著《游宦纪闻》,也提出"右文"的主张:

> 王金陵《字说》之作,率多牵合,固不免坡公之讥……自《说文》以字画左旁为类,而《玉篇》从之,不知右旁亦多以类相从。如戋有浅小之义,故水之可涉者为浅,疾而有所不足者为残,货而不足贵重者为贱,木而轻薄者为栈。青字有精明之义,故日之无障蔽者为晴,水之无深浊者为清,目之能明见者为睛,米之去粗皮者为精,凡此皆可类求,聊述两端,以见其凡。

高宗时有王观国,主张"字母"说,与"右文"之说大致相同,其著作名《学林》:

> 卢者,字母也。加金则为鑪,加火则为炉,加瓦则为甋,加目则为瞜,加黑则为黸。凡省文者,省其所加之偏旁,但用字母,则众义该矣。亦如田者,字母也,或为畋猎之畋,或为佃户之佃,若用省文,惟以田字该之,他皆类此。

这些说法,对后来学者研究形声字都有启发,可以说是"形声多兼会意"说的滥觞。至段玉裁,才算正式创通了这一条例。他在《说文》"犙"字下说:"凡形声多兼会意。犙从言,故牛息声之字从之。"在《说文》"枼"字下注文中,他说:"凡木片之薄者谓之枼,故葉、牒、鰈、箂等字皆用以会意。"此外,在《说文》"票、他、军"等字注中,他也屡次提到"形声之字多含会意"。

后来章太炎著《文始》,对"右文"说提出批评,他说:"昔王子韶创作右文,以为字从某声,便得某义。若《句部》有"钩""笱",《臤部》有"紧""坚",《丩部》有"纠""茻",《辰部》有"脤""蜃",及诸会意形声相兼之字,信多合者。然以一致相衡,即令形声摄于会意。夫同音之字,非止一二,取义于彼,见形于此者,往往而有。若农声之字多训厚大,然农无厚大义;支声之字多训倾斜,然支无倾斜义,盖同韵同纽者别有所受,非可望形为诂。"他提出形声字造字之初,有以同音的声符借代的现象,必须以古声韵的转变规律去推求,方能寻出本来的面目。这就打破了汉字形体的束缚,从字音入手去求字义。刘师培进一步指出:"盖一物数名,一义数字,均由转音而生,故字可通用……谐声之字所从之声,亦不必皆本字,其与训释之词同字者,其本字也;其与训释之字异字而音义相符者,则假用转音之字。"(《左盦集·字义起于字音说》)黄侃则归纳前人意见,创立"形声字之正例必兼会意"的说法。所谓正例,就是由声符字可以直说字义的,如"翙"与"羽曲","句"这个声符本有曲义,不待假借,即兼会意。至于非正例者,可分为两小类:一类是象声词,譬如"驾鹅"的鸣声为"加我",即以"加我"二字加鸟旁来命名,"加我"只是仿声,无义可说;另一类就是所谓声符字为假借者,譬如"禄"字,《说文》训"福也",但是它的声符字是"录",在《说文》中训"刻木录录也",徐锴解释说,"录录,犹历历也;一一可数之貌",并无"福"义。黄侃指出,古时田猎,获羊是有福的,所以祈求能获羊,造"祥"字;《说文》"祥,福也",而田猎获鹿也是有福的,所以祈求能获鹿,造"禄"字,其声符本应是"鹿",用"录"字假借,遂成"禄"字之形。在焦循《雕菰集》中说明《周易》之象多用假借,如"祥"即牵羊之"羊"、"禄"即逐鹿之"鹿",与此说正合。

声训的具体条例已如上述,例证太多,不烦殚举,读者可以融会贯通,深入体会。

三、义训

训诂学家最常用的方法是义训。凡是不以声音为训、不以字形为训的,都可归入义训之中。义训具体条例有六。

(一)诠释一词之义

诠释一词之例亦有六:一曰本字为训。如《易·系辞》:"象也者,象也。"以象形的象来训释易象的象。《易·序卦》:"蒙者,蒙也。"以幼小之蒙训蒙卦之蒙。二曰异字为训。如《诗·魏风·硕鼠》:"硕鼠硕鼠。"郑《笺》曰:"硕,大也。"《说文·金部》:"鍊,冶金也。"三曰一字数训。如《尔雅·释言》:"替,废也。替,灭也。"《尔雅·释言》:"称,举也。称,好也。"四曰递相为训。如《尔雅·释言》:"速,征也;征,召也。"《礼记·祭统》:"福者,备也;备者,百顺之名也。无所不顺者谓之备,言内尽于己而外顺于道也。"五曰增字为训。如

《诗·大雅·抑》:"维民之章。"郑《笺》:"章,文章法度也。"《周礼·天官·冢宰》:"辨方正位。"郑司农云:"别四方,正君臣之位,君南面、臣北面之属。"六曰相反为训。如《方言》卷二:"逞、苦、了,快也。自山而东或曰逞,楚曰苦,秦曰了。"郭璞注:"苦而为快者,犹以臭为香,乱为治,组为存,此训义之反覆用之是也。"《尔雅·释诂》:"徂、在,存也。"郭璞注:"以徂为存,犹以乱为治,以曩为曏,以故为今,此皆训诂义有反覆旁通,美恶不嫌同名。"对反训之作为训诂条例是否成立,学术界尚有争论,齐佩瑢《训诂学概论》认为:

> 这里还有一点应该提出说明的,就是"相反为训"的问题。汉人传注虽知自臭为香,但尚无反训之名;隐七《公羊传》:"春秋贵贱不嫌同号,美恶不嫌同辞。"然亦非言反训之理。至郭璞注《尔雅》《方言》始有其说。

> 自此以后,一般小学家辄误以为训诂之原则,且有以为训诂之方法者,于是凡相反者皆可相训矣。流弊所及,漫无涯涘,作俑始于郭氏,推衍启自清人,不得不加分辨也。我曾作《相反为训辨》一文,旨在阐明反训只是语义的变迁现象而非训诂之法则,对旧说之谬误者加以辨正。

齐氏把"相反为训"分为"授受同词之例""古今同词之例""废置同词之例""美恶同词之例""虚实同词之例"五类,分别举例加以说明,最后得出结论说:

> 以上五类,皆语义演变的恰成相反者,自不得叫作反训。严格地讲,"反训"这个名词根本就不能成立,训诂是解释古字古音,基于相反的原则而去训释古语,才可以叫作反训;现在既知这些例子不过是语义演变现象中的一少部分,那么,就不应该再名为反训而认为训诂原则了。恐以讹传讹,随流波荡,不可遏止,故特为辨正。

(详齐氏《训诂学概论》第三章)

徐世荣先生著《古汉语反训集释》,集五百余字,把它们分为十三类,有"内含反训""破读反训""互换反训""引申反训""适应反训""省语反训""隐讳反训""混同反训""否定反训""殊方反训""异俗反训""假借反训""讹误反训"等。五百多条中,大约名物类占八十余条,动物类占二百五十条,性状类一百三十余条,虚助类四十条,费时八年,方始成书。看来关于"反训"问题的争论,大约还要继续下去,简单地用有还是没有、是还是不是的办法来看待这个问题,恐怕也不是一种慎重的态度。

林尹先生归纳众说,认为反训起因有四:一曰义本相因,引申之始相反者。

如王念孙《广雅疏证》指出:"歆为欲而又为与,乞匄为求而又为与,贷为借而又为与,禀为受而又为与,义有相反而实相因者,皆此类也。"又云:"凡一字两训而反覆旁通者,若乱之为治,故之为今,扰之为安,臭之为香,不可悉数。"都属于这样情况。二曰假借关系。如《尔雅》训"徂"为"往",又训"徂"为"存",郝懿行《义疏》以为,郭璞注相反为训是因为"未明假借之义,误据上文徂往为训,而云以徂为存,义取相反,斯为失矣",他指出:"徂往之徂,本应作退,徂存之徂,又应作且耳。"又如《尔雅》:"繇,忧也。"又:"繇,喜也。"郝氏认为训"忧"之"繇",盖"愮"之假借,《方言》云"愮,忧也",也是假借关系。三曰音转关系。章太炎《小学答问》云:"语言之始,谊相同者,多从一声而变;谊相近者,多从一声而变;谊相对、相反者,亦多从一声而变。"又说:"相对、相反者亦以一音转变,故先言天,从声以缓则为地;先言易,从声以变则为阴;先言古,从声以变则为今;先言始,从声以变则为冬(终);先言疏,从声以变则为数;先言精,从声以变则为粗;先言疾,从声以变则为徐……"章氏认为,凡字义相对、相反的,多从一声而变。或以双声相转而造为二字,或以叠韵相转而造为二字。而部位相同却未造成二字的,便形成一字兼具反正两方面的意义,通常便称之为反训。四曰语变关系。俞樾《古书疑义举例》指出:"古人语急,故有以如为不如者,隐元年《公羊传》:'如勿与而已矣。'注曰'如,即不如'是也;有以敢为不敢者,庄二十二年《左传》:'敢辱高位。'注曰'敢,不敢也'是也。"毛《传》中往往指出这类现象,如《诗·小雅·车攻》:"徒御不惊,大庖不盈。"毛《传》:"不惊,惊也。不盈,盈也。"《诗·小雅·桑扈》:"不戢不难,受福不那。"毛《传》:"不戢,戢也。不难,难也。"臧琳认为这些都是"古人语急反言"的缘故。

(二)诠释对词之义

诠释对词之例有四:一曰两字互训。如《尔雅·释宫》:"宫谓之室,室谓之宫。"《说文·土部》:"垣,墙也。墙,垣也。"在下面的训诂方式之"互训"一节,我们还将举例以详加说明。二曰两字各训。如《尔雅·释训》:"张仲孝友。善父母为孝,善兄弟为友。"《左传·庄公二十二年》:"是谓凤皇于飞。"杜预注:"雄曰凤,雌曰皇。"三曰连类并训。如《诗·小雅·四月》:"滔滔江汉。"郑《笺》:"江也,汉也,南国之大水。"《诗·大雅·皇矣》:"是类是祃。"郑《笺》:"类也,祃也,师祭也。"四曰集比为训。如《尔雅·释宫》:"一达谓之道路,二达谓之歧旁,三达谓之剧旁,四达谓之衢,五达谓之康,六达谓之庄,七达谓之剧骖,八达谓之崇期,九达谓之逵。"集比九者为训,邢昺疏云:"此别街道之异名也。"又如《尔雅·释器》:"金谓之镂,木谓之刻,骨谓之切,象谓之磋,玉谓之琢,石谓之磨。"集比六者为训,郭璞注云:"六者皆治器之名。"

(三)以别名释共名

以别名释共名,也就是以狭义释广义。如"玉"字可该众玉,在具体语境中各有更为具体的含义。《仪礼·聘礼》:"君使卿皮弁还玉十馆。"郑玄注:"玉,圭也。"《左传·成公三年》:"将授玉。"孔颖达疏:"玉谓所执之圭也。"《礼记·曲礼下》:"君无故,玉不去身。"孔颖达疏:"玉谓佩也。"《国语·吴语》:"执玉之君皆入朝。"韦昭注:"玉,珪璧也。"《论语·阳货》:"玉帛云乎哉。"《集解》:"玉璋圭之属也。"又如"道"是个多义词,在不同语境中也有更为具体的内容。《穀梁传·僖公二年》:"仁不胜道。"范宁注:"道谓上下之礼。"《荀子·议兵》:"由其道则行,不由其道则废。"杨倞注:"道即礼也。"《论语·阳货》:"君子学道则爱人。"《集解》:"道谓礼乐也。"等等。

(四)以共名释别名

以共名释别名,即以广义释狭义。如《说文·玉部》"璙、瓘、璥、瑛、瓊、琼、瑯、璐、球"诸文皆训"玉也"。又如"思"是共名,在具体语境中它又有不同的别名,而皆以"思也"释之。《诗·邶风·终风》:"愿言则嚏。"郑《笺》:"愿,思也。"《诗·鄘风·载驰》:"女子善怀。"郑《笺》:"怀,思也。"《诗·陈风·泽陂》:"伤如之何。"郑《笺》:"伤,思也。"《诗·大雅·生民》:"载谋载惟。"郑《笺》:"惟,思也。"等等。其实"愿""怀""伤""惟"各有专义,《尔雅·释诂》郭璞注:"愿,欲思也。"《说文》:"怀,念思也。"《尔雅·释训》:"伤,忧思也。"《说文》:"惟,凡思也。"而皆以广义的"思"释之,故曰以广义释狭义。

(五)以今制况古制

刘师培在《中国文学教科书》中曾举例说:

> 以今制况古制,诚以古今制度不甚相远。如《左传》郑子言:"祝鸠氏,司徒也。"此言官名本为祝鸠,言司徒者,以后代之官况之也。《礼器》:"周旅酬六尸。"曾子曰:"周礼其犹醵欤?"醵为今礼,此亦引今礼况古礼也。

《周礼》杜子春注"珍圭以征守"云:"若今时征郡守以竹使符也。"《周礼》马融注"安车……皆有容盖"云:"重翟为盖,今之羽盖是也。"《周礼》郑玄注:"符节者,如今宫中诸官诏符也。玺节者,今之印章也。旌节,今使者所拥节是也。"

可见汉儒注书,已多用当时制度比况古制以使人易晓,到后来杜预注《左传》也多用此法,遂成条例。

(六)以雅言释方言

扬雄著《方言》,大抵采览异言,释以通语。如卷一:"娥、㜲,好也。宋魏之间谓之㜲。秦晋之间凡好而轻者谓之娥。自关而东,河济之间谓之媌,或谓之姣。赵魏燕代之间曰姝,或曰妦。自关而西,秦晋之故都曰妍。好,其通语也。"

汉儒注经,也多用此法。如《公羊传·僖公十年》:"晋之不言出入者,踊为文公讳也。"何休注曰:"踊,豫也,齐人语。若关西言浑矣。"后来,晋杜预注《左传》也多有此例。如《左传·襄公二十六年》:"楚师大败,王夷师熸。"杜注:"吴楚之间谓火灭为熸。"以雅言释方言,遂成条例。

第二节　训诂的方式

这里主要谈谈互训、推因、义界的问题。林尹先生和郭在贻先生在他们的训诂学著作中把这三者称为训诂的方式,这本于黄侃先生在《文字声韵训诂笔记》中的说法。黄先生说:"训诂者,以语言解释语言之谓。论其方式有三:一曰互训,二曰义界,三曰推因。"陆宗达先生在《训诂简论》中认为这三事就其实际运用情况而言,主要是训释字词的形式,故黄建中《训诂学教程》就直称之为"训释字词的形式"。"方式"也好,"形式"也好,只不过名称有小异,它们与形训、声训、义训的关系或有交叉,但层面与角度不同,故称说亦异。

一、互训

黄侃先生曾解释说:"凡一意可以种种不同之声音表现之,故一意可造多字,即此同意之字,互相为训,谓之互训。"(《制言》第七期)可见互训就是取同义词或相当的事互相说明,有人称之为广义的转注。如:

《尔雅·释诂》:"退,远也。"又:"远,退也。"

《尔雅·释宫》:"宫谓之室,室谓之宫。"

在《说文》中,这种互训之例多达百组。刘师培注意到这个问题,他举例说:

《艸部》蔆、芰互训,许君说之曰:"蔆,楚谓之芰,秦谓之薢茩。"(《说文·艸部》:"芰,蔆也。")由许说观之,盖互训之起,由于义不一字,物不一名,其所以一义数字、一物数名者,则以方俗语殊,各本所称以造字,许君于芰、蔆二字既明标其例,则《艸部》茅、菅互训;《言部》谏、证互训;《木部》柟、梅互训,极、栋互训,梧、樃互训,谷、楮互训,栈、棚互训;《穴部》窍、空互训;《人部》何、儋互训;《页部》颡、额互训;《火部》爇、烧互训;《心部》憨、愚互训;《鱼部》鳛、鳝互训;《系部》缠、绕互训,或本《尔雅》,或本《方言》。盖均方俗异称,致义有二字、物有二名者也。

(《左盦集·转注说》)

刘氏所举《说文》中互训的例子,皆二字同部,可称之为"同部互训"。另外还有不同部首中的字相互为训的,段玉裁称之为"异部而互训"者,如《说文》:

《人部》:"但,裼也。"《衣部》:"裼,但也。"

《玉部》:"珍,宝也。"《宀部》:"宝,珍也。"

《玉部》:"玩,弄也。"《艹部》:"弄,玩也。"

《心部》:"慎,谨也。"《言部》:"谨,慎也。"

还有一种互训,是集合同义词"以类为训"。如《尔雅·释诂》:

适、之、嫁、徂、逝,往也。

乔、嵩、崇,高也。

卬、吾、台、予、朕、身、甫、余、言,我也。

上面几组例子,有的属动词,有的属形容词,有的属代词,都是集比为训。《尔雅》一书,多取此类训释方式。应当提出的是,互训的词义之间显然只有近义的关系,在一定的语言环境中它们是相对同义的,但并非在任何语言环境中它们之间都是绝对同义的。段玉裁在《说文》注中指出"茅""菅"二字统言与析言之不同,他说:"按统言则茅、菅是一,析言则菅与茅殊;许菅、茅互训,此从统言也。陆玑曰:'菅似茅,而滑泽无毛,根下(当作上)五寸有白粉者,柔韧宜为索,沤乃尤善矣。'此析言也。"

互训之字,不一定有声韵关系,但毕竟还有些互训的字彼此间或者双声,或者叠韵,或者古音相近。如《说文·艸部》"菲、芴"互训,《言部》"谨、诶"互训,《支部》"改、更"互训,《鸟部》"鹄、鸿"互训,等等,均为双声。《说文·艸部》之"苗、蓨"互训,《言部》"诗、谇"互训,《刀部》"刑、到"互训,等等,均为叠韵。《说文·艸部》"蕾、蕾"互训,"萊、莉"互训,《金部》"锭、镫"互训,《系部》

"迻"(按:即今"徙"字)、"迻"(按:即今"移"字)互训,等等,皆古音相近。这种情况,刘师培认为就是狭义的转注,也就是六书中的转注。但他受前人影响,举例多是同部的互训,其实异部互训中也有声韵相近的,譬如"慎、谨"互训,虽不在同部,但仍有音近的现象,这个问题,刘师培也注意到了,他说:"许书转注,虽仅指同部互训言,然扩而充之,则一义数字,一物数名,均近转注,如'及、逮''邦、国'之属,互相训释,虽字非同部,其为转注则同。"(《左盦集》卷十五)这就又牵涉到对六书转注的界说问题,我们在训诂与传统文字学的关系一节中较为详细地谈到转注问题,这里就不再作进一步分析,因为互训作为一种训诂方式,既包括那些声韵相近的,也包括那些没有声韵关系的词,所以重要的是掌握同部互训、异部互训和以类为训的几种情况,有些涉及同源字的问题,留待下一章专门讨论。

二、推因

推因也可以称为"推原",是根据词的声音线索去探索词义的由来。与前面讲过的"声训"关系密切,可以说"声训"言其手段,"推因"言其目的。黄侃先生界定说:"凡字不但求其义训,且推其字义得声之由来,谓之推因。"(《制言》第七期)

由此可知,推因离不开对词与词之间声韵关系的认识,从理论上讲,推因这一训诂方式,是建立在"声义同源"基础之上的。一义转为多声,一声衍为多词,后世虽音义各殊,而追溯语根,实出一源。譬如《说文》中"天"训"颠也"。段玉裁指出:"此以同部迭韵为训也。凡门,闻也,户,护也,尾,微也,发,拔也,皆此例。"又说:"元、始可互言之,天、颠不可倒言之。盖求义则转移皆是,举物则定名难假。"他指出"天、颠"这两个名词不可颠倒互训,是因为《说文》以"颠"释"天",是说"天"字之由来,乃由于在人颠顶之上,自然不可以倒过来,说成"颠,天也"了。刘师培在《小学发微补》中,进一步推求说:

> 如"天"训为"颠","颠""天"之音古同。因天体在上,故呼之为"颠",后"颠"音转为"天"音,乃别造"天"字。"地"字亦然,因上古之初,"地""低"之音相近,因地体在下,故呼之为"低",后"低"音转为"地"音,乃别造"地"字。

推因的训诂方式,由来很早,起于周秦,盛于两汉。王先谦《释名疏证补序》中曾指出:

　　文字之兴,声先而义后,动植之物,字多纯声,此名无可释者也。外是则孳乳繁赜,旨趣迁贸,学者缘声求义,辄举声近之字为释,取其明白易通,而声义皆定,"流求珥贰",例启于周公;"乾健坤顺",说畅于孔子。"仁者人也","谊者宜也",偏旁依声以起训;"刑者侀也","侀者成也",展转积声以求通。此声教之大凡也。侵寻乎汉世间,见于纬书,韩婴解《诗》,班固辑论,率用斯体,宏阐经术,许、郑、高、张之论,弥广厥旨。逮刘成国之《释名》出,以声为书,遂为说经之归墟,实亦儒门之奥键已。

《释名》一书,王先谦称许它是"说经之归墟,儒门之奥键",是因为它在声训方面具有很高的价值,而声音为训诂之根本,所以欲研究训诂之推因方式,自然离不开《释名》所提供给人们的大量声训材料,譬如以"舞"训"武"、以"忍"训"仁"、以"宣"训"言"等等,无不推寻其源,而且不限于名物之间,连动词、形容词也可以推寻其语根。虽然《释名》一书有不少穿凿附会的地方,但它对古代名物典制、声韵言语的考求所用的推因方法,却是可贵的。除《释名》之外,《白虎通》《说文》中也包含有大量的声训资料,其中那些正确的东西,也可以为训诂学家所吸收。关于《释名》一书的具体内容及其评价,在训诂根柢书一章有专门论述,这里不重复了。

三、义界

　　义界就是用一句话或几句话来阐明一个字或一个词的界限,有些类似于人们常说的下定义,当然并不像现代意义上的科学定义那么严格。黄侃先生对义界的解释是:"缀字为句,缀句为章,字、句、章三者,其实质相等,盖未有一字而不含一句之义,一句而不含一章之义者也。凡以一句解释一字之义者,即谓之义界。"有人称之为"界说",也有人称之为"宛述"(见齐佩瑢《训诂学概论》)。例如《尔雅·释天》:"谷不熟为饥,蔬不熟悉为馑,果不熟为荒,仍饥为荐。"《说文·玉部》:"球,玉声也。""琳,美玉也。""琼,瑞玉;大八寸,似车𫘤。""璧,瑞玉圆也。""瑗,大孔璧,人君上除陛以相引。""璪,玉饰,如水藻之文。"《玉篇·水部》:"溃,涌泉也。""涌,水腾波。""溷,浊也。《楚辞》云:'溷浊而不分兮。'溷,乱也。""淫,浸淫,润也。"又:"久雨曰淫。""湖,大陂也。"等等。

　　在义界训释中,有相当多的例子不涉及声韵,但是,自段玉裁以来不少训诂学家还注意到这样一种现象,即被训释的词与训释的词之间存在着声韵相近或相同的关系。如《说文·言部》:“诂,训古言也。”“诂”与“古”同音。《贝部》:“贫,财分少也。”“贫”与“分”古同音。“晶,精光也。”“晶”与“精”同音。又如《示部》:“祈,求福也。”“祈”与“求”双声。“勒,马头落衔也。”“勒”与“落”双声。又如《一部》:“吏,治人者也。”“吏”与“治”叠韵。《玉部》:“瑛,玉光也。”“瑛”与“光”古叠韵。这种被释词与训释词之间或一字或一字以上存在着同音、双声、叠韵等关系的现象,仍然表现了它们声义同源的关系,所以段玉裁在《说文解字注》中往往十分精细地指出来。如:“神,天神引出万物者也。”段氏注云:“天、神、引三字同在古音第十二部。”“祇,地祇提出万物者也。”段氏注云:“地、祇、提三字同在古音第十六部,地本在十七部,而多转入十六部用。”“鬃,门内祭先祖所旁皇也。”段氏注云:“鬃、旁、皇三字叠韵……古同在十部。”他之所以不厌其烦地指出这种声韵关系,意在提醒人们注意《说文》一书实兼形、音、义三者,义界之中有时会含有古代声韵的信息,因此考求字义时不能忽视它的渊源关系。但是,汉语音节少,不论古代还是现代,同音词都大量存在,我们不能随意附会,凡是见到训释与被释词之间有字音相近、相同者,就一概视为同源,尤其是那些偶然同音而毫无意义联系的字,更不可强为牵合,而应从古音古义两方面审慎考察,方可无误。段氏等人向我们提示的这个问题,至少可以启发我们,训诂的三种方式并非各自孤立存在的,有时义界中即含有推因的信息;反过来说,还应注意并不是每一个字的训释都必须具备互训、推因、义界三种方式,大量的例子说明,许多字只要用一种或两种方式去解释它,只要把事情说清楚,就可以了,因为形式毕竟要为内容服务。

第四章 训诂的方法

这里要讲的,是训诂的具体方法,也就是一字当前,我们用什么办法使它变未知为已知? 它当然也离不开形训、声训、义训或互训、推因、义界这些条例和方式,但这里所讲的方法,要更具体些,更易于操作些。

总起来看,解释一个字词,首先要找证据;为了求本字,还要破假借;为把词语或词族的来龙去脉搞清楚;还要去探求语根或同源字;同时,说明语法修辞现象和古书文例也是很重要的;下面,我们就从几个方面分别谈谈。

第一节 求证据

求证据,或称据古训。遇到一个古语词或句子,如果我们只凭臆测随便解说,一定会犯"凿空逃虚"的毛病,那是和训诂的根本原则相违背的。古人的解释虽说未必全对,但他们距离古文献写成的时代比我们近,而且,严肃的训诂学家往往以慎审态度去对待训诂,凡有解说,多有所本;况且,如果我们不去寻求古训,根本不去理会前人做过的大量工作,而去凭空揣想,那么,即使古人讲错了,我们也不知错在哪里,还有可能去重复前人的错误。所以,求证据显然是训诂中极其重要的、第一步的工作。

黄侃先生说:"求证据是普通训诂之事,其法不外引证旧典,以明词义。"(《制言》第七期)所谓引证旧典,都指哪些方面呢? 首先,我们想到的是好的字典辞书,其次是古人的旧注,如果二者都难以查找,那么就要搜集、归纳、排比古书中的语言材料以求得确解。

所谓好的字典辞书,《尔雅》《广雅》《说文》《玉篇》之属固然重要,就是保存在《广韵》《集韵》等韵书中的训诂材料也不可忽视。此外,像《一切经音义》(《玄应音义》《慧琳音义》)这类为翻译佛经而写的工具书中也保存了不少由于古书或古书传注散佚而今天见不到的语言材料。由于训诂学长期以来附属于经学,清代以前的训诂学家,包括戴、段、二王等人都把毕生精力集中于经书或子史旧籍的研究方面,对于汉魏以下俗语词的研究很少留意。清人虽也写过一些这方面的专书,如翟灏的《通俗编》、钱大昕的《恒言录》、毛奇龄的《越语肯綮录》、梁同书的《直语补证》等,但基本属于资料汇编的性质,谈不上语史研究。从语史角度研究方俗语词的书,当以近人张相的《诗词曲语辞汇释》为正式开端。这部书哀集唐、宋、金、元、明人诗、词、曲中的特殊语词,详引例证,诠释其义,分析其用法,凡"字面生涩而义晦"及"字面普通而义别"者,皆在讨论之列,它的学术价值不容低估。但筚路蓝缕,功在开创,从方法缜密、材料来源广泛等方面来衡量,则以蒋礼鸿先生的《敦煌变文字义通释》为优。此外,学者们还陆续出版了《戏曲词语汇释》(陆澹安)、《小说词语汇释》(陆澹安)、《金元戏曲方言考》(徐嘉瑞)、《诗词曲语辞例释》(王瑛)、《元曲释词》(顾学颉等)、《宋元语言词典》(龙潜安)等书,把方俗语词研究乃至中古及近代汉语词汇的研究推向了一个新阶段,这在训诂学史上开辟了新领域,值得大书特书。

提到字典辞书,还不应忽略《康熙字典》《辞源》《辞海》等常见的工具书,尤其是近年出版的《汉语大字典》《汉语大词典》两部大型文史工具书,对学者更是极为有用处的。但是,中国是有悠久历史的文明古国,古代典籍浩如烟海,任何一部工具书都不可能点滴不漏地把所有词语义项网罗干净,所以,我们不应忽视前人传注中那些随文释义的正确解释。譬如我们在训诂源流部分里提到过的《十三经注疏》、《史记》三家注、《汉书》颜师古注、《后汉书》李贤注、《三国志》裴松之注、《资治通鉴》胡三省注及收在《诸子集成》中的《老子》《庄子》《孟子》《荀子》《韩非子》诸家注,还有王逸的《楚辞章句》、仇兆鳌的《杜诗详注》以至近、现代人搞的大量古籍注释及数不胜数的单篇论文,其中都有许多宝贵的训诂资料。发表在各学术刊物及报章杂志上的大量具有学术价值的文章所包含的训诂材料,都是我们整理古籍和研究训诂的好帮手,我们不可采取是古非今的态度,一概加以摒弃。过去,一提到古训就首先标举汉唐,而忽视后来人的研究成果,这是不对的,汉唐人的旧注当然重要,上面我们讲过,他们距离古书时代近,又多有师承,注释古书时又大半态度严肃认真,所以其结论多有颠扑不破者。但是,随着学术不断发展,人们对客观事物的认识不断精密深邃,所谓"前修未密,后出转精",清代朴学大师如戴、段、二王,近代国学大师如章、黄等人的研究成果显然大大超迈前贤,成为我们研究和整理古籍的宝贵材料。由于近现代西方先进语言学理论的不断引进,人们做学问的视野更加开阔,方法也更加科学化,所以训诂学也会同其他学科一样,随着改革开放、中外文化交流的不断发展而日益出现新的面貌。我们在继续传统的同时,要积极吸收这些新的观点、方法和成果,这样才能使训诂学不断向前发展。

上面讲到字典辞书及前人乃至现代人的研究成果在训诂方面的重要性。现在,假定我们读古书时遇到一个词语或文句,字典辞书上查不到,又无前人注释材料可以依据,那么,用什么方法来研究它呢?上文说到,可以用搜集、归纳、排比古书中的语言材料的方法去求得确解。譬如在《经传释词》卷九有王氏父子对《诗·邶风·终风》中"终风且暴"的研究。毛传释"终风"为"终日风",《韩诗》释"终风"为"西风",王念孙认为都不对,他指出:"此皆缘词生训,非经文本义。终犹既也,言既风且暴也。"他是怎样得出这个结论的呢?他引《诗经》本书中的同类句子进行归纳排比,进而推导出结论:

《诗·邶风·燕燕》:"终温且惠。"

《诗·邶风·北门》:"终窭且贫。"

《诗·小雅·伐木》:"终和且平。"

《诗·小雅·甫田》:"终善且有。"

《诗·小雅·正月》:"终其永怀。"

王氏通过排比这些材料,得出"终与既同义"这个结论,指出"终"是连词,这是古时任何辞书都不载的。王引之又在他父亲的基础上进一步破假借,指出《诗·鄘风·载驰》篇中的"许人尤之,众稚且狂"当读"众"为"终",也训为"既"。他说:"'众'读为'终',此承上文而言。女子善怀,亦各有道,是我之欲归,未必非也。而许人偏见,辄以相尤,则既骄且妄矣。盖自以为是,骄也;自以为非,妄也。毛公不知'众'之为'终',而云'是乃众幼稚且狂',许之大夫,岂必人人皆幼邪?"王氏父子的这项成果,深得阮元嘉许,他在为《经传释词》写的序言中说:"高邮王氏乔梓,贯通经训,兼及词气。昔聆其'终风'诸说,每为解颐。"

再举一个例子:《九章·惜诵》中有一句"壹心而不豫兮",其中的"豫"字,孙诒让以为有"诈"义,他排比如下材料:

《晏子春秋·问上》:"公市不豫。"

《盐铁论·力耕》:"古者商通物不豫。"

《盐铁论·禁耕》:"教之以礼,工商不相豫。"

《周礼·司市》郑注:"定物价,防诳豫。"

(见《札迻》)

他归纳排比内容相类的句子而得出的结论是令人信服的。

一般来说,人们从事训诂,搜求例证既不限于字典辞书,也不限于古训及语言材料,而是几种方法互相结合,尽量不用孤证,而是用较多例证去说明问题,以加强说服力。下面,我们再举几个例子:

楚辞《九章·怀沙》"巧倕不所兮,孰察其拨正"中的"拨"字,孙诒让《札迻》认为有"曲"义,他举以下例证:

《管子·宙合》篇:"夫绳扶拨以为正。"

《淮南子·本经》:"扶拨以为正。"高诱注:"拨,枉也。"

《淮南子·修务》:"琴或拨剌枉挠。"高诱注:"拨剌,不正也。"

《荀子·正论》:"不能以拨弓曲矢中。"

《战国策·西周》:"弓拨矢钩。"

又如刘禹锡《天论》"霆震于畜木,未尝在罪;春滋乎堇荼,未尝择善"中的"在罪"当训"察罪"。"在"训"察",有以下例证:

《书·尧典》:"在璇玑玉衡,以齐七政。"伪孔传:"在,察也。"孔颖达疏:"'在,察',《释诂》文。"

《尔雅·释诂》:"在,察也。"

《诗·大雅·文王》:"在帝左右。"郑《笺》:"在,察也。"

《大戴礼记·曾子立事》:"存往者,在来者。"王念孙《读书杂志》云:"在、存,皆察也。"

《礼记·文王世子》:"必在视寒暖之节。"郑玄注:"在,察也。"

《逸周书·大聚解》:"王亲在之。"郑玄注:"在,察也。"

《淮南子·道应》:"若埋(按指九方皋,古之善相马者)之所观者天机也,得其精而忘其粗,在其内而忘其外。"

《广雅·释诂》中有个"䀴"字,训"视也"。俞樾疑即"在、察"之本字。(详《春在堂全书》)《玉篇·目部》作"䁅",《集韵》同。

再如《孔雀东南飞》中有两句诗:"府吏闻此变,因求假暂归。"其中的

"暂"字,不作"暂时"解,而应训为"疾速"。证据如下:

《说文·犬部》:"猆,犬暂逐人也。"

《说文·穴部》:"突,犬从穴中暂出也。"段玉裁注:"引伸为凡猝乍之称。"

《汉书·李广传》:"暂腾而上胡儿马。"

《论衡·四讳》篇:"暂卒见若为不吉。"

《论衡·讲瑞》篇:"非卒见暂闻而辄名之为圣也。"

陶渊明《与子俨等疏》:"尝言五六月中北窗下卧,遇凉风暂至,自谓是羲皇上人。"

由以上证据可以知汉魏晋以至唐宋时期"暂"字有猝乍义。宋人赵令畤的词《蝶恋花》中犹有"两意相欢朝又暮,争奈郎鞭,暂指长安路"这样的句子。

寻求有力的证据,还可以纠正前人或今人注释中的错误。如《说文·马部》:"骤,马疾步也。"段玉裁注:"今字骤为暴疾之词,古则为屡然之词。"《楚辞·九歌·湘夫人》:"时不可兮骤得,聊逍遥兮容与。"在《湘君》篇中作"时不可兮再得",故王逸训"骤"为"数"。《左传·襄公二年》:"邾人骤至。"杜预注云:"骤,数也。"《逸周书·太子晋解》:"王子曰:'太师何举足骤?'师旷曰:'天寒足跔,是以数也。'"以"骤""数"对言,可见"骤"当训"数"。"骤"字的屡数之义,至唐以后逐渐用得少了,但白居易《为宰相让官表》仍有"星宿屡改,爵秩骤加,未逾十年,忽登相位"这样的句子。北京大学文学史教研室《魏晋南北朝文学史参考资料》在注释谢灵运诗《入彭蠡湖口》中"洲岛骤回合,圻岸屡崩奔"这两句时,不顾"骤""屡"对文,也不顾《文选》六臣注中吕向"言人随风潮之急,数见洲岛回曲会合"的话,而径注为"急遽",显然是缺乏证据的。

又如李斯《谏逐客书》:"则是宛珠之簪,傅玑之珥,阿缟之衣,锦绣之饰不进于前。"其中"阿缟"二字,《文选注》既引徐广的说法,谓"阿"为东阿,又引张揖注《子虚赋》的话云:"阿,细缯也。"未下断语。王念孙《读书杂志》据《广雅》"绹缟,练也",又据"阿缟之衣"与"锦绣之饰"在李斯书中为对文这一情况,指出"阿"为细缯而非地名,是很有道理的。而北京大学所编《古代汉语》中册的注释仍说:"阿缟,齐国东阿(今山东阳谷县东北)出产的缟。"这也是不察之过。

另外,广泛搜集例证,掌握较多语言材料还有利于补充字典辞书词条中的漏略,譬如郭在贻《训诂丛稿》中就举有这样的例子:

《辞海·语词分册》"真"字下列有五个义项(见该书上册117页),但它还有一个很重要的义项该补收,即形象、容貌之义。六朝人语中就有"写真"一词。《颜氏家训·杂艺》:"武烈太子偏能写真,坐上宾客,随宜点染,即成数人。以问童孺,皆知姓名矣。"这里的"写真"就是画像,"真"即容貌、图像。

按唐宋以下作品中,"写真"一词出现的频率就更高了。王安石《胡笳十八拍》之八:"死生难有却回身,不忍重看旧写真。"元代辛文房《唐才子传·张志和》:"宪宗闻之,诏写真求访。"清人孙枝蔚《汉武帝》诗也有"自上甘泉看写真"这样的句子。而且"写真"一词还传到日本去,日本人至今把照像叫作"写真"。这样一个重要义项,不应不收。最近出版的《汉语大词典》不但收了"写真"这个词语,而且分别立了①画人的真容;②肖像画;③如实描绘事物这三个义项,这是很正确的。

又如"斟酌"一词,《辞海·语词分册》共列三个义项:①酌酒以供饮。②商讨、考虑,以定取舍。③参考;采取。其实古书中"斟酌"一词至少还有迁就、随俗和控制、摆布之义。前者如《宋书·颜延之传》:"延之好酒疏诞,不能斟酌当世。"后者如《北齐书·杨愔传》:"太皇太后怒且悲,王公皆泣。太皇太后曰:'岂可使我母子受汉老妪斟酌!'"

最近出版的《汉语大词典》在"斟酌"条下列了六个义项:①倒酒、注酒。②倒酒不满曰斟,太过曰酌,贵适其中,故凡事反复考虑,择善而定,亦称斟酌。③犹思忖;思量。④品评欣赏。⑤执掌。⑥安排;摆布。其中"安排;摆布"一项与上面所举《北齐书·杨愔传》的例子意思相合,而仍缺"迁就、随俗"这一项。不过它另立"执掌"一项,并举袁宏《后汉纪》"天有北斗,所以斟酌元气"和曾巩《祭黄君文》"盛者庙堂,斟酌王命"为证,也是很可贵的。

讲到求证据,还有一个问题更须注意,那就是阮元在《经籍籑诂》凡例中指出的"六艺本书中的训诂",即经文本身所含的训诂,这也应当作为重要的语言材料看待。如:

《周书·谥法》:"和,会也。勤,劳也。"

《易·象上传》:"需,须也。师,众也。"

《左传·襄公四年》:"咨亲为询。"

《公羊传·桓公八年》:"春曰祠,夏曰礿。"

《穀梁传·桓公四年》:"春曰田,夏曰苗。"

《礼记·曲礼下》:"约信曰誓。莅牲曰盟。"

其他如《左传》中"凡师,有钟鼓曰伐,无曰侵,轻曰袭",《论语》中"政者,正也",《孟子》中"庠者,养也;校者,教也",《礼记》中的"仁者,人也;义者,宜也",等等,都是大家所熟悉的例子,不再详举。虽说经典中的训诂往往随文释义,离开特定的语境就未必适用,但它们对于词句所作的解释,总还是有助于读者正确领会文意,所以也不容忽视。

最后,讲一下考察异文的问题。

出现在同书的不同版本或篇目中的异文,甚至不同著作间由于古人因袭旧说而造成的异文,也都是我们训释词义的重要证据。譬如《史记》中不少内容与《左传》《国语》相同,司马迁在引用《尚书》时,对不少文句进行了翻译,虽说也是文言,但较之《尚书》原文之诘屈聱牙,就易懂得多。又如《大戴礼记·劝学》因袭《荀子·劝学》,而文句又有异同,两书比较互证,可助我们理解词义,甚至可以正文字之讹。譬如大家熟知的今本《荀子·劝学》"蟹六跪而二螯"中的"六跪"乃是"八跪"之误。

又如《大戴礼记·主言》篇:"孔子愀然扬麇曰:'参!女以明主为劳乎?'"《四部丛刊》本旧注云:"麇,一作眉。"由此可知"扬麇"即"扬眉",王聘珍解诂云:"麇,读曰眉。"是正确的,旧注中的异文成了破假借的重要证据。按《大戴礼记》一书,本来也是所谓"圣贤绪余",但自古未立学官,两汉经师不为传注,陆德明不为音义,迄无定本,后周卢辩虽为之注,而隋、唐、宋志并不著录,所以其书阙佚严重,其存者亦讹变不能卒读,近人校注,又往往不得家法,所以王聘珍在《解诂叙录》中批评说:"王肃本点窜此经,私定《孔子家语》,(近人)反据肃本改易经文,是犹听信盗贼,研审事主,有是理乎?又或据唐、宋类书,如《艺文类聚》《太平御览》之流,增删字句,或云据《永乐大典》改某字作某,是犹折狱者舍当官案牍、两造辞证,而求实情于风闻道路,得其平乎?是非无正,人用其私,甚者且曰:'某字据某本作某。'岂知'某本'云者,皆近代坊贾所为,其人并无依据,是直向聋者而审音,与盲人而辨色。凡兹数端,大率以今义绳古义,以今音证古音,以今文易古文,遂使孔壁古奥之经,变而文从字顺,洵有以悦俗学者之目,然而经文变矣,经义当由兹而亡,可不惧哉!"他这段话具有普遍意义,因为他提出了一个很重要的问题,就是考异文要慎重,要尊重历史,要有好的版本作依据,不可草率从事。

下面,举两个《庄子》中的例子。

《庄子·齐物论》:"长梧子曰:'是黄帝之所听荧也,而丘也何足以知之?'"这是长梧子答七十子后学瞿鹊子的问话。"黄帝",本作"皇帝",指三皇五帝,"丘"指孔丘。崔谯注:"听荧,小明不大了也。"向秀、司马彪注云:"听荧,疑惑也。"陆德明《释文》:"听……向、崔本作薜荣。"按:"薜"与"辉"同,"荣""荧"并通"謍",惑也,是"薜荣"作疑惑解。全句意思是说:三皇五帝尚且疑惑不明,孔丘何足以知之?

《庄子·应帝王》:"汝又何帠以治天下感予之心为?"其中的"帠"字,司马彪释为"法",宣颖云:"帠音艺,语辞。"俞樾以为是"臬"字之讹,读为"寱",梦也。皆迂曲不通。陆德明《释文》:"帠……崔本作'为'。"《说文》"为"字下所收古文有形似"帠"者,马叙伦曾举金文形近者证之。这样,我们根据异文,考之句意,认为当作"汝又何为以治天下感予之心为"。"何为"犹言"为什么"。末一个"为"字是语气词。

又如《韩非子·五蠹》:"国平养儒侠,难至用介士,所利非所用,所用非所利。"这几句话观于同书《显学》篇云:"国平则养儒侠,难至则用介士,所养者非所用,所用者非所养。"可见"所利"犹"所养",有的本子注为"利用",是不对的。

综上所述,求证据是很重要的事,不容忽视。证据既可来自字典、辞书,也可来自前人旧注甚至当代人的正确注释,还可以通过考察异文等方法来获得。

钱大昕在为《经籍籑诂》所作的序言中批评说:"自晋代尚空虚,宋贤喜顿悟,笑学问为支离,弃注疏为糟粕,谈经之家,师心自用,乃以俚俗之言,诠说经典。"他的批评是很中肯的。训诂学自来就有良好的朴学传统,重证据而不尚空谈,是自清代乾嘉以来一直保持的优良学风,这种学风应该得到继承和发扬。但是,我们也反对烦琐考证、厚古薄今的错误做法,应该不断扩大训诂范围,那些出土文献中的宝贵材料也应成为重要的证据而为训诂家所利用。譬如《战国策·赵策四》:"左师公曰:'父母之爱子,则为之计深远。媪之送燕后也,持其踵为之泣,念悲其远也,亦哀之矣。'"其中的"持其踵",北大《古代汉语》注云:"握着她的脚后跟。这是写送别燕后的情景,燕后已上车,赵太后在车下,还要摸着她的脚后跟,意思是非常舍不得她离去。"送女儿出嫁,要"握着她的脚后跟",这不是令人不可思议的动作吗? 而且燕后所乘的是种什么车子呢? 怎么可以在车下伸手去摸她的脚后跟呢? 这个注释显然是凭想象臆断。在长沙马王堆三号汉墓出土的帛书(《战国纵横家书》)中就有个注曰:"车踵。"《周礼·考工记》:"五分其颈围,去一以为踵围。"郑玄注:"踵,后承轸者也。"贾公彦疏:"踵,后承轸之处,似人之足跗在后名为踵,故名承轸处为踵也。""轸"是车后横木(见《说文》),也指车厢(郑玄注《周礼·考工记》曰:"轸,舆也。")那么车踵乃是托起车厢或车后横木的那个部件。燕后的车要走了,赵太后拉着马车后面的车踵哭泣,恋恋不舍,这样讲岂不是比"握着她的脚后跟"更合情理吗?

王国维在研究古代文献时,打破了"从文献到文献"的传统治经方法,提出:"吾辈生于今日,幸于纸上之材料外,更得地下之材料。由此种材料,我辈固得据以补正纸上之材料,亦得证明古书之某部分全为实录,即百家不雅驯之言,亦不无表示一面之事实。此二重证据法,惟在今日始得为之。"其后郭沫若、胡厚宣、于省吾等人也都能以甲骨文资料考证古史,于省吾所著《易经新证》《论语新证》《诸子新证》等书,都是利用地下出土的古文字材料校勘古籍的代表作品。他认为王国维的"二重证据法"还没有充分认识地下资料的重要性,提出"地下资料和先秦典籍两者还应该有主辅之别,即以地下资料为主,典籍为辅,才能得出真正符合客观实际的结论。这主要是因为地下出土的古文字资料和其他考古资料是原封未动的最可靠的资料,这和辗转传讹不尽可据的典籍记载是有主辅之别的"(《于省吾自传》),这就较王国维更进了一步。当然,地下出土文物毕竟受数量限制,不可能一下子解决古书校读中的所有问题,但是随着考古工作和甲骨文、全文考释工作的不断进展,训诂学在获得出土文物所提供的直接资料方面有着更广阔的前景,一门横跨文物考古学与训诂学的新的边缘科学有望形成,这正是我们翘首以待的。

第二节　求本字

通古音,破假借,求本字,晓文意,历来是训诂家极其重视的问题。王念孙说:"训诂之旨,存乎声音,字之声同声近者,经传往往假借。学者以声求义,破其假借之字而读以本字,则焕然冰释;如其假借之字而强为之解,则诘籀为病矣。"王引之也说:"至于经典古字声近而通,则有不限于无字之假借者。往往本字见存,而古本则不用本字而用同声之字。学者改本字读之,则怡然理顺,依借字解之,则以文害辞。"(《经义述闻》卷三十二)

　　假借有所谓"本无其字"的假借和"本有其字"的假借。《说文》家寻求本字，只是按已知的词义去寻找一个原始的书写形式。尽管在适当的时候利用字形分析能够更好地说明词义，但是这种寻找原始书写形式的方法，对于训诂学却并不首要的，所以王念孙作《广雅疏证》，不求本字，无损于训诂的正确性。譬如黄侃先生指出过，"新旧"二字，本字应为"薪臼"，因为在《说文》中"新"训"取木"，而"旧"即"鸱留"，本为鸟名。"难易"二字，本字应为"堇蜴"，因为在《说文》中"难"是鸟名，"易"训"蜥易"。又如《论语》"学而时习之，不亦说乎"一句中，"而"本训"颊毛"，本字当作"乃"；"之"本训"出"，本字当作"是"；"不"本训"鸟飞上翔不下来也"，本字当作"否"；"亦"的本义为"腋"，也是个假借字，至于作为副词的"亦"，恐怕根本就没有本字。如果我们读书时对这些本义久翳不用而假借义反通行的字去一一求其造字时的"本字"，而不是以生活中的语言为基础，通过破假借、求本字去索解词义和语义，那我们自己给自己造成更多的语言障碍，所谓"治丝而棼"，有什么益处呢？段玉裁注《说文》就犯了这个毛病，他说："十四篇皆释造字之旨，其说解必用本义之字，而不用假借。"（《说文叙》注）又说："许造此书，依形立解，断非此形彼义，牛头马脯，以自为矛盾者……他书可用假借，许自为书，不可用假借。"（见《说文注·心部》"愃"字下）结果他"一一谊正"，把许氏原来说解中数以千计的通假字、俗字都视为俗人所窜改的，反倒给自己惹了不少麻烦，譬如《说文》开卷第一个字"一"的说解云："惟初太极，道立于一，造分天地，化成万物。""惟"本义为"凡思也"，而在这里用作虚词，却不知这个虚词的"本字"是什么；"太"字是"泰"的古文，本训"滑也"，段玉裁改为"大"，但是"于""造""万"又用什么字来改呢？又如连语"丽廔""昆吾"等就更难一一求其"本字"了。况且谐声时代距造字之初已很远，如果把成千上万的汉字都一一改为造字初始之形，不但是徒劳无功的，而且是根本办不到的。所以段氏改"专一"为"嫥一"，改"微妙"为"散眇"，改"发端"为"发耑"，改"假借"为"叚借"，后人并不奉行。洪诚先生在他的《训诂学》一书中说过："从语言的角度看，无所谓本字，约定俗成的用法和意义就是文字的本义。例如'调查'的'查'字，本是古'槎'字，用作'考察'的意义既久，'考察'就是它的本义。崇祯十一年改为'察'，结果没有改成（见《日知录》卷十八'别字条'注）。"又说："语言的发展和文字的发展有矛盾，完全做到为每个词造专用的字不可能；在古代造字和用字又有矛盾，对每个词都要辨义用字也不可能，所以文字假借是汉字运用上的必然结果。两周文献,用字合于本义的是少数。"他指出:"训诂学的正字借字有时代性,看一个字在一个文句中是不是假借字,决定于是不是合于当时最通行的用法。"又说:"最后要说明的是,这些例句集中在一起,好像使人感到,所引用的这些书面材料里,满篇都是别字。其实不然,一篇文章不过有几句,一句之中不过有一两个字是别字,并非别字连篇。要求一个人整篇整句写别字,也是做不到的。如果整句都要写别字,那就是连别字也写不出来的了。"(《训诂学》第二章第一节)洪诚先生的这些话,都是很科学的,可以作为我们认识假借字问题的指导意见。

下面举一些例字,说明对那些"本有其字"的假借,人们如何破读,并寻求其本字。

《荀子·劝学》:"强自取柱,柔自取束。"杨倞注:"凡物强则以为柱而任劳,柔则见束而约急,皆其自取也。"王念孙在《读书杂志》中指出:"'柱'与'束'相对成文,则'柱'非'屋柱'之'柱'也。'柱'当读为'祝'。哀十四年《公羊传》:'天祝予。'十三年《穀梁传》:'祝发文身。'何、范并注曰:'祝,断也。'此言物强则自取断折,所谓太刚则折也。《大戴记》作'强自取折',是其明证矣。"

《楚辞·九章·抽思》:"悲秋风之动容兮,何回极之浮浮?"其中"动容"的"容"字,朱熹、王夫之、蒋骥等人皆训"容貌""容色",王念孙在《广雅疏证》卷一中指出,"溶、搈、容并通",并在讲"搈"字时举《九章》之"秋风之动容"为例。《说文·手部》:"搈,动搈也。"朱骏声云:"犹言动摇。"《广雅·释诂》:"搈,动也。"可见《九章》此句言秋风劲烈,并非"容貌""容色"之义,借"容"为"搈",于文意始安。

用字假借的现象不只在先秦古籍中出现,即使在后世讲唱文学中也不乏其例。譬如《敦煌变文》中:

"喜不自升。"借"升"为"胜"。

"鱼相望于江湖。"借"望"为"忘"。

(《伍子胥变文》)

"咬指取血,洒长城已表单心。"借"已"为"以",借"单"为"丹"。

"幸愿不须相惟弃。"借"惟"为"违"。

(《孟姜女变文》)

"此时修见小儿郎。"借"修"为"羞"。

"我儿不仪住此方。"借"仪"为"宜"。

(《董永变文》)

当然,后世讲唱文学作品中的这类借字,大抵是由于记录者多为艺人,随手写别字,而且从语音上看,今人去破读也不甚困难。至于秦汉以前古籍中的同音或音近假借的字,要想破读,那就非通古音不可。下面,我们举几个例子。

《离骚》:"伏清白以死直兮。""伏"字有人训"安也",有人训"服也"(服膺),北京大学的《古代汉语》把"伏清白"讲成"指为清白之志而屈服,也就是为清白之志而死"。"屈服"跟"死"怎么能等同呢?其实"伏"古读如"抱",古无轻唇音,《列子·黄帝》之"庖羲"、《易·系辞》之"包羲"皆即伏羲。今民间孵小鸡曰"抱小鸡",乃是古音的留遗。"伏清白"当读为"抱清白",谓抱持清白之志。"死直"指为忠直而死。

《离骚》:"不量凿而正枘兮。"王逸训"正"为"方",朱熹训"正"为"审正",都不准确。"正"犹"定"也,见《周礼·宰夫》注。《说文》"定"从"正"声,古读"正"如"定","量凿"与"定枘"对文,"枘"指榫头。

《庄子·应帝王》:"明王之治,功盖天下而似不自己,化贷万物而民弗恃。"王先谦《集解》引成玄英与宣颖说释"功盖天下而似不自己"云:"圣人功成不居,似非己为之。"释"化贷万物而民弗恃"云:"贷,施也。""百姓谓不赖君之能。"唯不释"化"字,按"化"与"贷"古同音,皆在晓纽、歌部,"化""贷"同义连文,音义相通,都有"施予"义。

《庄子·养生主》:"指穷于为薪,火传也,不知其尽也。"王先谦《集解》谓"指穷于为薪"句意为"以指析木为薪"。俞樾认为:"指穷于为薪者,指穷于取薪也。"都以为"指"是手指。高亨先生认为:"指当是草木之类,疑借为秸。"有些迂曲。我们认为,"指"当为"脂"的借字,"指"与"脂"二字古音同。《国语·越语上》:"句践载稻与脂于舟以行。"韦昭注:"脂,膏也。"《庄子》这两句的意思是说,脂用为薪有穷尽,而火之传无尽,与《养生主》首句"吾生也有涯,而知也无涯,以有涯随无涯,殆矣"正相吻合。

《庄子·德充符》:"吾与孔丘,非君臣也,德友而已矣。"这是鲁哀公对闵子骞讲的话。成玄英释"德友"二字云"友仲尼以全道德",林云铭亦释云"望其以德相规",皆以为"德"即道德。严复则指出:"德,假作直。"他是对的。"德"字在《说文》中本字作"悳",与"直"字形、音皆通。直,但也。"德友而已"言自己与孔丘只是朋友,非君臣也。

　　上面的例子说明,对于上古典籍中的假借字,只有懂得古音,由声韵入手,不拘于字形,才能以本字破之,使文意晓然。

　　汉代经师作注时,破假借、求本字的办法只是根据当时的读音"声同声近者,以意逆之"。正如王引之在《经义述闻》中所说:"是以汉世经师作注,有'读为'之例,有'当作'之条,皆由声同声近者,以意逆之,而得其本字,所谓好学深思,心知其意也。然亦有改之不尽者,迄今考之文义,参之古音,犹得更正之,以求一心之安,而补前人之阙。"可见王氏父子"考之文义,参之古音",较前人进了一步。到了俞樾,则在《古书疑义举例》中归纳出双声相假、叠韵相假、同音相假三种类型的假借了。下面我们摘取他所举的例证看一下:

　　《大戴礼·夏小正》:"黑鸟浴。"《传》曰:"浴也者,飞乍高乍下也。"按:飞乍高乍下,何以谓之"浴"? 义不可通。"浴"者,"俗"之误字。《说文》:"俗,习也。"黑鸟浴,即黑鸟习也。《说文》:"习,数飞也。"《传》所谓飞乍高乍下者,正合"数飞"之义。"俗""习"双声,故即以"俗"字代"习"字耳。

　　《尚书·微子》篇:"天毒降灾荒殷国。"《史记·宋微子世家》作:"天笃下灾亡殷国。"笃者,厚也。言天厚降灾咎以亡殷国也。"笃"与"毒"、"亡"与"荒",皆叠韵,此以叠韵字代本字之例也。

　　《吕氏春秋·古音》篇:"伶伦自大夏之西,乃之阮隃之阴。"按:"隃"本作"仑",涉上"阮"字从"𠂤",而加"𠂤"旁作"隃",又误为"隃"耳。"阮"者,"昆"之叚字。《说文系传·𠂤部》:"阮,代郡五阮关也。从𠂤,元声,读若昆。""阮"读若"昆",故即叚"阮"为"昆","阮仑"即"昆仑"也。《汉书·律志》正作"昆仑",可证。凡读若字,义本得通,故彼此可以假借也。

这第三例,在俞樾那里称"读若",其实就是同音。

　　黄侃先生有"求本字捷术"一段话,见于《文字声韵训诂笔记》,他指出考求本字的途径不外乎"音同""音近""音转"三途,我们在前面"训诂学与古音学"一节中已经提到,这里就不再重复了。

　　更须强调的一个问题是,求本字除了明古音之外,还要注意搜求例证。因为汉语同音词很多,音近的词就更多了,如果没有例证,只凭声音相同或者相近,便说某字是某字的借字,某字的本字是某,那就可能流于主观武断,甚至聚讼纷如,莫衷一是,所以自王氏父子以来,言假借者,多有例证,这就把破假借、求本字与求证据这两个方法统一起来,说服力增强了。朱骏声《说文通训定声》和1989年高亨先生的《古字通假会典》都对我们有帮助,可资参考,但真正解决古代文献中的假借字问题,还需要亲自翻阅大量典籍,掌握更多的例证,才能做得更好。

所谓求本字,首要的问题当然是破假借。但是,古籍屡经传抄,其中有些形近而讹的字,却与声音并不相干,所以辨字形也是求本字的重要内容。《抱朴子·遐览》有云:"谚曰:书三写,鱼成鲁,虚成虎。"(按:《语林》所引为"帝成虎",后遂为典故。)汉字属于表意文字,音与义寄寓于字形中,如果字形有讹误,则音、义俱失,可见审辨字形也是值得训诂家十分重视的问题。下面,举几个例子。

《庄子·达生》:"人之所取畏者,衽席之上,饮食之间,而不知为之戒者,过也。"其中"取畏"二字语义难明,陈寿昌释云:"所当取以为畏者。"不辞。陈景元以为"取"当为"最"字之残,江南古本正作"最畏者",他的意见是可取的。

《庄子·人间世》:"且德厚信矼,未达人气,名闻不争,未达人心,而强以仁义绳墨之言术暴人之前者,是以人恶有其美也,命之曰灾人。"说的是卫君素性顽愚,未达颜回之意气,颜子欲往匡救之,夫子以为仁义之道不足以救彼患。释德清认为"术"字当是"衒"字的笔误。刘文典《庄子补正》也说:"'术暴人之前者',必不可通,江南古藏本作'衒',义较长。"按:《孔子集语》引此文,"术"亦作"衒"。《说文》:"衒,行且卖也。"引申为炫耀、宣传,于上下文义可通。

《淮南子·主术》篇:"盖力优而德不能服也。"原本很通顺的一句话,因为"德"字古文作"惪","服"字古文作"𦎵",学者不识,改"惪"为"克",改"𦎵"为"及",皆以形近而讹。高诱注曰"克犹能也",则"德不能服"改成了"克不能及",再依高注读为"能不能及",文义遂不可通。

《说文·目部》有三个字,形体相近:

> 盼,白黑分也(段氏据毛《传》及《玄应音义》补)。《诗》曰:"美目盼兮。"

> 盻,恨视也。

> 眄,目偏合也。一曰邪视也。秦语。

段玉裁指出:"盼、眄、盻三字形近,多互讹,不可不正。"

邵瑛《说文群经正字》指出:"《说文》'盻'下引《诗》'美目盼兮',今《诗》之《硕人》、《论语》之《八佾》作'盼',诸本皆同,此大谬也。"翻开今本《十三经注疏》,可以看到。

可见审辨字形,求其正字与破假借,求本字同样是古书训释中不可忽视的重要问题。

通过考辨字形,我们还可以对古籍中某些文句作出与前人不同的解释,或者甄别各家之说,择善而从。譬如《庄子·逍遥游》:"鹏之徙于南溟也,水击三千里,抟扶摇而上者九万里。"成玄英疏:"抟,斗也。"郭庆藩《集释》:"抟,圆也,圆飞而上若扶摇也。"章太炎指出:"抟当作搏……作抟者,形误,风不可抟。"《礼记·月令》:"鹰学习攫搏也。"孔疏:"搏谓以翼击物。"《礼记·儒行》:"鸷虫攫搏。"孔疏:"以脚取之谓之攫,以翼击之谓之搏。"大鹏搏击狂飙而上,语意顺畅。若如郭庆藩所解,则鹏圆飞若扶摇,庄子当云"搏而上,若扶摇"或"搏若扶摇而上"也。

又"故九万里则风斯在下矣,而后乃今培风",成玄英疏:"培,重也,重积风吹,然后飞行。"王念孙不同意训"培"为"重",认为"培之言冯也,乘也,冯音凭,与培声近,故义亦相通"。一般学者皆从王说,但近人刘武在《庄子集解内篇补正》中提出:"培当为捾之误。"捾,击也。正与上文"搏扶摇"相应。

我们觉得,章太炎与刘武的说法似乎更直接一些,而他们都是通过考辨字形提出自己的看法的,可见辨字形与明训诂关系至为重要。

第三节　通文法

我们这里所说的文法,不但指一般古汉语语法,而且包括古人行文时的一些异例,如复语、对文等等。

俞樾在《古书疑义举例》的序言中说:"夫周秦两汉至于今远矣。执今人寻行数墨之法,而以读秦两汉之书,譬犹执山野之夫,而与言甘泉、建章之巨丽也。"这话强调了古今文法之不同,也为训诂家提出通文法以解古文的任务。

关于一般古汉语语法中的词类活用、宾语前置、使动用法意动用法、名词作状语等问题,这里不再缕叙,我们只重点举例讲讲明主谓、辨实虚、察词序等问题对于解读古书的重要性。

首先,说一个明主谓的例子。

贾谊《过秦论》:"山东豪俊遂并起而亡秦族矣。"今所见各选本除"山东"二字有注释外,于全句多不屑下注,中国青年出版社《历代文选》及北京出版社《古代散文选》皆译"亡秦族矣"为"推翻秦王朝"。有的学者指出,古代文献中未见有以"秦族"指秦王朝者,而且把"族"字解释作政权,也过于迂曲。"族"字当为"族灭"义。《史记·项羽本纪》:"毋妄言,族矣!"杜牧《阿房宫赋》:"族秦者,秦也,非天下也。"徐梦莘《三朝北盟会编》卷一七六:"虏性嗜杀,将兵所向,族其强壮老弱,略其妇女财宝。"《正字通》:"灭国亦曰族。""亡秦"是对秦的蔑称,犹言"暴秦"。《项羽本纪》:"此亡秦之续耳。""亡"字作为定语修饰中心词的,如《史记·淮阴侯列传》:"存亡越,霸勾践。"《说文解字叙》:"及亡新居摄。"等等。所以"亡秦族矣"当理解为秦被族灭,"亡秦"是主语,"族"是谓语,"亡秦族矣"不应当看成是动宾结构。这种看法是正确的。

其次,说一个辨实虚的例子。

《庄子·齐物论》:"颜成子游立侍乎前,曰:何居乎?"司马彪注曰:"居犹故也。"成玄英疏:"居,安处也。"又云:"如何安处,遂使形将槁木而不殊,心如死灰而无别?"王引之云:"居犹乎也。居下不当复有乎字,疑因下文而衍。"朱桂曜在《庄子内篇补证》中提出:"居通其,读如姬,盖问词之语助也。"按:"居"为语助,在先秦典籍中随时可见。《易·系辞传》:"噫!亦要存亡吉凶,则居可知矣。"郑、王并注云:"居,辞也。"《诗·邶风·柏舟》:"日居月诸,胡迭而微?"孔疏:"居、诸者,语助也。"《礼记·檀弓上》:"仲子舍其孙而立其子,檀弓曰:'何居?我未之前闻也。'"又:"吾许其大而不许其细,何居?命之哭。"《礼记·郊特牲》:"孔子曰:三日齐(斋),一日用之,犹恐不敬,二日伐鼓,何居?"郑注云:"怪之之辞。"又曰:"居读为姬,语之助也。"可见,"何居"大约是当时习语,表示疑怪。后加"乎"字,也未必是衍文,因为古时语气词可以连用。

最后,举一个察词序的例子。

《山海经·海外北经》:"夸父与日逐走,入日,渴,欲得饮。"袁珂《山海经校释》译"入日"二字为"走进太阳炎热的光轮里"。北京大学《古代汉语》注云:"入日,意思是追上了太阳。"又有的注译本把"入日"译为"到了太阳的热力圈中",或"闯进了太阳里面去",等等。既是神话,不必求其实有,这些译法固然也未尝不可。但是,有的学者提出另一种看法,认为"入日"即"日入"。

这种主语在谓语之后的句子,甲骨文中已可见到,如:"戊戌卜:内:平雀戝于出日于入日宰。"(合178)《书·尧典》中有"寅宾出日""寅饯纳日",司马迁在《史记》中译为:"敬道日出","敬道日入"。裴骃在《史记集解》中就直接把《山海经》文改作"夸父与日逐走,日入,渴,欲得饮"。可见前人对此已有认识。这种把"入日"解为"日入"的意见,注意到上古汉语与后来一般文言文词序之不同,而且对于理解《山海经》文意,从情理上说也较前面所举几种译法更合些,很值得注意。

　　此外,考察全书或全文语法通例,对于正确理解古书文意也是有帮助的。譬如《离骚》中有两句:"薋菉葹以盈室兮,判独离而不服。"王逸注:"薋,蒺藜也。菉,王刍也。葹,枲耳也。……三者皆恶草,以喻谗佞盈满于侧者也。"段玉裁在《说文解字注》中指出:"薋,艸多貌。……据许君说,正谓多积菉葹盈室。薋非艸名。《禾部》曰:'穧,积禾也。'音义同。蒺藜之字,《说文》作'茨',今《诗》作'茨'。"在徐锴的《说文系传》中,"薋"也训"积也"。胡文英、高亨、姜亮夫等学者都同意这种意见。他们考察了《离骚》语法的通例,如:

　　　　纫秋兰以为佩兮。

　　　　背绳墨以追曲兮。

　　　　伏清白以死直兮。

　　　　制芙蓉以为衣兮。

　　　　集芙蓉以为裳兮。

　　　　乘骐骥以驰骋兮。

　　　　济沅湘以南征兮。

发现处在"薋"字位置上的字只能是动词,不可能是名词。这样,"薋"训"积"就有了更加可靠的语法依据。

　　下面简单讲一下了解古书行文异例对于训诂的作用。

　　古书异例很多,在俞樾《古书疑义举例》中说得比较详细,这里只捡比较重要的,如复语、对文、上下文等问题举例加以说明。

　　先说复语。

　　王引之在《经义述闻》中指出:"古人训诂,不避重复,往往有平列二字上下同义者,解者分为二义,反失其旨。"更早些,唐代的孔颖达也提到"古人自有复语",就是指的这种同义连文的现象。譬如《书·无逸》:"自朝至于日中昃,不遑暇食。"孔疏:"遑,亦暇也。重言之者,古人自有复语。"《左传·僖公四年》："一薰一莸,十年尚犹有臭。""尚""犹"连文,为复语。《礼记·檀弓下》："礼道则不然,人喜则斯陶,陶斯咏。""则""斯"连文,为复语。

王念孙在《读书杂志》中曾根据这种义连文之例考求词义,发现和纠正前人注释中的错误。例如:

《楚辞·招魂》："察笃夭隐,孤寡存只。"王逸注："病也。"洪祖补注:"笃,厚也。"皆于文意不安。王念孙《读书杂志·余编下》指出:"笃"当与"督"同。《说文》:"督,察也。""督"与"察"同义。"隐"训穷约,"察笃夭隐"言察督夭死及困穷之人。"孤寡存只",言存视孤寡之人。

《史记·燕召公世家》:"国大乱,百姓恫恐。"司马贞《索隐》云:"恫,痛也。恐,惧也。"王念孙指出:"小司马分'恫''恐'为二义,非也。'恫'亦'恐'也。……《苏秦传》:'秦恐韩魏之议其后也,是故恫疑虚喝,骄矜而不敢进。'小司马以'恫'为恐惧,是也。'疑'亦'恐'也。或言'恫恐',或言'恫疑',其义一也。"

再谈一下对文。

对文是指处在结构相似的上下两个句子中的相同位置上的词,这样的词往往是同义的或反义的。根据这样一个特点,我们可以求得词义的确切解释。例如,《庄子·山木》:"睹一异鹊自南方来者,翼广七尺,目大运寸。"此"运"字当不是指运动、运转。那么它指什么呢?《国语·越语》:"勾践之地,广运百里。"韦昭注:"东西为广,南北为运。"王念孙在《读书杂志·余编》中说:"运寸与广七尺相对为文,广为横,则运为从(纵),目大运寸犹言目大径寸耳。"

《荀子·王霸》:"刑赏已诺,信乎天下矣。""已"字当不是指已经、已然。那么它指什么呢?"刑"与"赏"对文,那么"已"与"诺"亦当对文。杨倞注:"诺,许也。已,不许也。"他是对的。在《礼记·表记》中有"口惠而实不至,怨灾及其身。是故君子与其有诺责也,宁有已怨",郑注:"已,谓不许也。言诺而不与,其怨大于不许。"《文子·上德》:"扶之与提,谢之与让,得之与失,诺之与已,相去千里。"这里的四组对文都可以一目了然。

利用对文,还可以破假借。譬如《庄子·天地》:"故形非道不生,生非德不明。存形穷生,立德明道,非王德者邪?"其中的"生非德不明""存形穷生",两个"生"字皆当读为"性"。陈鼓应训为"生命",于文意未安。"生"即"性",指人本性。《吕氏春秋·知分》:"立官者以全生也。"高诱注:"生,性也。"《大戴礼记·子张问入官》："即知其生有习。"卢辩注："生犹性也。"《周礼·地官·大司徒》："辨五地之物生。"郑注："杜子春读'生'为'性'。"皆其明证。"存形穷生"，谓保其形体，尽其本性。"形非道不生"与"生(性)非德不明"二字对文，其义豁然。

由对文之义推而广之，不仅是从一句之中或两句之间看问题，而是从更广的语境，即几个句子(可能是相连的，也可能是离得较远的)中找出对应关系来诠释词义，这就是所谓"上下文"。我们在前面讲到过王氏父子善于通过上下文考求词义的例子，这里再补充几例。

《尚书·洪范》："恭作肃，从作义，明作哲，聪作谋，睿作圣。"其中的"谋"字，董仲舒、马融、班固、郑玄都训"谋事"。王引之对照上下文，认为"恭与肃、从与义、明与哲、睿与圣，义并相近，若以'谋'为'谋事'，则与'聪'字义不相近，斯为不类矣。今案：'谋'与'敏'同，'敏'古读若'每'，'谋'古读若'媒'，'谋''敏'声相近，故字相通。《中庸》：'人道敏政，地道敏树。'郑注曰'敏或为谋'，是其证也。《晋语》：'知羊舌职之聪敏肃给也。'聪与敏义相近，而云'聪敏肃给'，犹睿与圣义相近，而云'睿圣武公'也。《小雅·小旻》篇：'国虽靡止，或圣或否，民虽靡膴，或哲或谋，或肃或艾。'毛《传》曰：'人有通圣者，有不能者，亦有明哲者，有聪谋者，有恭肃者，有治理者。'《传》以'聪谋'连文，犹《晋语》以'聪敏'连文；曰明哲，曰聪谋，曰恭肃，曰治理，上字与下字义并相近。若以'谋'为谋事，则与'聪'字义不相属矣。聪则敏，不聪则不敏，故《五行传》曰：'听之不聪，是谓不谋。'不谋即不敏，若以为不能谋事，则'谋'上须加'能'字，而其义始明。是毛公之解'或哲或谋'，伏生之解'聪作谋'，皆以'谋'为'敏'，正与经指相合，而董、刘、马、郑诸儒以'谋'为'谋事'，胥失之也"(《经义述闻》卷三)。

《荀子·性恶》："人之性恶，其善者伪也。"其中的"伪"字不训"虚伪"，而指人为的行为、人的主观努力，因为同篇下文即云："凡性者，天之就也，不可学，不可事。礼义者，圣人之所生也，人之所学而能，所事而成者也。不可学，不可事而在天者，谓之性；可学而能，可事而成之在人者，谓之伪，是性、伪之分也。"杨倞注云："伪，为也，矫也，矫其本性也。凡非天性而人作为之者，皆谓之伪，故为字人傍为，亦会意字也。"郝懿行指出："性，自然也；伪，作为也。'伪'与'为'古字通。杨氏不了，而训为'矫'，全书皆然，是其蔽也。"王先谦说："郝说是。荀书'伪'皆读'为'。下文'器生于工人之伪'尤其明证。"

考词义也是很重要的。例如,《庄子·田子方》:"若夫人者,目击而道存矣,亦不可以容声矣。"其中的"容"字,高亨以为通"用"字,谓不可用语言也。陈寿昌认为"容"指容貌。二说皆未确。考《庄子》全书,"容"字皆为容纳义,这里的"容声"与"目击"对文,是容其声说的意思。如《应帝王》"顺物自然,而无容私焉",《天道》"故万物备,广广乎其无不容也",《缮性》"夫德,和也。道,理也。德无不容",《庚桑楚》"其身之不能容,焉能容人",等等。此二句为田子方答魏文侯问时引孔子的话。孔子回答子路之问,为什么见到高士温伯雪子而不言。故郭象注云:"目裁往,意已达,无所容其德音也。"成玄英疏:"目裁运动而元道存焉,无劳更事辞费、容其声说也。"已得之矣。

综观以上所述,可知通文法,审文例,明了上下文意及掌握全书辞例等对于训诂都是很重要的。我们把这些内容集中起来,由词而句,由句而篇,由篇而至于全书,一一推求举例,再与他书异文相对照,好比由点、线、面综合考察,才能更全面、更准确地进行训诂,这是符合辩证法的。不这样做,就会犯割裂文章辞义、主观臆测的毛病。

第四节　因声求义

关于训诂与声音的关系,本书在"训诂学与古音学"一节中已讲了不少。这里我们讲"因声求义",主要是强调摆脱汉字形体束缚,由古音求古义,以正确解释词义的问题。同时,还应该指出,因声求义也是探求语源、考求同源字、推求转语的主要方法。诚如齐佩瑢《训诂学概论》所说:"天下之大,古今之久,文字的形体日见繁多,设无法术以治之,将要陷入文字障中而终身迷惘,不得其门路。换言之,耳治之音有限,目治之字无穷,以有限御无穷,所谓易简之理即在其中矣,故曰训诂须以声韵学为机枢。"可见因声求义是一种"以简御繁"的科学方法,前辈人掌握了这种方法,并解决了词语训释方面的许多难题,确实是十分难能可贵的。我们之所以推许清代乾嘉以至于近代章、黄等人在训诂学上的成果,最主要的原因之一,就是他们掌握了因声求义的方法并逐步使之缜密起来。

那么,作为记录语言的符号系统,为古代汉语的传久、传远立下过伟大功勋的汉字,是如何成为一种束缚、一种障碍而使我们难于准确把握古代文献中的词义呢？陆宗达、王宁在他们的《训诂方法论》中有段精辟的分析：

以研究古代文献为中心内容的传统训诂学，从来就是把文字作为索求语义的桥梁的。因为在口语消逝之后，唯有文字打破了时间和空间的限制，起到了"前人所以垂后，后人所以识古"的作用（见许慎《说文解字叙》），保留了古代的语言，从而也传播了古代的文化。

汉字虽然是很早就有了表音的趋势，但始终未能发展为拼音文字，一直停留在表意文字的状态。因此，字形与语义之间的联系是直接的，密切的。字形往往反映出它所记录的词的本义。本义又为词义的进一步引申提供了依据和方向。"以形索义"的方法就是由汉字的这一特点决定的。以后训诂学家在实践的过程中发现，在表意文字里，字形本应是索求语义的重要依据，但是将形与义的联系绝对化以后，字形却反而成了一种障碍，像是重重迷雾，将一些语义现象笼罩得模糊不清了。这是因为，汉字是汉语的书写符号，它的音与义是来自汉语的，而它的形则是人为加给语言的一种标志，因此，音与义的发展变化主要是受语言发展规律的制约，而汉字字形的变化，却既受语言的影响，又有不受语言制约的自身发展规律。比如，汉字进一步符号化，使大量的笔意变成笔势；又比如，汉字在造形与应用时逐渐增长了表音趋向，使大量的意义脱离了本字；还比如，在文字不经政治力量达到全然规范的时期，往往因时、因地产生殊异，同词异字与同字异词的现象屡见不鲜……因此，便产生了字与词的差异，形与义的脱节，造字初期所显现的单纯而统一的形义关系日益变得复杂，甚至遭到破坏。因此，不加分析，不从实质上来统一这些矛盾，只是简单地、绝对地运用"以形索义"的方法，就会发生训诂上的一个最忌讳的毛病，叫作望形生训。

（见《训诂与训诂学》甲编）

因此，黄侃先生明确指出："小学徒识字形，不足以究言语文字之根本。"（《声韵略说》）"文字之训诂，必以声音为之纲领。""完全之训诂，必义与声皆相应。"（《文字声韵训诂笔记》）这反映了训诂学家对声音问题的极端重视，也说明了"因声求义"方法的重要性。

因声求义的方法在训诂过程中的具体运用，首先表现于破假借，求本字。假借有"本无其字，依声托事"的假借，这在介绍《说文解字》和传统文字学的有关章节已经介绍过了；假借又有"本有其字"的所谓"用字之假借"，这在上一节谈求本字时也已经作了介绍,不再重复了。

因声求义的方法的另一个重要作用,是探求名物来源。对于这个问题,自汉代以来大量学者进行过多方面的研究,有了一大批可喜的成果,这一点,在介绍《释名》一书和训诂与古音学的关系一节中也简单作了介绍。但是,探求语源是一项很难做的工作,如果不能得语言之贯通,便会顾此失彼,难得确解。前人在这方面的研究,有是有非,必须分析对待,有批判,有取舍。杨树达说过这样的话:"吾人欲明文字之语源,必先取前人成说之可信者汇集之,其有不足,则精思以补其缺,庶为得之,不当强相牵附,如章君《文始》之所为也。"(见《积微居小学述林》卷一《释梓》)当然,杨氏批评《文始》,主要是指其中"强相牵附"的部分,至于章氏超越文字形体的牵掣,而以古声古韵来说明语言变迁的轨迹,这种方法乃是划时代的创见,草创难工,也是情有可原,因为其中有可商之处就全面否定,也是不科学的态度。章氏的弟子沈兼士著《古文说在训诂学上之沿革及其推阐》和《声训论》,试图以"右文"为主,辅以《文始》之说,以建立"比较训诂学"——字族学。可惜天不假年,宏愿未能全部实现。与沈兼士"同时同地同好"的杨树达,对此也曾倾注了大量热情,对语源研究做出过很大贡献。下面,我们举几个例子。

《说文·心部》:"慈,爱也,从心,兹声。""兹"字在《说文》中训"草木多益",与父母待子之义绝不相关,杨氏谓"兹"为"子"之假借,由此推出《说文》释义应把"爱也"改为"爱子也"。又,《说文》"孜"训"孜孜汲汲生也。从支,子声"。"孳"训"孳孳汲汲生也。从子,兹声"。"孜"与"孳"音义皆同,可见"孳"字的"兹声"实借"子"为之。

《说文·木部》:"桎,足械也,所以质地。"杨树达认为许慎以"质"为"桎"的语源,是不正确的,因为"质"与"至"古虽同音,但义不相关。"桎"从"至"声,"至"之为言"疐"也;《说文·叀部》:"疐,碍不行也。从叀(音职缘切,训'小谨也'),引而止之也。"以木械加于人足,使之碍止不行,故谓之"桎"。又《说文·广部》有"庢"字,训"碍止也"。"庢"从"至"声而训"碍止",也是假"至"为"疐"。杨氏总结说:"碍不行谓之'疐',碍止谓之'庢',足械谓之'桎',字形虽异,音义固一贯也。"(《积微居小学述林》卷一)

语源的问题比较复杂。总的来看,古代"声训"都是为着推原,但古代"声训"材料中真伪并存,要想去伪存真,使语源研究更加科学化,还有赖于古音学的发展。语源学必须在音韵学高度发达,人们真正掌握了古音规律和音义关系的科学理论之后,才有可能取得科学的成就。

陆宗达先生写过一篇《传统字源学初探》(1982年油印本),提出"自生词"("源词")、"派生词"的问题,他说:

> 词在其产生初期,是由音和义按约定俗成的原则任意结合的。语言中大量的词,音与义的结合带有偶然性。但在词汇的丰富过程中,还要由旧词分化出一批新词。这些新词的词义是旧词词义的延伸,词音则是旧词的承袭或有规律地稍变。因此,源词和派生词之间便发生了历史的渊源关系,同源的派生词之间便出现了音近义通的现象,要想探求派生词的来源,便可沿着音和义的线索找出它的源词。如果我们把约定俗成的词称作"自生词",源词分化出来的词称作"派生词",那么,只有派生词才有探源的必要和可能,而自生词是无源可探的。如果把音近义通现象扩大到自生词之间或同音的非同源词之间,那就必然导致对音义关系的歪曲。

杨端志先生于《训诂学》中也说:

> 中国古代"声训"推原的对象,实际上是既有派生词,也有自生词和同音的非同源词。

> 汉语的自生词和派生词原本就不易划清,加上古代"声训"中正确与错误夹杂,是与非的交错,就使人们很难对古代"声训"作出具体的、适当的归纳。但总的来看,人们还是一步一步向真理迈进着。

王力先生在《中国语言学史》第一章中也提出过类似的观点:

> "声训"作为一个学术体系,是必须批判的,因为声音和意义的自然联系事实上是不存在的。马克思说:"任何事物的名称,跟事物的性质是没有任何共同之点的。"因此,凡企图寻找事物名称和事物性质之间的关系的人,都不可避免地陷入了唯心主义的泥坑。但是,"声训"的具体内容则不能完全加以否定。事物得名之始,固然是任意的;但到了一个词演变为几个词的时候,就不再是任意的,而是在语音上发生联系了……《释名·释宫室》:"观(指台观),观也,于上观望也。"……《释衣服》:"被,被也,所被覆人也。"……《释言语》:"威,畏也。"……我们还不知道先有"威"还是先有"畏",但"威""畏"的意义关系与语音关系决不是偶然的,这就牵涉到"词族"的问题,值得我们进一步研究。

在陆宗达、王宁著的《训诂与训诂学》一书中,有一节专讲"因声求义"的特殊的作用——探求名物的来源,指出名物相当于后来的专门术语,应当有其命名的由来：

因为，一切术语，都是根据人类对这种事物的观察认识，借助于已有的全民语言的生活用语而发展出来的。但是，由于对象本身的发展与进化，也由于语言形式和文字形式的变化，名物对于人来说，逐渐只成一种语音和字形的标志，相当于一个符号，命名的来源不大为人所知了。越是专名，越难考察。所以，在名物问题上就出现了两种不同的观点：

有些训诂学家认为名物皆有来源。刘歆与扬雄的《论〈方言〉书》中，认为一切命名应当皆有证验，"非徒无主而生是也"。近代贯彻这种主张比较彻底的有王国维和黄季刚先生。王国维说："凡雅俗古今之名，同类之异名与夫异类之同名，其音与义恒相关；同类之异名，其关系尤显于奇名。……如《释虫》'食苗心螟''食根蟊'……《释鸟》'鸟鼠同穴，其鸟为鵌，其鼠为鼵'……螟与蟊，鵌与鼵皆一声之转。此不独生物之名然也……盖其流期于有别而其源不妨相通，为文字变化之通例矣。异类之同名，其关系尤显于偶名。如《释草》：'果蠃之实栝楼。'《释虫》：'果蠃，蒲卢。'案：果蠃者，圆而下垂之意，即《易·杂卦传》之'果蓏'。凡在树之果与在地之蓏，其实无不圆而垂者，故物之圆而下垂者，皆以'果蓏'名之，栝楼亦果蠃之转语……其余如草有莪萝，虫有蛾蠬；草有茏天蘥，鸟有鷚天鸙；草有蒛葐蕏，木有味荎著；草有落麋舌，鸟有鸧麋鸹；木有密肌继英，鸟有密肌系英。今虽不能言其同名之故，要其相关自必有说，虽其流期于相别，而其源不妨相同。古人正名百物之意，于此亦略可睹矣。"（《观堂集林·尔雅草木虫鱼兽名释例下》）黄季刚说："《尔雅》名物，仍当贯以声音，求其条例。如《说文》璊、虋、祳、蜃，《礼注》辖、蒨、弁、檕。萉为苕帚，制以黍穰，则书为梨。蒲为水草，移状禽口，则变为凫。至于状所异同，名言迁贸，沉思冥索，勰理秩然，亦钻研故言之乐事也。"（《文字声韵训诂笔记》）这些训诂学家认为名物的来源从理论上是完全可以推寻的，有些暂时推寻不出的，只能叫作"绝缘无佐证"，找不出来不等于不能找。而另一些训诂学家则偏重于从名物的标志作用来看问题，或以为名物并非皆有来源。朱骏声在《说文通训定声》的"凡例"中说："凡山水国邑及姓氏之类，皆托其字为表识，无关本谊，故注亦不详。"在这部书的正文里，他在"假借"（按：指意义无关的同音借用字）一栏里专门辟出了"托名标识字"一项，把他所说的"山水国邑姓氏之类"的专名列入此项。

这就说明,他认为物之专名仅有标志作用,起码是山水国邑姓氏之类是没有什么本谊与来源的。

这两种主张,究竟哪一种比较接近事实呢?所谓"托名标识",从词的社会约定性来说,是有一定道理的。有些山水国邑及姓氏,往往是当时当地人所定,定时虽有来源,但开始只包含少数人或小范围内人的一种意图,待到它为整个社会所接受,这种来源便毫无意义了,仅仅剩下一种标识作用。既然这些名称所指的对象如此确定,达到"至于无别然后止"的地步,使用它的人便无需再去追究那些少数人或小范围内人们的意图了。尤其在长期的流传中,言迁字变,更加失去本谊,就记录的文字来说,认为是"托名标识",也可以说得过去。但是,从研究词义的角度,提到理论高度来说,这种说法就不够彻底了。首先,名物是有来源的,在给一个专名定名时,完全没有根据、没有意图几乎是不可能的。虽然定名有偶名性,名与实绝非必然的切合,但人们为一物定名时,一定与对这一事物的观察、认识有联系,因而在不同程度上有源可寻。其次,探寻名物的来源,往往与希望了解古人对一些事物的认识从而进一步研究古人的科学与思想分不开。同时,也可以通过名物的推源进一步研究词义发展的规律,并非仅仅游戏式地去猜测命名的意图。所以,以"托名标识"来阻绝了名物探源的通路,在词义学上是不彻底的,甚至是有害的。相对说来,"绝缘无佐证"的说法就更科学一些。

不过在事实上,名物的来源"绝缘无佐证"的绝非少量,训诂学家继承汉学的"实事求是"作风,在这一问题上比较慎重。例如,章太炎先生的《文始》是专系同源的,其中也有一些地方讲到名物。但他在《文始·略例》中仍说:"《尔雅·释草》以下六篇,名义不能备说,都邑山水复难理其本原,故孳乳之文数者多阙。"这种态度虽有知难而退之嫌,但却可避免主观臆断之弊,也不失为一种正确的态度。

(见《训诂与训诂学》甲编《训诂方法论·因声求义论》)

由此可见,名物探源的问题在理论上还有进一步讨论的必要。我们一方面当然要尊重语言实际,给那些确凿的例证寻求可靠的解释,另一方面也要努力吸收近现代普通语言学研究的成果,尽可能用正确的科学观点与方法来指导我们的研究工作。要平心静气,实事求是,充分说理,不应该轻易下结论。

运用"因声求义"的方法,除了探求语源、推求事物命名之由之外,还可以在此基础上进一步推求转语,系联词族,推求同源词,以便在高层次上研究训诂问题。下面,我们重点介绍一下推求转语和探求同源词这两个问题。

首先说推求转语的问题。

前面我们提到过戴震著《转语》二十章,可惜现在只见其序言了。王念孙对转语的研究相当深湛,他使用的这方面的术语有"语之转""声之转""方俗语转""同位相转""异位相转""侈弇""轻重""缓急""急言""徐言"等二十多个。下面,我们摘引王氏《释大》一文中的部分转语,看看他是怎样分析词的音义关系的。

大头谓之颙。

德容谓之颙。《尔雅·释训》:"颙颙卬卬,君之德也。"

马大貌谓之颙。《诗·六月》:"四牡修广,其大有颙。"

大头谓之願。《说文》:"願,大头也。"

颙——願,声之转,故大头谓之颙,亦谓之願。

元,大也。《汉书·董仲舒传》:"元者,辞之所谓大也。"

故善谓之元。《易·乾·文言》:"元者,善之长也。"

首谓之元。《左传·僖公三十三年》:"狄人归其元。"

始谓之元。《尔雅》:"元,始也。"

本谓之元,水本谓之原。《说文》:"驫,水泉本也。"篆文省作原,隶作原……亦作源。

地高平谓之邍(通作"原")。《说文》:"邍,高平之野,人所登。"

大树谓之杬。左思《吴都赋》:"棉杬枞栌。"刘逵注:"杬,大树也。"

大鳖谓之鼋。《说文》:"鼋,大鳖也。"

大羊谓之羱。《尔雅》郭注:"羱羊似吴羊而大角。"

元——敖,声之转,故大谓之敖,亦谓之元,故大龟谓之鳌。

元——嵒,声之转,故大羊谓之麘。《说文》:"麘,山羊而大者。"亦谓之羱。

昜,开也。《说文》:"昜,开也。"通作"阳"。

羊,祥也,善也。《说文》:"羊,祥也。"《考工记·羊车》郑注:"羊,善也。"

二者皆有大义,故大谓之洋。《诗·硕人》:"河水洋洋。"毛《传》:"洋洋,盛大也。"广谓之洋。《诗·大明》:"牧野洋洋。"毛《传》:"洋洋,广也。"

长谓之易。《说文》："易，一曰长也。"

高谓之阳。《说文》："阳，高明也。"

明谓之阳。《诗·七月》："我朱孔阳。"毛《传》："阳，明也。"

强谓之易。《说文》："易，强也。"

众谓之易。《说文》："易，飞扬。"

举谓之扬。《说文》："扬，飞举也。"

日谓之暘。《说文》："暘，日出也。"

眉上广谓之扬。《诗·君子偕老》："扬且之皙也。"毛《传》："扬，眉上广。"

马额饰谓之钖。《说文》："钖，马额饰也。"

大斧谓之扬。《诗·公刘》："干戈戚扬。"毛《传》："扬，越也。"亦谓之戉。《说文》："戉，大斧也。"

扬——越，声之转耳。《尔雅·释言》："越，扬也。"郭注："谓发扬。"

故"发扬"之转为"发越"。

"飞扬"之转为"飞越"。

"播扬"之转为"播越"。

"激扬"之转为"激越"。

"清扬"之转为"清越"。

"对扬"之转为"对越"。

王念孙精于古音学，他能通过古音的分析把一些看起来并无联系的词联系起来。他的《广雅疏证》中，有大量这样的例子。看上去他是在注释其一个词，但又从古音的角度把相关的词联系到一起来考察。譬如：

《广雅·释诂》："庡、隐，翳也。"《疏证》："庡，犹隐也，语之转耳。卷四云：'庡，藏也。''庡'与'庡'通。《众经音义》卷十四引《通俗文》云：'奥内曰庡。'《觐礼》：'天子设斧依于户牖之间。'郑注云：'依，如今绨素屏风也。'皆隐蔽之意也。"

《广雅·释诂》："蔆、翳，障也。"《疏证》：《说文》：'蔆，蔽不见也。'《尔雅》：'蔆，隐也。'郭璞注云：'谓隐蔽。'《方言》：'掩、翳，蔆也。'郭璞注云：'谓蔆蔽也。'引《邶风·静女》篇：'蔆而不见。'《说文》：'僾，仿佛也。'引《诗》：'僾而不见。'今《诗》作'爱'。《方言疏证》云：'蔆而，犹隐然。''而''如''若''然'，一声之转也。《楚辞·离骚》云：'众蔆然而蔽之。'张衡《南都赋》

云：'晻暧蓊蔚。'《思玄赋》云：'缤连翩兮纷暗暧。''晻''暗'，古通用。'薆''菱''僾''爱'，古通用。"

又如《广雅·释诂》"击也"条下，《疏证》云："攷者，《说文》：'攷，叩也。''考，老也。《唐风·山有枢》篇：'弗鼓弗考。'毛《传》云：'考，击也。''考'与'攷'通。《庄子·天地》篇：'金石有声，不考不鸣。'《淮南子·诠言训》作'弗叩弗鸣'，'考''叩'，语之转耳。"

再如《广雅·释诂》"乾也"条下，《疏证》云："'晞'，亦'暵'也，语之转耳。'暵'与'罕'同声，'晞'与'希'同声；'晞'之转为'暵'，犹'希'之转为'罕'矣。"这里王念孙用的是以类相推求得转语的方式，较上述各例又复杂了一些。

王念孙通过自己的训诂实践，把推求转语发展成为一种学说，对研究汉语词汇、探求同源字都有很大的贡献。他的缺点是提出所谓"异位相转"，等于说任何一个声母都可以和它所在的横行以外的任何一个声母相转，再加上"同位相转"，就等于说所有声母都是相通可转的，这太宽泛了。还有一个问题是王氏有时把假借也看成转语，这也不够科学。黄侃先生认为虽然古声纽都可相转，但转声的字，韵不得相远；古韵部亦皆可相转，但转韵的字，声不得相远——韵挟音变，声亦挟韵变，"譬如束芦，相依而往"。钱玄同先生指出："形，义之变迁，多以音之通转为其枢纽，故前代之声韵学必当讲求。"但他又指出："音之通转当以双声迭韵为轨迹。"这些都是值得注意的。（说详《文字字音篇》）

清代在转语研究方面较为著名的，还有阮元。他著有《释门》一篇，指出从"釁"声之"虋""璺"，与从"兩"声之"樠""樠""璊"以及音转为"盟"的字，形与声虽均转变，但语仍同源，都有有隙可进之义。至于"勉""每""敏""霚"，复音为"黾勉""蠠没""密勿""浼浼""勉勉""勿勿""亹亹""侔莫""文莫"，音转又为"懋""勖""邁""勔"，形与声虽不同，而诂亦同源，都有进而靡已的意思。它们这些词的语根，都近于"门"。（详《揅经室文集》卷一）

由转语的研究，自然会发展为词族的研究。推求词族，就是推求同一语根派生了哪些词，并通过语根把派生词系联起来，这也就是同源词的研究了。

章太炎先生第一次对汉语的词族作了系统的研究。他的《文始》以《说文》中的"初文"为语根，比合音义，导其源，穷其流，以一形衍为数十，系统地展现了同源字族。它由音义的关联寻求词义的必然联系和历史联系；从音义的结合上寻求词汇的共同点，成为我国第一部有理论、成系统的语源学著作。

尽管草创未精,有不少问题,但《文始》一书在学术史上的价值是不容轻易抹杀的。

章氏制《成均图》作为声转依据:

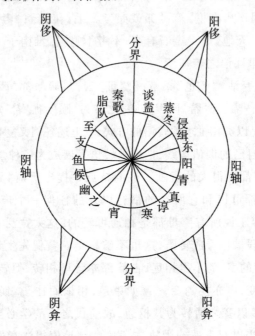

章氏说明:

    阴弇与阴弇为同列。阳弇与阳弇为同列。

    阴侈与阴侈为同列。阳侈与阳侈为同列。

    凡同列相比为近旁转。凡同列相远为次旁转。

    凡阴阳相对为正对转。凡自旁转而成对转为次对转。

    凡阴声、阳声虽非对转,而以比邻相出入者为交纽转。

    凡隔轴声者不得转。然有间以轴声隔五相转者为隔越转。

    凡近旁转、次旁转、正对转、次对转为正声。

    凡交纽转,隔越转为变声。

表中的至部,章氏晚年改为质部。

黄侃在《文字声韵训诂笔记》中指出:"章君《成均图》分阴阳,本之孔氏㵲轩。其分弇侈,不过略举大齐。鱼、阳轴声亦非定论。谨案阴、阳二声分类,当以入声为基。以阴阳同入。"又云:"对转、旁转、旁对转之理,亦可求之《广韵》中。如阴声一韵中有阴声异韵之字,即知此韵与彼韵必为旁转。有阳声异韵同入之字,即知此韵与彼韵必为对转。"又云:"四声皆以入声为基。入声有直读入声,曲读入声,而为阴、阳声之枢纽。如引长之,则止于喉者为阴声,加以鼻音者为阳声。如遏即阴,安即阳,故遏为歌、安二部同用之声由此也。"又云:"入声为阴、阳声之枢纽,亦即元音(按:元,始也)。阴声者,入声之引长也;阳声音,入声之收鼻者也。"

章氏企图以《成均图》所显示的古音轨迹解释文字的转注、孳乳、假借以及同族、同源词之间的关系。

他把《说文》中的"独体字"如"人""心""木""日""水"等称为"初文",把《说文》中虽为独体而实际是从其他独体发展来的字,如"反'人'为'匕'""倒'人'为'七'""'大'诎头为'夭'","合体指事字",如"二""三","重体指事字",如"艸""茻""㫃",称为"准初文",共得五百一十字,作为"语根"。然后以古韵二十三部为纲,辗转系联,共得四百三十七条。他又把同族词中音义皆同或音近义同只是字形不同的叫作"变易"("音义相雠,谓之变易"),把转化为别的音义而有迹象可寻的叫作"孳乳"("义自音衍,谓之孳乳"),共得五六千字。(《黄侃论学杂著》中有《论孳乳变易二大例》,可参考)黄侃先生在《声韵通例》中曾取《文始》阴声歌部一则加以注释:

《说文》:"𠂢,跨步也。从反夂,𢓃从此。"按:"𢓃"读若"过","𠂢"音亦同。

——𠂢,苦瓦切,本音在戈韵,苦禾切(古上声或读平、或读入,从其本音),"过"在见纽,此同类音转也。(见、溪同为牙音)

变易为"过",度也。

——跨步义与度义非有殊,故曰"变易",明"过"即"𠂢"之异体也。"过",古禾切。

"跨"训"渡",与"过"训"度"同:"𠂢"训"跨",即初文"过"字甚明。

——此"过""𠂢"相同之左证。

旁转鱼则为"跨"。

——"跨"亦"𠂢"之异体也。"跨",古化反,本音在模韵,苦姑切(古去声或读平,或读入,从其本音)。此以双声旁转。

所以"跨"谓之"胯",股也。

——古者名词与动词、静词相同,所从之言异耳。段君注《说文》,每加"所以"字,乃别名词于静、动词,其实可不必也。即如"跨""胯"二者,其初固同,其后乃分为二。自跨之物言之,则曰"胯"。《公羊传》曰:"入其门,无人门焉。"上"门"举其物,下"门"举其事,而二义无二文,此可证"跨""胯"之本同矣。"胯",苦故切,读平声;则与"跨"之本音同。

　　旁转支则为"趌",半步也。

　　——半步与跨步,义非有殊,故曰"变易",明"趌"亦"干"之变体也。"趌",兵弭切,本音在齐韵,苦圭切,读如"奎",此以双声旁转。

　　所以"趌"谓之"奎",两髀之间也。

　　——"奎""趌",亦一名一动,与"胯""跨"为一名一动同。"奎",苦圭切,与"趌"本音同。

　　近转泰则为"越",度也。

　　——此变亦易也,明"越"为"干"之异体。"越",王伐切,本音在末韵,於括切(为纽变声,古只读影),此以牙、喉旁转。

　　为"逑",逾也。与"于"属之"粤"相系。

　　——逾与度义同,"逑"亦"干"之异体;"粤""越""逑",则同为喉音,"越""逑"同切。

　　"干"在本部又孳乳为"骑",跨马也。古音如"柯",以跨步,故转为跨马。

　　——"骑"可以言"跨",凡"跨"不可以言"骑",是二字义界通、局有分,故曰"孳乳",明因义殊而别造一字也。"骑",渠羁切,本音在歌韵,可何切(群纽变声,古只读溪),此同类音转也。

　　又孳乳为"徛",举胫有渡也。以跨故转为渡。

　　——渡水之"跨",与凡"跨"所从言宽,狭亦殊,故曰"孳乳"。"徛",去奇切,本音在歌韵,可何切与"干"开合小殊。

　　"骑"又孳乳为"驾",马在轭中也。《诗》《书》有"驾"无"骑",然"骑"必先于"驾",草昧之初,但知跨马,舆轮已备,乃有驾御尔。

　　——("驾"字,籀文作"輅",从"各"声,又与"驭"字相关)"驾",古讶切,本音在歌韵,古俄切。

　　"骑"又孳乳为"羁",马络头也。

　　——"羁",居宜切,本音在歌韵,古俄切,与"驾"同音。

　　其胯之衣则曰"绔",胫衣也。

　　——此孳乳也。傅胯之衣,名因于"胯",而实不同物,故为"孳乳"。

"绔""胯"切同。

变易为"裤"，即"绔"也。

——此明"裤"即"绔"之异文。"裤"，徒各切，此本音也。铎为模入，此牙音舒作舌音。

㡓奎之衣，则曰"襄"，绔也。自歌对转入寒。

——此亦孳乳也。"襄"，去虔切，本音在寒韵，苦看切。此以双声对转。

"干"对转寒，则变易为"逫"，过也，引申为过失。

——"逫"之本义为过度之"过"。其训为过失之"过"，乃引申之义，故以"逫"为"干"之异体，"逫""襄"切同。

孳乳为"辛"，辠也。

——此由"逫"之引申义孳乳。凡辠因于过失，而过失不可概曰辠，通局有异，故别造一字。"辛""逫"切同。

为"愆"，过也。与"干"相系。

——此"逫"训过失者之本字。由步行过度之义，引申为行事过失之义，言过同，所以为过异，故别造一字。"干""辛"同在寒部。"愆""辛"同切。

鱼部之"跨"，对转阳则孳乳为"航"，方舟。《诗》传曰："渡也"。

——引《诗》传以证成系于"跨"之义，但引《说文》，则义不显。凡引它书，皆准此例。"航"，胡郎切，此本音也。与"跨"，以牙、喉对转。

又孳乳为"潢"，小津也，一曰，以船渡也。

——此从本义言之，则为"航"之孳乳，若从别义言之，则为"航"之变易。"潢"，户孟切，本音在唐韵，呼光切，与"航"开、合小殊。

"干"与"于"歌鱼旁转，其所孳乳多相应。

——孳乳相应者，谓同一字可说为此字所孳乳，又可说为彼字之孳乳。"胯""跨""绔"，皆以"于"为最初声母。

泰韵："越""诚"，又孳乳为"蹶"，一曰，跳也。

——此但引别义者，以本义为僵，当系"仦"字也。"跳"亦逾度之类，而通局有殊，故别造一字。"蹶"，居月切，本音在末韵，占末切，与"越""诚"为喉、牙相转。

由度越义，"越"又孳乳为"阔"，疏也。《释诂》曰："阔，远也。"

——"远"与"越"义相同,而所施各异,"越"以言其事,"阔"以状其形,动静有殊,故别造一字也。"阔"苦括切,此本音也。与"越",亦为喉、牙相转。

"阔"亦变易为"奯",空大也(自注曰:"豁"训"通谷",音亦相近)。

——空大与疏远,义非有殊,故为"变易"。"豁"训"通",与空大义相似,故附之。此下不以为正文者,"豁"字别有所系也。"奯",呼括切,此本音也。与"阔",为喉、牙相转。"豁""奯"切同。

对转"寒"为"宽",屋宽大也(自注曰:"奆"训"奢奆",亦相近)。

——此当言孳乳也。言屋宽大者,与凡宽大固有殊,故宜以为孳乳字。"奢""阔"义近,故附"奆"于此下。宽,苦官切,古本音也。与"阔"为同类平、入相转。"奆",胡官切,此本音也。与"阔",为牙、喉平、入相转。

"蹶"又孳为"趣",蹠也。

——谨案:"蹶"训"蹠","蹠"训"跳跃",此当言"蹶"变易为"趣"。或"蹶"字为"越"字之误与?"趣""蹶"切同。

为"跋",轻足也。

——"越"者,举足必轻,义本相因,而所施各异,故别造一字。"越""跋"切同。

为"适",疾也。

——"越""疾"义亦相因,所施各异,故别造一字。"适",古活切,与"蹶"本同字。

为"娍",轻也。

——"娍""越"切同。

"宽"又孳乳为"愃",宽闲心腹貌。

——"愃"专就人事言,故别造一字。"愃",况晚切,本音在桓韵,呼官切。与"宽",牙、喉相转。

为"憪",愉也。

——愉乐因于宽闲,语相因而义有通局,故别造一字。"憪",户间切,本音在寒韵,胡安切。与"宽",牙、喉相转。"干"本韵歌,本声溪,通韵五(模、曷、铎、寒、唐)。通声五(见、影、定、晓、匣)。

表之如左(变易横列,孳乳直列):

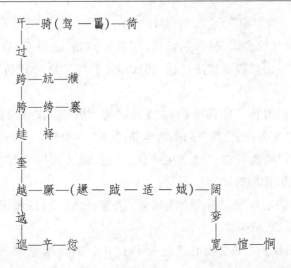

凡"幵"字之属，三十字。

从黄氏所注释的一节《文始》中，可以看出章太炎超越汉字形体的牵掣，以古声韵来说明语言变迁的轨迹，其基本方法是正确的，其研究成果也是超越前人的。当然，寻求语源并非易事，章氏的做法，把看上去像是一盘散沙的词汇，通过古音线索联系起来，确实是一种开创性的工作。尽管关于"初文"的问题专家们还有争议，而且章氏对甲骨文、金文和"右文说"的看法有许多保留，但是从训诂学的角度来看，章氏的功绩是不该抹杀的。王力先生指责说："（《文始》）其中错误的东西比正确的东西多得多。""在原始社会千万年的漫长岁月中，有语言而无文字，何来初文？""许慎距离中国开始创造文字的时代至少有二三千年，他怎能知道哪些字是'初文'？"（见《同源字论》）所以，章氏推求的仍是"字根"，而不是"语根"，这就违背了他"不拘牵形体的原则"，在文字与语言二者的区别上犯了错误。其次，章氏所举同族词往往声音并不相近，譬如"羽"（上古牙音匣母鱼部）除与它所辖词族中的"举"为旁纽双声、叠韵、读音相近外，其余的（按：指章氏《文始》第五鱼—阳类由"羽"派生出的"翔、翥、扬、易、异、翼、与、勼、舆"等字）读音都不太相近，起码声母差别较大，这就很难认定它们语音上有联系了。王先生对"羽"族的具体批评意见是好的，《文始》中确有此类勉强之处，但关于"有语言而无文字"时代的情形谁能说得清楚呢？语源探求只能求助于汉字。

下面，再举些例子证明章氏"旁转"之说于古书训诂实有动用。

《老子》："五色令人目盲，五声令人耳聋，五味令人口爽，驰骋使人心发狂。"以"聋"韵"盲""爽""狂",是东、阳旁转。

《说文》:"滃,云气起也。"又:"浭,滃也。""浭"与"滃"也是东、阳旁转。

《说文》:"泛谋曰访。"段玉裁注:"泛,访双声。"其实,"泛"与"访"也是侵(冬)、阳旁转。

《易·豫卦》:"朋盍簪。"陆德明《释文》云:"簪,马(融)作臧,荀(爽)作宗。""簪""臧""宗"互为异文,其声韵关系也是侵、阳、冬旁转。

《仪礼·燕礼》:"媵觚于宾。"郑玄注:"媵,送也,或读为扬。""媵"(今文作"腾")与"阳"是蒸、阳旁转。

《诗·柏舟》:"我心匪鉴。"陆德明《释文》:"鉴,镜也。"《广雅·释器》:"鉴谓之镜。"二字为谈、阳旁转。

《诗·大雅·云汉》:"宁丁我躬。"毛《传》:"丁,当也。"《尔雅·释言》:"丁,当也。"郝懿行疏云:"神农之教曰:丈夫丁壮而不耕。""丁壮"即"当壮","丁"与"当"为青、阳旁转。《汉书·贾谊传》:"天子春秋鼎盛。""鼎盛"即"当盛","鼎"与"当"也是青、阳旁转。

《诗·卫风·氓》:"氓之蚩蚩。"毛《传》:"氓,民也。"《史记·陈涉世家》:"甿隶之人。"裴骃《集解》:"甿,田民。"《汉书·刘向传》:"民萌何以勉励?"颜师古注:"萌与甿同。""民"与"氓""甿""萌"为真、阳旁转。

《诗·周南·汝坟》:"遵彼汝坟。"毛《传》:"坟,防也。"《尔雅·释丘》:"坟,大防也。""坟"与"防"为谆、阳旁转。《尔雅·释草》:"英光,蕨攗也。""攗"与"光",也是谆、阳旁转。

《诗·大雅·民劳》二章:"民亦劳止,汔可小休。惠此中国,以为民逑。无纵诡随,以谨惽恘。式遏寇虐,无俾民忧。无弃尔劳,以为王休。"以"恘"韵"休""逑""忧",是鱼、幽旁转。《说文》:"牖,在墙曰牖,在户曰窗。""牖"字从"片"、从"户","甫"声。"甫"在鱼部,与幽部之"牖"为旁转。

《诗·小雅·小旻》:"不敢暴虎。"毛《传》:"徒,搏曰暴。""暴"与"搏",为宵、鱼旁转。

《诗·小雅·闵予小子》:"嬛嬛在疚。"陆德明《释文》云:"嬛,崔本作煢。"《汉书·匡衡传》引《诗》即作:"煢煢在疚。""煢"与"嬛"为青、寒旁转。《韩非子·五蠹》:"自环者谓之私。"《说文》作"自营","营"与"环"是青、寒旁转。

《史记·赵世家》:"襄子惧,乃夜使相张孟同私韩、魏。"司马贞《索隐》:"按《战国策》作'张孟谈'。谈者,史迁之父名,迁例改为同。""同"与"谈"是东、谈旁转。

如此等等，不烦殚举。

这里之所以都举旁转的例子，是因为章氏的歌、泰、寒对转，支、青对转，鱼、阳对转，侯、东对转，之、蒸对转等皆成定论，不用举例，而他的旁转在安排上尚有些可争议之处，故举数例以明之。

总之，关于《文始》一书的得失及其价值的讨论，进行得还很不够，有必要认真地进行下去。不管是全盘肯定还是全盘否定，都不是客观的、尊重事实的态度。

下面，介绍一下同源字的问题。

同源字，就是同源词。

同源字的研究，是在继承清代乾嘉以来"因声求义"方法的基础上展开的。段、王著作中的"某与某通""某与某实同一字"，王筠所谓的"分别字""累增字"，徐灏所谓的"古今字"，其实都是同源字。譬如《说文·欠部》：

钦，欠貌。从欠，金声。

歁，食不满也。从欠，甚声，读若坎。

欲，欲得也。从欠，臽声，读若贪。

歉，歉食不满也。从欠，兼声。

段玉裁指出："钦、歁、欲、歉，皆双声叠韵字，皆谓虚而能受也。"（见《说文解字注·欠部》"钦"字下）这一组字，就是同源字。

王力先生在前人研究的基础上，经过严格考察，严格界定，精心取舍，著为《同源字典》一书，书前附有《同源字论》《汉语滋生词的语法分析》《古音说略》三篇论文，可资参考。下面，我们根据该书的基本观点略举数例加以介绍。

王先生界定说："同源字指的是音义皆近、音近义同、义近音同的字。"

"音义皆近"的字是同源字，这是毫无问题的；所谓"音近义同"，排除了非同源的同音词，即音同义异的词，如"童"与"同"；所谓"义近音同"，又排除了非同源的同义词，即义近音异的字，如"寒"与"冷"。

下面举些例子：

小犬为"狗"，小熊小虎为"豞"，小马为"驹"，小羊为"羔"。"狗—豞—驹—羔"就是一组同源字。

草木缺水为"枯"，江河缺水为"涸"，人缺水欲饮曰"渴"。"枯—涸—渴"

就是一组同源字。

曲钩为"钩",曲木为"枸",轭下曲者为"軥",曲竹捕鱼具为"笱",曲碍为"拘",曲脊为"痀",曲干肉为"胊"。"钩—枸—軥—笱—拘—痀—胊"就是一组同源字。

聚集为"凑"(《说文》:"凑,水上人所会也。"),车辐共毂曰"辏",物聚为"簇"或"蔟",同宗人聚居为"族",树木丛生为"丛"。"凑—辏—簇、蔟—族—丛"就是一组同源字。

马惊为"惊",引申为警觉,"警"是警戒,"儆"是使知所警戒,做事以认真自惕曰"敬"。"惊—警—儆—敬"就是一组同源字。

秉二禾为"兼",双线所织缯曰"缣",比翼鸟曰"鹣",比目鱼曰"鰜"。"兼—缣—鹣—鰜"就是一组同源字。

王力先生认为同源字形成的原因,一是词的古今分化,如"皮—被—披—帔",又如"暗—阴—荫—廕"等,都是由一词衍为音义相同或相近的数词;二是方言的差异,如《说文·土部》"埂"字下云"秦谓坑为埂",则"坑—埂"这两个字同源。

应该注意的是,没有声音关系的同义词,如"关—闭"不算是同源字。单纯的通假字,如"蚤—早"不算是同源字。异体字,如"线—線"不算是同源字。

在《说文》中,音近的互训词,如"趋—走"是同源字;音义皆近的"同训"词如"国,邦也","或(域),邦也","国—或(域)"是同源字;所谓通训,即在某字释义中有与被释词音义相关的字,如"脢,背肉也","脢—背"是同源字。"渔,捕鱼也","渔—鱼"是同源字。还有那些正确的"声训",如《释名》"福,富也","福—富"是同源字。"曲,局也","曲—局"是同源字。《说文》中有不少的亦声字,如"婢,女之卑者也。从女,从卑,卑亦声","婢—卑"是同源字。"诏,告也。从言,从召,召亦声","诏—召"是同源字。

同源字分析,最重要的一点,是古音相同或相近,有人把"偃—嬴"定为同源字,其实它们只是今音相近,古时"偃"属喉音影母,"嬴"属舌音喻母,声纽相差很远;"偃"字古韵在元部,"嬴"字韵在耕部,两部距离太远,所以它们算不上同源字。

同源字研究的意义,在于它把看似一盘散沙的词汇根据音义关系划分成若干组,使之有了系统性,所以王力先生称它为"新训诂学"。同时,它也能帮助人们更好地理解词义。如"蹢"字,比较冷僻。《诗·小雅·渐渐之石》:"有豕白蹢。"《尔雅·释畜》:"四蹢皆白,驓。"如果我们考察一下,会发现"蹢"与"蹄"同源,锡、支对转,"蹢"就是"蹄",字虽僻而义不僻。又如《诗·周南·麟之趾》:"麟之定,振振公姓。""定"即"颠"字。《尔雅·释言》:"颠,题也。"《说文·页部》:"题,颠也。"("颠"就是"额"字)"题—定"同源,支、耕对转,"定"就是"题",而"题"指人的额头,这样僻义也就不僻了。(以上例子,皆选自王力先生《同源字典》)

当然,探求同源字,也像"因声求义"解决通假字或探求语源一样,必须核证于古代文献语言,而不应该离开文献中的语言实际去搞声韵游戏。有了文献中的证据,我们才能保证训诂成果的科学性、可靠性,才不致产生盲目追随前人或轻率否定前人研究成果的做法,也才能避免主观臆断所造成的谬误。

第五节　训诂的注意事项

前面我们讲了训诂的一些方法,现在谈一下在为古书进行注释时应该注意的问题。

戴东原在《古经解钩沉序》中说:

> 呜呼! 经之至者,道也;所以明道者,其词也;所以成词者,未有能外小学文字者也。由文字以通乎语言,由语言以通乎古圣贤之心志,譬之适堂坛必循其阶,而不可以躐等。是故凿空之弊有二:其一,缘词生训也;其一,守讹传谬也。缘词生训者,所释之义非其本义;守讹传谬者,所据之经并非其本经。

他大抵讲了三个方面问题:一个是小学在经学中的地位,一个是不可缘词生训,还有一个是不可守讹传谬。这是从经学家的眼光看问题,如果单讲小学,那么后面两条可以说是从训诂的两个侧面谈问题:他告诉人们,既不可主观臆断,缘词生训,又不可盲目继承前人误说,使谬种流传。他的观点是可取的。

乾嘉时期吴派学者江藩,曾受业于江声,是惠栋的再传弟子,著有《汉学师承记》等,他有一本通俗读物,叫作《经解入门》,其中提到解经时应当注意的问题,对我们很有启发性,现在摘录其中的一部分:

> 一、解经不尚新奇。无论汉儒、宋儒及国朝诸儒,各说之新奇无理者,皆当订正,斯为有功于经。如旧说本平允可据,而解者妄生议论,好逞新

奇,于古书毫无所据,固为蔑古;即或有子部之言及隋以前说家之书可证,然怪诞荒谬,皆于经旨无当,虽有证亦不尚……大凡学解经者,读书不多,见理不足,往往好立新说,以为醒目,不知此是说经第一大病,学者切宜力戒,倘此病深入,则终身不能进益矣。

二、解经不可虚造。凡说经,一字一义,必当求其实据,原原本本,叙出来历,方为可靠。若以"想当如是"之法行之,依稀仿佛,似是而非,此名"虚造"。昔许氏《说文叙》尝云:"世人诡更正文,乡壁虚造不可知之书,变乱常行,以耀于世。"然则虚造之弊,汉时已有,故许君有《说文解字》之作……学者有志穷经,必先力除此病。

三、不可望文生训。凡经文数语,必与全篇之义相属,且与他经之义不相窒碍。若不审其全、会其通,姑就本文说之,似为近理,亦为望文生训,初学均宜切戒。

四、不可妄诋古训。汉人解经,皆守师说,即其作训,亦必确有所本,不同臆造,或当时传闻本皆如此,或前代语言与今不同。学者遇古训之不可猝解者,必须详考时代,求其实情,果有不安,然后可以订正,不得粗心流览,于我未解,妄加诋毁……又如宋儒之说,近今言汉学者,无论是与不是,辄屏斥之不贷。抑知宋人说经,未尝尽背汉说。蔡氏《书传》(按:指蔡沈《书经集传》。其书考序文之误,订诸儒之说,为世人所称)、朱子《诗传》,其遵古训者实十之八,易古训者实十之二,且所易未必尽属大谬,中间亦有远胜旧说者……前人之敢立其说者,胸中必非一无所据。且诸名儒,类皆万卷罗网众家,岂以我能见到者,彼反失之不及之理?由是以思,自不敢轻肆舌锋,妄诋古训矣。不诋古训,即能深研其义,而虚悕之气除,为学之力日益进矣。

五、不可剽窃旧说。初学解经,见书不多,而妄取前人旧说,没其姓名,以为已说,则与盗贼何异?且安知我能剽之窃之,而人不能发之捕之乎?我所读之书,人人必读;我所未读之书,人之已读者正多。倘事剽窃,欺人乎?实欺己耳。

六、不可穿凿无理。《孟子》曰:"所恶于智者,为其凿也。"穿凿二字,智者往往不免,此为说经大病。盖穿凿未有不失之无理者……试多取古人说经之书及国朝经学家各书读之,自可渐祛此病。(按:孟子的话,见《离娄下》。焦循《正义》云:"无所依据,凭已之空见以为仁义,极精微奥妙之论,而不本读书好古之实,是凿也。")

七、不可附会无据。音训明,方知此字为何语。考据确,方知此物为何物,此事为何事,此人为何人,然后知圣贤此言是何意义。不然,附会其义,敷衍成篇,即或有理,亦是郢书燕说,于经旨何与? 故解经戒附会。

八、不可有骑墙之见。群经异义,自汉及今,甚有聚讼至数十百家者。解经者当审择精当,衷于一是,罗列群说,加以辨驳……若平日看书不多,临时全无把握,调停两可,不能自主,是为"骑墙"之见,说经家甚所不取。

九、不可作固执之谈。经义简质,必证以他经,旁通诸子及儒家传记之说,贯串靡遗,于义不背,方为通达。若徒守一家之言,妄加臆断,斯为固执。固执之弊,亦由读书不多而来,故欲治经,不可不博览群书。

十、门径不可不清。为学各有门径,何况治经门径一清,斯中有把握,不至泛滥无归……读书门径,今为析而言之:《四库提要》为读群书之门径,《经义考》(按:朱彝尊撰)为治经之门径,《小学考》(按:谢启昆撰)治为小学之门径,《音学五书》(按:顾炎武撰)为韵学之门径,《古今伪书考》(按:姚际恒撰)为读诸子之门径。学者先看此数书,由此而入,无不头头是道矣。

十一、不可增字解经。经典之文,自有本训,得其本训,则文义适相符合,不烦言而已解,失其本训而强为之说,则扞隔不安,乃于文句之间增字以足之,多方迁就而后得申其说,此强经以就我,而究非经之本义也……《周南》"振振公姓","姓",子孙也,而解者曰:"公姓,公同姓。"(毛《传》)则于"姓"上增"同"字矣。《邶风》"终风且暴",终犹既也,言既风且暴也,而解者曰"终日风为终风"(毛《传》),于"终"下增"日"字矣。《卫风》"虽则佩觿,能不我知","能"读为"而",言虽则佩觿,而不我知也,而解者曰"不自谓无知,以骄慢人也"(毛《传》),则于"不"下增"自谓"字、"知"上增"无"字矣……此皆不得其正解,而增字以迁就之。治经者,苟三复文义而心有未安,虽舍旧说以求之可也;如欲增其字以解之,则断断乎不可。

除上述十一条外,还有"不可妄改经文""方音异同不可不晓""制度沿革不可不知"等等。江藩属于吴派学者,重家法,守师说,崇汉儒,自有他固执的一面,但在治学方面还是十分严谨的。他提出的这十几条,大多数是切中时弊,有感而发。虽从经学立场出发,但在文字训诂方面的意见,却具有很强的指导意义。他的《经解入门》虽是写给当时的初学者的,但今之饱学之士,未必不能从中找到自己的问题。尤其可贵的是,他指出问题的同时,还往往能分析一下产生问题的原因,譬如读书不多、虚愲之气、自欺欺人等。戴震在《答郑丈用牧书》中还指出一个原因,这就是"鄙陋之心"。他说:

> 其得于学,不以人蔽己,不以己自蔽,不为一时之名,亦不期后世之名。有名之见其弊二:非掊击前人以自表襮,即依傍昔儒以附骥尾。二者不同,而鄙陋之心同,是以君子务在闻道也。

明儒多有气节沦丧、学风败坏、剽窃成书、欺世盗名者,以致世风日下,学术陵替。顾炎武曾叹曰:

> 一时人士,尽弃宋元以来所传之实学,上下相蒙,以饕禄利,而莫之问也。呜呼!经学之废,实自此始。

(《日知录》)

这些话,在今天犹有振聋发聩之功,不容忽视。

从事训诂工作,其一要戒除臆断之弊。

譬如《史记·屈原列传》:"虽放流,眷顾楚国,系心怀王。"有位前辈学者坚持认为此处"放流"二字,不应讲成放逐之义,而应当理解为"放浪""四处游历"。但是"放流"作"放逐"讲,有《汉书》中的异文可证,《汉书·地理志》"楚贤臣屈原,被谗放流",在《贾谊传》中,作"屈原,楚贤臣也,被谗放逐"。又如《汉书·外戚传》:"数逆至法,逾越制度,当伏放流之诛。"这个"放流"是无论如何也不能讲成"放浪""游历四方"的。

又如《墨子·亲士》:"入国而不存其士,则亡国矣。"有的学者把"入国"释为"治国",但"入"字是没有"治理"之义的,于是把"入"字说成"乂"字之讹,其理由是墨子习于《诗》《书》及百国春秋,故不言"治国"而必言"乂国"。但是在《墨子·尚同》篇中明明有"受天子之严教,退而治国"的说法,在《兼爱上》中又有"圣人以治天下为事者也"这样的句子,其余各篇,言"治"者亦多,何以独独在《亲士》篇中不言"治"而言"乂"呢?可见这是"强古人以就我",犯了主观臆断的毛病。

又如《木兰诗》:"唧唧复唧唧,木兰当户织,不闻机杼声,唯闻女叹息。"从上下文看,既然后二句"不闻机杼声,唯闻女叹息"了,那么前二句中的"唧唧"作叹息声解又有什么疑问呢?但是有位学者却认为"唧唧"作叹息声是自白居易以来人们的误解,而且断言这种误解"是从白居易《琵琶行》开始的"。

（按：《琵琶行》："我闻琵琶已叹息，又闻此语重唧唧。"）但是有的学者指出，在白居易之前的储光羲就有"想见明膏煎，中夜起唧唧"（《同王十三维偶然作》），孟郊也有"唧唧复唧唧，千古一月色"（《吊卢殷》），都是表示叹息的。与白居易同时的元稹也有"年年岂无叹，此叹何唧唧"（《长庆历》）这样的句子，写的分明也是叹息，怎么能说是白居易的误解呢？（详郭在贻《训诂学》）

可见，训释古书要重视证据，防止主观臆说。

其二，还要注意防止"望文生训"的毛病。

"望文生训"的毛病，有的是不明古训造成的。譬如《孟子·公孙丑上》："北宫黝之养勇也，不肤挠，不目逃。""肤挠"二字不太好理解。赵岐注曰："谓人刺其肌肤，不为挠却。"这是用"肤"的常义来解释的。王引之在《经义述闻》中指出，"肤"字还有个古义是"色"。"肤挠"就是"色弱"，指面有畏惧之色，示人以弱；"不肤挠"就是无惧色。这样讲，更合理一些。

有些字的古义在后世作品中用得少了，人们也就逐渐不懂了。譬如"处"字，古有"定"义，《国语·晋语》："早处之，使知其极。"韦昭注："处，定也。"又如"攻"字，古有"坚"的意思，《诗·小雅·车攻》："我车既攻，我马既同。"毛《传》："攻，坚。"《广雅·释诂》："攻，坚也。"至唐代，柳宗元在《答严厚舆秀才论为师道书》中还有"攻其车，肥其马，长其燧（策），调其六辔"这样的句子，"攻其车"即"坚其车"。又如"故"字，古有"诈"义，《国语·晋语二》："多为之故，以变其志。"韦昭注："故，谓多作计术。"《淮南子·主术》："是以上多故，则下多诈。"高诱注："故，诈。"

姜亮夫先生在《楚辞通故》中指出："好"字古有"匹"义。他说："《关雎》：'窈窕淑女，君子好逑。''好逑'乃双音平列之组合词，'好'即'逑'也。毛《传》训'逑'为'匹'，则'好'亦'匹'，为古训本义之仅存者——好字古义本为'男女好合'之义，故字从'子'、从'女'。上声、去声，汉儒别之，初无此别也。"这种看法值得重视。

"望文生训"的另一个重要原因是不明假借。王引之在《经义述闻》中曾举过大量的例子，譬如：

《书·尧典》："光被四表。"借"光"为"广"，而读者误以为"光明"之义。

《易》："迟有悔。"借"有"为"又"，而解者误以为"有无"之"有"。

《易》："迟归有时。"借"时"为"待"，而解者误以为"四时"之"时"。

《易》："不可荣以禄。"借"荣"为"营"，而解者误以为"荣华"之"荣"。

《诗·邶风·柏舟》:"耿耿不寐,如有隐忧。"孔颖达以"如"为"如若"义,非也。"如"读为"而"。"隐"即"忧心殷殷"之"殷"(字亦作"殷")。《说文》:"殷,痛也。"此句言惟有痛忧,是以不寐。

其三,从事训诂工作还应注意不犯"增字为训"的毛病。

"增字为训",又叫"增文成义",古人谓之"增字解经"。王引之在《经义述闻》中举过许多例子,如:

《书·尧典》:"汤汤洪水方割。""方",遍也。(借为"旁"。《说文》训"溥":"大也。")言洪水遍害下民也。解者乃云"大水方方为害",又增一"方"字。

《书·皋陶谟》:"烝民乃粒。""粒"读为"立";"立"者,定也,言众民乃安定也。解者乃云"乃复粒食",又增一"食"字。

《书·无逸》:"则知小人之依。""依"之言隐也,痛也,言知民隐也。而解者曰:"知小人之所依怙。"又曰:"小人之所依,依仁政。"于"依"上增一"所"字,又不明借字,是以误也。

《书·吕刑》:"哲人惟刑。""哲"读为"折","折"之言"制"也,言制民人者惟刑也。解者乃云:"言智人惟用刑。"既不明假借,又于"刑"上增一"用"字。

《礼记·乐记》:"感条畅之气,灭和平之德。""条畅"读为"涤荡","涤荡之气"谓逆气也。而解者曰:"动人条畅之善气。"既不明假借,又于"气"上增"善"字。

现代人解古诗文,也经常犯这种"增字"的毛病。本书前面谈训诂学与古代汉语教学时我们举过一个例子,《国语·越语上》:"有带甲五千人将以致死,乃必有偶。""偶"字韦昭释为"对也",是正确的。但北京大学所编《古代汉语》(修订本)注云:"乃必有偶:于是一定有加倍的勇气,意思上五千人拼死作战,一个人就会有两个人的战斗力。"把"偶"字讲成"勇气"是不对的,又增加了"加倍的"也是不恰当的。

陶渊明诗《和胡西曹示顾贼曹》:"感物愿及时,每恨靡所挥。""所挥"指酒;"挥"字古有"挥酒"义。《礼记·曲礼》:"饮玉爵者弗挥。"旧注云:"振去余酒曰挥。"陶诗《时运》:"挥兹一觞,陶然自乐。"《还居旧居》:"拨置且莫念,一觞聊可挥。"皆谓饮酒,而王瑶先生在《陶渊明集》中释"恨靡所挥"为"恨无发挥能力的机会",显然是不解"挥"字的含义,且又增文成训。(说详郭在贻

《训诂学》)

"增文成训"的坏处在于"强古人以就我","多方迁就而后得申其说","而究非经之本义也"。(王引之《经义述闻·通说下》语)

其四，从事训诂工作还要防止"以今例古"的毛病。

"以今例古"，就是用现代人的观念去解释古代词义及古代礼俗。在陆宗达、王宁所著《训诂与训诂学》乙编《古代语词义答问》中，讲到"释菜"之礼，郑玄注《周礼》，说："始入学，必释菜礼先师也。菜，蘋蘩之属。"意思是以菜蔬薄礼敬师，表明诚心诚意学习的心迹。《风俗通》卷七："孔子困于陈、蔡之间，七日不尝粒，藜羹不糁，而犹弦琴于室。颜回释菜于户外。"意思是在孔子遇到危难困迫之时，颜回在门口行"释菜"之礼，重新表示自己仍要就学于老师，不以老师的艰难为意。有的人不明此礼，看到上文写绝粮，就把"释菜"解释为"摘野菜"，这是一个大误会。

又如司马迁《报任安书》中有几句："外之不能备行伍，攻城野战，有斩将搴旗之功。"有人把"备行伍"解释为"备数于行伍之中"，"备数"就是"充数"，这是不准确的。陆先生指出："备行伍"就是"服兵役"，"备"即"服"。在古代文献中，"备"与"服"常通用，二字不但声近，而且古文字形也相关，而且都具有"劳役"之义，引申而为服役、供驱使之义，可见这个"备"字与今"准备"之义不同。

除以上所举主观臆断、望文生训、增字为训、以今例古等毛病之外，注解古书时，人们往往犯强觅新解或逃避难点、因袭旧误等错误，这些都是应该加以预防、克服的。

总的来看，注释古书，讲解文言文，都应该遵循一条总的原则，这就是实事求是，"知之为知之，不知为不知"。前代学者在这方面颇有可取之处。许慎著《说文·東部》有个"棘"字，许慎曰："二東。劃(曹)从此，阙。"就是说这个被解释作"二東"的字，许慎也不知读什么音，徐铉也不著及切，后来徐灏在《说文解字注笺》中指出，"《说文》旧本无音，今字书音劃(曹)"，又作了一番解释，说它就是"曹"字云云，究竟说得对不对，也难于考察。我们觉得许慎的态度是可取的。此外，郑玄注《三礼》，凡不懂的地方，辄云"未闻"。高诱注《淮南子》，于所不知，辄云"诱不敏也"。朱熹作《诗集传》《楚辞集注》，言"未详""未闻"者百余处，可见这种实事求是的科学态度是训诂学上的一种传统，应当很好地继承下来。

第五章　训诂学的术语

这里主要是介绍古代学者在训释词义时常用的一些术语。

清代学者如段玉裁在《说文解字注》中、阮元在《经籍籑诂》卷首凡例中、孙诒让在《周礼正义》中对于许多训诂术语都曾经作过阐发和讨论，现代学者在前人基础上又有不少的发现，我们择要作一简单介绍，目的是更好地读懂前人的著述。

一、也

表示判断的语气词"也"放在句末，表示"词已尽"，组成一个判断或解释的句式。例如：

《尔雅·释器》："繸，绶也。"

《说文·人部》："佳，善也。"

《诗·魏风·伐檀》："坎坎伐檀兮，寘之河之干兮。"毛传："寘，置也。干，厓也。"

《礼记·郊特牲》："蜡，长也，大也。"

《孙子·谋攻》："三军既惑且疑，则诸侯之难至矣，是谓乱军引胜。"曹操注："引，夺也。"

使用"也"这个术语，释词与被释词一般是同义词。但是，像"干，厓也"，解释的却是通假义，因为"干"本义为盾牌，并无"厓"义。以"夺"释"引"，解释的是其引申义，因为"引"的本义是"开弓"。用"长也，大也"两个词解释"蜡"一个词，是因为被释词的意义较宽。反过来，也有把同义词或近义词类聚在一起，然后以一个通用词去解释它的。例如：

《尔雅·释诂》："初、哉、首、基、肇、祖、元、胎、俶、落、权舆，始也。"

《广雅·释诂一》："闲、埤、楷、式、祖、帐、肖、容、拱、棣、术、臬、井、括、膺、类、绥、法也。"

还有一种情形,是接连解释几个词,只后用一个"也"字作为结束的。如:

> 《尔雅·释鱼》:"蝾螈,蜥蜴;蝘蜓,守宫也。"

> 《荀子·劝学》:"木直中绳,輮以为轮,其曲中规,虽有槁暴,不复挺者,輮使之然也。"杨倞注:"輮,曲;槁,枯;暴,干;挺,直也。"

还有的释词与被释词之间有同源关系。例如:

> 《说文·入部》:"内,入也。"

> 《说文·八部》:"分,别也。"

这都是声训,不但词义相同,声韵也相通。

因为"也"是个语气词,放在句末,只是起帮助判断或解释的作用,不像现代文中判断词那么不可或缺,所以古人行文或注解时,也有不用"也"字的。如:

> 《尔雅·释草》:"萑,山韭。茖,山葱。蒚,山蒜。"

> 《尔雅·释虫》:"蒺藜,蝍蛆。"

唐人写书,对"也"字比较随便,有的地方用,有的地方不用。将郭璞《尔雅注》的敦煌写本与今通行的本子比较一下就可以看出来。

二、者……也

表示提顿语气的"者"字经常放在判断句的主语后面,与句末的"也"字呼应,它的作用在于强调主语。它前面的语言单位,可以是个词,也可以是个词组或短句。例如:

> 《论语·学而》:"子曰:'学而时习之,不亦说乎!'"马融注:"子者,男子通称,谓孔子也。"

> 《诗·小雅·巷伯》:"彼谮人者,亦已大甚。"郑《笺》:"大甚者,谓使己得重罪也。"

> 《诗·秦风·终南》:"终南何有?有条有梅。"郑《笺》:"问何有者,意以为名山高大,宜有茂木也。"

上举的第一例为释词,第二例为释词组,第三例为释句子。

还有在"者"字之前又加一"也"字,而构成"某也者,某也"这种句式的。如:

> 《易·说卦》:"神也者,妙万物而为言者也。"

> 《礼记·郊特牲》:"身也者,父母之遗体也。"

"者"字在训诂中有时不做语气词,而做代词用。如:

> 《尔雅·释鱼》:"蜎,小者蟧。"

与前面的例子明显不同的是,被释词放在"者"字的后面了。

三、曰、为、谓之、之为、是为、是谓

"曰、为、谓之、之为、是为、是谓"这些术语也是表示判断的。使用时,一般把解释的词语放在前面,被解释的词放在后面,例如:

> 《诗·魏风·伐檀》:"河水清且涟猗。"毛《传》:"风行水成文曰涟。"
>
> 《诗·魏风·伐檀》:"不稼不穑,胡取禾三百囷兮。"毛《传》:"圆者为囷。"
>
> 《礼记·曲礼上》:"博闻强志而让,敦善行而不怠,谓之君子。"
>
> 《穀梁传·庄公元年》:"继弑君不言即位之为正。"
>
> 《穀梁传·桓公元年》:"继故而言即位,是为与闻乎弑。"
>
> 《左传·昭公七年》:"日月之会是谓辰。"

除解释单个词语外,这些术语还常用于集比为训。在《尔雅》《说文》等书中就有大量的例子。如:

> 《尔雅·释天》:"谷不熟为饥,菜不熟为馑。"
>
> 《尔雅·释器》:"金谓之镂,木谓之刻,骨谓之切,象谓之磋,玉谓之琢,石谓之磨。"
>
> 《说文·冂部》:"邑外谓之郊,郊外谓之野,野外谓之林,林外谓之冂。"

四、谓

使用"谓"这个术语时,被释之词放在它的前面,我们标点时也不必用逗号隔开。它常用来说明被释的词在句中是指特定的东西或有其特殊含义,犹今言"指某而言"。例如:

> 《论语·子路》:"必也正名乎。"郑玄注:"正名谓正书字也。"
>
> 《荀子·劝学》:"不闻先王之遗言,不知学问之大也。"杨倞注:"大谓有益于人。"
>
> 《汉书·高帝纪》:"朕亲被坚执锐。"颜师古注:"被坚谓甲胄也。执锐谓利兵也。"

这个术语又常用来串讲句意。例如:

《诗·郑风·野有蔓草》:"野有蔓草,零露漙兮。"郑《笺》:"谓仲春之时,草始生,霜为露也。"

《史记·陈涉世家》:"今亡亦死,举大计亦死,等死,死国可乎?"司马贞《索隐》:"谓经营图国,假使不成而败,犹愈为戍卒而死也。"

"谓"字还有一个古老的用法,例如《左传·宣公四年》:"楚人谓乳彀,谓虎於菟。"后人使用时,往往加字,如《诗·周南·葛覃》:"言告师氏,言告言归。"毛《传》:"妇人谓嫁曰归。"陆德明、孔颖达都指出这个"曰"字为定本所无,当是后人所加。

五、言、以言、此言、言此者

"言"的用法和"谓"差不多,但运用起来要比"谓"广泛。它不但可以表示解释词义,而且可以表示被解释的是词组、句子,甚至篇章。例如:

《诗·豳风·东山》:"滔滔不归。"毛《传》:"滔滔,言久也。"

《左传·僖公四年》:"岂不彀是为? 先君之好是继。与不彀同好,如何?"杜预注:"言诸侯之附从,非为工巧,寻先君之好,谦而自广,因求与楚同好。"

《楚辞·九章·怀沙》:"此章言己虽放逐,不以穷困易其行。小人蔽贤,群起而攻之。举世之人,无知我者。思古人而不得见,仗节死义而已。"

王逸著《楚辞章句》,常常在训释词义之后再串讲文意,使用"言"字之处较多。如:

《楚辞·九歌·国殇》:"操吴戈兮被犀甲。"王逸《章句》:"戈,戟。甲,铠也。言国殇从军之时,手执吴戈,身被犀甲而行也。"

"车错毂兮短兵接。"王逸《章句》:"错,交也,短兵,刀剑也。言戎在相迫,轮毂交错,长兵不施,故用刀剑以相接击也。"

用"以言"这个术语时,多为点明含义。如:

《诗·邶风·静女》:"静女其姝,俟我于城隅。"毛《传》:"城隅,以言高而不可逾。"

《诗·邶风·旄丘》:"狐裘蒙戎。"毛《传》:"大夫狐裘蒙戎,以言乱也。"

用"此言""言此者",表示被释之词不再重复举出。如:

《诗·小雅·北山》:"溥天之下,莫非王土。率土之滨,莫非王臣。"郑《笺》:"此言王之土地广矣,王之臣又众矣,何求而不得? 何使而不行?"

《诗·召南·小星》:"嘒彼小星,维参与昴。"郑《笺》:"此言众无名之星亦随伐留(按:即'参昴')在天。"

《诗·小雅·无羊》:"或降于阿,或饮于池,或寝或讹。"郑《笺》:"言此者,美其无所惊畏也。"

《诗·大雅·大明》:"天难忱斯,不易维王。天位殷适,使不挟四方。"郑《笺》:"言此者,厚美周也。"

又有"言某某者""凡言某某者"之例,即不用"此"字指代的。如:

《诗·郑风·遵大路》:"遵大路兮,掺执子之手兮。"郑《笺》:"言执手者,思望之甚。"

《汉书·高帝纪》:"其以沛为朕汤沐邑。"颜师古注:"凡言汤沐邑者,谓以其赋税供汤沐之具也。"

六、称、之称、名

"称、之称、名"这些术语常用来解释各种称呼的意义。如:

《尔雅·释亲》:"妇称夫之父曰舅,称夫之母曰姑。"

《释名·释亲属》:"叟,老者称也。"

《白虎通·爵》:"天子者,爵称也。"

《仪礼·士冠礼》:"曰伯某甫仲叔季。"郑玄注:"伯、仲、叔、季,长幼之称。甫是丈夫之美称。"

《周礼·天官》:"追师。"郑玄注:"追,治玉石之名也。"

《银雀山汉墓竹简·孙膑兵法·五名五恭》:"兵有五名:一曰威强,二曰轩骄,三曰刚至,四曰助忌,五曰重柔。"

七、貌、之貌、然

"貌、之貌、然"这几个术语主要用来说明事物的形态状貌,具有描写作用。例如:

《诗·陈风·月出》:"佼人僚兮。"毛《传》:"僚,好貌。"

《楚辞·离骚》："世幽昧以眩曜兮。"王逸注："眩曜，惑乱貌。"

《仪礼·士昏礼》："笾豆有楚。"郑玄注："楚，陈列之貌。"

《汉书·西域传》："临峥嵘不测之深。"颜师古注："峥嵘，深险之貌也。"

《诗·小雅·蓼莪》："南山烈烈，飘风发发。"毛《传》："发发，疾貌。"郑《笺》："飘风发发然寒且疾也。"

试比较末一例的毛《传》、郑《笺》，会发现"貌"与"然"的作用是相同的。形容写貌之词未必然都用"貌""然"之类。如"駪駪""诜诜"皆形容众多，《诗·小雅·皇皇者华》："駪駪征夫。"毛《传》曰："駪駪，众多之貌。"而《诗·周南·螽斯》："螽斯羽诜诜兮。"毛《传》："诜诜，众多也。"并不言"貌"，效果是一样的。

八、犹

"犹"这个术语，使用的情况比较复杂。先看看段玉裁的分析：

《说文·言部》："雠，犹譍（依段校当为'应'）也。从言，雔声。"段氏注云：

> 《心部》曰："应，当也。"雠者，以言对之，《诗》云"无言不雠"是也。引伸之为物价之雠，《诗》"贾用不雠"，高祖饮酒"雠数倍"是也。又引伸之为雠怨，《诗》"不我能慉，反以我为雠"，《周礼》"父之雠""兄弟之雠"是也。《人部》曰："仇，雠也。"仇、雠本皆兼善恶言之，后乃专谓怨为雠矣。凡汉人作注云"犹"者，皆义隔而通之，如《公》《穀》皆云"孙犹孙也"，谓此"子孙"字同孙遁之"孙"。《郑风》传"漂，犹吹也"，谓漂本训浮，因吹而浮，故同首章之"吹"。凡郑君、高诱等每言"犹"者皆同此。许造《说文》，不比注经传，故径说字义，不言"犹"。惟"𢍉"字下云："𤦡，犹齐也。"此因"𤦡"之本义"极巧视之"于"𢍉"从"𤦡"义隔，故通之曰"犹齐"。此以"应"释"雠"甚明，不当曰"犹应"。盖浅人但知雠为怨词，以为不切，故加之耳。然则"尔"字下云："丽尔，犹靡丽也。"此"犹"亦可删与？曰：此则通古今之语示人，丽尔古语，靡丽今语。《魏风》传"纠纠，犹缭缭""掺掺，犹纤纤"之例也。物价之"雠"，后人妄易其字作"售"，读承臭切，竟以改易《毛诗》"贾用不雠"，此恶俗，不可从也。

《说文·𤦡部》："𢍉，窒也。从𤦡，从廾，窒宀中。"段玉裁注云：

　　凡汉人训诂,本异义而通之,曰"犹"。"叕"从四工,同心同力之状,窒不必极巧,故曰"犹齐"。注经者多言"犹",许书言"犹"者三见耳。

正如段氏所指出的,《说文》一书中用"犹"字的只有三处。为什么这么少呢?《说文》是工具书,它直接解释字义,一般不用"犹"(意谓"等于""等于说")字。注释古书则不同,往往需要说明词在上下文中的特定含义,所以用"犹"之处较多。汉代郑玄、高诱等人注解古书就是如此。

　　《说文》中三处用"犹"字的,除"儺,犹儺也"一例疑为浅人误加之外,其余两处。一处是《叕部》"尔"字下:"尔,丽尔,犹靡丽也。"段氏认为这个"犹"字用来"通古今之语示人"。还有一处,段氏认为是使词语"义隔而通"。所谓"义隔而通",是说解释的词与被释的词并无意义上的直接联系,是语言环境和古今文字的引申假借使它们发生了联系。

　　"义隔而通"和"通古今之语以示人"是"犹"字的两种基本用法,在传注中,有时表现为近义词的互相训释。如:

　　　　《礼记·文王世子》:"众安得不喻焉。"郑玄注:"喻,犹晓也。"

　　　　《汉书·高帝纪》:"日者荆王兼有其地。"颜师古注:"日者,犹往日也。"

有时表现为以引申义相训释。如:

　　　　《左传·庄公十年》:"肉食者谋之,又何间焉?"杜预注:"间,犹与也。"

　　　　《孟子·梁惠王上》:"老吾老以及人之老,幼吾幼以及人之幼。"赵岐注:"老,犹敬也。幼,犹爱也。"

有时表现为以本字释借字。如:

　　　　《仪礼·士冠礼》:"永受胡福。"郑玄注:"胡犹遐也,远也,远无穷。""胡"是"遐"的假借字。

有时用来说明词句的比喻意义。如:

　　　　《诗·邶风·匏有苦叶》:"雌鸣求其牡。"毛《传》:"违礼义不由其道,犹雌鸣而求其牡矣。"

　　　　所谓"通古今之语",指用作注时代通行的语言去解释前代古语。例如:

　　　　《诗·魏风·葛屦》:"纠纠葛屦,可以履霜。掺掺女手,可以缝裳。"毛《传》:"纠纠,犹缭缭也。掺掺,犹纤纤也。"

毛亨用汉代通行的"缭缭""纤纤"去解释《诗经》中的"纠纠""掺掺"。

司马迁《报任安书》："谚曰：谁为为之？孰令听之？"李善注："谁为，
犹为谁也。"

这是用唐时通行的语法结构去解释汉人著作中的宾语前置问题。

总起来看，"犹"这个术语适用的场合比较多，它既可以说明词义间的联
系，也可以说明比喻义和假借义，还可以以今语释古语、以今字释古字（如
《诗·小雅·鹿鸣》："皇皇者华。"毛《传》："皇皇，犹煌煌也。"）要之，不过如
现代之"等于""等于说"，在具体语境中还是不难理解的。

九、读如、读若、读曰、读为

古人传注，凡言"读"的地方，都表示释喻的词和被释词之间有着语音上
的联系。

具体来讲，"读如""读若"可为一组，"读曰""读为"可为一组。这两组术
语之间有些交叉。

前人论及此事较详者，有段玉裁、钱大昕、王筠、俞樾等。现在我们举段、
钱二家说加以比较。

段玉裁在《说文解字注》"读"字下曰：

> 汉儒注经，断其章句为读，如《周礼》注"郑司农读火绝之"，《仪礼》
> 注"旧读昆弟在下"，"旧读合大夫之妾为君之庶子、女子子嫁者、未嫁者"
> 是也。拟其音曰读，凡言"读如""读若"皆是也。易其字以释其义曰读，
> 凡言"读为""读曰""当为"皆是也。

在《周礼汉读考序》中，段玉裁又说：

> 汉人作注，于字发疑正读，其例有三：一曰"读如""读若"，二曰"读
> 为""读曰"，三曰"当为"。"读如""读若"者，拟其音也，古无反语，故为
> 比方之词。"读为""读曰"者，易其字也。易之以音相近之字，故为变化
> 之词。比方主乎同，同音而义可推也；变化主乎异，字异而义了然也。比
> 方主乎音，变化主乎义。比方不易字，故下文仍举经之本字；变化字已易，
> 故下文辄举所易之字。注经必兼兹二者，故有"读如"、有"读为"。字书
> 不言变化，故有"读如"、无"读为"。有言"读如某""读为某"而某仍本字
> 者，"如"以别其音，"为"以别其义。"当为"者，定为字之误、声之误，而
> 改其字也，为救正之词。形近而讹，谓之字之误；声近而讹，谓之声之误。
> 字误、声误而正之，皆谓之"当为"。凡言"读为"者，不以为误；凡言"当

为"者,直斥其误。

段玉裁在这段话中不但谈到"读如""读若"与"读为""读曰"这两组术语,还谈到"当为"这个"正误"的术语。"当为"不但是训诂学术语,也是校勘学术语。

按照段氏的说法,"读如""读若"的作用是"拟其音",只起注音作用。"读为""读曰"的作用是"易其字"是讲破假借的。

但是钱大昕不同意这种看法,他在《潜研堂文集·古同音假借说》一文中说:

> 汉人言"读若"者,皆字假借之例,不特寓其音,并可通其字。即以《说文》言之:"邢"读若"许",《诗》"不与我戍许",《春秋》之"许田","许男","许冲上书阙下",不必从邑从无也。"郪"读若"蓟",《礼记》"封黄帝之后于蓟",《汉书·地理志》有"蓟县",不必从邑从契也。"琇"读若"淑",《尔雅》"璋大八寸谓之玼","玼"即"淑"之讹,不必从玉从寿也,"珣"读若"宣",《尔雅》"璧大六寸谓之宣",不必从玉从旬也……以是推之,许氏书所云"读若",云"读与某同",皆古书假借之例,假其音,并假其义,音同而义亦随之,非后世譬况为音者可同日而语也。

如此说来,"读如""读若"并非只能注音,有时也表示假借,像《说文》中的"邢"字,许慎说它"读若许",钱大昕认为"许"就是"邢"的假借字。

那么,"读为""读曰"是否只表示假借,而非注音的术语呢?《礼记·檀弓》:"何居?我未之前闻也。"郑玄注:"居,读为姓姬之姬,齐鲁之间语助也。"显然,这里的"居读为姬"只是注音,并非假借。

可见,在古人传注中,这两组术语的作用分得并不十分清楚,"读如""读若"在多数情况下用来譬况注音,而有时可以表示假借;"读为""读曰"一般说来表示假借,有时也用来注音。它们的共同点是释义词与被释词之间有语音联系。

汉代以来譬况注音,有时直接用"读如""读若"。如:

> 《吕氏春秋·慎大》:"(夏民)亲郼如夏。"高诱注:"郼,读如衣。"

> 《说文·屮部》:"屮,艸木初生也。象丨出形,有枝茎也。古文或以为艸字。读若彻。"

有时,为了明白易懂,还加上修饰语。如:

> 《楚辞·九章·哀郢》:"顺风波以从流兮,焉洋洋而为容。"洪兴祖

《补注》:"焉读如且焉止息之焉。"按:"且焉止息"见于《离骚》"驰椒丘且焉止息"。

《说文·木部》:"柮,断也。从木,出声。读若《尔雅》貀无前足之貀。"按:"貀无前足"见《尔雅·释兽》,音纳,字又作貀。

有时为了说得明白,还用当时口语加以比况。如:

《礼记·儒行》:"竟信其志。"郑玄注:"信读如屈伸之伸。"

"屈伸"为当时常语。同时郑玄还进一步指出:"假借字也。"这就更明白了。

有的字多音多义,但在特定上下文中,它只能有一个确定的音义,才能表达明确,因此,"读如""读若"还有标出特定文句中字的音义的作用。如:

《诗·魏风·伐檀》:"彼君子兮,不素飧兮。"郑《笺》:"飧,读如鱼飧之飧。"

这里是用《公羊传·宣公六年》记载的赵盾"方食鱼飧"的事来说明《伐檀》中的"飧"不是指当晚饭讲的那个"飧",而是指当熟食讲的那个"飧"。飧是个多义词。除上面两个义项外,还当便宴或水泡饭讲,在具体文句中,它只能指一个义项,"读如"的作用,除注音外,还能别义。

另外,段玉裁还指出:"凡言'读与某同'者,亦即'读若某'也。"(见《说文·玉部》"玒"字注)

《说文·玉部》:"玒,石之似玉者。从玉,厶声。读与私同。"

在《说文·禾部》,"私"训"禾也",与《玉部》的"玒"没有意义联系,可见"读与某同"也是可以用来注音的。

表示古今字,有时也用"读为"这个术语。如:

《周礼·春官·小宗伯》:"小宗伯之职,掌建国之神位。"郑玄注:"故书位作立。郑司农云:'立读为位。'古者立、位同。古文《春秋经》'公即位'为'公即立'。"

郑众注用古本《周礼》作"掌建国之神立",郑玄指出"立"和"位"是古今字的关系。

另外,说明古今字,还可用"某与某同"这种方式。如:

《汉书·高帝纪》:"填国家。"颜师古注:"填与镇同。镇,安也。"

"填"与"镇",也是古今字的关系。

训诂家有时也用"读曰"来表示古今字。如:

《汉书·地理志》:"嫁取送死奢靡。"颜师古注:"取读曰娶。"

《汉书·西域传》:"边竟未得安。"颜师古注:"竟读曰境。"

"竟"与"境"、"取"与"娶"皆为古今字,用了"读曰"这个术语,容易使人误以为是假借关系,大约颜师古在古今字与假借字问题上界限也并不清楚,所以在使用术语时有这种情况。当然,我们也不妨认为"读为""读曰"这组术语兼有表示假借和表示古今字的作用。

有时,不用"读为""读如"也可以说明假借。如:

《诗·小雅·桑扈》:"君子乐胥,受无之祜。"郑《笺》:"胥,有才知之名也。"而《周礼·天官·序官》:"胥十有二人。"郑玄注则云:"胥读如谞。谓其有才知为什长。"

可见郑玄认为《诗·小雅·桑扈》中的"胥"也是"谞"的假借字,故皆训"有才知"。"胥"字,朱熹《诗集传》认为是语词,与郑说不同。孔颖达《毛诗正义》又以为"胥"与"须"为古今字,皆为"有才智"之名。

十、之言、之为言

"之言、之为言"这一组术语,表示解释词与被释词之间音义相通,即所谓"声训"。古时"声训"为的是"推因",即寻求事物得名之由。但古人留下来的"声训"材料芜杂得很,有些是正确的,也有许多是错误的,应该注意分辨。

段玉裁对"之言"有过说明:

《说文·示部》:"祼,灌祭也。从示果声。"段注:"按此字以'果'为声,古音在十七部。《大宗伯》《玉人》字作'果',或作'灌'。注两言'祼之言灌'。凡云'之言'者,皆通其音义以为训诂。非如'读为'之易其字,'读如'之定其音。如《载师》'载之言事';《族师》'师之言帅';'襢衣','襢之言亶';'婑柳','柳之言聚';'副编次','副之言覆';'裡祀','裡之言烟';《卝人》'卝之言矿'皆是。未尝言'裡即读烟''副即读覆'也。以是言之,'祼'之本音读如'果','卝'之本音为'卵',读如'鲲',与'灌''矿'为双声,后人竟读'灌'、读'矿',全失郑意。古音有不见于周人有韵之文而可意知者,此类是也。"

段氏指出了"之言"与"读为""读如"的区别,是正确的。古时的"声训",有同音的,也有双声或叠韵的。

下面我们再举几个例子:

《诗·大雅·常武》:"既敬既戒。"郑《笺》:"敬之言警也。"

《周礼·夏官·司勋》:"凡有功者,铭书于王之太常。"郑玄注:"铭之言名也。"

《礼记·明堂位》:"天子皋门。"郑玄注:"皋之为言高也。"

《礼记·曲礼下》:"天子之妃曰后。"郑玄注:"后之言後也。"

后两例的解释词与被释词之间很难说有同源关系,因此对前人声训材料当审慎取舍,不可一概袭用其说。

十一、所以

"所以"是表示行为赖以实现的方式的术语,大致相当于现代"用作""用来"的意思。在《说文·聿部》有"聿,所以书也",段玉裁注云:"以,用也。聿者,所用书之物也。凡言所以者视此。"

《说文》中用"所以"的例子较多。如:

《说文·囗部》:"囿,所以树果也。"

《说文·艸部》:"苑,所以养禽兽也。"

《说文·木部》:"枕,卧所以荐首者。"

《说文·木部》:"梳,所以理发也。"

后代学者有人对汉人使用"所以"的条例不够明白,常常任意删去。例如:

《说文·革部》:"鞭,驱也。"段玉裁校曰:"殴(各本作'驱',浅人改也)上仍当有'所以'二字。"

《说文·卜部》:"卦,筮也。"段玉裁补为:"所以筮也。"

可见,"所以"二字不可妄删,因为"所以筮也"是名词性结构,删掉"所以",变成动词了。

十二、同

古人注疏,常以"某读与某同"来注音或解说字形。如:

《说文·车部》:"範,读与犯同。"

《说文·走部》:"趚,读若跬同。"

《汉书·西域传》:"子拊离代之。"颜师古注:"拊,读与抚同。"

又有用"某与某同"或"古声某、某同""古字某、某通"来说明假借字的。如:

《汉书·高帝纪》:"与天下之豪士贤大夫共定天下,同安辑之。"颜师古注:"辑与集同。"

　　《诗·豳风·东山》:"烝在栗薪。"郑《笺》:"古者声栗、裂同也。"

　　《诗·大雅·文王》:"陈锡哉周。"毛《传》:"哉,载。"孔疏:"哉与载古字通。"

当然,有时说明通假字不一定用"同""通"字样。如:

　　《汉书·文帝纪》:"有司请蚤建太子。"颜师古注:"蚤,古以为早晚字也。"

现在看来,用"同"字破假借有时会使读者误以为异体字,而"趌"与"跬",据钱绎《方言笺疏》说,又为"古今字",所以对这一类术语要根据上下文具体区分,不可以一概言之。

十三、声

　　前人注释中常以"某某,声"之类来说明象声词。如:

　　《诗·召南·草虫》:"喓喓草虫。"毛《传》:"喓喓,声也。"

　　《诗·魏风·伐檀》:"坎坎伐檀兮。"毛《传》:"坎坎,伐檀声。"

　　《诗·周南·关雎》:"关关雎鸠。"毛《传》:"关关,和声也。"

十四、辞、词、语词、语助

　　"辞、词、语词、语助"这一组术语主要用来表示虚词。

　　段玉裁研究《说文》,认为"辞"和"词"意思不同,他订正《毛诗故训传》时指出:"《说文》凡文辞作辞,辞,说也。凡形容及语助,发声作词。"但在古人注释中具体运用起来,"辞"和"词"这两个术语往往并无什么区别。如:

　　《诗·召南·草虫》:"亦即见止,亦既觏止。"毛《传》:"止,辞也。"

　　《楚辞·九歌·云中君》:"君不行兮夷犹,蹇谁留兮中洲。"王逸注:"蹇,词也。"

　　《尔雅·释诂》:"爰、粤、于、那、都、繇,於也。"郭璞注:"繇,辞也。"

　　《广雅·释诂》:"曰、欥、惟……也、乎、些、只,词也。"

从上面的例子,我们看不出"辞"和"词"的用法有何不同,段玉裁用研究《说文》的办法来解释训诂术语,有时说得比较绝对些了。

　　除"辞""词"之外,表示虚词的术语还有许多。如:

　　《诗·周南·麟之趾》:"於嗟麟兮。"毛《传》:"於嗟,叹辞。"

《诗·魏风·园有桃》:"心之忧矣,聊以行国。"郑《笺》:"聊,且略之辞。"

《诗·小雅·角弓》:"毋教猱升木,如涂涂附。"郑《笺》:"毋,禁辞。"

《诗·鄘风·柏舟》:"母也天只,不谅人只。"朱熹注:"只,语助辞。"

《诗·郑风·出其东门》:"聊乐我员。"孔疏:"云、员,古今字,助句辞也。"

《诗·邶风·式微》:"式微式微。"郑《笺》:"式,发声也。"

《楚辞·离骚》:"羌内恕己以量人兮。"王逸注:"羌,楚人语词也。"

《礼记·檀弓》:"何居?"郑玄注:"居,读如姬姓之姬,齐鲁之间语助也。"

《汉书·货殖传》:"於越不相入矣。"颜师古注:"於,发语声也。"

上述各例中的"叹辞""禁辞""且略之辞""语助辞""助句辞""发声""语辞""发语声"等等,都是解释虚词的。如果不注意,就会误虚为实,错会词义。

在《说文》中,对虚词的说明又用了另外一些术语。如:

《说文·只部》:"只,语已词也。"

《说文·兮部》:"兮,语所稽也。"

《说文·丂部》:"宁,愿词也。"

《说文·八部》:"尔,词之必然也。"

因为《说文》是字书,所以对虚词用法说得较一般注疏要具体些,而且重点在于说明每个虚词在语言中的作用。

魏晋以后不少注释家也很注意虚词在文句中所表示的具体含义,而不满足于"辞也""词也"这样笼统的说明。如:

《史记·项羽本纪》:"唉! 竖子不足与谋。"司马贞《索隐》:"唉,叹恨发声之辞。"

《史记·廉颇蔺相如列传》:"秦王与群臣相视而嘻。"司马贞《索隐》:"嘻,惊而怒之辞。"

这样,读者对这些词在句中所表示的意义就不会误解了。最后一例的"相视而嘻","嘻"字前面带了状语,与一般放在句尾的语气词用法不同,可以理解为象声词。

十五、互文

互文,又称互言、互辞、互相备等,本是古汉语修辞学上的术语,表示"各述一端,参互足义",因为它在前人注疏中经常出现,对于理解文意比较重要,所以研究训诂术语时也经常提到它。贾公彦在《仪礼疏》中说:"凡言互文者,是两物各举一边而省文,故云互文。"例如:

《诗·小雅·楚茨》:"楚楚者茨,言抽其棘。"郑《笺》:"茨言楚楚,棘言抽,互辞也。"

《仪礼·公食大夫礼》:"雍人以俎入,陈于鼎南,旅人南面加匕于鼎,退。"郑玄注:"雍人言'入',旅人言'退',文互相备。"

《诗·大序》:"故正得失,动天地,感鬼神,莫近于《诗》。"孔颖达疏:"天地云'动',鬼神云'感',互言耳。"

《礼记·乐记》:"食三老五更于大学。"郑玄注:"三老、五更,互言之耳,皆老人更知三德五事者也。"

《礼记·月令》:"孟夏之月……天子饮酎,用礼乐。"郑玄注:"孟冬云'大饮烝',此言'用礼乐',互其文。"

《礼记·丧大记》:"浴水用盆,沃水用枓","沐用瓦盘"。郑玄注:"浴、沃用枓,沐于盘中,文相变也。"

所谓"文相变",也是互文见义的意思。

十六、浑言、析言

前人注释中经常有"浑别不别,析言则异""统言是一,析言则殊""对言则异,散文则通""对言则异,散言则通"等说法,指的是同义词或近义词在不同语言环境中意义的精粗。如:

《诗·齐风·南山》:"南山崔崔,雄狐绥绥。"孔颖达疏:"对文则飞曰雌雄,走曰牝牡,散则可以相通。"

《诗·小雅·何人斯》:"出此三物,以诅尔斯。"毛《传》:"三物:豕、犬、鸡也。民不相信,则盟诅之。"马瑞辰《通释》:"诅小于盟也。是《诗》三物专言'诅',毛传通言'盟诅'者,'盟'与'诅'亦散言则通,对言则异。"

《诗·召南·羔羊》:"羔羊之革。"毛《传》:"革,犹皮也。"孔颖达疏:"《说文》曰:'兽皮治去其毛曰革。革,更也。'对文言之异,散文则皮、革通。"

《说文·鸟部》:"鸟,长尾禽总名也。"段玉裁注:"短尾名'隹',长尾名'鸟'。析言则然,浑言则不别也。"

《尔雅·释宫》:"宫谓之室,室谓之宫。"郝懿行《义疏》:"《考工记·匠人》云:'室中度以几,宫中度以寻。'此是对文。至于散文,则通。故《诗·定之方中》传:'室,犹宫也。'《楚辞·招魂篇》注:'宫,犹室也。'"

十七、或作、本作、一作

"或作、本作、一作"是释古书中异文的术语,即同一书因版本不同而文字有异,或古人因袭旧说时出现文字之异同。明白异文的含义,往往于训诂大有益处。例如:

《左传·宣公三年》:"魑魅罔两。"陆德明《释文》:"两,本作蛧。"

《周礼·夏官·职方氏》:"其泽薮曰弦蒲。"郑玄引郑众曰:"弦,或为汧;蒲,或为浦。"

《礼记·聘义》:"温润而泽。"郑玄注:"润,或作濡。"

《易·乾·文言》:"处终而能全其终。"陆德明《释文》:"能全,一本作能令。"

《易·系辞下》:"来者信也。"陆德明《释文》:"信也,本又作伸。"

此外,表示异文的还有"或为""本亦作""某本某作""各本作""某出作"等等,不详细举例了。

以上只是简单举例介绍了一部分训诂学的术语,很不全面,其中有的术语并非训诂学所专有,譬如"互文""浑言""析言"在修辞学领域中也常用;"或作""当为"等在校勘学领域中经常出现。我们在这里介绍它们,是因为与释义关系较为密切。其实,与古籍阅读和整理有关的术语还有许多,它们或者明白易懂,一看便知,或者与词语训释关系不太密切,这里就不详细介绍了。

大多数训诂学上的术语,在先秦两汉时期就已出现,唐代训诂家又有所发展。譬如孔颖达在为《毛诗》作正义时,就已注意到郑玄笺中一些术语的用法问题。到了清代,段玉裁、王念孙、王引之、钱大昕、阮元、朱骏声等人进一步总结前人研究成果,对一些术语的含义进行了探讨。例如如段玉裁对"之言"与"读为"的区分,朱骏声对"假借"的研究,阮元在《经籍籑诂凡例》中对二十多个术语进行归类集中,这些无疑都是很有意义的。

训诂术语不但保证了训诂的实践,而且是训诂学发展成熟的标志,它推动着训诂学进一步的发展。许多训诂术语不单为训诂学所专有,文字声韵、版本校勘等相关学科也用得着,它们直接促进了这些学科的产生与发展。

　　但是,传统训诂学也存在着称谓不一、使用混乱的问题。例如"声"这个概念,究竟是指声纽还是指字音? 还是指声调? 还是指韵? 又如"假借"与"通假",与"古字某与某同"这几个概念的明确定义是什么? "古今字"与"正俗字""异体字"到底是怎么回事? 这些问题对于后人来说都是需要分辨清楚的。中国历史悠久,几千年来各地学者在训诂中使用过的术语也很多,很杂,我们不能要求古人十分科学、十分统一,也不能像段玉裁、钱大昕对"读曰""读为""读如""读若"下定义那样,贸然使用"全称判断",说"凡云某者皆为某",强古人以就我。但在当前国家统一、人文发达、交通及印刷条件便利的情况下,有组织地通过科学研究对传统训诂学术语问题展开讨论,逐步取得较为一致的认识,还是办得到的。这一点,本书在第一章里就已经提到过了。

第六章　训诂学的根柢书

段玉裁曾指出:"凡文字有义、有形、有音。《尔雅》以下,义书也;《声类》以下,音书也;《说文》,形书也。"广泛地讲,凡是两汉、魏晋南北朝以来训诂学家的传、笺、注、疏,都是训诂学的有关书籍。进而言之,对晋、唐、宋、元以来俗语词研究的成果也不应忽视。但是,对初学者来说,总归要先读通一些根柢书,在此基础之上再分门别类,进行专攻。那么,治训诂学先要读哪些根柢书呢?黄侃先生举出"现存完全切用的十种根柢书":《尔雅》《小尔雅》《方言》《说文》《释名》《广雅》《玉篇》《广韵》《集韵》《类篇》。若就其性质而分之,则《尔雅》《小尔雅》《方言》《释名》《广雅》是段玉裁所说的"义书",即诂训之书;《说文》《玉篇》《类篇》是段氏所说的"形书",即文字之书;《广韵》《集韵》是段氏所说的"音书",即声韵之书。搞训诂的人,这十种书都应当读。但其中尤为重要者,是《尔雅》《说文》《方言》《释名》四种。黄侃先生指出:"《尔雅》解释群经之义,无此则不能明一切训诂。《说文》解释文字之原,无此则不能得一切文字之由来。《方言》解释时、地不同之语,无此则不能通异时异地之语言。《释名》解释文字得音之原,无此则不知声音相贯通之理。"又说:"四类之中,又当以《说文》《尔雅》为本。无《说文》则不能通文字之本,而《尔雅》失其依皈;无《尔雅》则不能尽文字之变,而《说文》不能致用。如车之运两轮,鸟之鼓双翼,缺一则败矣。"(《制言》第七期)

研治训诂学,形、音、义三者必须贯通,言义则音、形相符,言形则音、义毕在,然后训诂才不致落空。诚如段玉裁所说:

> 小学有形、有音、有义,三者互相求,举一可得其二。有古形、有今形,有古音、有今音,有古义、有今义,六者互相求,举一可以得五。

因此,在前面所列举的十种书当中,《尔雅》《说文》《广韵》《方言》《释名》等书尤不可缺。

下面,择要介绍一下。

第一节 《尔雅》

《尔雅》是我国第一部分类的词典。关于它的名义,《汉书·艺文志》所载张晏注称:"尔,近也。雅,正也。"刘熙《释名·释典艺》:"尔,昵也;昵,近也。雅,义也;义,正也。五方之音不同,皆以近正为主也。"《大戴礼记·小辩》:"(鲁哀)公曰:'不辩,则何以为政?'子曰:'《尔雅》以观于古,足以辩言也。'"《论语·述而》:"子所雅言,《诗》、《书》、执礼,皆雅言也。"孔安国注:"雅言,正言也。"郑玄注:"读先王法典,必正言其音,然后义全,故不可有所讳。礼不诵,故言'执'。"黄侃指出:"此文于六艺但举三者,余从可知。特举'子所雅言',则子之常言,亦从方俗。上古疆域未恢,事业未繁,故其时语言亦少。其后幅员既长,谣俗亦杂,故多变易之言。变易者,意同而语异也。事为踵起,象数滋生,故多孳乳之言。孳乳者,语相因而义稍变也。时王就一世之所宜,标京邑以为四方言语之枢极,故《周礼·大行人》:'王之所以抚邦国诸侯者,七岁属象胥谕言语,协辞命;九岁属瞽史,谕书名,听声音,正于王朝,达于诸侯之国。'此谓雅言。然而五方水土未可强同,先古遗言不能悉废,综合集之,释以正义,比物连类,使相附近,此谓《尔雅》。凡六艺,皆掌在王官,四术所以教士,必以雅为主,然则《尔雅》之附《孝经》,义见于此矣。"他还说:"雅之训正,谊属后起,其实即'夏'之借字。《荀子·荣辱》篇云:'越人安越,楚人安楚,君子安雅。'《儒效》篇则云:'居楚而楚,居越而越,居夏而夏。'二文大同,而'雅''夏'错现,明'雅'即'夏'之假借也。"(并见黄氏《尔雅略说》)"雅"为"夏"之借字,这是刘台拱的意见。《荀子·儒效》篇中有一段话,可为注脚:"中土卿士,南聘楚庭;楚国君臣,北盟诸夏,尊俎揖让之时,坛坫折冲之际,未见舌人之通邮,亦无语言之隔阂。"阮元《揅经堂文集》中作了通俗的解释:"正言者,犹今之官话也。近正者,各省土音近于官话者也。"

《尔雅》一书的作用,王充在《论衡·是应》篇中说:"《尔雅》之书,五经之训故,儒者所共察也。"郑玄《驳五经异义》中说:"《尔雅》者,孔子门人所作以释六艺之旨。"郭璞《尔雅序》云:"夫《尔雅》者,所以通训诂之指归,叙诗人之兴咏,总绝代之离词,辨同实而殊号者也。诚九流之津涉,六艺之钤键,学览者之潭奥，擒翰者之华苑也。若乃可以博物不惑，多识于鸟兽草木之名者，莫近于《尔雅》。"刘勰在《文心雕龙·宗经》篇中说："《书》实记言，而训诂茫昧，通乎《尔雅》，则文意晓然。"在《练字》篇中他又说："夫《尔雅》者，孔徒之所纂，而《诗》《书》之襟带也。"陆德明《经典释文·叙录》说："《尔雅》者，所以训释五经，辨同异，实九流之通路，百氏之指南，多识鸟兽草木之名，博览而不惑者也。"可见《尔雅》是训诂的正义，古人读经书，晓文意，离不开它，故列于十三经之末。

《四库全书总目》在谈到《尔雅》时，有一段话，很值得注意：

> 其书，欧阳修《诗本义》以为学《诗》者纂集博士解诂，高承《事物纪原》亦以为大抵解诂诗人之旨，然释《诗》者不及十之一，非专为《诗》作。扬雄《方言》以为五经之训故，然释五经者不及十之三四，更非专为五经作。今观其文，大抵探诸书训诂名物之同异，以广见闻，实自为一书，不附经义。如《释天》云"暴雨谓之涷"，《释草》云"卷施，草拔心不死"，此取《楚辞》之文也。《释天》云"扶摇谓之猋"，《释虫》云"蒺藜，蚑蛆"，此取《庄子》文也。《释诂》云"嫁，往也"，《释水》云"濮，大出尾下"，此取《列子》之文也。《释地·四极》云"西王母"，《释畜》云"小领盗骊"，此取《穆天子传》之文也。《释地》云"东方有比目鱼焉，不比不行，其名谓之鲽。南方有比翼鸟焉，不比不飞，其名谓之鹣鹣"，此取《管子》之文也。又云"邛邛岠虚负而走，其名谓之蟨"，此取《吕氏春秋》之文也。又云"北方有比肩民焉，迭食而迭望"，《释地》云"河出昆仑虚"，此取《山海经》之文也。《释诂》云"天帝皇王后辟公侯"，又云"洪廓宏溥介纯夏忧"，《释天》云"春为青阳"至"谓之醴泉"，此取《尸子》之文也。《释鸟》云"爰居、杂县"，此取《国语》之文也。如是之类，不可殚数。盖亦《方言》《急就》之流，特说经家多资以证古义，故从其所重，列之经部耳。

《四库全书总目》这段话很值得深入重视，它以事实证明《尔雅》并非单纯是解经的，指出客观上它是一部词书，这无疑肯定了它的语言性特征。黄侃先生云："先师皆云《尔雅》释经，后儒乃云《尔雅》论训诂，不亦浅窥《尔雅》乎？"这话是为强调《尔雅》在经学研究中的地位，同时也反映了他受时代的局限。其实，把"雅学"看作"经学"附庸，无异于把训诂看作"经学"附庸，作为首先把训诂学当作独立学术的创始人，黄先生这话显然是自相矛盾的。

《尔雅》一书，学术界都承认它是古代最早的训诂专书，是训诂学正式兴起的标志之一。王力先生说它"实际上是一种故训汇编"(《中国语言学史》),殷孟伦先生说它"在司马迁之前,是一部大家行用的词书"(《尔雅简说》),陆宗达先生说它是"通释语义的训诂专著"(《训诂研究》)。看来,在这一点上,学者们早已形成了共识。

《尔雅》的作者问题,古来颇多异说,归纳起来,大致有四种意见。

其一,"孔子门人"说。郑玄《驳五经异义》云:"《尔雅》者,孔子门人作,以释六艺之文言,盖不误也。"《西京杂记》载,扬雄也说过"孔子门徒游、夏之俦所记,以解六艺者也"这样的话。刘勰《文心雕龙·练字》:"夫《尔雅》者,孔徒之所纂。"贾公彦《周礼·大宗伯》疏:"《尔雅》者,孔子门人所作,以释六经之义。"

其二,"兴于中古"说。郭璞《尔雅序》:"《尔雅》者,盖兴于中古,隆于汉氏。"按:伏牺为上古,文王为中古,孔子为下古。周公者,文王之子,故此说与下"周公所作"说相近。

其三,"周公所作"说。张揖《上广雅表》:"昔在周公践阼,理政六年,制礼以导天下,著《尔雅》一篇,以释其义……爰暨帝刘,鲁人叔孙通撰置《礼记》,文不违古,今俗所传三篇《尔雅》,或言仲尼所增,或言子夏所益,或言叔孙通所补,或言沛郡梁文所考,皆解家所说,先师口传,既无正谥,圣人所言,是故疑不能明也。"吴承仕补充说:"盖周公制作礼乐,而《尔雅》者,《礼记》之流。史佚教其子以《尔雅》,孔子以《尔雅》告哀公,又答子夏,明仲尼以前有《尔雅》,故以为周公作。孔子修订六籍,子夏发明章句,叔孙通撰定汉仪,故以为三人所增益。"

其四,"汉儒所作"说。欧阳修《诗本义》:"《尔雅》非圣人之书,考其文理,乃是秦汉之间学诗者纂集说诗博士解诂之言尔。"《朱子语录》:"《尔雅》是取传注以作,后人却以《尔雅》证传注。"叶梦得亦曰:"《尔雅》训释最为近古。世言周公作,妄矣。其间多是类《诗》中语,而取毛氏说为正,余意此但汉人所作耳。"《四库全书总目》持与之近似的观点,其言已见前面的举例。章太炎驳斥这种说法,他说:"《尔雅》一书在汉初早已传布,朱文公谓为掇拾传注而成,则试问鲁哀公时已有传注否乎?"黄侃也说:"张揖《上广雅表》引《春秋元命苞》云:'子夏问夫子作《春秋》不以初、哉、首、基始何?'据此,是《尔雅》之文兴于孔氏之前,故子夏得据成文以发问,必非漫举四字而已。传记训诂之词有与《尔雅》毕同者,汇而观之,亦可知《尔雅》非后起之作也。……宋人好

陈新义,以反旧说为长,不足怪也。"他主张:"《尔雅》之名,起于中古,而成书则自孔徒。"(《尔雅略说》)

殷孟伦先生总结以上各家说法,提出:"《尔雅》一书,始作于周公,而成于孔子门人。为之增补者,则是汉代学者们。"他指出:"把它归在某人名下,是大有问题的。"(《尔雅简说》)我们认为这种观点是比较客观的。

《尔雅》共十九篇(据《汉书·艺文志》所载:"《尔雅》三卷,二十篇。"与今不相符),分上、中、下三卷。上卷为:《释诂》第一,《释言》第二,《释训》第三,《释亲》第四。中卷为:《释宫》第五,《释器》第六,《释乐》第七,《释天》第八,《释地》第九,《释丘》第十,《释山》第十一,《释水》第十二。下卷为:《释草》第十三,《释木》第十四,《释虫》第十五,《释鱼》第十六,《释鸟》第十七,《释兽》第十八,《释畜》第十九。

这种篇次的安排,自郭璞注本和唐石经以来,已是如此。这种排列究竟有没有什么含义,前人没有说明,只在邢昺的《尔雅疏》中有这样的话:"其篇所次,旧无明解。或以为有亲必须宫室,宫室既备,事资次器。今谓不然。何则?造物之始,莫先两仪,而乐器居天、地之先,岂天、地乃乐器所资乎? 盖以先作者居前,增益者处后,作非一时,故题次无定例矣。"

这段话有些道理,但这里所涉及的,是"周公所著一篇"中"一篇"的解释问题。"一篇"究竟只是指的《释诂》呢,还是指一卷? 如果是指后者,那么当包括全部,后人增益为三卷。邵晋涵说:"诸篇之目皆周公所定,七十子徒每篇皆有增益。"这个说法较邢昺为优。

清代学者更感兴趣的是考定《汉·志》所载二十篇与今本十九篇的不同。翟灏《尔雅补郭》卷二"夏曰复胙"条下云:"祭名与讲武、旌旂三章俱非天类而系于《释天》,邢(昺)氏强为之说,义殊不了。愚谓古《尔雅》当更有《释礼》一篇与《释乐》篇相随,此三章乃《释礼》文之残缺失次者耳。《尔雅》二十篇,今惟十九篇,所少,或即此篇。"孙志祖在《读书脞录续编》中提出不同看法,他说:"志祖按:《广雅》篇第一依《尔雅》,《广雅》无《释礼》篇,则晴江(翟灏字)之说非也。盖《释诂》分上、下十篇,故《汉·志》称二十篇耳。"陆尧春在《经义丛钞》中的《尔雅序篇说》里,提出《尔雅》十九篇之外,当有一《序》篇,他说:"《汉·志》:《尔雅》三卷二十篇,今所传止十九篇,《汉·志》或即合《序》篇而言也。"孙志祖反驳他说:"然《尔雅》果有《序》篇,景纯(郭璞)岂应删而不注? 且唐人作《正义》时,尚存此篇,则张揖魏人,其著《广雅》亦必沿用之矣。"

邵晋涵《尔雅正义》说:"《汉书·艺文志》作三卷二十篇,今所传本止十九篇,但考诸书之征引《尔雅》者,似有佚句而无阙篇,班固所言篇第,今不可考。"《尔雅》佚文见诸《说文》《易疏》《诗疏》《左传疏》《礼记疏》《周礼疏》《史记集解》《史记索隐》《后汉书注》《文选注》《太平寰宇记》等书,这是毫无问题的,但要说《尔雅》尚有阙篇,那么单凭《诗孔疏》所引三句来断定其尚有《序》篇,则证据嫌薄弱些。所以相比而言,我们觉得孙志祖关于《释诂》分上、下篇,故《尔雅》十九篇在《汉·志》中称为二十篇的说法较为平妥一些。

《尔雅》十九篇,大抵前三篇为会通言文,后十六篇为训诂名物。下面简单列举一下:

《释诂》第一

诂,古也,古今文字异义,以今言释古语,故谓之释诂。篇分上、下,共包括一百八十九事。如:

初、哉、首、基、肇、祖、元、胎、俶、落、权舆,始也。

林、烝、天、帝、皇、王、后、辟、公、侯,君也。

逆、几、暱,近也。

《释言》第二

言之为言衍也,约取常行之事,而以异义释之。此篇所释皆单文起义,多不过二三言。共包括三百零八事。如:

还、复,返也。

贸、贾,市也。

振,古也。

《释训》第三

训,道也,道物之貌以告人也。此篇多形容写貌之词,故重文迭字,累载于篇。共包括一百二十八事。如:

明明、斤斤,察也。

穆穆、肃肃,敬也。

美女为媛,美士为彦。

《释亲》第四

释宗族、母党、妻党、婚姻之亲,以定名分。共包括九十三事。如:

父为考,母为妣。

兄之子,弟之子,相谓为从父晜弟。

女子谓兄之妻为嫂,弟之妻为妇。

《释宫》第五

　　释宫室、户牖、台树、道路之名,以考见古时之居处制度。共包括七十七事。如:

　　宫谓之室,室谓之宫。

　　牖户之间谓之扆,其内谓之家。

　　一达谓之道路。九达谓之逵。

《释器》第六

　　释笾豆、鼎鬲、网罟、衣服、车舆、弓矢之名,以考见古时衣食行之制度。共包括一百三十四事。如:

　　木豆谓之豆,竹豆谓之笾,瓦豆谓之登。

　　鸟罟谓之罗,兔罟谓之罝,麇罟谓之罞,彘罟谓之羉,鱼罟谓之罛。

　　不律谓之笔。

《释乐》第七

　　释五音、琴瑟、钟磬、笙箫之名,以见古时音乐之制。共包括三十六事。如:

　　大琴谓之离。

　　大瑟谓之洒。

　　大鼓谓之鼖。

　　徒鼓瑟谓之步,徒吹谓之和,徒歌谓之谣。

《释天》第八

　　释四时、祥灾、岁阳、岁名、月阳、风、雨、星名,以及祭名、讲武、旌旗等,观四时之行,取法于现象。共包括一百四十二事。如:

　　春为苍天,夏为昊天,秋为旻天,冬为上天。

　　谷不熟为饥,蔬不熟为馑,果不熟为荒,仍饥为荐。

　　夏曰岁,商曰祀,周曰年。

《释地》第九

　　释九州、十薮、八陵、九府、五方、郊野、四极之地,兼及九府特产,五方异气,所以示地之广博。共包括六十七事。如:

　　两河之间曰冀州,河南曰豫州,河西曰雍州,汉南曰荆州,江南曰扬州。

东方有比目鱼焉……其名谓之鲽;南方有比翼鸟焉……其名谓之鹣鹣;西方有比肩兽焉……其名谓之蹷;北方有比肩民焉……迭食而迭望。

《释丘》第十

因形以定丘陵之名,兼释地望,又附以厓岸。共包括四十九事。如:

丘:一成为敦丘,再成为陶丘,再成锐上为融丘,三成为昆仑丘。

前高旄丘,后高陵丘,偏高阿丘,宛中宛丘,丘背有丘为负丘。

岸上,浒。坟,大防。

《释山》第十一

释山之名及其形体,开头举著名五山,其后释山之形体,篇终释五岳并附系帝望者。共包括五十事。如:

山三袭,陟;再成,英;一成,坯。

山大而高,崧;山小而高,岑;锐而高,峤;卑而大,扈;小而众,岿。

山西曰夕阳,山东曰朝阳。

《释水》第十二

释泉原川流,穷究山脉水流,兼及溪谷沟浍之名,津涉舟航之利。共包括六十四事。如:

大波为澜,小波为沦,直波为径。

水注川曰溪,注溪曰谷,注谷曰沟,注沟曰浍,注浍为渎。

水中可居者曰洲,小洲曰渚,小渚曰沚,小沚曰坻,人所为为潏。

《释草》第十三

释百卉之名。或详其形状,或别其异称,以为博物之助。共包括二百四十三事。如:

荼,苦菜。荀,竹萌。

荷,芙蕖……其华菡萏……其实莲,共根藕,其中的,的中薏。

唐、蒙,女萝;女萝,菟丝。

《释木》第十四

释山林川泽丘陵渍衍所植之木。或别其异名,或详其形状,正其名,辨其所宜,以为博物之助。共包括一百十六事。如:

椅,山榎。栲,山樗。

句如羽,乔;下句曰朻,上句曰乔;如木楸曰乔;如竹箭曰苞;如松柏曰茂。枞,松叶柏身;桧,柏叶松身。

《释虫》第十五

博释虫名，约言其类，亦博物之助。如：

蠸、舆父，守瓜。

蜩、蜋蜩，螗蜩。蛰、蜻蜓，螇，茅蜩，蜩、马蜩、蚗、寒蜩、蜓蚞螇、蟥。

食苗心，螟；食叶，蟘；食节，贼；食根，蟊。

《释鱼》第十六

释鱼大小之异名，俯仰之状，与种类之异者，亦博物之助。共包括七十七事。如：

鳛，大虾。

蝾螈，蜥蜴；蜥蜴，蝘蜓；蝘蜓，守宫也。鱼枕谓之丁，鱼肠谓之乙，鱼尾谓之丙。

《释鸟》第十七

释长尾、短尾之鸟，及于蝙蝠、鼯鼠等有翅能飞之物。共包括一百二十六事。如：

鷾，凤。其雌皇。

鸟鼠同穴，其鸟为鵌，其鼠为鼵。东方曰鶠，南方曰寿，北方曰鹊，西方曰鶛。

鸟之雌雄不可别者，以翼右掩左雄，左掩右雌。

《释兽》第十八

释兽牝牡之名，毛角之状，赋性之殊。鼠属、齸属、须属附之。共包括一百二十二事。如：

狒狒，如人，披发，迅走，食人。

豹文，鼮鼠。

兽曰衅，人曰挢，鱼曰须，鸟曰狊。

《释畜》第十九

释人所畜养之马、牛、羊、鸡、犬、彘，以别于山泽之兽。共包括九十九事。如：

驳，如马，倨牙，食虎豹。

马八尺为駥，牛七尺为犉，羊六尺为羬，彘五尺为豝，狗四尺为獒，鸡三尺为鶤，六畜。

犬生三獀，二师，一獬。未成毫，狗。长喙，猃；短喙，猲、獢。绝有力，狱。尨，狗也，狗属。

　　总计十九篇，二千二百零四事。胡朴安《中国训诂学史》称："十九篇，计二千九十一事。"又说："其归类不甚精密，《释畜》无豕属；牛属有犉，羊属无羔。密儿、系英二见，鹡鸰两见，仓庚三见。"我们认为《尔雅》归类不甚精密处，或为前人偶疏，或为后人补益，故有些杂糅现象。由此也可以推知该书不是出自一人一时之作。

　　下面简介《尔雅》一书的训释条例。

　　从清代中叶迄于近代，讨论《尔雅》条例的，有程瑶田、王引之、严元照、王述曾、刘师培、陈玉澍、宋育仁、饶炯、黄侃等许多家。综合各家之说加以斟酌，基本上可以用下面的话来进行概括。

　　先谈全书的训释方式。《尔雅》十九篇共一万三千一百一十三字（据吴元恭本），它分篇的道理，邵晋涵《尔雅正义》说：

　　　　《尔雅》所以分篇者，孔颖达《诗疏》云："诂训者，释古今之异辞，辨物之形貌，《释亲》以下，皆指体而释其别，亦是训诂之义。"是则《尔雅》每篇皆谓之释者，并是训诂之义也。《释诂》《释言》《释训》所以道其语言，《释亲》以正其亲属，《释宫》辨居室之度，《释器》辨用物所宜，《释天》辨岁时月星之名，《释地》辨九州四极之域，《释丘》《释山》《释乐》连属于《释器》者，以作乐之器亦为器也。《释水》，因《释地》在类及之也。《释木》《释虫》《释鱼》《释鸟》《释兽》《释畜》，或别其异名，或详其形体，俾学者多识不惑，遇物能名也。

据邵氏所言，各篇训释方式有同有异，如果我们概括一下，大致有如下简例。

一、全书训释方式有以下三类

　　1. 单举某一称名者，如：

　　　　徒骇、太史、马颊、覆鬴、胡苏、简洁、钩盘、鬲津。（《释水》）

　　　　土蜘蛛、草蜘蛛、土蜂、木蜂。（《释虫》）

　　2. 所释之词在上，释之之词在下者，如：

　　　　隩，隈。坟，大防。（《释丘》）

　　　　流，覃也。鲜，寡也，朔，北方也。畯，田夫也。（《释诂》）

　　　　谑浪笑敖，戏谑也。（《释诂》）

　　　　如切如磋，道学也。（《释训》）

3. 释之之词在上,所释之词在下者,如:

中馗,菌。(《释草》)

前高,旄丘。偏高,阿丘。如亩,亩丘。(《释丘》)

善父母为孝,善兄弟为友。(《释训》)

莕,接余;其叶,苻。(《释草》)

无姑,其实,夷。(《释木》)

鲁有大野,郑有圃田。(《释地》)

陈有宛丘。(《释丘》)

如乘者,乘丘。如陼(同"渚")者,陼丘。如覆敦者,敦丘。(《释丘》)

丸曲者谓罶(捕鱼具)。(《释训》)

帱谓之帐。(《释训》)

室有东西厢曰庙。四方而高曰台。(《释宫》)

夏曰岁,商曰祀,周曰年,唐虞曰载。(《释天》)

由上面所举的例子可以看出,三类之中,每类还可再分小类。如第三类即可分为:(1)释之之词在上而所释在下者;(2)兼加"为""其""惟""有""者""谓""谓之""曰"等词以表明之者。如果进一步细分,加"为"的、加"其"的等,又可以各立小类。

二、《释诂》《释言》《释训》三篇之简例

据《诗·关雎》正义引《序》篇说:"《释诂》《释言》通古今之字,古与今异言也。《释训》言形貌也。"陆德明《尔雅音义》说:"诂者,古今之异语也。"又说:"《释言》篇者,释古今之训义。"又说:"按《释诂》以下三篇,皆释古今之语,方俗之言,意义不同,故立号亦异。至于训释坟典,其实一焉。"邢昺为《尔雅》作疏,他的解释是:"诂,古也。古今异言,解之使人知也。《释言》则《释诂》之别。""以物之事义形貌道人也,故曰《释训》。按此所释多释《诗》文,故郭氏即以《诗》义解之。"这种说法还是不够明确。俞樾作了进一步的解释,他说:

以愚论之,《释诂》一篇所说,皆字之本义,故谓之诂。诂者,古也,言古义本如此也。即如"初、哉、首、基"四字,邢疏曰:"初者,《说文》云:'从衣,从刀,裁衣之始也。'哉者,古文作'才',《说文》云:'才,草木之初

也.'以声近借为哉始之哉。首者,头也,身之始也。基者,《说文》云:'墙始筑也.'"——然则"初、哉、首、基"之为"始",非皆字之本义乎?

《释言》一篇所说,则字之本义不如此,而古人之言有如此者。即以篇首"殷、齐,中也"言之,"殷"本不训"中",而《书》云:"以殷中春。"此"殷"字则训为"中",故曰"齐"本不训"中",而《释地》云:"距齐州以南北。"齐字则训为"中":"殷、齐、中也。"——此《释言》所以异于《释诂》也。

至《释训》一篇所说,则直是后世笺注之祖,所以解释经文。如"斤"字本不训"察",而《周颂》云:"斤斤其明。"合二字为文,则有"察"义矣,故云:"斤斤,察也。""秩"字并不训"智",而《小雅》云:"左右秩秩。"合二字为文则有"智"义矣,故曰:"秩秩,智也。"(按:《诗·秦风·小戎》:"秩秩德音。"毛《传》:"秩秩,有知也。")本篇所释多重言,皆本经文,并有举全句而释之者。(按:如"'有斐君子,终不可谖兮'。道盛德至善,民不能忘也"。)——此《释训》所以异于《释言》也。

三篇之分,初意如此,周公体例,本是秩然,叔孙、梁文继事增益遂多淆乱,或失本真。要其大旨可覆按也。

(《尔雅释诂释言释训三篇名义说》)

根据俞樾的说法,《尔雅》前三篇的分列有以下三条原则:

①《释诂》一篇中的释字,大抵是用它的本义。《释言》一篇,则大抵是用引申义,而且所释专为"大艺"之成言。

②《释诂》是通合古今,顺衍而下。(如:古曰"初",今曰"始"。)《释言》则以今合古,逆溯而上。(如:今谓"中",古谓"殷""齐"。)

③从形式看,《释诂》篇中,动辄类聚十余字为一义,《释言》则除"洀、矜、咸,苦也"一条是三字,其余都是二字或一字。至于《释训》篇,多半是形容拟议之词。编排的次序是:先释重言一百四十一条,其中"子子孙孙"以下三十二句的训释,既敷绎了《诗》义,又采取了古音相协的组织形式。如:"子子孙孙,引无极也。""雍雍喈喈,民协服也。""犉,犁曳也"以下,至"蠢,不逊也",共十二条,是引一些"断文"来训释。如:"不俟,不来也。""忽念,勿忘也。""每有,虽有也。"自"如切如磋"至"徒御不惊",共十九条,是引一些《诗》或"断文"来训释。自"禫褕,肉袒也"至"鬼之为言归也",共十七条,仍然是掇取《诗》中"断文"来训释。所说多半是指形体,兼及用物。由此可见,《释训》

之所以独自成篇,是和《释诂》《释言》有所不同的。

以上所说,是三篇分列的大概理由。但是,这三篇在训释方式上,还是有着共同的义例可寻的。我们参照林尹先生的意见把它划分为下列六条。

(一)文同训异

所谓"文同训异",就是同一字形在上下相承的两条中训释不同的现象。其原因是造字与用字有了矛盾,所以往往同一字形就同时表示几个意义,或用其本义,或用其转义,这是语义分化的结果。因此,训诂之时,也要根据这种情况,随具体语境加以解释。如《释诂》:

> 怃、厖,大也。(郭注:《诗》曰"乱如此怃",为"下国骏厖"。《音义》:"厖,深之大也。")

> 怃、厖,有也。(郭注:二者又为有也。《诗》曰:"遂怃大东。")

(二)训同义异

所谓"训同义异",就是王引之所说的"二义不嫌同条"(《经义述闻》卷二十六)和严元照所说的"一训两义"(《娱亲雅言》卷六)。《释诂》《释言》两篇此例最多。如《释诂》中"林、烝、天、帝、皇、王、后、辟、公、侯,君也"一条,王引之说:

> 君字有二义:一为君上之君,天、帝、皇、王、后、辟、公,侯是也;一为群聚之群,林、烝是也。古者君与群同声,群臣字通作君臣。《管子·大匡》篇:"桓公使鲍叔识君臣之有善者。"《问》篇:"君臣有位而未有睹几何人?"皆群臣之假借也。《吕氏春秋·召类》篇曰:"群者,众也。"《白虎通义》曰:"林者,众也。"此篇下文曰:"烝,众也。"林、烝、群同为众多之义,故曰林、烝,群也。林、烝二字连文,而不与下文相错,亦可知其别为一类矣。不然,君上至尊,岂得林、烝称之乎?自毛公释《诗》之"有壬有林""文王烝哉"始误以林、烝为君上之君,而《汉书·律历志》之说林钟,《楚辞·天问》之说伯林,《表记注》之说"武王烝哉",并仍其误。林钟之义,《周语》以为和展百事,莫不任肃纯恬,韦注曰:"林,众也,言万物众盛也。"则林字正取众盛之义,故训之曰百事。故《淮南·时则》篇谓林钟为百种,不得如《汉·志》君王种物之说也。《天问》之"伯林雉经"不知何指,王叔师见《晋语》有太子雉经之事,遂以伯林为申生,而训为长君,实为无据也。至《大雅·文王有声》之"文王烝哉",则《韩诗》训烝为美,其说不可易,不得如《毛诗传》训为君上之君也。下文有"王后烝哉""皇王

历哉",若训烝为君,则与王后、王皇字义复矣。遍考经传之文,未有谓君为林烝者,则林烝之本训为群明矣。天、帝、皇、王、后、辟、公、侯为君上之君,林、烝为群众之群,而得合而释之者,古人训诂之旨,本于声音,六书之用,广于假借,故二义不嫌同条也。

王氏"二义同条"的发现,对《尔雅》义例的研究极有帮助,但是他说林、烝二字但为群而不为君,这也是值得怀疑的。邵晋涵《尔雅正义》引了如下例证:《荀子·王制》篇:"君者,善群也。"《春秋繁露·灭国》篇:"君者,不失其群者。"又云:"君者,群也。"《汉书·刑法志》:"从之成群,斯为君矣。"《白虎通义》:"林,众也。"下文云:"烝,众也。"可见"林""烝"的本义都是"群",引申之,即为"君",故毛《传》俱训为"君"。陈玉澍批评王氏说:"如王氏说,则是一君字既读为君,又读为群,不使人无所适从乎?作《尔雅》者何不另立'林、烝,群也'一条别于'天、帝、皇、王、后、辟、公、侯'之训,而故为此隐而不露之词,使读者求形声于无言之表,而故为此隐而不露之词,使读者求形声于无言之表,于释之义,不亦大相刺谬也乎?"殷孟伦先生指出:"训同义异"当有二例。一为训释之字本二义而不相通的,如"予"为自称之词,又为"推予";"故"为发句之词,又为"古"之借;"乃"为"仍再"之借,又为发语之难;等等。二是所释诸字有由本义而相引申的,如"群"引申为"君",所以"林""烝"也训为"君";"待"必须止,所以"替""戾""底""止"也训为"待";"伪"亦作"为",所以"载""谟""食"也训为"伪";"当"本谓相当直,引申为当理之当,所以训为"昌";"息"为气之舒缓,引申为休息,所以训"栖""迟""憩""休""苦"为"息";"相"为省视,引申为辅佐,所以训"艾"、训"胥";等等。由此观之,王、陈二氏之说都不够全面。

(三)相反为训

《释诂》:"徂、在,存也。"郭注:"以徂为存,犹以乱为治,以曩为曏,以故为今,此皆训诂义有反覆旁通,美恶不嫌同名。"这是相反为训的具体说明。在《释诂》《释言》《释训》三篇中这一类的例子尚多,例如,"哉,始也","在,终也",始终相反为义。《说文》中"在"与"哉"通,"哉"又与"载"通,《诗·驷铁》笺、《诗·载驰》传并云:"哉,始也。"《尔雅·释天》:"唐虞曰载。"郭注:"取物终更始。"可见"载"之义包乎终始。又如"落,始也","落,死也"。始即生也,和死义相反;死即终也,和始义相反。此之谓终始代嬗,荣落互根。

所谓相反为训,虽然是义有相反,而实相因。相因,是它原始的本义;相反,是它后来分化的意义,这样去理解,庶几不至于糊涂。章太炎《小学答问》里有一段文字谈到这个问题,徐世荣著有《古汉语反训集释》一书,皆可作为参考。而齐佩瑢《训诂学概论》提出,"反训"之说不能成立,认为只是汉语词义发展本身的问题。所以,前文我们讲过,这个问题还需要继续讨论下去,不要急于下结论。

(四)转相训

《释诂》篇中有转相训之例。所谓转相训,是说展转相训,其义俱通的意思。同时,在排列上,它们也多是次第相承的,如:

> "舒、业、顺,叙也。"郭注:"皆谓次序。"其下一条:"舒、业、顺、叙,绪也。"郭注:"四者又为端绪。"

> "遹、遵、率、循,自也。"郭注:"自,犹从也。"其下一条:"鹬、遵、率,循也。"郭注:"三者又为循行。"

(五)同字为训

《释诂》:"于,於也。"以今字释古字。段玉裁在《说文》"亏(于)"字下注云:

> 於者,古文乌也。"乌"下云:"孔子曰:'乌,於呼也。'取其助气,故以为乌呼。"然则以於释亏,亦取其助气。凡《诗》《书》用于字,凡《论语》用於字,盖于、於二字,在周时为古今字,故《释诂》、毛《传》以今字释古字也。

(六)同声为训

所谓"同声为训",就是以声为义,即义见声。如《释诂》:"粤,曰也。"即读粤为曰。《尚书》:"曰若稽古。"薛季宣古文《尚书》作"粤若稽古"。《说文》云:"曰,词也。"又云:"粤,于也,审慎之词。"可见"粤""曰"二字音通同训。又如:"係,继也。"《释虫》有"密肌继英",《释鸟》有"密肌系英",《广韵·十二霁》:"係、继、系三字同为古诣切。"足见三字声通。

三、《释亲》以下九篇简例

《释亲》以下各篇,所解释的是关于古代社会制度和事物的名称。其例有三:一曰缀系法,二曰归纳法,三曰连类法。下面,分别举例说明。

(一)缀系法

所谓"缀系法",就是给予物类以一定名称,也就是"某谓之某"的条例。如:

《释器》："肉曰脱之。""鱼曰斩之。"

《释宫》："西南隅谓之奥。""西北隅谓之屋漏。"

《释天》："春为苍天。""夏为昊天。""太岁在甲曰阏逢,在乙曰旃蒙。"

《释草》："纶似纶,组似组。"(郭注:"纶,今有秩啬夫作带纠青丝纶。组绶也。海中草生彩理有象者,因以名云。")

《释器》："黄金谓之璗,其美者谓之镠;白金谓之银,其美者谓之镣。"

《释宫》："四方而高曰台,陕(狭)而修曲曰楼。"

由以上例子可以看出,缀系法大抵用来作指示实物之词。古人审义以定名,后人即名以求义,这就是所谓正名百物的原则。

(二)归纳法

所谓"归纳法",就是在每节之后,用公共的名称(统名)来进行概括,使读者便于援类以求。如:

《释亲》分为宗族、母党、妻党、婚姻。

《释天》分为四时、祥、灾、岁阳、岁名、月阳、月名、风雨、星名、祭名、讲武、旌旂。

《释地》分为九州、十薮、八陵、九府、五方、野、四极。

《释畜》分为马属、牛属、羊属、狗属、鸡属、六畜。

(三)连类法

所谓"连类法",就是由此及彼的方法。譬如"旌旂"本应列入《释器》,却因为它是"讲武"所用之器,而"讲武"所涉及的祭祀、田猎等随四时的不同而有区别,故皆列入《释天》。又如舟原也是器物,而扬舟、造舟、维舟、方舟、特舟、乘泭等却因为与上文涉水内容相接,故皆列入《释水》。又如因为都有鳞的缘故而把蚨(蝮蛇)、螣、蟒、蝮虺等皆列入《释鱼》之中。

四、《释草》以下七篇简例

王述曾著有《尔雅草木虫鱼鸟兽同名考》,陈玉澍《尔雅释例》中有《释草七篇泛言例》,都能给读者以很大的启发。特别值得注意的是王国维《尔雅草木虫鱼鸟兽释例》,诠解得更为详细,对于研究者帮助更大。

王国维指出:名物有雅俗古今的不同。《尔雅》之释物名,在于沟通雅俗与古今。其方法是"释雅以俗,释古以今。闻雅名而不知者,知其俗名斯知雅矣;闻古名而不知者,知其今名斯知古矣。若雅俗古今同名,或此有而彼无者,名不足以相释,则以其形释之。草木虫鱼鸟兽多异名,故释以名;兽与畜罕异名,故释以形"。这是指《释草》以下七篇总的情况。如果具体分析,还可以归纳出以下十例。

(一)以俗别雅

凡雅俗古今之语,或同名而异实,或同实而异名。雅与雅同名而异实,则别以俗。如:

《释草》:"茢,山蘮。"(郭注:"似人家麻,生山中。")"茢,鼠尾。"

(二)以雅同俗

俗与俗异名而同实,则同以雅。如:

《释草》:"薜,山蕲。"(郭注:"《广雅》曰:'山蕲,当归。'当归,今似蕲而粗大。")"薜,白蕲。"(郭注:"即上山蕲。")

(三)以俗同雅

雅与雅异名而同实,则同以俗。如:

《释草》:"椴,木堇。榇,木堇。"(郭注:"别二名也。似李树,华朝生夕陨,可食。或呼日及,亦曰王蒸。")

(四)雅俗互释

雅与俗同名异实,则各以雅与俗之异者异之。雅与俗异名同实,则各以其同同之。如:

《释草》:"荼,苦菜。"(郭注:"谁谓荼苦。"苦菜可食。)

《释草》:"蕻薅,荼。"(郭注:"即芳。"郝疏:"荼者,秀也。萑苇之秀亦为荼。荼又名蕻,与苕、黄华同。《说文》:'蕻,末也。'华在上,故言末。苕亦华秀之名,与蕻声近,苕即芳也,与荼声转。薅者,《说文》与华同。"按:郭云:"今江东呼华为薅,音敷。")

(五)雅俗同名而稍变其音

《释草》:"萑蓷。"(郭注:"今茺蔚也。叶似荏,方茎,白华,华生节间。又名益母,《广雅》云。")

《释草》:"果蠃之实,栝楼。"(郭注:"今齐人呼之为天瓜。")

(六)雅中有别

凡俗名多取雅之共名而以其别别之,又可分小类,或别以地,或别以形,或别以色,或别以味,或别以实,等等。如:

《释草》:“藿,山韭。茖,山葱。葝,山䪥。蒚,山蒜。薜,山蕲。”

《释木》:“椙,山榎。栲,山樗。”皆别之以地者。

《释草》:“菥蓂,大荠。蘦,大苦。”按:形之最著者,曰大小(如大苦、小叶),大谓之荏(如桂荏),亦谓之戎(如戎叔,即胡豆),亦谓之王(如蒙,王女);小者谓之叔,谓之女(如觋,蓥女),谓之妇,或谓之负(鷣,负雀)。大者又谓之牛(如牛蕲),谓之马(如马蓝),谓之虎(如欇,虎櫐),谓之鹿;小者又谓之羊(如羊齿),谓之狗(如狗毒),谓之菟(如莱,菟荄),谓之鼠(如鼠梓),谓之雀(如荛,雀弁),等等,此皆以形别之者。

《释草》:“蘩,皤蒿。”(郭注:“白蒿。”)“薜,白蕲。”“芑,白苗。”(郭注:“今之白粱粟,皆好谷。”)此以色别之者,曰白或皤,曰赤,曰黑,曰黄,曰䵱(赤),曰乌,等等。

《释草》:“荼,大苦。”“䓞,苦堇。”(郭注:“今堇葵也。叶似柳子,如米,汋食之,滑。”)此以味别之者,或曰苦,曰甘,曰酸,等等。

《释草》:“荸,麻母。”(郭注:“苴麻盛子。”)“莔,贝母。”(郭注:“根如小贝圆而白华,叶似韭。”)此别以实者。草木之有实者曰母,无曰牡(如牡茅),实而不成者曰童(如宛重,寓木也,寄生树)。

(七)以物德(本质特点)名之

有取诸物之形者。如《释草》:“垂,比叶。”“飑,九叶。”

有取诸物之声者。如《释虫》:“蜓蜻蜻。”(郭注:“如蝉而小。”)《释鸟》:“鸤鸠,鴶鵴。”(郭注:“今之布谷也。江东呼为获谷。”)

有取诸物之用者。如《释草》:“萉,王蔧。”(郭注:“似藜,可以为扫彗。”)

有取诸物之习性者。如《释草》:“皇,守田。”(郭注:“生废田中,一名守气。”)《释虫》:“蠰,啮桑。”(郭注:“喜啮桑树,作孔,入其中。”)

又有取诸生物或成器者。如《释草》:“菺甄,豕首。”“苻,鬼目。”“虉,绶。”(郭注:“小草有杂色,似绶。”)“荛,雀弁。”(陆机疏:“一名爵弁。”雀与爵古字通。)

(八)以双声叠韵之字释之

雅名如《释草》之“蘱苫”“藒倰”“绵马”;俗名如《释草》之“藨,怀羊”“芘,蒇芘”等,无不有双声叠韵之关系。

(九)同类之异名

其音义关系尤显于奇名。如《释草》:“苹、萍。”(郭注:“水中浮萍,江东谓之藻。其大者蘋。")"苕,陵苕。黄华,蘤;白华,茇。"(郭注:"苕华色异,名亦不同。")

(十)异类之同名

其音义关系尤显于偶名。如《释草》:"果蠃之实,栝楼。"《释虫》:"果蠃,蒲卢。"(按:蜂之细腰者,垂腹如果儗之形,故名)

陈玉澍《尔雅释例序》云:"释《尔雅》之不可无例,犹之释诸经之不可无例也。"他著的《尔雅释例》一书,近人顾实"诧为杰作",称其为"洵初学者研治雅诂之入门"(顾实《尔雅释例序》)。

王国维《尔雅草木虫鱼鸟兽释例》是在友人沈子培的启发下著成的,有很高的学术价值。上面我们所述《尔雅》后七篇的简例,就是归纳概括王书的结果。学者如欲深究,自可披览其原书。

第二节　《广雅》

《广雅》这个书名,是增广《尔雅》、续《尔雅》的意思,共十卷,魏张揖撰。

《四库全书总目》云:"揖字稚让,清河人。太和中,官博士。"张揖的生平籍贯可考于史册的不多。他的著作,除现存于世的《广雅》外,还有《埤仓》《古今字诂》,皆已亡佚。

张揖在《上广雅表》中自述其著述意图:

夫《尔雅》之为书也,文约而义固;其陈道也,精研而无误。真七经之检度,学问之阶路,儒林之楷素也。若其包罗天地,纲纪人事,权揆制度,发百家之训诂未能悉备也。臣揖体质蒙蔽,学浅词顽,言无足取。窃以所识,择撢群艺,文同义异,音转失读,八方殊语,庶物易名,不在《尔雅》者,详录品核,以著于篇,凡万八千一百五十文,分为上、中、下,以须方来俊哲洪秀伟彦之伦,扣其两端,摘其过谬,令得用谐,亦所企想也。

由此可见作者的目的在于增广《尔雅》,所以仍用《尔雅》旧日,所释训诂名物共计二千三百四十三事。但是,《广雅》有些篇比《尔雅》多列出一些小类名称,如《释天》就增立了"年纪""九天""天度""宿度"等,这是因为社会发展,人们的认识前进了,必然会对客观事物认识分析得更加细密了。

《广雅》对《尔雅》的扩充,具体说来主要有以下两个方面:

（1）《尔雅》原有该条，而所收未全，张揖乃广征群籍，多方收罗，著之于篇。如"始也"条：

>《尔雅·释诂》："初、哉、首、基、肇、祖、元、胎、俶、落、权舆，始也。"

>《广雅·释诂》："古、昔、先、创、方、作、造、朔、萌、芽、本、根、蘖、蛙、蕈、昌、孟、鼻、业，始也。"

《广雅》增加了十九词。这种情况在前三篇中最为常见。

（2）《尔雅》原无该条，《广雅》为之补充者。以《释诂》一篇为例，《尔雅》有一百八十二条，《广雅》增至八百零七条，较《尔雅》多出六百二十五条。《广雅》对《尔雅》的补充由此可见一斑。

关于《广雅》一书卷数之分合及名称之改易，《四库全书总目》有一段话：

>（《广雅》）因《尔雅》旧目，博采汉儒笺注，及《三苍》《说文》诸书以增广之，于扬雄《方言》亦备载无遗。隋秘书学士曹宪为之音释，避炀帝讳，改名《博雅》，故至今二名并称，实一书也。前有（张）揖进《表》，称凡万八千一百五十文，分为上、中、下，《隋书·经籍志》亦作三卷，与《表》所言合，然注曰"梁有四卷"，《唐·志》亦作"四卷"，《馆阁书目》又云："今逸，但存音三卷。"宪所注本，《隋·志》作"四卷"，《唐·志》则作"十卷"，卷数各参错不同。盖（张）揖书本三卷，《七录》作"四卷"者，由后来传写，析其篇目。宪注四卷，即因梁代之本。后以文句稍繁，析为十卷；又嫌十卷烦碎，复并为三卷。观诸家所引《广雅》之文，皆具在今本无所佚脱，知卷数异而书不异矣。然则《馆阁书目》所谓逸者，乃逸其无注之本，所谓"存音三卷"者，即宪所注之本，揖原文实附注以存，未尝逸，亦未尝阙。惟今本仍为十卷，则又后人析之以合《唐·志》耳。

关于《广雅》一书的价值，王念孙在《广雅疏证序》中说得明白：

>魏太和中博士张君稚让，继两汉诸儒后，参考往籍，遍记所闻，分别部居，依乎《尔雅》，凡所不载，悉著于篇。其自《易》《书》《诗》《三礼》《三传》经师之训，《论语》《孟子》《鸿烈》《法言》之注，《楚辞》、汉赋之解，谶纬之记，《仓颉》《训纂》《滂熹》《方言》《说文》之说，靡不兼载。盖周秦两汉古义之存者，可据以证其得失，其散逸不传者，可藉以窥其端绪，则其书之为功于训诂也大矣。

《广雅》一书的条例，大体与《尔雅》相同，胡朴安《中国训诂学史》曾就《广雅》原书进行整理，得二十二例，兹录于下。

（一）以偶名释奇名例

如"韇、鞬、櫜、韬、韣，弓藏也""挩、医、𩎏、𩍸、䪐、䪅，矢藏也"之类，盖弓藏、矢藏为人所易和之名，用以释奇名之不易知者。

（二）以奇名释偶名例

如"飞虻，矰笴、矢拔，箭也""平题、钯锌、钩肠、羊头、锌钚、镞砮，镝也""龙渊、太阿、干将、镆铘、莫门、断蛇、鱼肠、醇钧、燕支、蔡伦、屡鹿、干坠、堂溪、墨阳、钜阙、辟间，剑也"。"箭""镝""剑"虽是奇名，而为人人所共知者，用以释不易知之偶名。

（三）以今名别古名例

如"藿粱，木稷也"。今之高粱，古之稷也。秦汉以来，误以粱为稷，高粱遂名木稷，故加木以别之。

（四）以通语释异语例

如"翁、公、叟、爸、爹、奢，父也""媓、妣、𡞞、姆、妳、媪、姐，母也""娟、孟，姊也""媦、娣，妹也"之类。异语者，或古今异语，或国别异语。通语者，无古今国别之分，故以通语释古今国别异语。

（五）有异名同实分两条以释例

如"臀谓之脽"，又"𦠲、尻、州、豚、臀也""盂谓之柈"，又"鏊、桸、案、盏、铫、锐、柯、櫂、桷、栓、㭋、盃、盎、椀……亦可谓之柈"。

（六）有异实同名并一条以释例

如"广平，榻枰"之类。盖广平者为博局之枰，榻枰为床榻之枰，实不同也，并一条而释之。

（七）有一物异年龄而异名例

如"蓳，奚毒，附子也。一岁为莄子，二岁为乌喙，三岁为附子，四岁为乌头，五岁为天雄"之类。本是一物，因年龄之久暂而异其名也。

（八）有一物异容量而名例

如"一升曰爵，二升曰觚，三升曰觯，四升曰角，五升曰散"。本是一物，因容量大小而异其名也。

（九）有大小同实异名不言大小例

如"如𪀗鸠，鹘鸠也"。按《方言》："野凫，其小而好没水中者，南楚之外，谓之𪀗鸠。大者谓之鹘鷈。"鷈与𪀗通，则𪀗鹏小，鹘鸠大。因大小而异名，而不言小也。

(十)有大小同实异名一明言一不明言例

如"鮞,鲲也。大鲲谓之鳔"之类。以大鲲谓之鳔,即知小鮞谓之鮞,只明言大,而不言小也。

(十一)有释名物性质例

如"秈,稉也""秫,稷之粘者"之类。按《众经音义》引《声类》云:"秔,不粘稻也。江南呼秔为秈。"《九谷考》云:"稉之为言硬也,不粘者也。"则是稉为秈之性质。《说文》云:"秫,稷之粘者。"《尔雅》释文引《字林》云:"稬,粘稻也。""稬"与"稷"同,是稬为稷之性质。

(十二)有释称谓意义例

如"父,榘也""母,牧也""弟,悌也""男,任也""女,如也""肺,费也""心,任也""肝,干也""脾,裨也"之类。按《白虎通》云:"父者,矩也,以法度教子也。"《素问·阴阳类论》:"阴为母。"注:"母所以育养诸子,言滋生也。"此即"牧"之义。段玉裁云:"牧者,养牛人也,以譬人之乳子是也。"《白虎通》云:"兄者,况也,况父法也。弟者,悌也,心顺行笃也。"《大戴礼》云:"男者,任也,言任天地之道而长万物之义也。女者,如也,言如男子之教而长其义理者也。"《白虎通》云:"肺之为言费也,情动得序。"《释名》云:"肺,勃也,言其气勃郁也。""肺""费""勃"叠韵。《白虎通》云:"心之为言任也,任于思也。"《释名》云:"肝,干也,于五行属木,故其体状有枝干也。脾,裨也,在胃下裨助胃气主化谷也。"凡此皆是释称谓之意义也。

(十三)有共名上加一字为别例

如"网谓之罟""𦊆罛,鱼网也""罝罦,兔罟也"之类。"网"与"罟"是共名,"𦊆罛"是鱼网之专名,"罝罦"是兔罟之专名,故加"鱼"字、"兔"字以别之。

(十四)有在原名上加一字自成一名词例

如"袒、饰、䄄、裿、袍、襺,长襦也"。"襦"本短衣之名,加一"长"字自成一名词。

(十五)有以动词为名词例

如"栖谓之床"之类。"栖"本动词,因所栖者即谓之"栖",而为名词也。

(十六)有连释例

如"喷泉,直泉也;直泉,涌泉也"之类。以"涌泉"释"直泉"、以"直泉"释"喷泉"而连释之。

（十七）有同实因所在而异名例

如"昔邪，乌韭也。在屋曰昔邪，在墙曰垣衣"。"昔邪"与"垣衣"同实，因在屋在墙而异名。

（十八）有异实一部分同名例

如"粢、黍、稻，其采谓之禾""韭、蕰、蕎，其华谓之菁"。"粢""黍""稻"异也，而其采之名则相同。"韭""蕰""蕎"异也，而其华之名则相同。

（十九）有同实以雌雄而异名例

如"鸩鸟，其雄谓之运日，其雌谓之阴谐"。"运日""阴谐"，皆鸩鸟也，因雌雄而异名。

（二十）有同实以小部分不同而异名例

如"有鳞曰蛟龙，有翼曰应龙，有角曰虬龙，无角曰螭龙"之类。同一龙因有鳞、有翼、有角、无角而异名。

（二十一）有全体同名一部分异名例

如"镤、矛、鏍、胡、釪、戛、戈，戟也。其锋谓之㦤，其孑谓之㦬。"镤""矛""鏍""胡""釪""戛""戈"，全体皆其名为"戟"，其锋其孑而异名也。

（二十二）属例

如"鹙鸟、鸾鸟、鹣鹣、鹥鸯、鹠鹇、鹎鶆、广昌、鹤明，凤皇属也"之类。各物虽有专名，总与凤皇为一类，而又非皇皇，故以"属"字该之。

需要注意的是，古人作书，其条例未必都很精当，其归属也未必都很科学。如既把"释形体"放在《释亲》里了，又把"骨也""血也""肉也""膜也"等列在《释器》里；舟、船、筏等，虽与"水"有关，但毕竟是人造之器，却不列入《释器》而列入《释水》之中；而河伯、江神本与水相关，却列入《释天》。诸如此类，都是《广雅》一书条例不够严密之处，为后人翻检利用带来一些不便。总之，《尔雅》所释之古名物二千零九十一事加上《广雅》所释之二千三百四十三事，古书之训诂乃大备。虽说《广雅》多有与《方言》内容相同者，但汉以后的训诂名物，也颇有之，由此可以考见社会之发展、文化之进步和语言之演变，《广雅》一书的功绩是不可磨灭的。

关于《广雅》的重要著述

谈到关于《广雅》一书的重要著述，不得不首推王念孙的《广雅疏证》。

清代学术史以"朴学"复兴和发展为其特征,通训诂、务考据这种学风又经戴、段、二王的努力在乾嘉时代趋于极盛。王念孙《广雅疏证》就是一部结撰于此时的对清代训诂学成就具有总结意义的巨著。王念孙(1744—1832年)字怀祖,号石臞,江苏高邮人,与其子王引之被世人称为"高邮王氏",他的著作《广雅疏证》《读书杂志》与王引之的《经义述闻》《经传释词》被合称为"高邮王氏四种",都是训诂学史上具有极高价值的作品。

在清代以前,《广雅》一书始终没有注本,只有隋朝曹宪作的《音释》四卷,称《博雅音》。除依字注音外,间或说明字体,略加诠解而已。其书已无单行本,明刻本《广雅》即附曹宪音于正文之下。至清代乾嘉之际,《广雅》一书始为学者所重视,从事此书校释者不乏其人,注而成书的,有钱大昭、王念孙两家。他们互不相谋而同注一书,都很有成就。钱氏有《广雅疏义》二十卷,大约成书于乾隆五十八年(1793年),但始终没有刻板,稿本后来流落日本,1940年始有影印本行世。王氏《广雅疏证》十卷,成于嘉庆元年(1796年),不久即有刻本问世,二百年间广为流传。钱氏《疏义》重在搜索佐证,引据详赡而发明较少;王氏《疏证》则致力于校勘和疏通古训,援引该洽而精约简取,触类旁通而能深造有得,故其成就远在钱氏之上。

治《广雅》难于治《尔雅》。桂馥曾经指出:"治《广雅》难于治《尔雅》。《尔雅》主释经,多正训;《广雅》博及群书,多异义,一;《尔雅》有孙、郭诸旧说,《广雅》唯曹音,二;《尔雅》为训诂家征引,兼有陆氏《释文》,《广雅》散见者少,无善本可据,三也。此非专且久,不易可了。"(见《广雅疏义序》)王念孙治《广雅》,历经十年,三易其稿,其中第十卷出自其子王引之之手。他们的工作主要有三个方面:(1)校完明刻本《广雅》和《博雅音》的讹误错乱,恢复其隋唐以前的面目;(2)博考群书,探求原书每字义训的凭据;(3)举出音同字异或声近义同之字,比其义类,相互证发。王氏精于校勘,其所校明本讹误错乱脱夺者竟达千余处,王氏随条补正,大都精确可信。在阐发训诂方面,王氏长于比证,贯穿群书而不泥于旧注,即音以考字,因文以寻义,往往能独创新解,出人意表。他又不拘碍于字形,以音为纲,就古音以求古义,引伸触类,融会贯通,于词义的探讨上别开一条新路,对后来的训诂学产生了极为深远的影响。王氏虽在疏解《广雅》义训,实际上也就解释了许多古书的文义,同时还使人从中获得了不少训诂学的知识。所以,《广雅疏证》可以说是清人研究古代训诂的一部代表性的著作。(详钟宇讯为中华书局《广雅疏证》所写的点校说明)

在《自序》中,王念孙说:

> 念孙不揆梼昧,为之疏证,殚精极虑,十年于兹。窃以训诂之旨,本于声音,故有声同字异,声近义同,虽或类聚群分,实亦同条共贯,譬如振裘必提其领,举网必挈其纲,故曰本立而道生,知天下之至啧而不可乱也。此之不寤,则有字别为音,音别为义,或望文虚造而违古义,或墨守成训而少会通,易简之理既失,而大道多歧矣。今则就古音以求古义,引伸触类,不限形体,苟可以发明前训,斯凌杂之讥,亦所不辞。

"训诂之旨,本于声音","就古音以求古义,引伸触类,不限形体",成为清代乾嘉学派训诂学的一面旗帜。

通观《广雅疏证》一书,可以看出它有以下特色。

(一)考究古音,以求古义

王氏深明古音,《疏证》中言"某与某古音义相同"的例子很多,如"降"有"大"义是因为"洪"与"降"古同声;"临"有"大"义是因为"临"与"隆"古亦同声;"沈"古读若"覃",故"沈""潭""耽"并有"大"义;等等。

(二)引伸触类,不限形体

训诂之旨,本于声音,故原声可以求义。有声同义同者,如"夸""訏""竽"并从"于"声而义同,"颙""顒""魁"古并同声而同义。有声近义同者,如"祜"与"胡"声近义同,并有"大"义;"隐"与"殷"声近义同,并训为"大"。又有字异而义同者,如"牣"为"满","充牣"或作"充仞"、或作"充忍",并字异而义同。有字亦或作某者,如"浩"训"大",字亦作"灏",又作"皓"。

(三)只求语根,不言本字

王氏虽用《说文》,但不拘于《说文》的本字本义。如《广雅·释诂》:"鼻,始也。"《疏证》云:"鼻之言自也,《说文》:'自,始也,读若鼻,今俗以作始生子为鼻子是。'"不言"自,本字","鼻,借字"。又:"临,大也。"《疏证》:"临之言隆也。《说文》:'隆,丰大也。'"不言"临"为"隆"之借音。

(四)申明转语,比类旁通

王氏推明转语,不单言"一声之转"而是旁推互证,申明其音转之理。如"有"与"大"义相近,"有"谓之"庬""方""荒""怃""虞","大"亦谓之"庬""方""荒""怃""吴"。又,"大"则无所不覆,无所不有,"大""覆""有"义相因,故"大"谓之"怃""奄";"覆"亦谓之"奄""怜怃";"有"亦谓之"忨""奄""矜""怜"与"覆"义又相因,故"矜""怜"亦谓之"忨""奄"。

此外,王氏还博考群籍,指出《广雅》原文失误之处,如《广雅·释诂》:"比,乐也。"王氏疏证:"比者,《杂卦传》'比乐师忧',言亲比则乐,动众则忧,非训比为乐、师为忧也。皆失其义耳。"还参酌某些先儒旧说以明其是非,这里就不举例了。

《广雅疏证》所引书目达三百余种,既不佞古,也不薄今;同时对清人顾炎武、惠栋、戴震、邵晋涵、段玉裁、钱大昕、阮元等人的成果也有征引,所以《广雅疏证》一书可以说是集古今训诂之大成,代表了乾嘉学派的最高水平。当然,王念孙也像乾嘉学派的其他学者一样,在考据、校勘、训诂等方面取得重大突破的同时,也表现了历史的局限,尤其是在声义关系问题上,有时过分绝对化,在不足以用语音这条线索说明问题时,仍仅凭语音来判定是非,做出结论,因而证据不足,显得苍白无力。另外,就体例而言,未能详举《广雅》原书编制的阙失,疏解中也缺乏有关训诂条例的明确说明,释词时有的地方失于浑笼和牵强,有的则流于玄虚或本末倒置。这些,读者都应当细加辨析。

除钱、王二家外,关于《广雅》的著述还有清人刘灿的《续广雅》三卷、俞樾的《广雅释诂拾遗》(今存四卷)、王树枏《广雅补疏》四卷,皆可以补王氏之不足。

第三节　《说文解字》

《说文解字》(以下简称《说文》)一书,是我国语言学史上的一部不朽名著。它不但是我国文字学的唯一经典,而且"《说文》之为书,以文字而兼声音、训诂者也"(王念孙《说文解字注序》)。它不但是治语言文字之学的要籍,而且"为治先秦两汉之学术文献者所不可不读"(殷孟伦《子云乡人类稿·说文解字形声条例述补》)。它不但在中国语言学史上占有极其重要的地位,而且"从全世界的范围考察,《说文》也是出现最早的、系统合于科学精神的、具有独创的民族风格的字典"(陆宗达《说文解字通论》)。

如果我们把治中国古代文献之学的重要书籍简单列举一下的话,正像黄侃《文字声韵训诂笔记》所指出的那样:

　　吾国书籍之要者,不过二十余部。《十三经》而外,益以《国语》《大戴记》为十五,言小学益以《说文》《广韵》为十七,言史益以《史记》《汉书》为十九,言诸子益以《荀子》《庄子》为二十一,言文学益以《文选》《文心雕龙》为二十三。此二十余书中,若深研而详味之,谓之专门可,谓之博学亦可。

在谈到治中国古代语言文字之学的重要书籍时,黄侃先生还指出:

《尔雅》一书,本为诸经之翼,离经则无用;即离《说文》,而其用亦不彰,此如根本之与枝叶也。《方言》《释名》解释不备,亦次于《说文》。《释名》以声为训,而音韵变迁,训诂歧异,皆必征之《说文》,故《释名》亦以《说文》为依归。《说文》一书,于小学实主中之主也。

(《文字声韵训诂笔记·文字学笔记》)

可见,在这些治中国古代语言文字之学的重要书籍中,《说文》当居首位,它是"主中之主",其次是《尔雅》,其次是《方言》《释名》。

历代学者对于《说文》一书都非常重视,评价也极高。

郑玄注《三礼》,多尊《说文》,其《仪礼·既夕礼》《礼记·杂记》及《周礼·考工记》注,三称许氏《说文》,其他相合者也非一二端。可见《说文》在东汉时代就已受到当时著名学者的极大重视。

唐代的李阳冰是大诗人李白的从叔(元代人吾丘衍说他是杜甫的外甥,名潮,不确),工于篆书,曾自许"斯翁(按:指李斯)之后,直至小生",所以以刊定《说文解字》为己任。可惜他喜欢据己意排斥许慎,不但于篆法而且于说解也大加改动。因此南唐徐锴作《说文解字系传》四十卷,不得不"正阳冰之新义,折流俗之异端"以考"先贤之微言,畅许氏之玄旨"。(见徐铉《说文韵谱序》)徐锴在《系传》第四十卷《系述》中叹道:"《说文》之学远矣!时历九代,年移七百,保氏弛教,学人堕业,圣人不作,神旨幽昧。""虽不知于其所谓达神旨者何如,而文之变迁,音之正转,以及三代之遗制,四裔之声训多具",故"自汉以来,凡硕儒俊才,通经术、述字例者,多宗是书"(见陈銮《说文解字系传叙》)。

到了清代,语言文字之学大盛,许学蔚成大家。段玉裁称《说文》为"前古未有之书,许君之所独创,若网在纲,如裘挈领,讨原以纳流,执要以说详,与《史籀篇》《仓颉篇》《凡将篇》乱杂无章之体例,不可以道里计"(《说文解字叙注》)。钱大昕说:"自古文不传于后世,士大夫所赖以考见六书之源流者,独有许叔重《说文解字》一书。"(《说文解字跋》)孙星衍说:"微许叔重,则世人习见秦时徒隶之书,而不睹唐虞三代周公孔子之字,窃谓其功不在禹下。"
(《与段大令书》)这话虽然有着明显的是古非今的倾向,但把许慎的功劳与大
禹相比,也确实可以说是尊崇到极点了。国学大师章太炎指出:"言形体者,
始《说文》;言故训者,始《尔雅》;言音韵者,始《声类》。三者偏废,则小学失
官。"(《国故论衡》上)他不但指出《说文》的重要性,而且也指明了它的特点
和研究语言文字之学的门径。陆宗达先生在《说文解字通论》一书中说:

> 《说文》是我国语言学史上第一部分析字形、说解字义、辨识声读的
> 字典。它与《史籀》《仓颉》诸篇不同。它创立了汉民族风格的语言学,成
> 为"文献语言学"的奠基之作。

王力先生在《中国语言学史》一书中也指出:

> 在中国语言学史上,从《尔雅》《方言》到《说文解字》是一个大发展。
> 《尔雅》只讲字义,《说文解字》除讲字义以外,还讲字形和字音。《尔雅》
> 只是材料的搜集和排比,《说文解字》则真正搞成一个科学体系,写出破
> 天荒第一部字典来。《尔雅》所收的,主要是那些偏僻的词义,因为常用
> 的词义是用不着训的。《说文解字》正相反,它所收的主要是词的常用意
> 义,因为词的常用意义往往也就是词的本义。对于后代的人来说,哪一种
> 书作用更大呢,显然是《说文解字》的作用更大;因为从本义可以推知许
> 多引申义,以简驭繁,能解决一系列的问题。

> 作为一部字典,《说文解字》对后代语文学的影响非常之大。后代的
> 字典,基本上不出《说文解字》的范围,只不过字数增加,例子增加罢了。
> 《说文解字》是中国古代语言学的宝藏,直到今天还没有降低它的价值。
> 在体例上,我们今天的词典自然比它更完善了,而在古代词义的保存上,
> 它是卓越千古的。自从有了甲骨文和金文出土,《说文解字》所误解的一
> 些地方得到了修正。但是我们可以说,假如没有《说文解字》作为桥梁,
> 我们也就很难接近甲骨文和金文。总之,这一部书的巨大价值是肯定的
> 了。

殷孟伦先生指出:"浼长所作,尤为迥古,而其条例亦最称善美。""其书匪独函
跨前哲,后来有作,殊难方轨。"(《子云乡人类稿·论治中国语言文字学之要
籍》)这话一点儿也不过分。《说文》不但是我国第一部"櫽括有条理"的字书,
而且对于后世语言学的影响极为巨大。我国传统的语言学门类很多,卷帙浩
繁,但大都不出《说文》所涉及的文字、音韵、训诂的范围,因此,对于《说文》本

身的研究就形成了一个专门的学科,人们称之为"许学"或"说文学"。

从上面列举的众多学者对《说文》的评论,我们可以看出,《说文》一书的重要性和学术价值得到了历代学者的公认。如果研究中国文字和汉语史的人不知道《说文》,那就跟研究史学、文学的人不知道《史记》一样,贻笑大方了。我们不应该把《说文》只当作研究语言文字的参考材料,更不能只把它看成说解字义的字典,偶尔去翻检一下。正如丁福保所云:"所著书囊括古今,俯仰宇宙,阐先圣造字之神旨……可谓穷六书体制之源流,备群籍雅诂之渊薮,世间万事莫不毕载者也。"《说文》一书是一个历史知识的宝库,是研究语言学史特别是研究汉民族语言学史的重要依据。

关于《说文》的作者许慎,《后汉书·儒林传》有如下记载:

> 许慎,字叔重,汝南召陵人也。性淳笃,少博学经籍,马融常推敬之。时人为之语曰:"五经无双许叔重。"为郡公曹,举孝廉,再迁除洨长,卒于家。
>
> 初,慎以五经传说臧否不同,于是撰为《五经异义》,又作《说文解字》十四篇,皆传于世。

清代学者钱大昕指出:"《儒林·许慎传》太疏略。叙其历官,但云'为郡公曹',再迁,除洨长,卒于家,不言仕于何朝。""许慎为贾逵弟子无疑。汉儒最重师承,而史略不及之,此其疏也。"他推定:"慎为南阁祭酒时,府主非张酺即张禹也。"毕沅也指出:"许冲《进说文表》云'臣父故太尉南阁祭酒慎'。考《后汉书》许君本传,但云'为郡公曹,举孝廉,再迁除洨长,卒于家',不及'太尉祭酒'者,缺也。《汉旧仪》曰:'丞相设四科之辟,第一科曰德行高妙,志节清白,补西曹南阁祭酒。'又曰:'太尉东西曹掾,秩比四百石,余掾比三百石。'然则南阁祭酒为太尉西曹掾史也。《百官志》曰:'太尉掾史属二十四人。'《玉海》曰:'后汉太尉六十四人。'许君自言其书成于永元困顿之年,为和帝永元十有二年,是时则张酺为太尉也。"严可均《许君事迹考》指出:"许君,汝南召陵(按:在今河南漯河市郾城区东四十五里,相传郾城区还有许慎的墓。见《河南省通志》)万岁里人也,盖生于明帝朝。""和帝永元八年,贾逵为侍中骑都尉,许君从逵受古学。""《马融传》:永和四年,拜为校书郎中(按:章怀太子注引谢承及《续汉书》,并云为校书郎,又拜郎中),诣东观典校秘书。许君与融等同在东观,齿长于融,故本传云'马融推敬之'。""本传'除洨长'不知在何时。洨县属沛国豫州刺史部。""许君以孝廉除百石,以百石除三、四百石,故本传云'再迁'。""许君盖卒于桓帝朝。《西南夷·夜郎传》云:'桓帝时,郡人尹珍自以生于荒裔,不知礼义,乃从汝南许慎、应奉受经书图纬。'计桓帝元年上距建光元年许冲上《说文》时已二十七年,是许君之寿,当以八十为断。"

综上所述,可略知许慎的情况。

许慎性情笃实纯厚,少年时即博通五经,马融非常推重他,时人号为"五经无双许叔重"(按:"双"与"重"叠韵)。他曾经受学于古文经学的第一个大师贾逵。(许冲《上说文解字表》称:"臣父故太尉南阁祭酒慎,本从逵受古学。"(古学,即古文经学。古文经大部分是汉武帝时鲁恭王拆毁孔壁得到的,东汉时代才开始盛行,其书用战国时通行的古文字写成,故称古文经,与今文经在内容上也有所不同。今文经则是秦汉间博士弟子口耳相传,以隶书写成的。)贾逵今、古文经俱通,曾于汉章帝建初四年(79年)与班固、傅毅、博士议郎及诸生诸儒在北宫白虎观讲论五经异同。建初八年,又奉诏在黄门署为弟子门生讲授《春秋左氏传》《穀梁传》《古文尚书》和《毛诗》。许慎当时住在京师,故能从贾逵受业。贾逵死于汉和帝永元十三年(101年),许慎一直在太尉府,他著《说文》,与贾逵有很大关系。许冲《上说文解字表》中说:"慎博问通人,考之于逵,作《说文解字》。"许慎是在贾逵死的前一年(100年)写《说文解字后叙》的。(《叙》曰:"粤在永元,困顿之年,孟陬之月,朔日甲申。"据此可定为永元十二年,即100年。)

许慎在汉安帝永初四年(114年)又曾与马融、刘珍及博士议郎五十余人在东观校五经、诸子和史传。到建光元年(121年)病居于家,才叫他的儿子许冲进上《说文》,距他写《说文解字后叙》时已有二十二年了。

许慎大约活了八十多岁。清朝人据贾逵的生年(光武帝建武六年即30年)推断,许慎可能生于汉明帝永平之初(即58年之后)。又据《后汉书·南蛮西南夷列传》中所说"桓帝时郡人尹珍……乃从汝南许慎、应奉经书图纬"的话,推断许慎可能卒于桓帝初年(147年之后)。总之,许慎的生卒年已难以确考。

许慎的著作,除《说文》之外,还有《五经异义》和《淮南子注》,均已亡佚,清人有辑本。

许慎处于东汉中叶以后,当时正是古文学家压倒今文学家,进入古文经学的全盛时期。许慎是古文大师贾逵的学生,又曾校书于东观,得见宫中秘籍,是当时人们所公认的古文经学大师。古文经学家为了准确地解释六艺群书,对汉民族的语言文字、声音训诂,作了相当科学的研究。在许慎《说文》成书前不久,今文经学家的势力还比较强大,汉章帝建初四年(79 年)还在白虎观"讲议五经异同,作白虎奏议"。古文经学家为取得优势,提出应该重视语言文字之学。许慎之后的卢植,在给皇帝的上疏中还说:

> 古文科斗,近于为实,而厌抑流俗,降在小学。中兴以来,通儒达士班固、贾逵、郑兴父子,并敦悦之。今《毛诗》《左氏》《周礼》各有传记,其与《春秋》共相表里,宜置博士,为立学官。

(《后汉书·卢植传》)

卢植认为当世"流俗"把语言文字之学压低为教人识字的"小学",是非常不合理的,应该把它提到与《毛诗》等同样的地位上,这很能代表古文学派的观点。

西汉末年,古文经学的开创者刘歆提出"六书"是汉字造字的根本法则。我们可以推想,必有前代史官相传的遗说为来源,《周礼》即有"六书"之名,想必在《周礼》时代亦当有"六书"之目。元始五年(5 年),爰礼等百余人各述所闻,为刘歆所得,写进《辑略》,因而保存在《汉书·艺文志》中。刘歆又传之于郑兴、郑众,注入《周礼》,又传之于贾徽、贾逵、许慎,记入《说文叙》。许慎正是吸取前辈的研究成果,写成《说文》这样一部研究汉民族语言文字的系统的专著。

古文经出现之后,就遭到今文经学家的大相非毁。今文经学家以及当时的一般"俗儒鄙夫"多主张秦时的隶书是古帝先王之书,父子相传,不得改易。他们根据隶书形体随意解说文字,牵强附会,毫无道理,"乃猥曰马头人为长,人持十为斗,虫者屈中也"(《说文解字叙》)。许慎博通经籍,对于那些"向壁虚造"的"巧说邪辞"深恶痛绝,所以搜集篆文、古文及出自《史籀篇》的大篆(籀文)编成字书,一方面把群经书传的训诂写下来,一方面还要说明字体结构和字的读音,使人们明确相传的古文字是怎样书写的,各字形体及意义当如何理解。这部书把当时能够看到的古文字尽量记载下来,实在可以说是中国古代文献中功不可没的一部著作。有了许慎的《说文》,我们才能认识秦汉时代的许多篆书的石刻和器物的铭文,才能认识商代的甲骨文和商周两代的铜器文字以及战国时代的古文。没有《说文》,不仅难于通晓秦汉以前的古文字,而且商周文物上所记载的事实也很难索解。

更重要的是,许慎创通文字构造的条例,用多年功力创造性地编出一部有系统的文字书,给后世编纂字典的人立下一个规范。这部书题名为《说文解字》。"文",指的是独体的象形字、表意字;"字",指的是合体的表意字和形声字。后世一般简称之为《说文》。

中国古代的字书主要有三类:一类是通俗的教童蒙识字的"杂字"书,一类是按部首来编排的有系统的字书,一类是按声韵来编排的韵书。许慎的《说文》属于第二类,而且是其中最早的一部。

"杂字"书产生于秦代,最知名的是《仓颉篇》(因开头一句是"仓颉作书"而得名),相传为李斯所作。另有赵高的《爰历篇》和胡毋敬的《博学篇》(俱以开头二字而得名)。至汉代,三种书合在一起,亦称《仓颉篇》,六十字为一章,共五十五章。后来扬雄又续作《训纂篇》,东汉郎中贾鲂又作《滂喜篇》,后人合称之,谓"三仓"。这些"杂字"书都是四字一句的韵语(罗振玉、王国维所编的《流沙坠简》和劳榦的《居延汉简考释》中都有这一类的逸文)。西汉时司马相如所作《凡将篇》是七音韵语,东汉元帝时史游作《急就篇》则有七言、三言和四言。《急就篇》在魏晋六朝时很流行,所以现在尚能见到全书,其他几种书都已亡逸无存了(清代马国翰《玉函山房辑佚书》和近代龙璋的《小学蒐佚》中都有"三仓"辑本)。这种"杂字"书,除可助我们考见汉代的词汇之外,在文字学史上并没有什么价值。

许慎的《说文》则不然,他根据当时对于文字构造和意义、声音的关系的理解,即"六书"(许慎"六书"为指事、象形、形声、会意、转注、假借)的分类来分析篆文,把所有的字按照形体构造来加以划分,凡形旁相同的就类聚在一起,以共有的形旁作部首,许多部首又按照篆书形体的相近与否来编排次序。这样,就把成千上万的浩繁字体都分类编排起来,这种方法前所未有,是许慎的创造。这在过去语音分歧较大而汉字写法还没有完全打乱的情况下,确是一种宝贵的经验。许慎撰写了《说文》一书,从而才成为为后人所称道的文字学家和词汇学家,并成为中国文字学的开山祖师。

《说文》共十五卷,最后一卷是《叙目》,全书共五百四十部。据许慎原叙说,全书收字九千三百五十三文,重文一千一百六十三,说解十三万三千四百四十一字。现存的大徐本字数增多将近二百,说解则少于原书一万七千多字,可见《说文》屡经传写已有增损。

五百四十部首的次序是"始一终亥"——汉代阴阳五行家言万物生于一,毕于亥,可见许慎也受《易》的影响。据粗略统计,《说文》引《易》卦名达四十个,说解及叙言中引《易》近八十处,多于引《书》,仅次于引《诗》的数量。部首的排列主要是"据形系联"。许慎在五百四十部首的次序安排上是费了苦心的,他把形体相似或意义相近的部首排列在一起,就等于把五百四十部分成了若干大类。这样做,可以帮助读者更好地认识字的"意符"的作用,从而更确切地了解字义。譬如:

《走部》在第二十六。

《止部》在第二十七,是蒙"走"从"止"而次之。

《癶部》在第二十八,是蒙"止""屮"二文而次之("屮"读 tà,蹈也)。

《步部》在第二十九,亦蒙"止""屮"二文而次之。

《此部》在第三十,是蒙"止"而次之。

《正部》在第三十一,亦蒙"止"而次之。

《是部》在第三十二,是蒙"正"而次之。

《辵部》("辵"读 chuò,乍行乍止也,偏旁隶变为"辶")在第三十三,是蒙"止"而次之。

《彳部》("彳"读 chì,小步也)在第三十四,蒙"辵"从"彳"而次之。

《廴部》("廴"读 yìn,长远也,隶变为"廴")在第三十五,是蒙"彳"而次之。

《延部》("延"读 chān,安步延延也)在第三十六,是蒙"廴"而次之,兼蒙"止"。

《行部》在第三十七,是蒙《彳部》"彳""亍"二文而次之。

(按:有两种不同性质的部首,一种是文字学原则的部首,另一种是检字法原则的部首。前者严格按照"六书"体系,如《说文》,后者在一定程度上破坏了"六书"体系,但有着它的实用价值,如《康熙字典》。"甥""舅"二字《说文》归《男部》,而《康熙字典》"甥"入《生部》,"舅"入《臼部》,皆不依意符归部。"随"字,《说文》归《彳部》,而《康熙字典》则入《阜部》。)

凡部首,绝大多数都是字的形旁,只有少数几个部首是字的声旁(如《蓐部》《句部》)。每一部中的字,一般也多是将意义相近的放在一起。如:

《言部》:"诗""识""讽""诵"相比次。"讪""讥""诬""诽""谤"等相比次。

《肉部》:"育""肾""肺""脾""肝""胆""胃""肠"相比次。"胯""股""脚""胫""腓""腨"等相比次。

这都是意义相近或事物相类的,以类相从,不相杂越。比如《木部》大致是先列木名,其次为树木各部分"木、柢、根、末、果、权、枝、条、枚……"《水部》则是先列水名,后列有关水的动词和形容词。

如果我们进一步考察,还会发现:

《示部》:首之以"祜",汉安帝名故也。此下,自"礼"至"禔"(按:"礼"下为"禧""禛""禄""禠""祯""祥""祉""福""祐""祺""祇"等字),皆吉祥之字。自"神"至"禓"(按:"神"下为"祇""祕""斋""禋""祭""祀""祝""禂""祓""祈""祷"等字),皆鬼神祭祀之字。自"祲"至"禫"(按:"祲"下为"祸""祟""禁""祆"等字),皆凶恶之字。先后意义,亦自按文可求。

(王鸣盛《说文每部中字次序》)

黄侃先生也曾指出:

许书列字之次第,大氐先名后事。《玉部》:"璙"以下皆玉名(按:"璙"下为"瓘""璥""瑛""璠"等皆训"玉也"),"璧"以下皆玉器(按:"璧"训"瑞玉圜也"。其下,"瑗"训"大孔璧","琥"训"发兵瑞玉","璋"训"半圭","瓛"训"玉佩","瑞"训"以玉为信","瑱"训"以玉充耳"等),"玭"以下皆玉事(按:"玭"训"佩刀下饰","璏"训"剑鼻玉","瑵"训"车盖玉","瑂""琢""理"皆训"治玉","玎""琤""瑣"皆训"玉声"),"珠"以下皆附于玉者也(按:"珠"训"蚌之阴精","玓"训"蜃属","瑰"训"玫瑰","琅""玕"训"似珠者","瑚"训"珊瑚")。殿之以"灵",用玉者也(按:"灵"训"灵巫以玉事神")。

(《文字声韵训诂笔记》)

当然,这种比次的工作是很难做到周密无隙的,汉字字数本来就多,有的部内字数极繁,许多字不得不随手安置,不拘次序。如《木部》,"松柏"当居众木之长,而位置甚后;"枳"似"橘",而不在一处;"梅"居"橙""柚""梨""柿"之后,也像是随意安排的。又《邑部》所载郡邑乡亭之名,《水部》所载水名,大都从西向东、自北而南迤逦叙次,但其中也间或有不能尽拘者,这大概是随类相从、顺便及之的缘故。

又据黄侃先生考察,其中也有因为读音相近而相比次的。如《示部》"禛""祯""祇""禔"相近,"祉""福""祐""祺"相近,"祭""祀""祡"相近,"祝""禂"相近,等等。

还有以意义之同异为次的。如"祈""祷"同训"求",故相比次;"祸"训

"害"、"祟"训"神祸"，故相比次，等等。

大抵《说文》各部中字次叙之法，不出此三者。大规模皆有条理，而个别之处随意置之，著述之法，于此可见。

在声音方面，《说文》一书首先从字形的分析入手建立了一套形声系统。汉字当中，形声字占绝大多数，《说文》一书，其实是既释其义，又存其声的。我们可以据《说文》考求古音。如"野"从"予"得声，"移""宜"皆从"多"得声，"耦""偶"皆从"禺"得声，"客""格""骼"皆从"各"得声，"苟""呴""狗"皆从"句"得声，于此可见形声字与谐声偏旁的音读关系。譬如"拓""橐"皆从"石"得声，则知"石"古音当与"拓"近；"猪""都""翥""書"皆从"者"得声，则知古音"者"不读《广韵》之"章也切"；"租""徂""阻""组""助"皆从"且"得声，则知"且"古音不读《广韵》之"七也切"。而且《说文》说解也可以帮助我们由训诂而得声音，如"宅"训"所托也"，可知"宅"古音近"托"，那么《诗经·小雅·鸿雁》篇之"其究安宅"与"百堵皆作"为韵，就是很自然的了；"舄"训"鹊也"，可知"舄"古音近"鹊"，那么《诗经·小雅·车攻》篇之"赤带金舄"与"会同有绎"为韵就是无疑的了。

唐代中叶，学者们已不晓古音。《尚书·洪范》以"义"韵"颇"，而唐明皇疑之，《仪礼·士冠礼》以"服"韵"德"，而贾公彦疑之，俱是昧于字音流移所致。《说文》一书经千余年而巍然独存，成为考察古音所必需的资粮。段玉裁很重视这一点，他在《说文解字注》的《示部》"禛"字下说道：

> 声与义同原，故谐声之偏旁多与字义相近，此会意形声两兼之字致多也。《说文》或称其会意，略其形声，或称其形声，略其会意，虽则省文，实欲互见。

他有了这种发现，所以往往不厌其烦地指出"凡某声之字多训某""凡从某声皆有某义""凡字之义必得诸字之声""同声多同义"等。如：

> 《鱼部》"鰕"字下云："凡'叚'声字皆有赤色。"
>
> 《女部》"娠"字下云："凡从'辰'之字皆有动义。"
>
> 《衣部》"襂"字下云："凡'参'声字多为浓重。"
>
> 《夗部》部首下云："凡'夗'声字皆取委曲意。"
>
> 《阜部》"陉"字下云："凡'巠'声字皆训直而长者。"

对于这个问题，黄侃先生论述甚详。他指出：

> 形声之字虽以取声为主，然所取之声必兼形、义，方为正派。盖同音

之字甚多,若不就义择取之,则何所适从也?

(《文字声韵训诂笔记》)

至于为什么有些字"声子"(按:形声字)与"声母"(按:谐声偏旁)看不出意义上的联系来,黄侃先生指出,那是因为"字体不便,古字不足,造字者遂以假借之法施之形声矣"。所以他说:"假借者,六书之痛疽也。"它使"形声之例乱矣"。但是,"凡言假者,定有不假者以为之根;凡言借者,定有不借者以为之本。则此类形声必当因声推其本字,本字既得,则形、声、义三者当仍相应",故"治小学者,必多为条例以求之"。这就把《说文》形声字的研究推向了一个前所未有的高度。而推其原本,仍不外清儒"治经莫重于得义,得义莫切于得音"这一理论(见段玉裁《广雅疏证序》)。段玉裁在为《说文》作注之前,已完成了古韵分部的研究,他所立的古韵十七部,比之顾炎武、江永更进了一步,为近两个世纪的古音学建立了较完备的系统。他在为《说文》作注时,每一个字都指出在古音几部。他说:"于十七部不孰者,其小学也必不到家,求诸形声难为功也。"(见《与刘端临第八书》)他建立古音十七部所依据的资料,除《诗》《骚》之外,又把《说文》形声字全部作了分析,并作成《古十七部谐声表》(《六书音均表》二)。于此可见,《说文》一书对于古音研究以及以"由声音通训诂"为显著特色的朴学研究具有特殊的价值。

　　许冲在《上说文解字表》中说:"天地、鬼神、山川、草木、鸟兽、昆虫、杂物、奇怪、王制、礼仪,世间人事,莫不毕载。"《说文》正是这样一部百科全书,它蕴含着大量有关古代社会和自然界(包括天文历法、矿产冶炼、植物医药、农业、手工业等)多方面的资料。在文物考古工作中,不仅研究甲骨卜辞和钟鼎款识需要借助《说文》,而且整理秦汉以来的简册帛书也离不开它。

　　《说文》中每个字的写法,都以篆文为主,如有古文、籀文与篆文字形不同者,皆附于说解中一一说明,如有"或体",也列于正文说解之下加以说明,也就是《说文叙》所说的:"今叙篆文,合以古、籀。"《说文》在每部之后注明"文若干""重若干"。"文若干"是指本部正字的字数,"重若干"是指本部中异体字的字数,叫作"重文"。如《王部》,连部首共得正文"王、闰、皇"三字,而"王"字有古文一,故部末曰:"文三,重一。"异体字包括古文、籀文和小篆。古文包括奇字(据《说文叙》:王莽居摄,改定古文,当时有"六书",二曰奇字,是古文的异体,如"无"是"無"的奇字),小篆包括秦刻石。有时用"或作某",即所谓"或体"来表示异体字,"或体"有四百五十多条,遍于古文、籀文和小篆。

有时用"俗作某",即所谓"俗体"来表示异体,此类多限于小篆。

《说文》所收的古文,据《说文叙》有三种:一是殷周古文,主要是古铜器铭文。但汉代铜器出土极少。尽管《说文叙》说"郡国亦往往于山川得鼎彝,其铭即前代古文,皆自相似",但究其实际,许慎大概从未见过一篇铭文。二是孔壁古文。《说文叙》说:"壁中书者,鲁恭王坏孔子宅,而得《礼记》《尚书》《春秋》《论语》《孝经》。"其中《尚书》是汉代古文的主要来源之一。三是来自《春秋左氏传》《孟氏易》《毛诗》和《周官》的古文。《说文叙》说:"北平侯张仓献《春秋左氏传》。"又说:"其称《易》孟氏、《书》孔氏、《诗》毛氏、《礼》周官、《春秋》左氏、《论语》、《孝经》,皆古文也。"《春秋左氏传》也是汉代古文的主要来源之一。魏正始《三体石经》正是刊写《尚书》和《春秋左氏传》这两部书的。

"古文"是战国末季时的抄书体,也就是一般的书写体,不像籀文那样繁迭,也不像金甲文那样工整。"籀文"是指《史籀篇》的文字。《史籀篇》也叫《史篇》或大篆。《汉·志》说:"《史籀篇》者,周时史官教学童书也,与孔子壁中古文异体。"并著录《史籀》十五篇,自注说:"周宣王太史作大篆十五篇,建武时亡六篇矣。"(按:籀文是春秋战国间的字体之一,并非周宣王时的太史所作,可能是周元王时的史籀所作,"元"与"宣"音近而误。)籀文的特点是形体繁迭。古文简、籀文繁,故小篆对古文多增,对籀文多简。

《说文》所收古文的字数难于确考。据书中重文注明"古文"字样的来统计,王国维说:"全书中所有之古文五百字许。"《说文》所收籀文的字数,王国维在《史籀篇疏证》中据《说文》重文注明籀文的统计,断定为二百一十九字。马国翰采《说文》重文的籀文二百一十九字和《玉篇》所引《说文》所遗的十三字,合二百三十二字。不论古文字数还是籀文字数,都是根据《说文》的重文来统计的,而在正文中与小篆相同的古、籀文字数,现已无法确定。《史籀》十五篇到东汉初年只存九篇,到晋代就全亡佚了,所以现在所传的籀文除石鼓文几百字外,只有《说文》所收的二百余字。

小篆是《说文》全书说解的对象。由于汉字是衍形表意文字,《说文》全书以形为主,以五百四十部首为经,以义和音为纬。《说文》说解文字,主要是通过字形的分析来确定字的性质和类型,阐明文字义、形、音三要素的密切关系。说解的次序是先说意义,次说形体,后说读音(即训义—说形—释音)。如:

　　皿,饮食之用器也。象形,与豆同意。凡皿之属皆从皿。读若猛。

　　篓,竹笼也。从竹,娄声。洛侯切。

据王筠的统计,《说文》中象形字二百六十四字,指事字一百二十九字,会意字一千二百六十字,形声字七千七百字。

　　《说文》中的标音字有形声字、亦声字、增声字,此外还有"读若""读同"——这是在字形构造之外用直音法来注明音读。《说文》中注明"读若"的字有八百多个,如"珊读若眉""逝读若誓"等,注明"读同"的字就更多了。王筠指出:"《说文》'读若',有专明其音者,有兼明假借者。"张行孚也说:"《说文》'读若'之例,段氏谓止拟其音,盖谓《说文》多明本义也。然考《说文》'勾读若鸠''券读若豪',其'鸠''豪'字,经典多假借为'勾聚''券杰',则《说文》'读若'实可为经典假借之例。"钱大昕说得更明白:"许氏所云'读若',所云'读与某同',皆古书假借之例。不特寓其音,即可通其字,音同而义亦随之。"我们认为《说文》"读若"主要用来注音,但有时也兼明通用。唐代以来的《说文》传本都有切音,这不是许慎的原文,而是唐以来的后人所增加的,可能是从唐代以《说文》《字林》取士时才补入的。

　　《说文》对象形、指事、会意、形声四书都有明显的书例,所谓书例,是指《说文》肯定每字类型的具体方法。至于跟一般书例不合的,则是变例。如:"崔读若和,鸱属,从隹从丫。有毛角。"本是个象形字,可是注曰"从某从某",按会意字的书例,应归会意,这是变例。现将一般的书例分析如下。

　　（一）象形书例有四

　　1. 象形。如:"气,云气也。象形。"

　　2. 象某形。如:"自,鼻也。象鼻形。"

　　3. 象某某之形。

　　4. 象某某。如:"水……象众水并流,中有微阳之气也。"

　　（二）指事书例有四

　　1. 指事。如:"丄,高也,此古文上,指事也。"

　　2. 象形。如:"矢,倾头也,从大,象形。"（按:所标明的"象形"实为指事。）

　　3. 象某某之形。如:"八,别也,象分别相背之形。"

　　4. 象某某。如:"凶,恶也,象地穿交陷其中也。"

　　（三）会意书例有七

　　1. 从某某。如:"裯,棺中缣裏衣也,从衣、弔,读若雕。"

2. 从某从某。如："男，丈夫也，从田、从力，言男用力于田也。"

3. 从某×某（或从某×××某）。如："休，息止也，从人依木。""妇，服也，从女持帚洒扫也。""祭，祀也，从示以手持肉。"

4. 从某从某会意。如："信，诚也，从人、从言，会意。"

5. 从某从某从某。如："朢，月满相望以朝君也，从月、从臣、从壬。壬，朝廷也。"

6. 从某省，从某。如："孝，善事父母者，从老省，从子，子承老也。"

7. 从某从某省。如："舠，船行不安也，从舟、从刖省，读若兀。"

（四）形声字的书例有六

1. 从某，某声。如："放，逐也，从攴，放声。"

2. 从某从某，某声。如："泰，滑也，从廾、从水，大声。"（按："廾"为"收"之隶变，居竦切）

3. 从某从某从某，某声。如："宝，珍也，从宀、从玉、从贝，缶声。"

4. 从某，某省声。如："兹，艸木多益，从艸，丝省声。"

5. 从某省，某声。如："考，老也，从老省，丂声。"

6. 从某省，某省声。如："囊，从橐省，襄省声。"

至于会意兼形声的，书例有二：

1. 从某从某，某亦声。如："舒，伸也。从舍、从予，予亦声。"

2. 从某某，某亦声。如："儥，赁也，从人、就，就亦声。"

至于转注和假借二书，《说文》都没有明白的书例。有人说各部首所隶属的字都是该部首的转注字，认为"部首即谓'一首'也，'凡某之属皆从某'即'同意相受'也"（江声《六书说》），这未免流于宽泛。又有人认为，《说文》中注明"以为""古文以为""籀文以为"的都是假借之例，如"西，鸟在巢上也，而以为东西之西"是说此字借为彼用。"洒"下云"古文以为洒扫字"是说借此为彼的来源。但这种例子很少，只有几条，不足以表现假借的书例。

在《说文》的说解中，对于或有他说的，则云"一曰某某"，如"舒"下云："一曰舒缓也。"此外，还要注意到《说文》中"连上篆字为句"的现象。如"昧爽旦明也""诂训故言也"等，皆当连篆文为句，读成"昧爽，旦明也""诂训，故言也"等。又诸山水名，云"山在某郡""水出某郡"者，皆当连上篆读，如"华山在弘农华阴""崞山在雁门""沮水出汉中房陵，东入江""淹水出越巂徼外，东入若水"等。又《艸部》"芨""菌""薢"诸字，说解但云"艸也"，亦承上篆为句,谓"芪"即"芪艸",非艸之通称;"葵""薇"诸字但云"菜也",亦承上读,谓"葵菜""薇菜"。不明此例,易生误会,以顾炎武之博学,乃讥许氏"参商星也"谓"参"为"商星",以为"昧于天象",也是不明许氏书义例所致。

许慎说解中有时引用经传来说明字义或字音。除少数用今文经(如《仪礼》用今文经、《诗》间用《韩诗》)外,一般都用古文经。说解中又有一百一十余条是引"通人说"。

说解中涉及训诂的,有的出于《尔雅》,有的出于《方言》,有的出于前人的经传训释及《仓颉》解诂。可见许慎不仅从贾逵受业,而且囊括了许多前人的经说和字说,可以说是集两汉字学之大成。

许氏说解有两个最突出的特点:

一是许氏抓住字的本义,这就从根本上解决了训诂的问题。本义是一切引申义的出发点,抓住了本义,引申义也就有条不紊。汉代去古未远,造字初义较之后世便于推寻,越到后来,本义越变成了重要知识。如:"向,北出牖也。"《诗·豳风·七月》有"塞向墐户",《礼记·明堂位》中"刮楹达乡",郑玄注曰:"乡,牖属,谓夹户窗也。"《仪礼·士虞礼》中"启牖向如初",郑玄注:"乡,牖,一名也。""乡"与"向"音同义通,"向"之本义更多了两个证据。又如:"庐,寄也。秋冬去,春夏居。"《诗·小雅·信南山》有"中田有庐"。"捷,猎也,军获得也。"《春秋·庄公三十一年》有"齐侯来献戎捷"。再如"槷,顿仆也""及,逮也,从又人""秉,禾束也,从又持禾"等。

二是许氏不满足于单词释义,在许多地方加了描写和叙述。如:"蒲,水艸也,可以作席。""桦,木也,可以为栖。""桂,江南木,百药之长。""䴗,知天将雨鸟也。""狼,似犬,锐头,白颊,高前,广后。""鼫,五技鼠也,能飞不能过屋,能缘不能穷木,能游不能渡谷,能穴不能掩身,能走不能先人。""嶷,九嶷山,舜所葬,在零陵营道。""车,舆轮之总名,夏后时奚仲所造。""贝,海介虫也……古者货贝而宝龟,周而有泉(钱),至秦废贝行钱。"这就不但为读者提供了文字知识,而且提供了博物知识。

当然,《说文》并没有把两汉时代应用的文字全部搜罗无遗,说解当中的某些字就不见于正文。大徐校定本增补四百余字,附列于每部之后,称为"新附字"。经传中也有很多字不见于《说文》。但《说文》编排文字的体例,已成为后代编纂字书所共同遵守的规范。

《说文》这部书在中国语言史上占有很高的地位,它对后世的音韵学、训诂学和语义学都产生了深远的影响。

许慎认识到,形声字在汉字中占绝大多数,所以他特别注重对形声字的分析。所谓"从某,某声",一方面是在分析字形,另一方面也就指出了字音。凡从"某声"得声的字,其读音必与"某声"切近,因此清人从《说文》中悟出,根据谐声字,可以参照《诗经》的韵脚来考定古韵的分部。关于这一点,前面已有论述,这里仅就"谐声"再简单谈一下。

知道一个声符字的归部,可以类推同声符的一系列字的古韵部,这叫作"谐声系统"。如"其"在"之"部,故"淇、祺、箕、欺、基、麒"等皆在"之"部;"台"在"之"部,故"胎、怠、怡、贻、饴"等皆在"之"部;"我"在"歌"部,故"鹅、峨、俄、義、儀"等皆在"歌"部。段玉裁《六书音均表》之二,即为《古十七部谐声表》。段氏云:"同谐声者必同部。"这一说法基本与事实相符。如《诗·小雅·庭燎》第一章:"夜如何其? 夜未央,庭燎之光。君子至止,鸾声将将。"其中"央、光、将"为韵脚,同属"阳"部。其第三章:"夜如何其? 夜乡晨,庭燎有辉。君子至止,言观其旂。"其中"晨、辉、旂"为韵脚,"晨"在"文"部,"辉"谐"军"声,"旂"谐"斤"声,可见在《诗经》年代,"晨"与"辉""旂"当押韵,同在"文"部。

《说文》中引经与现在的经文往往不同,因而清人又体会到古人用字多有假借,对于古书中向来难解的句子,就能从声音训诂和文字通假上去理解其原意了。

许慎的说解,特别注重于造字时的"本义",虽然许氏所言"本义"不一定都对,但清人从这一点认识到:字有"本义",有"引申义",有"假借义",在语义学上有了新的发展。(详见段玉裁《经韵楼集》卷十一《"享飨"二字释例》)

直到今天,《说文》仍然有它的价值。我们要研究古文字,要知道汉字的发展与变迁,离不开这部书;就是要研究汉语词汇发展史、词义的演变以及古音系统,也同样需要应用这部书。

《说文》也有其缺点,简述如下。

一是对字形有所误解。如:"躲(射),弓弩发于身而中于远也。从矢从身。""射,篆文躲,从寸。寸,法度也,亦手也。"甲骨文"射"作"✦",《说文》误"弓"形为"身"。又如"行"字,《说文》云:"行,人之步趋也。从彳,从亍。"甲骨文"行"字作"𠇍",象四达之衢,步趋为引申义,而《说文》误作本义。又"为"字,《说文》解作:"母猴也,其为禽好爪。下腹为母猴形。"甲骨文"为"字作"⿰", 象手牵象之形, 古者役象以助劳。

二是拘泥字形, 不免臆断。如: "王, 天下所归往也。……孔子曰:'一贯三为王。'" 甲骨文中"王"作"⿱"、"⿱"等形, 不是一贯三。(按:有人认为象地中有火) 又如: "甘, 美也, 从口含一, 一, 道也。"造字之初尚没有"道"的概念,《说文》所云不免牵强。王筠认为"一"象口内所含之物, 较为可信。

三是采用声训, 有些不科学。《说文》声训多限于干支、五行、四方, 如: "丙, 位南方, 万物成炳然。""丑, 纽也。""木, 冒也。""南, 草木至南方有枝任也。"

四是误以后起字为本字。如"娶、捨、珮、缫"等字皆为后起区别字, 许氏却都作为本字收入正篆之中。

《说文》出现的年代较早, 许慎未能见到更古的汉字以作参考, 仅就小篆形体进行分析, 难免会出现一些错误。我们读《说文》, 首先应当注重前人的研究成果, 不可信口雌黄, 但同时也要有科学的方法和实事求是的态度, 联系近、现代文字研究的新成果, 发现前人研究中的问题, 这样才能不拘泥于古人, 不断有所创获。

下面说说《说文》的版本及传习情况。

《说文后叙》说, 本书成书于汉和帝永元十二年(100 年), 到汉安帝建光元年(121 年)才献上。现在我们所见到的《说文》本子, 时代较早的是唐写本和宋刻本。

唐写本有两个本子:一个是《木部》残本, 存一百八十八字(近全书五十分之一);一个是《口部》残简, 存十二字。前一种是中唐人写本, 原为清人莫友芝所藏, 现为日本人所有。后一种是唐宋间日本的摹本, 为日本人所藏。唐本跟六朝所传《说文》较接近, 可惜只有残本。

今天我们所能看到的全体, 是南唐徐锴的《说文解字系传》和宋徐铉的《校定本说文解字》。徐锴是徐铉的弟弟, 前人称为"小徐", 称徐铉为"大徐"。小徐本有注释, 大徐本主要是校定原书, 没有注释。小徐本有影抄宋本, 大徐本有北宋刻本。清人翻刻的本子很多, 小徐本以祁寯藻刻本为最好, 大徐本以孙星衍校刊《平津馆丛书》本为最好(此书又有商务印书馆《丛书集成》影印本)。

《说文》原本没有反切注音, 现在我们见到的唐写本已有注音, 它的注音跟隋唐间流行的韵书不同, 而跟相传的《字林》音相合。今天我们所看到的二徐本又跟唐写本不同。大徐本的反切是根据唐代孙缅的《唐韵》加上去的，小徐本的反切是南唐朱翱所加。小徐《篆韵谱》的音切是根据陆法言的《切韵》，大徐《改定篆韵谱》的音切则是根据唐代李舟的《切韵》（见罗常培《敦煌写本守温韵学残卷跋》）。现在我们一般应用的本子是大徐本，中华书局 1963 年影印本（1977 年第三版），有孙星衍《重刊宋本说文序》，其中提到二徐、毛晋、朱筠、钱坫、姚文田、严可均、钮树玉等人整理校订《说文》的一些情况。

　　《说文》的传习可以上溯到东汉末年，《说文》成书后不久，郑玄注《三礼》、应劭著《风俗通义》即加称引，刘熙著《释名》，稍后张辑著《广雅》，并多取资。《三国志·吴书·严畯传》云："严畯……少耽学……又好《说文》。"《魏书·王粲传》注引《魏略》云："（邯郸淳）善苍、雅、虫、篆、许氏字指。"所谓许氏字指，即是《说文》。这些情况表明，早在汉魏之际，《说文》就已引起学术界的重视，有了传习之人。

　　魏晋南北朝，《说文》流传日广，影响逐渐扩大。这尤其表现在以下两个方面：一是学者普遍仿效或利用《说文》编纂字书。例如，魏张揖撰《古今字诂》三卷（今已亡佚），北魏江式谓其"方之许慎篇，古今体用，或得或失矣"。晋代吕忱撰《字林》七卷，江式说："寻其况趣，附托许慎《说文》。"吕忱的事迹无可考，《魏书·江式传》称吕忱为任城（今山东济宁）人，作晋义阳王典祠令，唐张怀瓘《书断》又称吕忱字伯雍。吕忱写的《字林》是根据《说文》作的，在唐以前总是《说文》《字林》相提并论的。《字林》收字比《说文》多，唐封演《闻见记》说："晋有吕忱，更按群典，搜求异字，复撰《字林》七卷，亦五百四十部，凡一万二千八百二十四字。诸部皆依《说文》，《说文》所无者是忱所益。"《字林》自南宋以后失传，清代任大椿有辑本，名为《字林考逸》。在吕忱作《字林》之后，梁顾野王又承《说文》《字林》之绪撰《玉篇》。南宋李焘《说文五音韵谱序》云："陈左将军更因《说文》造《玉篇》三十卷，梁大同末献之，其部叙既有所升降损益，其文又增多叔重。"与顾野王时代相先后，北魏阳承庆又作《字统》二十卷（久佚），据唐代封演说，其书亦以《说文》为本，而时有异同。

　　二是利用《说文》辩证字形，规范楷体。汉字自隶变以后，异体滋繁，俗字杂出，魏晋以降，书写混乱的现象日趋严重。江式说："世易风移，文字改变，篆形谬错，隶体失真，俗学鄙习，复加虚巧，谈辩之士，又以意说，炫惑于时，难以厘改。……如斯甚众，皆不合孔氏古书、史籀大篆、许氏《说文》、石经三字也。"北宋颜之推说："晋宋以来，多能书者，故其时俗递相染尚，所有部帙，楷正可观,不无俗字,非为大损,至梁天监之间,斯风未变。大同之末,讹替滋生。……至为一字,唯见数点,或妄斟酌,逐便转移,尔后坟籍,略不可看。北朝丧乱之余,书迹鄙陋,加以专辄造字,猥拙甚于江南。"因此,当时一些学者,如江式、李铉、赵文深、颜之推等,都感到有刊正俗写谬失的必要,而他们用来规范文字的依据正是《说文》。江式撰集《古今文字》,即以《说文》为主,其编次体例亦仿《说文》,惜其书未成。李铉则有《字辨》之作,《北史·李铉传》云:"(铉)以去圣久远,文字多有乖谬,于讲授之暇,遂览《说文》《仓》《雅》,删正六艺经注中谬字,名曰《字辨》。"赵文深、黎季明、沈遐等则"佐《说文》及《字林》刊定六体,成一万余言,行于世"。

唐代,《说文》的权威性已得到初步的确认。学者注释古书或编纂字书,如孔颖达、贾公彦等撰《五经正义》,李善注《文选》,颜师古注《汉书》,陆德明撰《经典释文》,释玄应、释慧琳撰两种《一切经音义》,无不广泛称引《说文》。《说文》这时已被立于学官,国子监设书学博士,立《说文》、《字林》、石经之学,让学徒分年诵习。《新唐书·选举志》云:"凡书学,石经三体限三岁,《说文》二岁,《字林》一岁。"官吏的选拔亦以《说文》为试。

中唐至宋初,文字学史上被称为中兴时期。对于《说文》的流传与研究来说,这一时期最突出的是李阳冰以及徐铉、徐锴兄弟对《说文》的修改、校订与整理。《说文》自汉末流传,历代传抄,稍离其真。据保存下来唐宋人所引《说文》资料来看,彼此乖舛不合固多,即一书所引亦前后抵牾,说明当时流传的《说文》别本甚多,因此很有必要对《说文》作一次全面的校订与整理。

唐代宗大历年间,篆书家李阳冰刊定《说文》,改许书十五卷为三十卷。关于李氏刊定《说文》的情况,李焘《说文五音韵谱序》云:"仍祖叔重,然颇出私意,诋诃许氏。"后世因此每多诟病。徐铉《进说文表》谓其"排斥许氏,自为臆说","以师心之见,破先儒之祖述"。徐锴撰《说文系传》,专辟《祛妄》一篇,载阳冰所刊五十六字,逐一驳正。李阳冰刊本久已不传,然锴书《祛妄》一篇既载阳冰所刊若干字,其《通释》篇又间引李氏之说,徐铉校定《说文》亦颇取阳冰语附益许书,则李氏如何刊定《说文》可由此窥其一斑。约而言之:一是论定或修改《说文》篆法,例如"王"字,《说文》云:"天下所归往也。"董仲舒曰:"古之造文者,三画而连其中谓之王。三者,天地人也,而参通之者,王也。"徐锴引阳冰云:"中画近上,王者则天之义。"又如"豸"字,云:"兽长脊行豸豸然,欲有所司杀形。"本为象形字。徐锴《祛妄》引阳冰云:"从肉力。"其他如"日""欠""金""巴""坐""頁""矛"等字，皆属此类。二是修改许书说解，例如"弍"，徐锴《祛妄》引阳冰云："弍，质也。天地既分，人生其间，其形质已成，故一二三皆从弍。"又如"未"，《说文》云："豆也，象未豆生之形也。"徐锴引阳冰云："父之弟为叔，从上小，言其尊行居上而己小也。"其他如"主""非""土""午""路""秃""毒""与""率""袁""血"等字，皆属此类。从总体上看，阳冰新说虽有某些可取之处，如"皇"作"皇"，不作"皇"；"行"作"𠧢"，不作"𢓓"；"辵"作"歪"，不作"辵"，皆有合于秦代小篆与商周古文。谓"木"象木之形，非从"屮"；"亥"本豕形，古文减一画；"雅"长尾而从"隹"，知"隹"非短尾之称，这些说法亦较许氏为胜，近代学者对此已有所论。但阳冰改篆改注，随意穿凿的成分甚多，即前所引，亦可见其谬妄。旧《说文》家斥其"篡改""窜乱"，话虽说重了点，但对阳冰评价不高，则是古今一致的。

继李阳冰之后，对《说文》作全面整理与研究的是徐铉、徐锴兄弟。二徐原仕南唐，并深于《说文》之学。弟锴卒于宋灭南唐的前一年，其所撰《说文解字系传》是最早的《说文》注本，以诠释许说、发挥己意为主，与其兄铉专事校订异趣。徐锴对于《说文》用力很勤，徐铉称他作《系传》的意义在于"考先贤之微言，畅许氏之玄旨，正阳冰之新义，折流俗之异端"（见徐铉《说文韵谱序》）。李阳冰的改本直到唐末还在盛行，徐锴专辟《祛妄》篇，正其新义。如"幺"字，《说文》云："小也，象子初生之形。"（按："幺"，于尧切。）李阳冰云："厶，不公也。重厶为幺，蒙昧之象也。会意非象形。"徐锴斥云："《尔雅》云：幺，幼小。真是幼小之幼，非为蒙昧，阳冰妄矣。"

徐锴是南唐时广陵人（其先世会稽人，后移居广陵，故称广陵人），生于后梁贞明六年（920年），仕南唐。宋开宝七年（974年）卒。据陆游《南唐书》，锴生平著述甚富，今仅存《系传》四十卷、《韵谱》十卷。徐锴所作《系传》，参考古书不下百余种，一方面疏证许说，一方面又进一步从声音上说解字义，创见很多。不过有时征引古书过于繁冗，解说字义不很精当，所以还称不上是最好的注本。《系传》四十卷之外，他又依《切韵》著《说文韵谱》五卷（其后兄铉又增益之），其书未行乃卒。至宋太宗雍熙三年（986年），其兄徐铉复承诏与句中正、葛湍、王惟恭等人同校《说文》，详参众本，正误补阙，又以篇帙繁重，卷分上下，厘成三十卷。书上，令雕为印版，因广流布，即今大徐本《说文》也。

《系传》卷一至卷三十为《通释》，卷三十一至三十二为《部叙》，卷三十三至三十五为《通论》，卷三十六为《祛妄》，卷三十七为《类聚》，卷三十八为《错综》，卷三十九为《疑义》，卷四十为《系述》。此编自上秘阁之后，传本极少，所以到宋代已不多见。今本出门苏颂所传，阙卷二十五，而以大徐校本补足，已非完书。现在流传的《系传》刻本有三种：清乾隆间汪启淑刻本、马俊良刻《龙威秘书》本、道光年间祁寯藻刻本。三者之中，祁刻本为最精。此外，尚有清代钱曾《述古堂影宋抄本》及瞿氏铁琴铜剑楼所藏（卷三十至卷四十）宋刻残本。虽同为善本，然与祁刻亦各有短长，不可一概而论。

《系传》的《通释》是主体，其内容是疏证许书说解；《部叙》推陈五百四十部首排列次序的意义；《通论》举天地人文等字，阐发字形结构的义理；《祛妄》专驳阳冰新说；《类聚》举数目、语助、六府等同类之字，说明文字的取象；《错综》据人事推阐古人造字意旨；《疑义》论列《说文》有其偏旁而阙其篆文之字及《说文》字体与小篆有异者，且略述六书要旨与书法沿革；《系述》则自述各篇撰作的旨趣。全书之所以取名《系传》，是取法于《易传》。徐锴把《说文》比之于"经"，称自己的解释为"传"。他说："文字之义，无出说文。"（见《祛妄》篇）

锴书包容广而重在对许说的诠释疏证，宋人于《系传》推崇备至，宋祁云："弟留心字学，当世所有之书，访求殆遍，其间议论曾不得徐公之仿佛。"陈振孙《直斋书录题解》亦云："此书援引精博，小学家未有能及之者。"

至清代而汉学大盛，于《系传》即多有攻非其短者。卢文弨评论其书过于繁冗，且牵强征引，时有谬误，他说："楚金所释，微伤于冗，而且随文变易，初无一定之说，牵强征引，不难改窜经典旧文以从之。又其引书多不契勘，甚且人人所诵习者，而亦舛互相仍。此等乍读之，未有不疑其有所本者，而实皆凭臆空造，毫无左证，深足以疑误后生，其分疏音义，亦有可疑者，至其所引经史，亦多失其本意。"李兆洛也说："虽时出新意，而不及大徐之淳确。且引书似都不检本文，略以意属，亦不若大徐之通敏。"严元照则摘举七目，以论其非：一曰妄改经典，二曰小学不明，三曰援引不典，四曰考核失实，五曰笺释多谬，六曰传讹弗审，七曰征引太支。（见《奉梁山舟先生书》）

以我们今天的眼光看，《系传》确有很多疏漏。除上举清人的批评外，好以义理说解文字，或许是其根本性的特点，这在《通论》《类聚》《错综》等篇表现得尤为突出。姑举一例来看，小篆"人"本象人侧立之形，小徐则曰："天地之分，精气为人，烦气为虫，故于文虫烦而人省也。独阳不生，独阴不成，独天不生，阴阳人必三合而生。故于文，人为三歧，上一而下二也。"本是很简单的象形字,经徐锴这一解释,一点一画都有了深意。其"通释"篇亦多用会意说解形声,牵强附会,往往流于荒诞。由于徐锴、徐铉不太通晓古今音之异和声近之相谐,所以徐铉往往有误删许书"从某,某声"的地方,徐锴有时也妄加按语。但是,在《说文》研究史上,徐铉定《说文》,徐锴编《系传》,对于保存和解释许慎原著来说是功不可没的。小徐的笺疏开了清儒注释许书的先河,清儒试图解决的一些问题,如因声求义、推迹字义引申、揭示文字通假等,《系传》都已经注意到了。《说文》流传至今,仅有二徐本见存,二徐以前,许书已无完帙,今天要想了解许书原貌,只有依据二徐,而可以校定大徐本的,首推小徐《系传》,"非楚金,无以正鼎臣之失"(见承培元《说文系传校勘记后跋》),可见《系传》对于许书的校勘,价值极大。总之,《系传》虽有明显缺陷,仍不失为一部研究《说文》的重要著作。

徐锴疏证古义的方法有二:

一是引古书证古义。他所取资的古书范围极广,九经三传之外,有周、秦、汉、魏以下各种子书和《国语》《楚辞》《四史》《晋书》《宋书》《南史》《北史》《文选》《文心雕龙》《本草》与杂史、传记、石刻、文集、字书、韵书之属,不下百余种。

二是以今语释古语。这是最容易使人们明白的方法,而往往不为训诂家所注意。如:

卷三:"呧,苛也。"徐锴曰:"今人谓诘难之为呧呵。"

卷十:"饡,以羹浇饭也。"徐锴曰:"今人云饡饭也。"

卷十四:"瘴,足气不至也。"徐锴曰:"今人言久坐则足瘴也。"

第二十:"悝,嘲也。"徐锴曰:"今人言恢,恢谐也。"

从内容上讲,徐锴训释许书除疏解许说外,还包括:

1. 以许训解古书。如:

卷四:"践,履也。"徐锴曰:"《尚书序》:'成王既伐东夷,遂践奄中国。'天子无所不宾,亦无所翦灭,故言践,若履行之而已。"

2. 说明古书的假借。如:

卷九:"盅,器虚也。"《老子》曰:"道盅而用之。"徐锴曰:"盅而用之,虚而用之也。今作冲,假借。"

3. 说明古今字。如:

卷四:"迍,敷也。"《周书》曰:"我兴受其迍。"徐锴曰:"此微子出奔之辞也。今文作'败'。"

卷四:"彴,行示也。"《司马法》:"斩以彴。"徐锴曰:"且斩且行,以令于众也。今人作'徇'。"

4. 说明引申义。如:

卷十一:"极,栋也。"徐锴曰:"按:极,屋脊之栋也。今人谓高及甚为极,义出于此。"

5. 兼举别义。如:

卷二:"荠,蒺藜也。"《诗》曰:"墙有荠。"徐锴曰:"此今药家所用蒺藜也。今人以此字为荠菜。"

6. 辨声误。如:

卷三:"牵,引前也。从牛,象引牛之縻也。玄声。"徐锴曰:"指事也。"

卷三:"牢,闲养牛马圈也。从牛,冬省声。"徐锴曰:"指事。"

清代段玉裁注《说文》,也是注意了这几点,不过更加精深而已。

特别值得注意的是,徐锴运用了后来清人所说的"因声求义"(按:这里指汉代以来相传的"声训"之法,不免有牵强附会之说,但也不失为一种寻求语义本源的途径)的方法,其方法有二:

一是从谐声偏旁说明字义。如:

《示部》:"祯,祥也。"徐锴曰:"祯者贞也,贞正也,人有善,天以符瑞正告之也。"

《示部》:"祺,吉也。"徐锴曰:"《尔雅》郭璞注:'祺,吉之见也。'臣以为祺之言期也,天将与之福,先见其兆,与之为期也。"

《玉部》:"琰,璧上起美色也。"徐锴曰:"琰之言炎也,光炎起也。"

《言部》:"训,说教也。"徐锴曰:"训者,顺其言以训之也。"

二是用声韵相同的字去说明字义之相类似的。如:

《示部》:"祓,除恶祭也。"徐锴曰:"按祓之为言拂也。"祓、拂同音字,《广韵》"敷勿切","祓"之训"除",犹"拂"之训"除"。

《辵部》:"逶,连逶也。"徐锴曰:"按《淮南子》有'连逶'之言,犹参差零珑,若连若绝之意也。""连逶""零珑"并双声字。

《隹部》:"雏,鸡子也。"徐锴曰:"雏犹云初也。"《广韵》"雏,仕于切","初,楚居切",二字声韵并近。

《木部》:"桒,弱貌。"徐锴曰:"按《诗》曰'荏苒柔木',桒者,挠弱之意也。""桒"与"荏苒"并双声字。

这种"因声求义"的方法对清代训诂学家影响极大,段玉裁、王念孙常用这种方法申明词义,可见徐氏《系传》及清代文字训诂之学的前驱。清人受他的启示很多,但从无言明之者。

《系传》在解字方面有一个根本性的缺点,就是过重"会意"而略"形声",《说文》中不少谓"从某,某声"的,徐氏都认为是传写误多"声"字。钱大昕曾指出这一点。如"元"字,"从一兀",徐锴说:"俗本有声字,人妄加之也。"其时,"元"和"兀"声音是相近的。从"兀"的字,也有从"元"的异体,如"髡"的异体是"髨",可见"元"字应为"兀"声,古声正是如此。徐锴不明古音,误以为后人妄加。徐铉则直接删去"声"字,不提旧本怎样说解,这样一来,单看大徐本,便不知"元"字本有"兀"声了。又如《示部》"神""祔""祫",《日部》"普",《人部》"伊"等字,都被徐锴解作"会意"。他还把原来的"从某,某声"的字解为应作"从某,某亦声",如《艸部》"蔙""菜",《言部》"诒",《攴部》"放",《贝部》"贫""赁"等字。这样,就把一些形声字的声音看作既表意又表音的了,这与他喜欢就音以求义是相联系的。解说文字,如果不从实际出发,而过于相信"声中兼意"或都从"会意"着眼,是很容易陷于主观臆测的。这大半是迷信古人造字皆有深意的缘故。影响到后来,就是王安石《字说》之流,穿凿附会,随意立解,成为一种封建的、唯心主义的文字学,为害极大。

今天通行的《说文》是大徐本。宋雍熙三年(986年),徐铉奉敕与句中正、葛湍、王惟恭等校定《说文》,其宗旨是"务援古以正今,不徇今而违古"。铉等广集众本,备加详考,力图恢复许书原貌。至于其校订,主要有以下三项。

一是增加新补、新附字。徐铉《进说文表》云:"有许慎注义、序例所载,而诸部不见者,审知漏落,悉从补录。复有经典相承传写,及时俗要用,而《说文》不载者,承诏皆附益之。"新补字凡十九文,载于部内;新附字凡四百零二字,附于部末。

二是增加注释。徐铉《进说文表》云:"许慎注解词简义奥,不可周知;阳冰之后,诸儒笺述,有可取者,亦从附益,犹有未尽,则臣等粗为训释,以成一家之书。"凡所补注,皆题"臣铉等曰",所引阳冰、徐锴之说,亦各署姓名。

三是增加反切。《说文》本无切语,小徐《系传》反切,乃朱翱所拟,大徐校订,则改附孙缅《唐韵》反切。

　　在许学史上,徐铉校订之功诚不可没,然其间亦颇多可议之处。首先,大徐因不明古音,往往误删声字,致《说文》谐声系统遭到破坏。如"代"从"弋"声,大徐据宋时"弋"与"代"声不合,则曰:"弋非声,《说文》忒字与此义训同,疑兼有贷音。"其实"忒"亦从"弋"声。此类例子很多。清人钱大昕批评说:"二徐校刊《说文》,既不审古音之异于今音,而于相近之声全然不晓,故于'从某某声'之语,妄有刊落。然小徐犹疑而未尽,大徐则毅然去之,其诬妄较乃弟尤甚。"(见《十驾斋养新录》)钱氏所论,确实反映了大徐本存在的严重缺陷。其次,许书得大徐校勘而恢复真本面貌,但历代传写所造成的讹误,又非铉等所能一一是正,这就有待于后人进一步的勘核了。

　　二徐校定《说文》之后,宋有吴淑著《说文正义》三卷、僧云棫著《补说文解字》三十卷,元有吾丘衍著《说文续解》三卷,但书多亡佚不存,元包希鲁所作《说文解字补义》,其书亦不易得。这一时期,在《说文》学史上,最重要的是郑樵、戴侗等人的"六书"之学。他们的研究有一个总的特点,就是摆脱《说文》部叙的束缚,用六书统释文字,依据钟鼎文字补上小篆的讹缺。虽然他们没能对秦汉以来的六书条例作出科学的说明,但这一研究对于充实、深化"六书"说的内容,推动人们去探讨、认识汉字形体构造的理论,矫正自李阳冰以来文字学界一度随心所欲说解字形的风气,是有其积极意义的。

　　南宋郑樵是开风气的人物,著有一部《六书略》,保存在《通志》内,集中地反映了他对于文字学的见解。另外,他还著有一部《六书证篇》和一部《象类书》,均已失传。据他自己说:"《六书证篇》实本《说文》而作,凡许氏是者从之,非者违之。其同乎许氏者,因画成文,文必有说,因文成字,字必有解;其异乎许氏者,每篇总文字之成,而证以六书之义。"(见《通志·六书略》)他的《象类书》以三百三十文为形之主(称为"母"),八百七十文为声之主(称为"子"),合千二百文而成无穷之字,对文字的结构及形体关系进行探讨,自谓"极深研,几尽制作之妙义"(见《六书略·六书序》)。其书虽不可见,其精神由《六书略》犹可窥其梗概。

　　郑樵很重视六书理论,他说:"小学之义,第一当识子母之相生,第二当识文字之有间。象形指事,文也;会意谐声转注,字也;假借,文字俱也。象形指事一也,象形别出为指事。谐声转注一也,谐声别出为转注。二母为会意,一子一母为谐声。六书也者,象形为本。形不可象,则属诸事,事不可指,则属诸意,意不可会,则属诸声,声则无不谐矣,五不足而后假借生焉。"(《六书略·

六书予》)郑樵过分强调六书的作用,他的六书分类,刻意求别而鲜会通,令人感到琐屑拘泥、糅杂殊甚。如分"象形"为"正生""侧生""兼生"三种,"正生"又分"天地""山川""井邑""草木""人物""鸟兽""鬼物""器用""服饰"等十类。所谓"五不足而后假借生",亦昧于造字发展的程序。但是,《六书略》确有不少新见解,值得重视,元明两代研究文字的学者受他的影响很大。

南宋末年,戴侗撰《六书故》,凡三十三卷,分为"数""天文""地理""人""动物""植物""工事""杂""疑"等九部,前七部按义类收字,不能归入七部的字,即归于"杂"部,"疑"部专收形体可疑之字。每部再按六书排列文字,然后加以解说。纲领比较清楚。戴侗编写《六书故》的目的,是要用六书来分析字形,以阐释字义。他对六书有独到之见,比如假借,自许慎以来的传统看法是,一个字只要表示本义以外的意义,不论是词义引申造成的,还是借字表音造成的,都可以称为假借。戴侗则将二者严格区别开来,认为只有单纯借字表音才是假借,他说:"古人谓'令''长'为假借,盖已不知假借之本义矣。二者皆由本义而生,所谓引而申之,触类而长之,非外假之。所谓假借者,义无所因,特借其声,然后谓之假借。若'韦'本为韦背,借为韦革之'韦','豆'本俎豆,借为豆麦之'豆',若此者,假借之类也。"(见《六书故·六书通释》)在词义训释方面,戴侗非常重视声义之间的关系,他说:"夫文生于声音也,有声而后形之以文,义与声俱立,非生于也。"(见《六书故·六书通释》)他主张根据声符来推求字义,如:"'昏'本为日之昏,心目之昏犹日之昏也,或加心与目焉,嫁取者必以昏时,故因谓之昏,或加女焉。"(见《六书故·六书通释》)又认为字义同者多由双声相通,主张根据双声来说明古今方俗语言转移的轨迹,他在《六书故·六书通释》中还说:"声之相通也,犹祖宗众姓之相生也,其形不必同,其气类一也;虽有不同焉者,其寡已矣。'台''余''吾''我''卬'皆为自谓之名,'尔''汝''而''若'皆为谓人之名,'谁''孰''若'皆为问人之名,此所谓声之相通者也。不能审声,而配韵以主义,未有不为凿说者也。"(按:据王力先生研究,上古第一人称代词声母分属两个系统:"台""余"属古定母,"吾""我""卬"属古疑母。见《汉语史稿》中册。"谁""孰"与"若"古声母亦不相同,是戴氏说未尽确当。)这些见解都值得重视。在说解文字的形义方面,戴氏或据许氏推衍发挥,或自立新解,可取之处颇多。著名的文字学家唐兰称其"对于文字的见解,是许慎以后,唯一的值得在文字学史上推举的"(见唐兰《中国文字学》)。此外,戴氏引证许书,除大徐本外,兼采唐本、蜀本,这对许书校勘也极为可贵。当然,《六书故》也有立论粗疏、解释牵强的地方,特别是字形用钟鼎文,然而钟鼎文又非字字都有,于是小篆以足之,甚至以世俗字作钟鼎文,这就难免自乱其例。但总的说来,《六书故》在文字训诂方面还是有其价值的,不应一笔抹杀。

郑樵、戴侗之后,运用六书解说文字,有元杨桓的《六书统》《六书溯源》,周伯琦的《六书正讹》,元明之际赵㧑谦的《六书本义》,明魏校的《六书精蕴》,杨慎的《六书索隐》,等等。

明末赵宧光作《说文长笺》,分本部、述部、作部、体部、用部、末部,篇帙甚巨。其于六书之旨,虽不无发明,然用李焘《五音韵谱》本,却以为二徐校定本殊昧源流,所列诸字,较许氏原书多所增删,其注语笺文,疏舛实多。顾炎武深斥其谬,谓赵宧光好行小慧,将五经之文肆意刊改,为害后学。虽然在《说文》学史上占有一定的地位,但对于文字学理论的研究建树不大。这一阶段一般被认为是我国文字学的衰微时期。

元明两代流行的《说文》,是李焘的《说文解字五音韵谱》,包括博极群书的顾炎武在内,很多人都未见到大徐始一终亥之本。直到明代末年,汲古阁毛晋、毛扆父子得宋小字本大徐《说文》,以大字开雕重刊,铉本才复显于世。唯毛氏刻本据小徐《系传》,间用他书所引剜改原刻,不免乖互,其顺治癸巳第五次校本剜改尤多,颇为学者诟病,然许书真本终于得以流传。

入清以后,许学历史翻开了新的篇章。首先是惠栋撰《读说文记》十五卷为之表扬,谓其“不弟形声点画足考制字之原,其所训诂,实佐毛郑诸家之所未备,其所征引,又皆魏晋以前真古文,一句一义,在今日皆为瑰宝”(见黄廷鉴《席氏读说文记叙》)。乾嘉之际,大徐《说文》又有了朱筠重刻汲古阁大字本(简称朱刻大字本)、额勒布翻刻新安鲍氏家藏宋本(或称藤花榭中字本)、孙星衍重刻宋小字本(通称平津馆小字本),三种刻本以孙刻最佳。当时有影响的学者皆以《说文》倡导后学,流风所被,很快就出现了“家有洨长之书,人服郁里之学”(见俞樾《儿笘录自叙》)的局面,《说文》研究进入了一个新的历史时期。

清代注解《说文》的,当首推段玉裁,他的《说文解字注》用了三十余年写成,体大思精。段《注》不仅能淹贯全书,发其义蕴,而且能疏通古今音训,深知体要,故为学者所推重。此外,还有与段氏合称“说文四大家”的桂馥的《说文义证》、王筠的《说文句读》及《说文释例》、朱骏声的《说文通训定声》。其中，对于王氏的《说文释例》一书，黄侃先生曾这样评价："王氏《说文释例》'异部重文'三篇实为不刊之作，余无可取。"至于朱骏声《说文通训定声》，则是通过音义关系指出文字通假正别的。此四家之著书当中，传习最广、影响最大的是段氏《说文解字注》。

段玉裁（1735—1815年），字若膺，号茂堂（曾字乔林、淳甫，又号砚北居士、长塘湖居士、侨吴老人），江苏金坛人，乾隆举人，曾在贵州、四川等地任知县。一生著述甚富，计有《古文尚书撰要》《毛诗故训传定本》《诗经小学》《周礼汉读考》《春秋左传古经》《汲古阁说文订》《六书音均表》《说文解字注》《经韵楼集》等三十余种。

段氏《说文解字注》创始于乾隆四十一年（1776年），先为长编，名为《说文解字读》，后来由于文字过繁，简练成注，到嘉庆十二年（1807年）才次第完成，前后用了三十一年的精力，可以说是一部体大思精的著作了。

段氏受学于戴震，既长于经学，又长于音韵、训诂和校勘，而且熟悉先秦两汉的古书和前代的字书、韵书，用其所长，注解《说文》，不仅淹贯全书，发其义蕴，而且能疏通古今音训，深知体要，大为学者所推重。王念孙在序言中说：

> 吾友段氏若膺，于古音之条理，察之精，剖之密，尝为《六书音均表》，立十七部以综核之，因是为说文注，形声读若，一以十七部之远近分合求之，而声音之道大明。于许氏之说，正义借义，知其典要，观其会通，而引经与今本异者，不以本字废借字，不以借字易本字，揆诸经义，例以本书，若合符节，而训诂之道大明。训诂声音明而小学明，小学明而经学明，盖千七百年来无此作矣。

王念孙的这种评价实不为过。但是由于精力所限，衰集之功深，而研讨之功浅，方面既宽，难免疏漏，有时自信太过，流于武断，所以段书刊行之后，评订者有好几家——钮树玉《段氏说文注订》八卷，王绍兰《说文段注订补》十四卷，徐承庆《说文解字匡谬》八卷，此外还有徐灏的《说文段注笺》，桂馥、钱桂森的《段注钞案》，龚自珍、徐松的《说文段注札记》。其他单篇散记驳正段注之误的也有不少。要读段注，首先要了解其中得失所在，才不致迷惘而莫知所从。王力先生云："匡正段氏的人，也都是尊崇段氏的人，其所以做匡正工作，实在是为了青年一代。这种学术风气是值得赞扬的。"（《中国语言学史》）

段氏注包罗甚广，约而言之，主要有以下五项。

（一）校订《说文》传本的讹误

大徐本与小徐本不同，汲古阁所刻大徐本又与宋刻本不同，因此不能不先从事校勘。段氏是擅长于校书的，他曾用几种宋刻大徐本互校，又用元人《韵会举要》校订小徐本，然后以大徐本与小徐本对校。此外，又旁搜远绍，据陆氏《经典释文》、唐人《五经正义》、《史记》及两《汉书》注、李善《文选注》、玄应《一切经音义》、唐宋类书、《玉篇》、《广韵》、《集韵》所引以刊正二徐之误。同时斟酌《说文》通例，以本书证本书，决定今本之是非。这些做法是前所未有的。

（二）发明许书通例

段氏云："自有《说文》以来，世世不废，而不融会其全书者，仅同耳食，强为注解者，往往眯目而道白黑。"（《说文叙》注）

段书"凡言某某""凡某某"之下皆为发凡起例之处。段氏对于《说文》体例的阐发，有注于一字一句之下的，也有注于一部之末的。

《一部》"元"字下：凡篆一字先训其义，若"始也"（"元"字下）、"颠也"（"天"字下）；次释其形，若"从某某声"是；次释其音，若"某声"及"读若某"是；合三者以完一篆，故曰形书也。

《一部》部末：凡部之先后，以形之相近者为次，凡每部中字之先后，以义之相引为次。（按：关于部中字次，段氏在《玉部》末又有具体说明。）

《一部》"吏"字下：凡言"变声"者，会意兼形声也。

《示部》"纛"（读 cuì）字下：凡言"读若"者，皆拟其音也，凡传注言"读为"者，皆易其字也。注经必兼兹二者，故有"读为"，有"读若"，"读为"亦言"读曰"，"读若"亦言"读如"。字书但言其本字本音，故有"读若"，无"读为"也。

《艸部》"葛"字下：《说文》凡艸名篆文之下皆复举篆文某字，曰"某艸也"。如"葵"篆下必云"葵菜也"，"茞"篆下必云"茞艸也"。篆文者其形，说解者其义，以义释形，故《说文》为小学家言形之书也。浅人不知，则尽以为赘而删之，不知"葵菜也""茞艸也""河水也""江水也"皆三字句，首字不逗。今虽未复其旧，为举其例如此。

《邑部》"鄟"字下：按许引《左氏》，则言"《春秋传》曰"，引《公羊》则言"《春秋公羊传》曰"，以别于《左氏》。

《糸部》"缙"字下：凡许云《礼》者，谓《礼经》也，今之所谓《仪礼》也。

诸如此类，有关许书体例的说明在段注中总共有五六十处之多。王筠云："段氏书体大思精，所谓通例，又前人所未知。"

（三）据古代群书训诂解释许书

因为许书训释大都根据经籍训诂而来，所以要疏证许说，必须对古书有根柢。段氏之书,不仅是他在小学方面成就的集中表现,而且也是他在经学方面成就的集中体现。

许书中同义词往往互训,所以段氏必须随文举证,申明其义,其次则援引经传子史,推求许氏所本,间或引用今之方言与许说相证。特别对于草木、鸟兽、山川、地理、名物、制度之类,许书训释较简单,段氏必博考群书,摘要说明。遇有许说可疑之处及传写有问题者,段氏也要随例诠发。如许谓"哭"字从"狱省声","家"字从"豭省声",段氏以为皆不可信,而认为"哭"在《吅部》,"家"在《宀部》。又如"告"字,许云:"告,牛触人,角箸横木,所以告人也,从口从牛。"段氏云:"如许说,则告即福衡也,于牛之角寓人之口为会意。然牛与人口非一体,牛口为文未见告义,且字形中无木,则告意未显。且如所云,是未尝用口,是告可不用口也,何以为一切告字见义哉?愚谓此许因'童牛之告'而曲为之说,非字意。"(按:《易·大畜》云:"童牛之牿,元吉。"童牛,未生角小牛,牿,械系也。)

许慎训解也有不可知的,段氏则阙而不释。如"琥"字,许谓"发兵瑞玉",段云:"许所云,未闻。""殿"字,许谓"击声也",段氏云:"此字本义未见。""宋"字,许谓"居也",段云:"此义未见。"足见段氏在各方面都交代得很清楚。

段注引用的材料极广,自先秦至于唐宋,很多重要的古书都涉猎到了。有时为了解释一个词的用法往往翻遍好几种书。反过来,段氏也运用说文之训,解释了不少古书的文句。如:

"若"字,许云:"择菜也。"段云:"《晋语》秦穆公曰:'夫晋国之乱,吾谁使先若夫二公子而立之,以为朝夕之急?'此谓使谁先择二公手而立之,若正训择。择菜,引申之义也。"

"选"字,许云:"遣也。"段云:"选、遣迭韵。《左传》:'秦后子有宠于桓,如二君于景。其母曰:弗去惧选。铖适晋,其车千乘。'(杜注:后子,秦桓公子、景公母弟铖也,其权宠如两君。选,数也,恐景公数其罪而加戮。)按此选字正训遣。后子惧遣,故适晋,实非出奔也。"

许慎《五经异义》与《说文》有同有异,段氏以为《异义》先成,《说文》晚定,当以《说文》为主。(见"社"字下)汉人《诗》《礼》传注也有与许慎解释不同的,大都属于名物制度一类的词,段氏也一并采录,加以比较,考其源流,辨其得失。(见"璏"字下)

（四）阐发音义关系

《说文》一书，保留了很多古字、古音、古义，段氏认为，文字的形、音、义三方面是互相关联的。要研究《说文》，必三者互求；而三者之中，关键在于了解声音。他在给王念孙《广雅疏证》所作的序中说："小学有形，有音，有义。三者互相求，举一可得其二。有古形，有今形，有古音，有今音，有古义，有今义，六者互相求，举一可得其五。古今者，不定之名也。三代为今古，则汉为今；汉魏晋为古，则唐宋以下为今。圣人之制字，有义而后有音，有音而后有形。学者之考字，因形以得其音，因音以得其义。治经莫重于得义，得义莫切于得音。"

殷孟伦先生说："段玉裁在为《说文解字》作注时，在每字下都注上'古音在几部'，他说：'于十七部不孰者，其小学必不到家，求诸形声难为功也。'（《与刘端临第八书》）他作《注》之先，已完成了古韵分部的研究，所立十七部，比之顾炎武、江永更进了一步，为近两个世纪古音学建立了坚强的系统。后来各家分合，虽有出入，但段所立各部却全被包括在内，可见他是有见地的。他所依据的资料，于《诗》《骚》之外，又把《说文》谐声字全部作了分析，这是他的一个很重要的特点。"（《子云乡人类稿·段玉裁和他的说文解字注》）

段氏有上述卓越的见解，所以在《注》中特别注意形音义的关系。每字之下，除举出徐铉本的《说文》反切外，还标出他所考定的古韵十七部的部类，使学者不仅可以由此略知古今音的异同，还可以借此理解音与形义之间的种种关系。

以音为纲，就音以说明文字的孳乳通假和词义的相近相通，这是段注的特点之一。钮树玉《订叙》中反以"创十七部以绳九千余文"为病，是全然不理解段注的。

在《说文·示部》"禛"字下，段玉裁有一段话谈到形声字的情况。他说："声与义同原，故谐声之偏旁多与字义相近，此会意形声两兼之字致多也。《说文》或称其会意，略其形声，或称其形声，略其会意，虽则省文，实欲互见。不知此，则声与义隔，又或如宋人《字说》，只有会意，别无形声，其失均诬矣。"

书中阐发声义关系的例子很多。如：

《金部》"鏓"字，《说文》云："鏓，鎗鏓也。一曰大凿中木也，从金，悤声。仓红切。"囱，在墙曰牖，在屋曰囱，象形。楚江切。葱，菜也，从艸，悤声。仓红切。聰，察也，从耳，悤声。仓红切。段云："囱者多孔，葱者空中,聰者耳顺,义皆相类。凡字之义必得诸字之声者如此。"

《艸部》"芌"字下,许云:"大菜,实根,骇人。故谓之芌也。"段云:"《口部》曰:吁,惊也,毛《传》:讦,大也。凡于声字多训大。"

《牛部》"牫"字下,许云:"白牛地。"段云:"《白部》曰:皠鸟之白也。此同声同义。"

《鼓部》"藄"字,许云:"大鼓谓之藄。"段云:"凡賁声字多训大,如毛《传》云:墳,大防也。颁,大首儿。汾,大也。皆是。"

《衣部》"襛"字下,许云:"衣厚貌。"段云:"凡农声之字皆训厚。醲,酒厚也。浓,露多也。襛,衣厚貌也。"

段氏不厌其烦地指出"凡某声之字多训某""凡从某声皆有某义""凡字之义必得诸字之声""同声多同义"等。如:

"鰕"字下:凡叚声字皆有赤色。

"娠"字下:凡从辰之字皆有动义。

"袗"字下:凡参声字多为浓重。

"襟"字下:凡金声今声之字皆有禁制义。

"夗"字下:凡夗声宛声字皆取委曲意。

"陘"字下:凡巠声之字皆训直而长者。

"兀"字下:凡从兀声之字多取孤高之意。

"句"字下:凡地名有句字者皆谓山川纡曲。

"甬"字下:凡从甬声之字皆兴起之意。

"藟"字下:凡字从畾声者皆有郁积之意。

"波"字下:凡从皮之字皆有分析之意。

"齮"字下:凡从奇之字多训偏。

这些都是"因形以得其音,因音以得其义"的例子。当然,并非所有的形声字都是如此。有的声旁只表音,许多同声符的字意义相去很远。后来刘师培在《正名隅论》里说:"凡从某一声的字都具有某义。"毫不加以分辨,就未免以偏概全了。

又有许多联绵词,段氏也注意以声音相贯串来解释它。如:

《㫃部》"旖"字下,许云:"旖施旗貌。"段云:"旖施迭韵字,在十七部(按:古韵歌部)。许于'旗'曰'旖施',于'木'曰'橢施',于'禾'曰'倚移',皆读如'阿那'。《桧风》'猗傩其枝',《传》云:'猗傩,柔顺也。'楚辞

《九辩》《九叹》则皆作'旖旎'。《上林赋》'旖旎从风',张辑曰:'旖旎,犹阿那也。'《文选》作'猗狔',《汉书》作'椅柅'。《考工记》则作'倚移',与许书《禾部》合。知以音为用,制字日多。《广韵》《集韵》曰'婀娜',曰'旖旎'……皆其俗体耳。"(按:扡,於炟切;旖,于离切;施,式支切。)

其他如"犹豫",又作"犹夷""犹与""犹预""犹移""由与""尤与";"望洋"又作"望羊""望佯""望阳""盳洋"等,《经典释文》云:"仰视貌。"王肃注《孔子家语》云:"远视也。"

联绵词的写法有时虽然不同,但从声音和意义两方面来看,往往可以确定就是一个词。段玉裁能用古韵部类来判断,有很多是前人并未说明过的。他有时也注意到联绵词中声母的关系,但还未能深入推寻。如上文"旖施""倚移"是一类,"猗傩""旖旎"又是一类,段氏混而为一,还不够恰当。

(五)说明古今字、假借字,推陈字义的引申和演变

段玉裁认为,《说文》所出,大都为本字本义,而古书则字有假借,义有引申,所以与《说文》不同。要了解古书的文字训诂,必先了解《说文》。他说:

> 许以形为主,因形以说音说义。其所说义与他书绝不同者,他书多假借,则字多非本义,许惟就字说其本义。知何者为本义,乃知何者为假借,则本义乃假借之权衡也。故《说文》《尔雅》相为表里。治《说文》,而后《尔雅》及传注明,《说文》《尔雅》及传注明,而后谓之通小学,而后可通经之大义。
>
> (《说文叙》注)

段氏曰:"异字同义为转注,异义同字则为假借。"又曰:"昔东原师之言:仆之学,不外以字考经,以经考字。余之注《说文解字》也,盖窃取此二语而已。经与字未有不相合者,经与字有不相谋者,则转注假借为之枢也。"(见陈焕《段注跋语》)

黄侃先生云:"段注多说经义,类皆精核。使人因治《说文》而得治经之法,其可宝贵正在于此。"(见《与友人论治小学书》)

段玉裁不以解释许慎原文为限,他把研究《说文》和理解古书的词义结合起来,进一步说明经传中文字之假借,意义之引申,这是段注的另一个特点。如:

> 《于部》"于"字下,许云:"於也。"段云:"《释诂》、毛《传》皆曰:'于,於也。'凡《诗》《书》用'于'字,凡《论语》用'於'字。盖'于''於'二字在

周时为古今字,故《释诂》《毛传》以今字译古字也。"(按:考甲、金文,亦有"于",无"於"。)

段氏在《经韵楼集》卷四解释《曲礼》郑注时,说明了什么是古今字:"凡郑(玄)言古今字者,非如《说文解字》谓古文籀篆之别,谓古今所用字不同。如古人作'衡',后代作'横',古人作'乡',后代作'向'是也。"

假借字的例子也很多,如:

《隹部》"离"字下,许云:"离黄,仓庚也。"段云:"今用鹂为鹂黄,借离为离别也。"

《手部》"扺"字下,许云:"侧击也。"段云:"《战国策》'扺掌而谈',《东京赋》'扺璧于谷',《解嘲》'介泾阳,扺穰侯'。按扺字今多讹作抵,其音义皆殊。《国策》'夏无且以药囊提荆轲',《史记》'蒲太后以冒絮提文帝",'提'皆'扺'之假借字也。"(按:"扺"字诸氏切,《说文》别有"抵"字,丁礼切,许云"挤也"。)

《田部》"畜"字下,许云:"田畜也。"段云:"田畜谓力田之蓄积也。……俗用畜为六兽字。古假为好字。如《说苑》尹逸对成王曰:'民善之,则畜也;不善,则仇也。'晏子对景公曰:'畜君何尤? 畜君者,好君也。'谓'畜'即'好'之同音假借也。"(按:《说文》中畜字丑六切,兽字许救切,"守也",段改为"牲也",又曰:"今专读丑六切,非也。")

段氏在《尔雅匡名序》中说:"经传、《尔雅》所假借,有不知本字为何字者,求之许书而往往在焉。"

在段注中,说明字义引申的,就有七百八十余条。如:

《艸部》"荟"字下,许云:"艸多貌。"段云:"引伸为凡物会萃之义。"

《牛部》"牢"字下,许云:"闲(也),养牛圈也。"段云:"引伸之牢不可破。"

《辵部》"过"字下,许云:"度也。"段云:"引伸为有过之过。"

《卉部》"世"字下,许云:"三十年为一世。"段云:"按父子相继曰世,其引伸之义也。"

《人部》"倍"字下,许云:"反也。"段云:"此倍之本义。《中庸》'为下不倍',《缁衣》'信以结之,则民不倍',《论语》'斯远鄙倍',皆是也。引伸之为倍文之倍。《大司乐》注曰:'倍文曰讽。'不面其文而读之也。又引伸之为加倍之倍,以反者覆也,覆之则有二面,故二之曰倍。俗人铗析,乃谓此专为加倍字,而倍上、倍文则皆用背。余义行,而本义废矣。"

段氏对于引申义是什么,还缺乏明确的解释。书中所举字义的引申,性质也很复杂,有些不能算作引申的(如托意于此而寄于彼的、无字可写只是借音的等)也称作引申,未免失之笼统。

段玉裁不仅注意到字有古今,而且注意到义也有古今。如:

《目部》"瞻"字下,许云:"临视也。"段云:"《释诂》、毛《传》皆曰:'瞻,视也。'许别之云'临视'。今人谓仰视曰瞻,此古今义不同也。"

《人部》"伴"字下,许云:"大也。"段云:"《大学》注:'胖犹大也。'胖不训大,谓胖即伴之假借也。《方言》《广雅》《孟子注》皆曰:'般,大也。'亦谓般即伴。《广韵》云'侣也''依也',今义也。"

《人部》"仅"字下,许云:"材能也。"段云:"材,今俗用之才字也。……材能言仅能也。……唐人文字,仅,多训庶几之几。如杜诗'山城仅百层',韩文'初守睢阳时士卒仅万人',又'家累仅三十口',柳文'自古贤人才士被谤不能自明者仅以百数',元微之文'封章谏草,繁委箱笥,仅逾百轴'。此等皆李涪所谓以仅为近远者。于多见少,于仅之本义未隔也。今人文字,皆训仅为但。"

《马部》"骤"字下,许云:"马疾步也。"段云:"《小雅》曰:'载骤骎骎。'按今字骤为暴疾之词,古则为屡然之词。凡《左传》《国语》言骤者皆与屡同义。如'宣子骤谏公子''商人骤施于国',是也。《左传》言'骤',《诗》《书》言'屡',《论语》言'屡'亦言'亟',其意一也。'亟'之本义敏疾也,读去吏切,为数数然,数数然即是敏疾,'骤'之用同此矣。"

段氏不仅善于发明古训,而且能区分古今词义,是合乎历史发展观点的。

段氏推考词义,是从古书原文原句出发,而不是单纯依靠前人的注释,所以往往有独到的见解。当时阮元等人编纂《经籍籑诂》,搜罗古书训释极为详备,但是缺乏条贯。段氏《与刘端临书》曾说:"《经籍籑诂》一书甚善,乃学者之邓林也。但如一屋散钱,未上串。拙著《说文注》成,正此书之钱串也。"可见段氏的抱负之大。

王力先生说:"段氏是极其精审地进行研究工作的。他是许氏的功臣,又是许氏的诤臣,他赶上了许氏,又超过了他。"

段书固然体大思精,但成书时段氏已年近七旬,以一人之功成此巨著,不能没有缺漏。阮元《段氏说文注订叙》云:"金坛段懋堂大令,通古今之训诂,明声读之是非,先成《十七部音均表》,又著《说文解字注》十四篇,可谓文字之指归,肄经之津筏矣。然智者千虑,必有一失,况书成之时年已七十,精力已衰,不能改正,而校雠之事又属之门下之士,往往不参检本书,未免有误。"这是对段书的很公正的评价。

段氏的缺点,值得注意的有以下几项。

一是自信太过,有的流于武断。他校改篆文九十二,删篆文十九,增篆文二十二。对原来的训释和字次也颇有改订,有些就缺乏足够的根据。如:

《木部》"本"字下,许云:"木下曰本,从木,一在其下。"段氏依《六书故》所引唐本,改作"木下曰本。从木,从丁"。"末"字,许云:"木上曰末。从木,一在其上。"段氏改篆文作"从木从丄"。《六书故》所引唐本不可信。"本""末"都属指事字,不是会意字。秦泰山刻石"本"字与《说文》相同,段氏未察。他对周代铜器文字很少研究,对秦汉篆书石刻和汉人隶书也不重视,因此,在刊正篆文上就有时失之鲁莽。

二是解释许书训释有时穿凿、曲解。有些许慎原书并不错,但段氏解错了。如:

《皀部》"即"字下,许云:"即食也。"(按:《说文》"皀"字,皮及切,又读若香。谷之馨香也,象嘉谷在裹中之形,匕所以扱之。或说:皀,一粒也。)段云:"即当作节,《周易》所谓节饮食也。节食者,检制之,使不过,故凡止于是之词谓之即。凡见于经史言即皆是也。《郑风》毛《传》曰:'即,就也。'"

徐锴云:"即,就也。子力切。"古书中"即"字没有训为"节食"的,段氏是向壁虚造。"即"字古书通训为"就",许所云"即食",就是"就食"的意思。至于虚词"即"字更和"节食"毫无关系,不可牵合。

三是墨守许书,误以为许书说解必用本字。如:

《金部》"铨"字,许云:"温器也。"段氏改"温"为"昷",注云:"昷,各本作'温',今正。许书'温'系水名,'昷'训仁也,故引伸为昷煗(按:'煗'同'煖',温暖也。)字。……凡经史可借用'温',而许书不宜自相矛盾。……温训水名,此云温器矣,是为风马牛不相及矣。昷器者,谓可用煗物之器也。"

《叙·六书·假借》注下,段云:"如许书每字依形说其本义,其说解中必自用其本形本义之字,乃不至矛盾自陷。而今日有绝不可解者,如恧为愁,忧为行和,既画然矣,而愁下不云恧也,云忧也。……但为裼,袒为衣缝解,既画然矣,而裼下不云但也,云袒也。如此之类,在他书可以托言假借,在许书则必为转写讹字。"

这正如钮树玉所指出的,是"自立条例",与实际不相符合。因为许慎生当后汉,当时通行的是隶书,许慎通习五经,五经都是习用之字,他绝不会应用经史古籍罕用的字。再说许书注文中不用本字本义的不可胜数,如:"省"声不作"媘声","人用己私"不用"厶","微"不作"散","专"不作"姤"……足见段氏之说不可信。段氏注许书,遇"两"字则改为"网","左右"改为"ナ又","私"改为"厶","居处"字改为"凥","微"改为"散",徒然自扰。全书类此者极多,影响所及,下笔必经《说文》,反为局隘。俞樾就曾作《考定文字议》,提倡字用正体,一以《说文》为准。后来一些人著书也好用说文本字,其实是缺乏历史发展观点的复古思想。

段氏自己也说,汉代"假借繁多,不可究诘",许书中有数以千计的通假字,俗字,不能都说成是俗人改窜的结果。王筠《说文释例》卷十二有一句话:"必于俗语求正义正字,其失也固。"此话正指出这种不从文字运用的需要和发展的观点出发而造成的矛盾。

段书其他方面的毛病也还不少,如引文有误、出处不详、重古轻今、互相矛盾、论音昧于双声且有时与叠韵相混等,就不一一说明了。

段玉裁在《叙注》末也说:"剖析既繁,疵类不免,召陵或许其知己,达者仍俟诸后人。"他一面自许有得,一面也承认不免有缺点。我们要正确评价他。前人如徐承庆之流,好为诋诃,专攻其短,而学识远不及段氏。清同治间马寿龄作《说文段注撰要》只重文字,他无所录,其实并不了解段氏。古人云:"好学深思,心知其意。"我们必须深造自得,了解他的旨意所在,才能正确评价其得失,而不至于见其小而遗其大。

桂馥(1736—1805年),字东卉,号未谷,山东曲阜人。乾隆末年进士,官云南永平县知县,卒于任。他的著作,有《说文解字义证》五十卷,以及《说文谐声谱考证》《说文统系图》《札朴》《晚学集》等。

桂氏研究《说文》四十余年,有感于当时士人研习六书拘于形体点画,不能与经典古书中的文字训诂相贯通,著《说文解字义证》旨在博采群书来疏通许慎对字义的解释。他在每个篆文之下广列该字在古书中的用例及前人训释,看上去似乎仅为材料的罗列,其实是启发读者"引申贯注,自得其义之所归"。除疏证《说文》字义之外,桂氏还订正二徐本之误,搜佚补遗,特别是对"亦声"字的分析,有独到的见解。

《说文解字义证》脱稿之后，桂氏未来得及校勘，故引文或与原书有出入，读时仍当核按原书，这是需要注意的。

王筠（1784—1854 年），字贯山，号菉友，山东安丘人，道光元年（1821 年）举人，曾任知县。著有《说文句读》《说文释例》，以及《说文系传校录》《文字蒙求》《毛诗重言》等书。

《说文句读》三十卷，据段氏、桂氏二书及严可均《说文校议》博观约取，删繁就简，增所不备，或径下己意撰成，便于初学者诵习《说文》。正如书名所示，王氏书于许慎说解部分的句读有独到见解。例如，《说文·示部》"禔"篆下云："安福也。"段玉裁删"福"字，作"安也"。王筠则于"安"字绝句，其理由是：

> 《玉篇》："禔，福也，安也。"以为两义。许君云：禔也者，安也；安也者，福也，以为一义。《难蜀父老文》："中外禔福。"案："禔""福"连言，是复语。而许君加"安"字，以原其福之所自。《法言》之"禔身"，即安身也。《方言》曰："禔，福也。"

王氏的说法甚辩而确，可以服人。王氏书不仅在于辩明句读，他还删定《说文》，反对讹文"窃据非分"，力复许书之真，校定《说文》所引经典文句，反对以今本经妄改《说文》，认为汉代经文传本已多，流传至今，屡有改易，不可轻易怀疑许慎授受有自之说。这种严肃的治学态度，值得后人学习。

王氏所著《说文释例》在体制上与段、桂不同，它完全摆脱许书部次，不受"始一终亥"的拘牵，围绕《说文》体例这一专题，评列细目，展开论述，成为一部具有鲜明独立性的专书。他在《自序》中述其旨曰："苟非段茂堂力辟蓁芜，与许君一心相印，天下亦安知所谓《说文》哉！惟既创为通例，而体裁所拘，未能详备。余故辑为专书，与之分道扬镳，冀少明许君之奥旨，补茂堂所未备。"

《说文释例》共二十卷，其主要内容在前十二卷，可分为三个部分：自"六书总说"以下解释"六书"；自"文饰"以下，分析字形；自"列文次第"以下，论列术语。在每一细目的阐释上，王氏大都条分缕析，剖判至精。每例之下既有正例，又有变例。

王氏对《说文》全书融会贯通，其说多精到之言。他的"异部同文"之例，尤发前人之所未发。譬如，他指出"连""辇""联"之同，"避""僻"之同，考之古音及古书用例，皆确不可移。他提出的"分别文""累增字"，成为研究同源字的宝贵借鉴材料。

尤为可贵的是,王氏在《释例》中还运用了石鼓文、金文的资料。林尹先生在《训诂学概要》中引张穆语称王氏"标举邮缀,扶翼表襮之功,视段、桂为伟",不为过誉。

清代"说文四家"中以段氏为首屈一指。桂馥《说文义证》贵在材料的搜集归纳。王筠的《说文句读》便利于初学,《说文释例》贵在阐明许书条例。这里都不多谈,只想重点介绍一下朱骏声的《说文通训定声》。

朱骏声(1788—1858年),字丰芑,号允倩,江苏吴县人,是著名的"清代说文四家"之一。所著《说文通训定声》一书,从形、音、义三方面对词义进行综合研究,"将使读古书者应弦合节,无聱牙诘诎之疑,治经义者,讨叶沿根,有掉臂游行之乐"(《说文通训定声自叙》)。他自称"非敢谓万川会海,导西京尔雅之原;亦庶几百世本支,演南阁说文之谱"。今天看来,他的《说文通训定声》诚如王力在《中国语言学史》所评价的那样,与段玉裁《说文解字注》同样"最为杰出""最为重要"。而且,《说文通训定声》"体例与方法都稍胜前人:体例是一部有创见的辞书;方法是特别注重'转注'与'假借',用为训诂演变与形声变异的原则"(胡适《辞通序》)。较之段玉裁、桂馥、王筠集中精力于字形、字义的范畴,朱骏声又进了一步,他除了在《说文》每个字的形、音、义的训释上阐述自己独到见解之外,还创造了独立的体例。因此,认真研究这部著作无论是对于训诂学还是对于词典学,都是有价值的。

朱骏声幼承家训,聪慧过人,据《说文通训定声》书后所附《行述》:他"三岁识字,四岁解四音",母亲教他《文选》中的诗十余首,"顷刻成诵",七岁学读经书,"夜已三鼓,犹闻书音"。祖母心疼他,对他父亲说:"汝知李贺不寿耶?吾不许如是!"这才稍稍放松了一点。十三岁,"父令为经解,必问文字源流,因授汉许氏《说文》,一读即通晓"。十四岁冠郡试,十五岁补博士弟子。《清史稿》载:"从钱大昕游,钱一见奇之,曰:'吾衣钵之传,将在子矣!'"遂从学于门下三年,期以通才大儒。后因母丧,久不与岁试,服除之后去应举,又屡荐不售,直至嘉庆二十三年(1818年)才中举人,那时他已经三十一岁了。此后,屡试春官,终未能中进士,郁郁不得志,遂专力古学,以著述为事。曾先后在暨阳书院、萧山书院等处讲学,后又就馆于山东、浙江等地,因为他知名甚早,所到之处无不迎馆,虽奔走风尘,穷愁落寞,但未尝一日废学。他在《说文通训定声自叙》中说自己"少岁虫雕,中年蠖伏。哦陈编而洞席,忆绪论于趋庭",这是确实的。道光年间,选授黟县(今安徽黟县,清属徽州府)训导。在官多暇,肆力搜讨,著述日富。同时继续授徒,弟子常数十人,官舍几不能容纳,黟县的举人俞正变赞叹说:"朱君真名士也!"咸丰元年(1851年)以截取知县入都,缮写《说文通训定声》《古今韵准》《柬韵》《说雅》共四十余卷奏上,咸丰皇帝优诏褒嘉,加国子博士衔。后来升扬州府学教授,因患风痹不能赴任,解官后侨居黟县,自号"石隐山人"。咸丰八年(1858年)十月卒,终年七十一岁。

朱骏声性情温厚,融然远寄,平生旷达,不以俗事自牵累。好学不厌,在扬州教书时,值文渊阁晒书,他去饱览未曾阅读过的典籍,有所得,就记录下来,所以博通载籍,各种学问,无所不窥。"七百八十三座之星能指而名之,九章之术能推而衍之,十经之义则淹而通之,三史十子骚选皆孰而诵之。"(谢增《说文通训定声序》)他的孙子朱师辙说他:"于经史词章,百家九流,靡不探赜……其修学次第,始其小学,纵以经史,纬以词章,旁及天文、地理、历算、医卜之属,皆归于实用。"(《传经室文集跋》)为文浅显,不尚华丽,一扫清儒琐屑饾饤陋习,很便于初学。

朱骏声一生著述有百余种,已刊行的有二十余种。据他儿子朱孔彰说,除《说文通训定声》之外,尚有《仪礼经注一隅》《夏小正补传》《小尔雅约注》《离骚补注》等。又手自勘定未及版行者,有《六十四卦经解》《尚书古注便读》《春秋平议》《春秋三家异文核》《春秋左传识小录》《小学识余》《经史问答》《秦汉郡国考》《天算琐记》《岁星表》等,加上稿本尚存而未及勘定者五十多种,其著述之多是惊人的。因为涉猎太广,所以辑录排比之功多,而发明创造之功浅,这也是难免的。唯《说文通训定声》一书,乃使朱氏一生心力交瘁之作,足以传世。

《说文通训定声》成书于道光十三年(1833年),当时朱骏声已四十六岁。他在《自叙》中说:"竭半生之目力,精渐销亡;殚十载之心稽,业才草创。"道光二十九年(1849年),朱氏六十二岁时,此书镂版于黟县学舍,而印数较少,流传未广。直至同治九年(1870年),朱氏死后十二年,其子方在友人资助之下重刊此书,渐得流传。朱氏尚有《通训定声补遗》二卷,是在《说文通训定声》刊版之后,手自校勘考订,有所增删改易,共补订八百余条。原识于简端,光绪八年(1882年)其子稽核出版,各条注明当在原书之页码行数,仍按原书十八部之编次排列,以便读者寻检。

《说文通训定声》一书最显著的特色,是它打破《说文解字》原有的格局,从"说字"走向更科学、更广阔的全面综合研究词义的新领域。谢增在《后序》

中说它"导音韵之原,发转注之蒙,究假借之变,小学之教斯焉大备",又说它是"所谓似因而实创者",这是确实的,道出了此书的价值。可以说,《说文通训定声》是一部从形音义的角度来综合探讨汉字发展史的字源学著作,是一部《说文》谐声字典。

《说文通训定声》所收的字不出《说文解字》的范围,但又有所调整。对重出的字进行了删并;对重文有的移置,有的升为正篆;对不见于正篆的其他字全都作了考核,有的作为正篆补出,有的作为旁注;对见于他书传记而无可附丽者,放在每部后作为附存。这样,全书所收正篆就有九千五百零七个,又有旁注字五千八百八十九个,附存字一千八百四十四个,总共有一万七千二百四十字。

朱骏声对这些字的编排,完全打破了《说文解字》"据形系联"的部首排列方式。他先从这些字中分析出一千一百三十七个声符字("声母"),再把它们归入古韵十八部,各部都以《易》卦取名,它们是丰、升、临、谦、颐、孚、小、需、豫、随、解、履、泰、乾、屯、坤、鼎、壮。然后以十八部统率声符字,再以声符字统率用该声符组成的字,使全书成为完全以上古韵部系联的方式,每部为一卷,共为十八卷。用朱氏自己的话来说:"部标十八,派以析而支以分;母列一千,声为经而义为纬。"(《说文通训定声自叙》)十八个卦名中,如"孚"取自"中孚","壮"取自"大壮",每一卦名代表一个传统古韵的名称,这种做法并不见得有好处,因为它不但脱离了当时古韵研究的现实,而且使用者查找起来也很不方便。后来朱氏在他的《古今韵准》的《自叙》中对这种标新立异的做法也有所反省。不过,朱氏参照《经籍籑诂》的体例,在每个字头上用小字标出所在的《平水韵》的韵部,这对当时吟诗作赋还是有用的。

《说文通训定声》这个书名,明确标识了每个字说解的三部分内容,正如书前序言中所说:"题曰说文,表所宗也;曰通训,发明转注假借二例也;曰定声,证广韵今韵之非古而导其源也。"就是说,"说文"部分讲字的本义,书中叫作"本训";"通训"部分分讲字的引申义和假借义,书中用"转注"或"假借"字样来标志;"定声"部分讲字的声和韵,书中用"声训""古韵"或"转音"字样来标志。下面,我们分别加以考查。

"说文"是指每个字说解的第一部分,它紧接在字头后面,解释字的本义,行文上没有任何标志。作者先引《说文解字》的解释,然后广征博引,以《尔雅》《广雅》等书的古义作为补充,加上按语和例句以增强说服力。例如《丰部》之首的"东"字,说解云:"动也,从木,官溥说,从日在木中。"这段话,与大徐本《说文解字》同。其下即加按语云:"《白虎通·五行》:'东方者,动方也,万物始动生也。'——此古声训之法。刘熙《释名》全书皆然,音相近则谊相通,亦训诂之一道。"然后旁征博引,用《淮南子·天文训》、《离骚》、《广雅·释天》、《楚辞·九歌》、《易·既济》虞注、《白虎通·情性》、《尔雅·释地》、《山海经·大荒东经》中一大堆有关的例句来证明"东"字之义,较之段玉裁《说文解字注》的"见汉律历志……木,槫木也。日在木中曰東,在木上曰杲,在木下曰杳"字数多出好几倍;与桂馥《说文解字义证》"东"字条下引例相较,其详备亦有过之。(桂氏引例包括《广雅》《白虎通》《尚书大传》《玉篇》《尸子》《汉书·律历志》等。)可见《说文通训定声》一书也为训诂提供了许多宝贵材料,其中的古义、初义更有价值。《说文解字》中有些说解太简短,令人费解,朱氏往往加入寥寥数语,便使读者明晰开释。如《车部》"𩨗"字,许说云:"轺车后登也。"朱氏按:"轺车,小车也。自下而升曰登,自上而加曰乘。"对那些涉及古代习俗、名物、典章制度的名词,朱氏往往加以详尽的诠释。如:"冕,大夫以上冠也。按:冕尊于弁,其制以木为干,广八寸,长倍之,前圆后方,前下后高,差一寸二分,有俯伏之形,故谓之冕,衣以三十升布,上元下纁,前后各十二旒,长六寸,饰以玉……"其下又引《周礼·司服》证明"服有六等,而冕则无异",叙说极为详尽,简直可以看成是一篇凝练的说明文。朱氏博考文献,深入探讨词义的历史性变化,往往能指出某字某义产生的时代及原因。如"佋"字,许慎云:"庙佋穆。父为佋,南面,子为穆,北面。从人,召声。"段玉裁曾指出:"此篆虽《经典释文》时称之,然必晋人所窜入。晋人以凡'昭'字可易为'曜',而'昭穆'字不可易也,乃读为'上招切'。"朱氏则进一步加以说明:"晋避司马昭讳,别造此字,后人妄增入《说文》。"又如《说文解字》未收"诏"字,后来徐铉补入,段玉裁曾指出这一点,朱氏同意段氏的说法,并补充说:"上告下之义古用'诰',秦复造'诏'字当之……借为'告',《周礼》诸职凡言'诏'者,皆上告下之辞。"这样从历史发展的角度考查字形、字义的演变,是清儒研究《说文解字》的一大特色,是具有科学眼光的创见,朱骏声无疑是这方面的佼佼者。

　　朱骏声宗许而不泥许,他常常根据字形偏旁来纠正许氏的谬误。如"卑"字,《说文解字》云:"卑,贱也,执事也。从𠂆、甲。"徐锴解释说:"右重而左卑,故在甲下。"(按:"𠂆"即左手)段玉裁又补充说:"甲象人头。"使这个字的意义越发难以索解。朱骏声的按语指出:"许说形、声、义俱误。此字即'椑'之古文,圆榼也,酒器,象形,又持之,如偏提一手可携者。其器椭圆,有柄。"他的说法是中肯的。"卑"字篆文作"",象一只手托起的椭圆形酒器。《史记·大宛传》集解:"饮器椑榼。"司马贞《索隐》云:"今之偏榼也,字亦作匾榼。"《广雅·释器》:"匾榼谓之榼。"足证"卑"字本不训"贱",而是一种酒器,因为此器由贱者托着侍奉尊者,才引申出"贱也,执事也"的意思。《说文解字》把它的引申义误会为本义,遂使字形分析难于理解,字音、字义也跟着发生了问题。此外,朱骏声还从形义结合的研究入手,指出《说文解字》某些字在归部方面的错误。如"熏"字,许氏把它归入《中部》,"中"是草木出生的意思,与"熏"义关系较远;朱氏主张把它归入《炎部》或《黑部》,是有道理的。又如"词",字许氏归入《司部》,而朱氏认为当归《言部》,这也是正确的。总之,《说文通训定声》一书的"说文"部分,含有许多有价值的东西,值得我们重视。

"通训"部分,主要讲解"六书"中的"转注"与"假借",是《说文通训定声》一书中的精彩部分。朱氏自述其旨曰:"夫叔重万字,发明本训,而转注、假借则难言,《尔雅》一经,诠释全《诗》,而转注、假借亦终晦。欲显厥旨,贵有专书,述通训。"(《说文通训定自叙》)他指出:"转注无他字,而即在本字。""假借有本字,而偶用别字。""窃以转注者即一字而推广其意,非合数字而雷同其训。"他认为许慎对"六书"转注之法有误解,所以大胆加以改正,提出"转注者,体不改造,引意相受,'令''长'是也"。也就是我们现在所说的词义引申。他不但把许慎为转注下的定义与所举例字全都改了,而且认真地对转注、假借二法进行了比较:"凡一意之贯注,因其可通而通之,为转注;一声之近似,非其所有而有之,为假借。就本字本训而因以展转引申为他训者,曰转注,无展转引申而别有本字本训可指名者,曰假借。依形作字,睹其体而中其义者,转注也;连缀成文,读其音而知其意者,假借也。假借不易声而役异形之字,可以悟古人之音语;转注不易字而有无形之字,可以省后世之俗书。假借,数字供一字之用而必有本字;转注,一字具数字之用而不烦造字。"他举例说:"即以'考'譬之:'胡考之休'(按:此《诗·周颂·丝衣》中句)为本训,老也。'考槃在涧'(按:此《诗·卫风·考槃》中句)为转注,成也。'弗鼓弗考'(按:此《诗·唐风·山有枢》中句)为假借,敆也。敆者,攷字之训也。"又譬如:"'自公令之'(按:此《诗·齐风·东方未明》中句)为本训,命也。秦'郎中令'为转注,官也。'令闻''令望'为假借,善也。善者,'灵'字之训,实'良'字之训也。"这样,转注与假借的区别就很清楚了。让我们举书中一个例子看:"遇"字的本训为"逢也"。其转注(引申)义,如《周礼·大宗伯》:"冬见曰遇。"《吕氏春秋·音初》:"禹未之遇。"注:"礼也。"《论衡·逢遇》:"不求自至,不作自成,是名为遇。"又:"孟子而不相遇也。"注:"得也。"《战国策·秦策》:"王何不与寡人遇?"注:"合也。"其假借义为"愚"。如《诗·小雅·巧言》:"遇犬获之。"《笺》云:"遇犬,犬之驯者,谓田犬也。"《经典释文》云:"世读作'遇'。"

朱骏声"荟萃众说而得其精","且举转注之法,独创义例,根据确凿,实发前人所未发"(罗惇衍《说文通训定声序》),这是十分可贵的。

关于假借问题,朱氏继承乾嘉诸子之说,高揭"明古音"的旗帜,认为"不知假借者,不可与读古书;不明古音者,不足以识假借",他明确指出:"此《说文通训定声》一书所为记也。"他的书,"声为经而义为纬"(见《自叙》),这正是清儒训诂最可贵的一点。朱氏所分古音十八部,大抵从段玉裁为多,而又参酌于王念孙等前辈学者,以精义古音相贯穿,在书中以很大篇幅讲述"数字供一字之用而必有本字"即后世所谓"用字之假借",这对人们阅读研究古籍以及训诂学的发展,无疑作出了巨大贡献。虽然他所求的本字有些还值得商榷,但荟萃之功终不可没。

朱氏的假借还包括"重言形况字"(即叠字)、"连语"(连绵字)、"托名标志字"(专用名词)等。他指出,"假借之原"有三:(1)"后有正字,先无正字之假借。"如:"爱",古为车辕;"洒",古为洒扫。(2)"本有正字,借书他字之假借。"如:古以"聖"为"疾",古以"莫"为"蔀"。(3)"承用已久,习讹不改,废其正字,专用别字之假借。"如:用"草"为"艸",用"容"为"颂"。他还指出,"假借之例"有四:(1)同音者。如:"德"之为"惪","服"之为"艮"。(2)叠韵者。如:"冰"之为"掤","冯"之为"溯"。(3)双声者。如:"利"之为"赖","答"之为"对"。(4)合音者。如:"芜蔚"为"萑","蒺藜"为"茨"。他又指出,"假借之用"有八:(1)同声通写字。(2)托名标志字。(3)单辞形况字。(4)重言形况字。(5)叠韵连语。(6)双声连语。(7)语助之词。(8)发声之词。这些分析,虽犹有可商酌之处,但毕竟是对用字假借现象进行的综合研究,是很有意义的。

书中的"定声"部分,是指某字确属古韵某部,也就是分韵。这又有"古韵"和"转音"两项。"古韵"是说明自《诗》《易》以下至先秦这个字和哪些同韵部的字相押。"转音"是说明自《诗》《易》以下至先秦这个字和哪些邻韵的字相押。

为了使眉目清楚,书中分别注明"转注""假借""别义""声训""古韵""转音"各项,还于各字上标注平水韵韵目,以便于对照该字所属古今韵部的不同。

综上所述,《说文通训定声》一书从形、音、义三个方面进行研究,所用的方法是科学的,它的贡献是多方面的,特别是在词义研究方面,做得更加深入,受到学者们的重视,因而朱骏声可以"后出转精"的丰硕成果毫无愧色地立于《说文》四家之中。

第四节　《玉篇》

《玉篇》是继《说文解字》之后影响较大的一部字书,自六朝以来历代学人均极重视。特别是清代小学家,每每把它和《广韵》《集韵》并提,作为补充与校正《说文解字》及诸书音义的重要资料。段玉裁所著《说文解字注》,校正《玉篇》说解有三百六十余处。王念孙《广雅疏证》之《释诂》一篇,计四百八十八条,涉及《玉篇》的有三百三十余处。钮树玉《段氏说文注订·自序》称:"专以《玉篇》诸书参校异同,实自余始。"张鸣珂著《说文逸字考》,备录段、王诸家之说于前而增录《玉篇》音义于后。这些,都可以说明清代语言文字学家对于《玉篇》的重视程度。

可是他们所见的都是"初经萧恺删改,继经孙强增加,复经陈彭年等重修,已不能作顾野王之《玉篇》读"(胡朴安《中国文字学史》)的《大广益会玉篇》。顾氏原书早已散佚,直到20世纪初,才从日本引进了它的唐写本残卷,我们从中还可以窥见原本的面貌。

《梁书·萧子显传》:"时太学博士顾野王奉令撰《玉篇》,太宗嫌其书详略未当,以恺博学,于文字尤善,使更与学士删改。"顾野王的生平,《陈书》《南史》均有传略。陆德明在《经典释文》中称:陈舍人顾野王并撰《尔雅音》。既是名家,今亦采之,附于先儒之末。宋高似孙《史略》云:"顾野王《陈书》三卷。"并云:"姚思廉采谢灵运、顾野王等诸家之言,推定总括,为梁、陈二家之史。"

《玉篇》成书于梁武帝大同九年（543年），经萧恺等人删改行世，通行四百余年。由于卷帙繁重，传写困难，到了唐代，出了孙强的增字减注本，原本后遂亡佚。宋真宗大中祥符六年（1013年），又由陈彭年、丘雍、吴锐等人重修，称为《大广益会玉篇》。从今天我们所见本子来看，重修后的《玉篇》和顾氏原本有很大的不同，这大约有两个原因：一是陈彭年等人根本就没见到过顾氏原本，而只据孙强本重修；二是元明两代所刻各种本子在字序和注文方面又有了很多变化。

钱大昕就曾在《十驾斋养新录》卷十三中指出：

《玉篇·玉部》"瑳"字引《说文》云："玉爵也。夏曰瑳，殷曰斝，周曰爵。"又《人部》"伥"字，引《说文》云："僮子也。"按《说文》无"瑳""伥"二字，此所引者，徐铉等新附注也。予尝谓今本《玉篇》不但非顾野王原本，并非孙强广益之本。以此二条证之，益信。

《隋书·经籍志》云："《玉篇》三十一卷，陈左将军顾野王撰。"（《日本国见在书目》亦同此数。据《法苑珠林》所引宣律师《感通记》佚文，似应有"辨字体沿革"之一卷。）《旧唐书·经籍志》云："《玉篇》三十卷，顾野王撰。"宋《崇文总目》云："《玉篇》三十卷，顾野王撰。"晁公武《郡斋读书志》说："梁顾野王撰。唐孙强又尝增字。僧神珙《反纽图》附于后。"（即《四声五音九弄反纽图》）陈振孙《直斋书录题解》："大约本《说文》。以后汉反切音未备，但云'读若某'，至梁时，四声之学盛行，故此书不复用直音矣。其文字虽增多，然雅俗杂居，非如《说文》之精核也。"元代马端临《文献通考》云："《玉篇》三十卷。"没有注明作者，而是引晁、陈二家说，可见马氏注意了广益本以前的情形。清《四库全书提要》指出，朱彝尊误认张士俊所刻广益本为孙强本的错误，可是它又臆说重修本比上元本注解较繁，此诚如余嘉锡《四库提要辨证》所指出的："《提要》往往于前人序跋读未终篇遽尔立论。"

总之，较早地关注《玉篇》命运的，是马端临（李焘在《说文解字五音韵谱·自序》中也曾谈到过孙强对于《玉篇》增字的情况），而明确指出今本《玉篇》非但不是顾氏原本，而且也不是孙强本的，是钱大昕。

顾氏原本《玉篇》在唐代曾由留学我国的日本僧人传入东瀛，后来也大部分散失了，只有一部分卷子本残卷还保留在山寺、学府与私人手中。清代末年，黎庶昌做日本公使，搜集逸书纂刻《古逸丛书》，杨守敬写《日本访书志》的时候，又摹写影印介绍给国内学者。罗振玉也做了这项工作。此后不少学者对这些残卷给予极大关注,但较全面而详尽地讨论它的,当首推日本学者冈井慎吾氏。他的《〈玉篇〉之研究》撰成于昭和八年(1933年),在这部书的"前篇"中,他谈到顾野王其人及原本《玉篇》的情况,分析介绍了宋、元、明、清各代的《玉篇》版本,特别是在日本流传着的各种本子。

《玉篇》流入日本,是中日文化交流史上的一件大事,因为在此之前,中国字书从未流入日本。而此后,流传在日本的各种版本的《玉篇》,包括抄本、刻本、摹写本以及后来的照像本,还有《和玉篇》《倭玉篇》《小玉篇》《玉篇图汇》《玉篇要略集》等等,仅见于冈井慎吾《玉篇之研究》一书照像图版的刻本,就有二十余种。"玉篇"成了日本人称呼中日字书的代名词。

目前,在国内,我们所能见到的《玉篇》原本残卷主要是卷子本和《古逸丛书》本,广益本有张氏泽存堂本、《小学汇函》重刻张本、邓显鹤重刻张本附札记、《楝亭五种》本、《四部丛刊》影印元建安郑氏本等。

卷子本的《玉篇》残卷,共八轴,卷面长短不等,或有一卷而因字数较多分为二轴者(如卷二十七)。每轴藏一木匣中,系用唐人写经笺背面抄写。又散页六纸,罗氏跋文二纸。据我们的统计,卷子本《玉篇》残卷共存大字二千一百九十二,注文七万五千七百零三。(周祖谟先生云:"大字二千一百三十余字。")我们统计时,发现有部目存而文字不存者,又有由于原卷抄写讹脱、颠倒以至文意不明之处,这都给计数造成了困难,因此这个统计与他书所载容有不同。

据《封氏闻见记》卷二:"梁顾野王撰《玉篇》,凡一万六千九百一十七字。"以残卷大字之二千一百九十二与此数相较,则残卷字数略当原书八分之一。以残卷注文之七万五千七百零三字八倍之,则已超过广益本敕牒后所载"注四十万七千五百有三十字"。杨守敬曾断言:"其所云'注四十万'者,孙强等删除注文增加大字并自撰注文之数也。"(《日本访书志》)胡朴安认为他说得"颇近理,特未能证明耳"。我们上面的统计与推算,或许可以对这个问题有所启发。

卷子本的残卷与黎刻《古逸丛书》本也不尽相合。罗振玉曾说:

> 乙卯秋,予始因小川简斋翁得见原本。展卷不数行,已惊其书法之劲妙,洵出初唐人手。因出黎刻较之,则笔意全失,知黎氏乃展转传摹上木,未得见原本也。因详校卷首十余行,知黎氏刊版时颇有校改。
>
> 今取卷首二尺许,试一比勘,讹夺已错见……则传钞之本,其不能无

失亦明矣。黎本虽改字,然皆精确,可见当日校刊之慎密;而所据之模本,则未尽善。

（语见罗氏影印《言》《糸》二卷及《鱼部》残卷之跋文）

经过详校,我们发现两种本子文字相乖异者竟有六百四十余处。其严重者,如黎刻本卷二二有两行字全部脱漏。可见罗振玉的话是对的。简单归纳一下,两种本子不同之处约有以下九项:

(1)卷子本蚀字,黎刻本不复为之空格。

(2)卷子本字尚可辨,黎刻本不复可辨。

(3)卷子本并未夺失,黎刻本又增益之。

(4)卷子本未误,黎刻本误。

(5)黎刻本空漏。

(6)黎刻奉失行次。

(7)卷子本衍文,黎刻本删去。

(8)卷子本倒误,黎刻本纠正。

(9)卷子本错字,黎刻本更正。

九项之中,前六项为黎刻本不如卷子本处,后三项为黎刻本优于卷子本处。

值得重视的是,黎刻本确实大量地纠正了卷子本的误字,做了可贵的校勘工作。如:

《言部》"诼"字下,卷子本引《楚辞》"谣诼谓余善浮诼",简直读不通。黎刻本纠正为"谣诼谓余以善淫"。

《可部》"奇"字下引"余约此奇服",黎刻本纠正为"余幼好此奇服"。

《兮部》"兮"字下引"帝高阳之苗兮",黎刻本纠正为"帝高阳之苗裔兮"。

所以,罗振玉说:

予尝语友内藤博士,谓黎刻与原本当并行,以资互证,且应存唐贤妙迹。博士韪之。

我们再拿卷子本和广益本进行比较,主要有以下这些差别:

卷子本的音切称"某某反",广益本称"某某切"。

卷子本每字下多引古书传注并加野王案语,所出字训义项甚多。广益本则征引甚少,而且只训一、二义。如《欠部》"次"字注文,卷子本引书十四种,有重文出于《字书》,共五百多字,广益本仅有"叙也,近也"二义四字,又失重文。

卷子本采集《仓》《雅》《字书》训义甚多,广益本概予删除。

卷子本两部皆收之字(异部重文)甚多,广益本均已删去,这对于考察汉字隶变现象颇为不便。正如杨守敬在《日本访书志》里所说:

> 按野王所收之字,大抵本于《说文》,其出于《说文》之外者,多引《三苍》等书,于字异义同,且两部或数部并收。知其网罗《苍》《雅》,在当时已为赅备。广益本递有增益而不为之分别,使后人无从考验得失,殊失详慎。又原本次第多与《说文》同,《说文》所无之字,续之于后。广益本则多所凌乱,间有以增入之字奕厕其中。近人乃欲以《玉篇》之次第校《说文》之次第,不亦谬乎!

又,广益本脱漏,妄改之处也不少。如《言部》《广部》皆有逸夺。《车部》"轼""较"二字下,广益本截取注文中所引《考工记》郑注"兵车"二字,把"轼"和"较"都训作兵车之名,这显然是不对的。《心部》"怂"字下,广益本将原本注文所引《楚辞》"怂善而抑恶也"删为"恶也"二字,这是训"怂"为"恶"了。这种鲁莽做法,影响很坏,后世字典竟有盲目袭取立为义项的,真是贻害匪浅。

虽然广益本为敷时用与便于流传,增字减注,所收字数较原本增加近一倍,《玉篇》也藉此得以流传至今,但是,目前对广益本《玉篇》必须认真修订,方可继续流传。

广益本与卷子本既有那么大的差别,我们研究这部字书时,就应该十分重视卷子本。

下面谈谈原本《玉篇》的条例。

《玉篇》的分部立文与《说文》有了很大不同。这与汉字隶变、部首笔画紊乱、后起字大量增加有极大的关系。仔细考察一下,它的部首排列好像是据字义相比次,可又有自乱其例的地方。段玉裁就批评说:

> 顾氏《玉篇》以《而部》次于"毛、毳、丮"之后,"角、皮"前,则其意训"而"为兽毛,绝非许意。

（《说文解字注》）

钱大昕也曾指出:

> 《说文解字》凡五百四十部,《玉篇》删并"哭、延、教、眉、白(自)、㘔、饮、后、六、弦"十部,而别增"父、云、㮃、处、兆、磬、索、床、弋、单、丈"十二部,共五百四十二部。又,《说文》"书"字在《聿部》,今改为部首,而并《画部》入焉。此部分之不合于《说文》者也。

（《十驾斋养新录》）

胡朴安先生在《中国文字学史》中还指出：

> 不仅是也。《二部》《三部》，不与诸数目字部相次。又《采部》次于《七部》《八部》之后，《丸部》厕于《九部》《十部》之间，似又以据形系联相次，是自乱其例也。

关于《玉篇》说解的条例，胡朴安在《中国文字学史》第一编曾有过极简要的说明：

> 其注解亦有条例：先出音，次证，次案，次广证，次又一体，略有五种。虽不必每字注解五例俱全，而大概如是。

我们试用"音切""古文用例""传注""野王案""小学书""或体"这样一些与原说解中情形更为切近的概念来分析几个例子。

《言部》"讴"字：

> 於侯反（音切）左氏传讴者乃出（古书用例）野王案说文讴齐歌也孟子绵驹处于高唐而齐右善讴是也（野王案）广雅讴喜也（小学书）埤苍或为呕字在口部（或体一）或为怄字在心部（或体二）

（音切——古书用例——野王案——小学书——或体一、或体二）

《食部》"飨"字：

> 穴掌反（音切）周礼上公飨礼九献侯伯飨礼七献子男飨礼五献（古书用例一）郑玄曰飨设盛礼以饭宾也（传注一）野王案毛诗钟鼓既设一朝飨之是也（野王案）何休曰牛酒曰犒加饭羹曰飨（传注二）仪礼机奠祝飨（古书用例二）郑玄曰劝强之也（传注三）神明歆飨亦为享字在辛（按疑为"享"字之讹）部（或体）

（音切——古书用例一——传注一——野王案——传二——古书用例二——传注三——或体）

《亏部》"亏"字：

> 去为反（音切）毛诗不亏不崩（古书用例一）笺云亏犹毁坏也（传注一）楚辞芳菲菲而难亏（古书用例二）王逸曰亏歇也（传注二）又曰八柱何当东南何亏（古书用例三）王逸曰亏缺也（传注三）尔雅亏毁也（小学书一）说文气损也（小学书二）广雅亏去也亏以也（小学书三）或为䖸字在兮部（或体）

（音切——古书用例一——传注一——古书用例二——传注二——古书用例三——传注三——小学书一——小学书二——小学书三——或体）

由这几个例子可以看出：《玉篇》说解的通例是"音切"在前，"或体"殿后,其间引古书用例多附传注。引古书用例及传注的目的是说明某句中某字为某义,也就是指示词语在语言环境中的具体含义。引小学书是为补充词义项。引《说文》是出其义以定其形。顾野王所加案语位置不定,或出己意则言必有据,大抵是助人理解经传字义的。凡古文、籀文多采自《说文》,故曰"《说文》古文某""《说文》籀文某"。

《玉篇》残卷的二千一百余字,字字皆有反切。又,日本僧昌住《新撰字镜》、丹波康赖《医心方》及《续群书类丛》中的《香字抄》《药字抄》所引顾氏《玉篇》反切,还有与原本相因未改的广益本反切,等等,都是很可宝贵的语音资料。关于卷子本的音注,需要指出的是:

(一)音切称"某某反",可见卷子本抄写时间当在唐末讳"反"而称"切"字之前。罗振玉称"泂出初唐人手",大约是从书法角度判断的。

(二)有的字有两三个切语。这又分两种情况:

(1)两切语并列。如《言部》"诶":

　　似剪反,子践反。

(2)分置于说解之首与说解之中。如《水部》"汤":

　　耻郎反。《说文》:"热水也。"……又音托浪反,荡也……又音始扬反流貌也。

繁富的征引是顾书最突出的特点。一般是每出一字即于音切后罗列古书用例,有时数量极多。如《糸部》"纯"字下,反切加注文共三百四十九字,所引书传有《尚书》(孔安国传)、《周易》、《仪礼》、《周礼》(杜子春、郑众注)、《考工记》(郑玄注)、《左传》(杜预注)、《论语》(孔安国注)以及《广雅》《方言》等书十四种,十家注文,义项多至二十几种,有字之本义、引申义、假借义,还有辨误。

经考察,卷子本《玉篇》残卷中所引经传子史及汉人辞赋等四十多种,小学书除《说文》之外,还有《尔雅》《方言》《仓颉篇》《埤仓》《声类》《字书》《广仓》《广雅》等。

《玉篇》说解,与《说文解字》有一个显著的不同点,那就是多通过例句来说明字义。在残卷的两千多字中,由顾野王通过案语直接解说字义而不加征引之处极少。可以这样说,顾氏《玉篇》中的义训,大都由传注构成,所谓"文字之训备矣",大抵是说前人书传对于文字意义的训释皆备于此了。只在两种情况下顾野王才通过案语直接注解:一是无传注之书,二是前人未加训释或虽有训释而义尚不明的字。这种客观态度,正符合他著书的宗旨。

对于群书用例,他似乎也并非一味消极罗列。如《阜部》"队"字下:

> 《尔雅》:队,落也。
>
> 《说文》:坠,从高堕(疑当为"队")也。
>
> 《广雅》:队,夫(疑当为"失")也。
>
> 《左氏传》:方为二坠。杜预曰:"坠,部也。"又,右拔戟成一坠。杜预曰:"百人为一坠"。

"队"之与"坠",乃与传写有关,姑置勿论。仅由排列顺序就可以看出:作"坠落"讲的"队"与作"部伍"讲的"队"是明显分开的。这段注文打破引古书先于引小学书的常例,将《左传》用例排在后面,其所引《尔雅》《说文》《广雅》之说,前二者为本义,后者为引申义。虽然其书常例仍当是引古书在前,经小学书在后,但此例也不能全说成是偶然。书中或有只引经史而不引小学书、引古书而直接以野王案语作注、先引古书次引《说文》、只引《说文》不引古书以及只引小学书而不引古书及《说文》等等情形,亦视其说解内容之不同而各异。

顾书引前人传注,多直书训诂家之姓名,唯于许慎所注《淮南子》称"许叔重曰",大约是表示尊重之意。黎刻本往往在漏落处补为"郑注""杜注"等字样,显然是不明顾书体例。

顾野王的案语,在原本《玉篇》说解中地位十分重要,数量也比较多。《言部》三百二十字中,有野王案语者八十八字。更有一段说解之中加好几处案语的。

野王案语的内容,大致有以下几个方面。

(一)直接为古书作注。

如《阜部》"隐"字下:

> 《周易》:"天地间贤人隐。"野王案:"隐,不见也。"

《幺部》"糸"字下:

> 《归藏》:"荣荣之华,糸糸之实。"野王案:"小实也"。

(二)补充说明前人传注。

如《石部》"砺"字下:

> 《山海经》:"崦嵫多砺砥。"郭璞曰:"磨石精者为砥,粗者为砺。"野王案:"所以磨刀者也,《尚书》'若金用汝则砺'是也。"

(三)引申前人传注使其更明显。

如《水部》"沈"字下：

《庄子》："是陆沉者也。"司马彪曰："无水而沉也。"野王案："陆沉，犹沦翳也，言居陆而若沉溺无闻也。"

（四）引他书以注《说文》。

《说文》："障，摄（疑当为'隔'）也。"野王案："《礼记》'开通道路无有障塞'是也。"

（五）直接注解《说文》。

如《水部》"淤"字下：

《说文》："淤，淀滓也。"野王案："今谓水中泥草为淤。"

（六）注解他家小学书。

如《食部》"馈"字下：

《广雅》："馈，长也。"野王案："谓滋长也。"

《说文解字》一书，每于正篆之下附有古文、籀文、异体字形。顾野王推广其义，创为"异部重文"之例。所谓《玉篇》"疏隶变之流"盖即指此。

让我们先从量的方面举例看看《玉篇》残卷所存异体字的情况。

《言部》大字共三百一十二字，有异体的一百二十七，约占百分之四十一。其中有两个异体者如"警、儆"等共八十四组，有三个异体者如"讴、呕、怄"等共二十六组，有四个异体者共十六组，还有五个异体者。

《玉篇》收入当时流行的大量异体字，为我们研究汉字演化特别是隶变规律以及考求声音，都提供了可贵的材料。

这些异体字在《玉篇》说解中的表现方式，可以分为八种。

（一）"或为某字在某部"。如：

堻，或为挃字，在《手部》。

（二）"某书亦某字也"。如：

纂，《字书》亦缵字也。

（三）"今或为某字在某部"。如：

譩，今或为噫字，在《口部》也。

（四）"《说文》古文某字也"。如：

恩，《说文》古文细字也。

（五）"《说文》"籀文某字也"。如：

陸，《说文》籀文陆字也。

（六）"古文为某字在某部"。如：

　　調，古文为哥字，在《可部》。

（七）"某书古文某字也"。如：

　　砅，《尚书》以此砅为摩砺之砺字。

（八）"某义之某为某字在某部"。如：

　　柔纫之纫为韧字，在《韦部》。

在卷子本残卷中，有四百七十余处是作者于字下注明异体的。按其类别，可粗分为下列几种：

（一）古今字。如"队坠""哥歌"。

（二）义符相近声符相同或相近。如"詠咏"。

（三）声符之繁简。如"谲谐"。

（四）重复部分之简化。如"纍累"。

（五）笔画之简化。如"獻献"。

（六）形声字保存重要之部分。如"夸诗"。

（七）声符义符俱异。如"愬诉"。

（八）形声与会意俱存。如"严岩"。

（九）形声字之繁简体。如"饕叨"。

（十）假借字与本字并存。如"飨享"。

顾野王生当异体字杂然纷出之世，其搜集众形、安排部分，用力甚勤。他这样重视异体字的收集，特别是注明部目及所从来之书名，目的不仅是教人识字，而且还存在于训诂。注明部目，是便于索检义训，指出书名甚至句例，是为明确字在文句中的确定形体和含义。

以上我们分别从通例、引书、案语、异体字等几个方面较详细地讨论了顾野王原本《玉篇》的条例，对于了解顾书面貌、发见其特征、研究其价值，或许有些帮助。前人著作中对此往往只有寥寥数语，虽能见其大略，却并不深入考求。

黎庶昌说：

　　《玉篇》与《说文》并重。

　　《说文》讨篆籀之原，《玉篇》疏隶变之流。

　　　　　　　　　　　　　　　　　　（《书原本玉篇后》）

他的话，指出《玉篇》的重要性，说明了《说文》与《玉篇》的源流关系，也谈到了《玉篇》与汉字隶变的关系,颇有见识。但是,他仅从比较两书的特点去着眼,没有能够全面、准确地说明《玉篇》本身的性质。

我们知道,汉代经师有今古文两大派。"五经无双许叔重",作为古文学派的大师,他著《说文解字》的目的是要通过"理群类,解谬误,晓学者,达神旨"来为自己的政治主张服务。他认为文字是"经艺之本""王政之始","本立而道生",所以研究文字务求其源以固其"本"。由此而发明了"分别部居,不相杂厕"的分部相从之法。这在汉隶已经通行了几百年,因而"诸生竞说字解经谊,称秦之隶书为仓颉时书","俗儒啚夫,玩其所习,蔽所希闻,不见通学"的混乱情况下,确有其廓清之功。他以"六书"为"字例之条",创造了我国字书以部首为分类的较为完整的体系。因此,说解字义,例求其"本",这是许书最显著的特点。

顾野王著《玉篇》,似乎并不考虑什么"本立而道生""知天下之至啧而不乱也"之类。他"总会众篇,校雠群籍","成一家之制",不过是求得"文字之训备矣"。他虽然博引群经,注重《说文》,但同时也广采《仓》《雅》《字书》之流。所谓"王政",所谓"识古",在他头脑中似乎要淡薄得多。可以说,他只是奉诏要搞一部字书,而这部字书又要是当时最详备的,不管它正体俗体,也不管它古文籀文,凡所见到的字,无不网罗殆尽。这大约与六朝时普遍的学风有关。他也并无与什么学派的什么主张论争之意,所以十分自然地采用隶体。他"疏隶变之流"的动机与许慎"讨篆籀之原"的动机是有所不同的。

历来学者无不称道《玉篇》的详博,无不承认它在训诂学上的价值,同时又几乎是众口一辞地把它说成是《说文解字》的忠实后继者。如果我们认真把两书序言比较一下,就会对这个问题提出不同的看法来。有的日本学者已注意到这一点了,而国内有关文字学史的书籍却大都陈陈相因,这是令人十分遗憾的。

顾野王采用部首分类之法,正如胡朴安在《中国文字学史》第二编中所说:"《玉篇》略以字义之同类者分部,然检字颇觉不便。"从主观上看,顾氏是继承了《说文》。但是在客观上,当时也不具备以笔画作为检字手段的条件,因为异体纷纭,书法不一,恰如唐兰《中国文字学·前论》所说:"六朝是文字学衰颓,也是文字混乱的时期。"我国字书史上,开始创为笔画检字的方法,当在楷书通行多年,体势笔画约定之后。宋代李从周《字通》大约是这种方法的草创者,至明代梅膺祚《字汇》,改进得较完善了。那是《玉篇》成书后好几百年的事。

我们可以承认《玉篇》与《说文》成一系,但顾野王著书的精神却不完全忠于许慎。由于时代的发展、客观需要与著述动机的不同,顾野王思想上解放得多了,他对待《说文》的态度,从实质上看很难说与《仓颉篇》《字书》等有什么不同。《玉篇》对于《说文》,是既有继承又有发展的。

继承的方面表现为:

(1)采用部首分类法,大多数部首与《说文》相同。

(2)也像《说文》那样从字的形、音、义三方面说解。

(3)许多地方引了《说文》训义,又多采《说文》所存古、籀之体。

其发展的方面表现为:

(1)《说文》标音用"从某某声"及直音、譬况之法,《玉篇》出现在反切大行之际,其所注音,皆用反切。

(2)《说文》说解,例训"本义"。《玉篇》则于引申通假之义无不网罗之。对于那些"本无其字"的假借字如语词之类,甚至并不再去管它的"本义"是什么(如"其"字,只作语词解,不考其篆籀的象形及名词之义)。这是因为作者释词义多重实用,特别是"随文释义",注重它在具体文句中的含义,以便于识字读书。

(3)对于字的形体,《玉篇》不再讲象形、指事、会意、形声之类。因为它是我国第一部用楷书传写的字书,势必不能再从小篆形体出发去说字,于是创为"异部重文"之例。

(4)《玉篇》对于经传子史及各家小学书的旁征博引,在数量上大大超过了《说文》。

总之,《玉篇》一书,在性质上颇具特色。从形式上看,属《说文》一系,实质上看,可以说兼《尔雅》《说文》二者之长而并有之。它具备后世字典的雏形,是一部以训诂为重点的文字书,具有很高的训诂价值。

顾野王原本《玉篇》虽已大部亡佚,但通过残卷我们还可以看出它在音韵、训诂、注证古书与《说文》、保存佚书材料等方面的价值。

先说音切。《玉篇》原帙所载之反切,其价值大要有三。

(1)通过反切,可见当时各字读音,为考察南北朝时期语音的可贵材料,在汉语语音发展史的研究方面有一定的价值。

(2)以《玉篇》对照其他材料,可以进而推求其语音系统。周祖谟先生在

《万象名义中之原本玉篇音系》一文中指出,欲考六朝语音,除韵文之外,所可资据者,唯字书与音义书。现存六朝字音反切最多的书,莫过于陆德明的《经典释文》。顾野王与陆德明同为吴郡(今苏州)人,故《玉篇》中的反切也是考索六朝吴音的重要资料。他又考证日僧空海(弘法大师)所撰《篆隶万象名义》一书,反切与原本《玉篇》相同者至多而不同者甚少,所以将原本《玉篇》残卷、广益本《玉篇》及其他韵书一一比勘之后,根据《篆隶万象名义》之反切,采用系联法,求得《玉篇》音系。(该文见《问学集》)

再说训诂方面。《玉篇》训诂价值极高,主要表现在下面几个方面。

(一)引书极多,兼明传注

举《言部》为例。卷子本《玉篇·言部》正文三百一十二字,注文一万一千一百六十一字,平均每字下就有注文三十几字。引书达五百五十九处,其中光是现今已佚的小学书就引到五种共一百六十四处。总起来看,在一万多字的注文中,所引书传及小学书中的训诂就有近九千字,这确实是前无古人的,对于保存古代文献、文字训诂及书籍校勘等均有意义。这样的旁征博引,可以看成是对于古代文献从语言文字角度进行的分析综合工作。

(二)说解详慎,义项赅备

以《亏部》"平"字为例。《说文》对这个字的说解仅用十四字,《玉篇》却用了二百六十二字,为前者的十九倍,对于阅读古籍的人是有益处的。

顾书虽长于罗列,然对字义训释所持的态度却是较为慎重的。如《山部》"岵"字,《说文》曰:"山有草木也。"《诗》毛传却说:"山无草木曰岵。"《尔雅》说:"山多草木曰岵。"《韩诗》又说:"有木无草曰岵也。"又如《山部》"屺"字,《说文》曰:"山无草木也。"《诗》毛传却说:"山有草木曰屺。"《韩诗》又说:"有草无木曰屺。"《玉篇》均予罗列。顾野王对各说兼收并蓄,不妄下案语,此种态度是审慎的。

又如《言部》的"话"字与"詥"字,《说文》都训作"善言"。段玉裁说:"'詥'之'善言'为'善言辞'之意,不同于'话'下之'善言'。"有人称赞段氏,说他的这种分别是很精到的。其实顾野王就已经注意到这个问题。《玉篇》"话"字下引孔安国《尚书》注曰:"善言也。"又《说文》:"合会善言也。""詥"字下引贾逵《国语》注曰:"詥詥,巧言貌也。"又何休《公羊传》注曰:"詥詥,浅薄之貌也。"《楚辞》王逸注曰:"谗言貌也。"只是顾氏引书传而未下己意,使人不易看得分明罢了。

顾氏不忘揣古人意,这种谨慎的客观态度,在训诂方面是可贵的,它增加了《玉篇》的训诂价值。顾书说解详博,各字训释中往往包容义项甚多。如《糸部》"纪"字下就列有十九个义项:

> 时日也;基也;犹录也;丝缕之数有纪者也;犹事也;绪也;犹记识之也;十二年曰纪;纪事也;协固也;地纪,犹贯目也;理也;识也;维理之为纪;纪极,终极也;总要之名也;犹会也;犹节也;丝别也。

《糸部》"经"字下列十一个义项,我们按书传可分列为:

> 《尚书》孔安国注:"经久历远也;经,常也;经营轨度之也。"
>
> 《周礼》郑玄注:"为之理数也;经,法也;经,界也;经形体,皆谓制分界也。"
>
> 《广雅》:"经,径也;经,绞也;经,示也。"

《欠部》"款"字下列六个义项,我们按引申的方法可排列为:

> "叩"→"至"→"志纯"→"诚重"→"意有所欲"→"爱"

顾野王所引书传,都是随文释义,他并没有做归并工作。义项的建立与分合,是个很复杂的问题,在顾野王那个时代,还不可能有明确的概念与科学的划分。他的主要贡献,是提供了较多的材料。

顾野王著书态度之审慎,从他每下己意多有征引这一点上也可以看出来。如《言部》"谭"字下:

> 野王案:"谭犹著也。《汉书》'大谭恩于浑天'是也。"

《言部》"𧨏"字下:

> 野王案:"𧨏犹改变也。《周易》'天地革而四时成''汤武革命从乎天'是也。"

《广部》"庠"字下:

> 野王案:"庠犹疏远之也。《史记》'奏("秦"之讹)女必贵而失("夫"之讹)人庠矣'是也。"(按:"庠"即"斥"字)

在《玉篇》中,"野王案"之下"某书某句是也"乃是通例。可见他言必有据,这是极为可贵的精神。

顾野王为使字训证据不孤,往往一义而数证,这在《玉篇》之中触目皆是。下面仅举两个例子。

《食部》"食"字下:

> 《尚书》:"食哉惟时。"《洪范》:"八政,一曰食。"孔安国曰:"勤农业

也。"野王案:"此谓五谷可食以护人命也。《论语》'足食足兵'是也。凡口所嚼咀者皆曰食也。《尚书》'唯辟王食'、《左氏传》'肉食者谋之'是也。"

《音部》"章"字下:

《论语》:"夫子之文章。"野王案:"谓章句也。《礼记》'丧复常读乐章'是也。《毛诗》篇分别为章句,亦即是也。"

(三)名物制度,多有引说

顾氏《玉篇》,对于名物典章制度及车服器用往往不惮其详,大量引书以明之,这也是它在训诂方面有价值处。如:

《广部》"庙"字下:

《礼记》:"天子七庙,三昭三穆,与大祖之庙而五(当作'七')。大夫三庙,一照一穆,与大祖之庙而三。士一庙。"

《车部》"轮"字下:

郑玄又曰:"兵车之轮,六尺有六寸。田车之轮,六尺有三寸。乘车之轮,六尺有六寸。"

《舟部》"服"字下:

郑众又曰:"司服掌王之吉凶衣服。王之吉服礼昊天上帝,大裘而冕。祀五帝亦如之。享先王则衮冕。事先公卿射则鷩冕。祀四望山川则毳冕。祭社稷五祀则希冕。群小祀曰玄冕。凡兵事,韦弁服。视朝,皮弁服……"

《龠部》"龥"字下:

郭璞曰:"龥以竹为之。长一尺四寸,围三寸,孔上出寸三分,横吹之。小者尺二寸也。"

顾野王《玉篇》所引许多材料,都是后来亡佚了的内府珍籍。仅见于残卷中的,就有韩康伯《周易注》、刘瓛《周易义》、刘兆《公羊传注》与《穀梁传注》、刘熙《孟子注》、孙炎等人《尔雅注》、徐广《史记音义》、苏林和如淳等人《汉书注》、贾逵《国语注》、许慎《淮南子注》等多种。这些佚文,对于研究古代文献是很可宝贵的资料。

综上所述,可见《玉篇》这部卷帙浩繁、广征博引的巨著,不仅超迈前人,而且也是在它之后的字书(直至《康熙字典》出现之前)难以比拟的。《类篇》虽字数有加而体例不严;《字汇》《正字通》虽于检字法方面创为新制,其内容却被朱彝尊讥为"兔园册子",不为学者所珍视;《五经文字》《九经字样》《佩觿》之流,其功要在比参形体、是正笔画而已,训诂价值不高,成就都很难超过《玉篇》。

过去学者在《玉篇》研究方面做了极可贵的工作,特别是纂集考辨之功,绝对不应埋没。今天我们应当在他们研究的基础上,采用新的观点和方法,力求有更多的创获。

第五节　《方言》

《方言》是我国乃至全人类历史上最早的一部研究方言的专书。原题为《輶轩使者绝代语释别国方言》,略称为《方言》,十三卷。旧本题"扬雄撰",但《汉书·艺文志》和《汉书·扬雄传》都没有提到他撰此书。《说文》中引扬雄说十三处,也都与此书内容无关,与扬雄时代相近的王充,在他所著《论衡》中读到过扬雄及其著作,但也没涉及《方言》,于是对《方言》一书的作者问题便发生了疑问。今考刘歆《与扬雄书》,有云:"属闻子云独采集先代绝言,异国殊语,以为十五卷,其所解略多矣,而不知其目,非子云赡雅之才,沉郁之思,不能经年锐精以成此书,良为勤矣。"又考扬雄《答刘歆书》:"即君必欲胁之以威,陵之以武,欲令人之于此,此又未定,未可以见,今君又终之,则缢死以从命也。而可且宽假延期,必不敢有爱雄之所为,得使君辅贡于明朝,则雄无恨,何敢有匿?唯执事图之。"扬氏此书可证其《方言》尚未成稿,刘歆当时为王莽国师,欲借观雄书,雄以其书未成稿而谢绝之。刘歆没借到此书,所以《七略》不载,《汉·志》依《七略》而作,自然也未著录。至东汉灵、献之际,情况就大不相同了。应劭著《风俗通义》,于序文中详载扬雄作《方言》之事:

> 周秦常以岁八月遣輶轩之使,求异代方言,还奏籍之,藏于密室。及赢氏之亡,遗脱漏并,无见之者,蜀人严君君平有千余言,林闾翁孺才有梗概之法,扬雄好之,天下孝廉卫卒交会,周章质问,以次注续,二十七年,尔乃治正,凡九千字。

又,应劭注释《汉书·司马迁传》,也引扬雄《方言》,其后孙炎注释《尔雅》、张揖著《广雅》,也大量吸收《方言》词语,葛洪撰《西京杂记》、常璩撰《华阳国志》、薛综解《二京赋》、杜预注《左传》,也都引用《方言》,于是扬雄与《方言》的关系也就确定下来。

到了宋代,洪迈撰《容斋随笔》,认为:"观其《答刘子骏书》,称'蜀人严君平',按君平本姓庄,汉显帝讳庄,始改曰严。《法言》所称'蜀庄之才''珍吾庄也',皆是本字,何独至此书而曰'严'?"又说:"既云成帝时子骏与雄书,而其中乃云'孝成皇帝',反覆抵牾。"由此他认定,《方言》一书乃是汉魏之际好事者所伪造。

戴震反驳说:"洪迈《容斋随笔》以《法言》不讳'庄'字,何独至此书而曰'严'?不知本书不讳,而后人改之者多矣。此书下文'蜀人有扬庄者',不改'庄'字,独习熟于'严君平'之称而独改之。"又说:"考书首'成帝时'云云,乃后人题下标注之文,体写乖讹,致与书连为一,实非歆之本词,文义尚厘然可辨。"戴氏的话,大致可信,所以《方言》一书仍可定为扬雄所作。

扬雄(前53—18年)是西汉末年一位大辞赋家和语言学家,著有《太玄》《法言》《仓颉训纂》《方言》等书,他的生平事迹,详见《汉书》卷八十一。

今本《方言》共十三卷,分类略依《尔雅》,而不甚精密,共载六百六十九事,若照《尔雅》的类别,当包括《释诂》《释言》《释人》《释衣》《释食》《释宫》《释器》《释兵》《释车》《释舟》《释水》《释土》《释草》《释兽》《释鸟》《释虫》等十六类。

沈兼士先生在《文字形义学》一书中把《方言》中所收的语言按照它们的性质分为五类,下面我们按他的分类各举些例子:

(一)不含地域性的普通话。

通语:"娥、㜲,好也……好,其通语也。""憮、俺、怜、牟,爱也……怜、通语也。"(卷一)

通名:"蛉蚭……西楚与秦通名也。"(卷十一)

凡语:"嫁逝徂适,往也…往,凡语也。"(卷一)

凡通语:"钋、嫽,好也……好,凡通语也。"(卷二)

(二)通行区域较广的方言。

四方之通语:"庸、恣、比、侹、更、佚,代也。齐曰佚,江淮陈楚之间曰侹,余四方之通语也。"(卷三)

四方异语而通者:"蟒蟷谓之蟥……秦晋之间谓之蠹,或谓之天蝼,四方异语而通者也。"(卷十一)

某某之间通语:"覆结谓之帻巾……皆赵魏之间通语也。"(卷四)

某地通语:"扑、翕、叶,聚也。楚谓之扑,或谓之翕,叶,楚通语也。"（卷三）

（三）纵方面语言新旧生灭交替之际所残留的古今语。

古今语:"敦、丰……大也。……皆古今语也,初别国不相往来之言也,今或同。"（卷一）

古雅之别语:"假,佫……至也……皆古雅之别语也,今则或同。"（卷一）

（四）横方面语言因地域的差别而发生变异的各地方言。

某地语:"党、晓、哲,知也。楚人谓之党,或曰晓。"（卷一）

某某之间语:"党、晓、哲,知也。……齐宋之间谓之哲。"（卷一）

（五）兼包纵横两方面因音声转变而发生的方国殊语。

语之转:"扑、铤、澌,尽也。……铤,赐也;铤、赐、扑、澌,尽也;铤,空也,语之转也。"（卷三）

代语:"恻鳃、干都、耇、革,老也。皆南楚江湘之间代语也。"（注:"凡以异语相替谓之代也。"）（卷十）

关于《方言》一书的条例,刘师培较早地做了概括。他在《中国文学教科书》中析其例为二。

（一）一义数字之例。

党、晓、哲,知也。楚人谓之党,或曰晓,齐宋之间谓之哲。

虔、儇,慧也。秦谓之谩,晋谓之㦅,宋楚之间谓之倢,楚或谓之谯,自关而东赵魏之间谓之黠,或谓之鬼。

（二）一物数名之例。

罃甈谓之盎。自关而西或谓之盆,或谓之盎,其小者谓之升瓯。

甀,自关而东谓之甒,或谓之䍀,或谓之酢馏。

这样分有些过于简单。汪国镇《文字学概论》分而为四:

（一）一义而各处方言不同,则字从而异;

（二）方言不同,而其中或有深浅之别;

（三）一物因方言不同而有数名;

（四）物有数名,因分别而异其名。

王国维作《书郭注方言后》,又在此基础上进一步分析,胡朴安本其说,求得《方言》郭注条例有六:

（一）汉时之语音与晋同。

"好,自关而东,河济之间谓之媚。"郭注:"今关西人呼为媚莫交友,莫交友之音,此晋时关西之语,而汉时关东之语,亦从可知矣。"(卷一)

（二）汉时之语音与晋微异。

"蝉,其小者谓之麦蚻。"郭注:"今关西呼麦蟸,音痫痹之痹。"(卷十)

（三）汉时一方之言至晋为通语。

"慧,楚或谓之䜌。"郭注:"他和反,亦今通语。"(卷一)

"好,赵魏之间曰姝。"郭注:"昌朱反,今四方通语。"(卷一)

（四）汉时此方之言晋时见于彼方。

"平原谓啼极无声谓之唴哴。"郭注:"哴音亮。今关西语亦然。"(卷一)

"裙,自关而东,或谓之襗。"郭注:"音碑,今关西语亦然也。"(卷四)

（五）古今语同,而义之广狭迥异。

"揌,杀也。"郭注:"关西人呼打为揌。"(卷一)

"吴越之间,凡食饮食者谓之茹。"郭注:"今俗呼能粗食者为茹。"(卷七)

（六）义之广狭同,而古今语异。

"逞、苦、了,快也。"郭注:"今江东人呼快为煓,相缘反。"(卷二)

"东齐之间,壻谓之倩。"郭注:"言可借倩也。今俗呼女婿为卒便是也。"(卷三)

以上虽为胡朴安所阐明的《方言》郭注的条例,但对我们读扬雄的书大有益处,所以一一列举。

《方言》一书的作用,殷孟伦先生在《子云乡人类稿·〈方言〉与汉语方言研究的古典传统》一文中有详细的论述,这里仅举其要。

（一）作者的首创精神体现出我国研究语言的优良传统。

远在周代,即有"輶轩使者巡游方国,采览异言,车轨之所交,人迹之所蹈,靡不毕载,以为奏籍"的事实,主要目的,即在于规范语言(雅言)以达到"正言"的作用。扬雄继承了传统语言研究由纵、横两方面入手,即既解释书面语言又解释口语的特点,取材以口语为主,但并不摒弃文学语言。这样做,正好把语言的古今雅俗作一对比,易于寻找语言源流的变迁。

（二）作者在治学态度上贯彻了"实事求是"的精神。

作者搜集方言资料,亲身访问,详悉研究。他的访问记录,前后达二十七年,付出了巨大的劳动。他所依据的资料可靠性强,又加以态度审慎,所以能客观地划分方言的流行区,又能辨析某些同义词的细微差别。如"惟""虑""愿""念"四个词都是"思"的意思,但扬雄指出:"惟,凡思也。虑,谋思也。愿,欲思也。念,常思也。"(卷一)这是很可贵的。作者先分出"通语"与"别语",这是辨别方言的基本认识,又定出一些专门术语,如"转语""代语"等,指出了语言演变在语音方面的规律,这些都是创造性的。

(三)作者在研究方法上创立了要掌握全面观点的原则。

《方言》一书既网罗了周秦古语,又采集了当时的口语,作者把复杂纷繁的词语分别归纳为通语、别语、转语等,又从纵、横两方面着手,通过时、空变化去着重把握词语之间的细微差别,在卷一"敦、丰……大也"条下,作者写道:"皆古今语也,初别国不相往来之言也,今或同,而旧书雅记故俗语不失其方,而后人不知,故为之作释也。"这说明该条中的同义词如"丰"与"庞"、"嘏"与"奘"皆有微殊,而它们与"奔、昄、戎、夏、壮、京、将"都是古今语的关系。其中有些至今使用,有的则残存于今语中而不常用,而这些词语都是古之方言,必须加以解释,人们才能明白。又如卷一的"假、狢……至也"条下,作者指出:"邠、唐、冀、兖间曰假,或曰狢。齐楚之会郊或曰怀,摧、詹、戾,楚语也。艐,宋语也。皆古雅之别语也,今则或同。"这说明,一些古方言,在汉代还和当时的方言相同,由此可以看出方言的古今承传关系。又如卷一的"修、骏……长也"条下,作者指出:"凡物长为寻,《周官》之法,度广(谓绢帛横广)为寻。"说明某些词语至汉代已是"先代绝语",在口语中已经不用了,凡此种种错综复杂的语言现象,如果不是作者掌握了全面的观点,我们分析起来是会束手无策的。

(四)作者分析方言的精细程度和他所定的专门术语所表现出的精确内容有关。

例如卷一"娥、嬿,好也"条曰:"秦曰娥,宋卫之间谓之嬿,或谓之姣。赵魏燕间曰姝,或曰妦。自关而西秦晋之故都曰妍。好,其通语也。"可见作为"通语"的"好"是超出上述各地界限的。而所谓"别语",乃是"别国不相往来之语",它跟"通语"相反,故书中恒以"某谓之某""某某谓之某"相区别。此处,作者还创造了"转语""代语"等术语,从声音的转变来说明词语转移,这些都是他好学深思的具体表现,对后人影响也是很大的。

（五）作者解释方言所创立的分析方法也值得后人借鉴。

例如以"通语"释"别语"，说明某语为"古今语"或"古雅之别语"或"古语之遗"，以"别语"释"别语"，说明同词别义现象、词相异而音义相关现象、词义的因类而及现象等等。此外，对于词义相同，但因地异而其用相别的现象也加以说明，如卷一的"虔、刘、惨、㧥，杀也"条曰："秦晋宋卫之间杀曰刘，晋之北鄙亦曰刘。秦晋之北鄙，燕之北郊、翟县之郊谓贼为虔。晋魏河内之北谓㧥曰残，楚谓之贪，南楚江湘之间谓之欺。"

（六）最最重要的，是作者已经能够用发展的观点看待语言。

作者研究方言，已经懂得语言的发展变化受时间和地域制约。他不仅看到"古今语"的关系，也看到因声韵转变而化为他语的现象，还注意到某些方言词语在使用中由方言而成为通语的现象，都根据具体情况分别予以说明。作者的分析，使人们看到语言不是静止不变的东西，它随时、地的不同而有转变。如卷十："㘉哰、谩誺，拏也。东齐周晋之鄙曰㘉哰；㘉哰亦通语也。"

同是"㘉哰"一词，既为方言，又进入"通语"，这是符合词语发展变化规律的。又如卷十中的"煤，火也，楚转语也，犹齐言烓，火也"，说明"火"这个词在方言中由于语言的转变，楚在齐已经有了不同。

由此可见，扬雄在纷繁复杂的方言现象中理出其发展的规律，这是前所未有的独创，是难能可贵的。

下面简谈一下关于《方言》的重要注疏。

（一）郭璞的《方言注》

《方言》的注本，以郭璞《方言注》为最早。郭注的条例，我们在前面已经谈过了，这里不再重复，值得注意的是，郭氏注文中多举晋代语言变化以明转化之迹，由此人们可以推求汉晋间语言之流变。例如：

（1）在汉为异语，而在晋为通语的。如卷一"慧也"条下："楚或谓之㦟。"郭璞注曰："亦今通语。"卷三"凡饮药、傅药而毒，东齐海岱之间谓之瞑，或谓之眠"条下郭璞注曰："瞑眩，亦今通语耳。"

（2）在汉为通语，而在晋为异语的。如卷九"锬谓之铍"下郭璞注曰："今江东呼大矛为铍。"卷十二"㛂，孟，姊也"条下郭璞注曰："今江东山越间呼姊声如市。"

（3）一种语在汉为南，而在晋为北的。如卷二"遽也"条下："吴扬曰茫。"郭璞注曰："今北方通然也。"卷十："晞，晒干物也。扬楚通语也。"郭璞注曰：

"亦皆北方常语耳。"

（4）一种语在汉为北,而在晋为南的。如卷三"菨苵,北燕谓之菨"条下郭璞注曰:"今江东亦呼菨耳。"卷五:"杷,宋魏之间谓之渠挐。"郭璞注曰:"今江东名亦然。"

（5）一种语在汉为东,而在晋为西的。如卷一"好也"条下曰:"自关而东,河济之间谓之媌。"郭璞注:"今关西人呼好为媌。"卷十:"扬越之郊凡人相侮以为无知……或谓之斫。"郭璞注曰:"今关西语亦然。"

（6）一种语在汉为西,而在晋为东的。如卷八:"守宫……桂林之中守宫大者而能鸣谓之蛤解。"郭璞注曰:"江东人呼为蛤蚧。"卷五:"所以注斛,陈魏宋楚之间谓之篓。"郭璞注曰:"今江东亦呼为篓。"

郭璞《方言注》自序说:"余少玩雅训,旁味方言,复为之解,触事广之,演其未及,摘其谬漏,庶以燕石之瑜,补琬琰之瑕,俾后之瞻涉者,可以广寤多闻尔。"可见郭氏研究《方言》,实不止于一般的注疏,他大抵以晋时语言为根据,由此可求得汉晋之间语言的流变,可以说寓作于注了。

（二）戴震的《方言疏证》

《方言》自郭注以后,隋时有骞师注(见《慧琳音义》卷二十三),早已亡佚,明人有《方言据》等书,但均与扬雄的书无关。至清代戴震作《方言疏证》,《方言》这部书才又为小学家所重。据戴氏自序,他从《永乐大典》中得善本,广搜群籍,为之校订,改正错字二百八十一个,补脱字二十七个,删衍字十七个,并依原书顺序逐条加以疏证,功不可没,所以卢文弨称赞说:"《方言》至今日而始有善本,则吾友休宁戴太史东原氏之为也。义难通而有可通者通之,有可证明者胪而列之……至宋以来诸刻,洵无出其右者。"当然,由于间创,戴氏在《方言》一书声义贯穿之旨方面做得还不够。而且所称引《永乐大典》本的,也仅有二十二条,据今辑《大典》本《方言》残文相核,也还有好几十条未被戴氏甄引。

（三）卢文弨《重校方言》

卢氏书十三卷,附校正补遗一卷。他根据丁杰的草本,又据明人曹毅的影抄本、明《永乐大典》本、明正德丁卯华理本、明新安吴琯本、明新安程荣本、明武林何允中本、明钱塘吴文焕本、明郑朴编《子云集》本、明海宁陈与郊《类聚》本、清曲阜新刻戴氏本等参互校勘,可称精赅。卢氏晚年又曾精校一遍,订正了百余条,然后没有再覆印。

（四）钱绎《方言笺疏》

《方言笺疏》共十三卷，原为钱侗首创，其兄钱绎续成，据自序说："竭数年心力，始得脱稿，自后时加厘正，而涂乙纂改者，又十之六。"可见其用力之勤。该书参众本校订之长，折衷戴、卢二氏，而声义相贯穿之道由此大备，所以它实际上超出戴、卢二氏之作。

（五）王念孙《方言疏证补》

《方言疏证补》仅成稿一卷，大体依戴氏之《疏证》，后附王氏按语。所补虽仅二十条，但因声求义，规模可观，可惜未能成书。今存于罗振玉所辑《高邮王氏遗书》中。

第六节　《释名》

《释名》一书总结了前人声训的成果，自觉地把声训方法运用于训诂，给后人研究声义关系以重要的启迪。

现代语言学理论认为：声与义的结合，在最初是没有理据的。但是，汉语词义的引申却有着"因声相衍"的特点。新生词往往借助原词词义的部分特征，因而往往也袭有原词相同或相近的语音。加之古代中国幅员辽阔，方言复杂，也会产生一些异音异形的同源词。正确地运用声训方法，可以使语义语音相衍的轨迹显示出来，有利于同源词的探求。《释名》一书的出现，标志着同源词研究的开始。后来的"右文说"以及"声义同源"的观点无不受到《释名》的启发。其中许多正确的声训例子，至今仍有重要的参考价值，而为今人所引用。

《释名》一书的作者，据《后汉书·文苑传》称，有刘珍者，撰《释名》三十篇；而据《隋书·经籍志》称，则《释名》八卷，为刘熙所撰。《后汉书·文苑传》谈到刘珍说：

> 刘珍字秋孙，一名宝，南阳蔡阳人。少好学，永初中为谒者仆射，邓太后诏使与校书刘騊駼，马融及五经博士校定东观五经诸子传记百家艺术，整齐文字，是正文字。永宁九年，太后又诏珍与騊駼作《建武以来名臣传》，迁侍中、越骑校尉。延光四年，拜宗正。明年，转卫尉，卒官。著《诔讼连珠》凡七篇，又撰《释名》三十篇，以辨万物之称号云。

至于刘熙生平,《后汉书》没有他的传,关于他的著述,见于《三国志·吴书·韦曜传》:

> 凤皇二年,曜因狱吏上辞曰:"……又见刘熙所作《释名》,信多佳者,然物类众多,难深详究,故时有得失,而爵位之事,又有非是。愚以官爵今之所急,不宜乖误,因自记至微,又作《官职训》及《辨释名》各一卷,欲表上之。"

有的学者提出,刘珍与刘熙或许是同一个人,所著《释名》或许是同一部书,但是篇数不合,难为论证。又有人说《后汉书》是误载,刘珍并无《释名》之作,但是范晔著史书必有所据,不容轻易怀疑。还有人说刘珍与刘熙是祖孙关系,刘珍著书于前,刘熙踵成于后,但这怕是妄为牵合,《后汉书·文苑传》既然明言"珍撰《释名》三十篇",那么书已著成,无庸再踵。现在看来,刘珍与刘熙,名字既不合,里居也不合,时代不合,官位也不合,篇数也不合,截然是两个人,其所著《释名》,自当各为一书才是。但是关于刘珍所著《释名》,只在《后汉书》中提到,后代史志,均不见载,可能此书早佚。而刘熙所撰《释名》则《隋书·经籍志》、新旧《唐书》及《宋史·艺文志》都有著录,而且卷数相同。此外,《中兴馆阁书目》曰:"《释名》,汉征士北海刘熙字成国撰,推揆事源,释名号,致意精微。"(据《玉海》四十四所引)《崇文总目》曰:"《释名》八卷,原题刘熙,即物名以释义,凡二十七目。"陈振孙《直斋书录解题》曰:"《释名》八卷,汉征士北海刘熙成国撰。……凡二十七篇。"《文献通考·经籍考》曰:"《释名》八卷。陈(振孙)氏曰:汉征士北海刘熙成国撰……凡二十七篇。"《四库全总目提要》:"《释名》八卷,汉刘熙撰,凡二十七篇。"此外,唐宋以下各代征引甚多,都称"刘熙《释名》",本子流传至今。据清人王鸣盛、郝懿行、钱大昕及当代人周祖谟等人考证,可以确定是刘熙所著无疑。

文籍所载刘熙事迹很不详尽,综合起来,可知刘熙字成国,东汉末北海人,与同郡祢衡俱以学识富赡见誉为青州名士。建安中避乱交州,与程秉考论五经大义。吴国薛综、蜀国许慈俱师事之。刘氏《释名》约写成于公元220年之前。

下面简单介绍一下《释名》一书的内容。

《释名》共八卷。

卷一:《释天》《释地》《释山》《释水》《释丘》《释道》。

卷二:《释州国》《释形体》。

卷三:《释姿容》《释长幼》《释亲属》。

卷四:《释言语》《释饮食》《释彩帛》《释首饰》。

卷五:《释衣服》《释宫室》

卷六:《释床帐》《释书契》《释典艺》。

卷七:《释用器》《释乐器》《释兵》《释车》《释船》。

卷八:《释疾病》《释丧制》。

共二十七篇。其分类略同于《尔雅》。据胡朴安对二书篇目之比较,情况大致如下。

(一)《尔雅》有而《释名》无者:《释诂》《释言》《释训》《释草》《释木》《释虫》《释鱼》《释鸟》《释兽》《释畜》。

(二)增广《尔雅》者:广《释亲》为《释长幼》《释亲属》,广《释器》为《释彩帛》《释首饰》《释床帐》《释用器》《释兵》《释车》《释船》,广《释地》为《释地》《释州国》《释道》。

(三)与《尔雅》相同者:《释天》《释山》《释水》《释丘》《释宫室》《释乐器》。

(四)《尔雅》无而《释名》有者:《释形体》《释姿容》《释言语》《释饮食》《释书契》《释典艺》《释疾病》《释丧制》。

总起来看,《释名》的内容已超出《尔雅》很多,这与社会物质、文化生活的发展变化相关,也与作者著述的主旨有关系。从训诂方式来看,《释名》与《尔雅》也有很大的差异:《释名》以声训为主,间有义训但为例不多;《尔雅》以义训为主,间有声训而例亦颇少。因此,以声训为重点的《释名》就很少有类聚为训之例,而义训为重点的《尔雅》则多有类聚为训之例。两书最大的差别,是《尔雅》仅为训诂的记载,而《释名》则必求训诂发生之所以然。照刘熙自序中的说法:"夫名之于实,各有义类。百姓日称而不知其所以之意,故撰天地、阴阳、四时、邦国、都鄙、车服、丧纪,下及民庶应用之器,论叙指归,谓之《释名》。"在这一点上,《释名》较之《尔雅》有着明显的进步。譬如:

《尔雅·释丘》:"当途梧丘。"

《释名·释丘》:"当途曰梧丘。梧,忤也,与人相忤也。"

《尔雅·释丘》:"泽中有丘,都丘。"

《释名·释丘》:"泽中有丘曰都丘。言虫鸟所都聚也。"

可见《释名》对于名物的解释,总要力求说明其得名之由。所以毕沅在《释名疏证序》中称赞这部书说："参校方俗,考合古今,晰名物之殊,辨典礼之异,洵为《尔雅》《说文》以后不可少之书。"

《释名》所释名物典礼总共一千五百零二条,当时的名物典礼,大致都包罗进去了。我们借此去考察古昔遗制、考察古音,其价值自然是很高的。但是由于全书都采用声训,这就不免有许多牵强之处。《四库全书总目提要》对该书有一个比较公允的评价:"从音求义,多以同声相谐,不免牵合。然可以推见古音,又去古未远,所释器物,亦可以推见古制。"譬如木、卯、雾、毛、髦、牟、母、帽、矛这些字,显然不全是同源关系,而《释名》俱训"冒";《释天》又云:"云犹云云,众盛意也。又言运也。""雨,羽也。……雨者,辅也。"这种一音多源的训释,也缺乏科学性。但是像《释天》中的这一段:"风,兖、豫、司、冀横口合唇言之;风,泛也,其气博泛而动物也。青、徐言风,踧口开唇推气言之;风,放也,气放散也。"倒是可以透露出汉代末期方言中"风"可能有读轻唇音的现象。受时代局限和汉末阴阳五行说的影响,刘熙在《释名》中接受了《白虎通义》《五行大义》等书的一些说法,而且在一些词语的训释上表现出较多的封建伦理观念。如:"女,如也,妇人处事如人也。故三从之义:少如父教,嫁如夫命,老如子言。青、徐州曰娓,娓,忤也,始生时人意不善,忤忤然。"

胡朴安《中国训诂学史》第三章谈到《释名》一书在训诂学上的价值,厘析为二十八例,我们从他的分析中,不但可以考见《释名》的价值,而且可以窥见该书的体例。

(一)与经典同训

所谓经典者,《诗》《书》《易》《三礼》《三传》《孝经》《论语》《孟子》也。不举《尔雅》者,以《尔雅》为训诂之专书,另条言之也。如《释天》:"乾,健也,健行不息也。"《易·象》曰:"天行健,君子以自强不息。"又《系辞》:"夫乾者,天下之至健也。"《释地》:"坤,顺也,上顺乾也。"《易·系辞》:"夫坤,天下之至顺也。"《释天》:"春,蠢也,万物蠢然生也。""夏,假也,宽假万物,使生长也。"《礼记·乡饮酒义》:"春之为言蠢也,产万物者圣也。夏之为言假也,养之长之,假之仁也。"《释长幼》:"二十曰弱,言柔弱也。三十曰壮,言丁壮也。四十曰强,言坚强也。五十曰艾,艾,娥也,又治也。六十曰耆,耆,指也,不能力役,指使人也。"《礼记·曲礼》:"二十曰弱,冠;三十曰壮,有室;四十曰强,而仕;五十曰艾,服官政;六十曰耆,指使。"

凡此之属,皆与经典同训者也。

(二) 与经典不同训

《释天》:"秋,缩也,缩迫物品使时成也。"《礼记·乡饮酒义》:"秋之为言愁也,愁之以时察守义者也。"《释天》:"冬,终也。物终成也。"《礼记·乡饮酒义》:"冬之为言中也,中者藏也。"《释长幼》:"七十曰耄,头发白耄耄然也。八十曰耋,耋,铁也,皮肤黑色如铁也。九十曰鲐背,背有鲐文也。"《礼记·曲礼》:"七十曰老,而传。八十、九十曰耄。"

凡此之属,皆与经典不同训者也。

(三) 与经典同训而实不同

《释亲属》:"士庶人曰妻。"《礼记·典礼》:"士曰妇人,庶人曰妻。"《释名》浑言士庶人,《典礼》单言庶人也。《释亲属》:"无妻曰鳏,鳏,昆也;昆,明也;目恒鳏鳏然也。无夫曰寡,寡,踝也;踝踝单独之言也。"《礼记·王制》:"老而无妻者谓之矜,老而无夫者谓之寡。"《孟子》:"老而无妻曰鳏,老而无夫曰寡。"《释名》凡无妻无夫者皆谓之鳏寡,《王制》《孟子》必老而无妻无夫者始谓之鳏寡也。《释亲属》:"无父曰孤,孤,顾也,顾望无所瞻见也。"《礼记·王制》:"少而无父者谓之孤。"《孟子》:"幼而无父曰孤。"《释名》凡无父者皆谓之孤,《王制》《孟子》必幼少无父者始谓之孤也。

凡此之属,皆与经典同训而实不同者也。

(四) 与经典不同训而实同

《释天》:"艮,限也。时未可听物生止之也。"《易·象传》:"艮,止也。"限、止义通。《释天》:"巽,散也,物皆生布散也。"《易·序卦传》:"巽者入也。"入而后说之,故受之以兑。兑者说也,说而后散之,入而说,说而散,义相通也。《释州国》:"五家为伍,以五为名也。又谓之邻。"《周礼·小司徒》及《党正》皆云:"五人为伍。"言人者以人计,言家者以家计,家可以代表人也。《周礼·遂人》曰:"五家为邻。"《周礼》盖析言之;《释名》:"又谓之邻。"《释名》盖浑言之也。

凡此之属,皆与经典不同训而实同者也。

(五) 与《尔雅》同训

《尔雅》者,训诂专书之最古者也。宋代以后,虽列入十三经之内,兹以其是训诂专书,特另列,不与经典相浑。如《释山》:"山顶曰冢,山脊曰冈,山大而高曰嵩,小而高曰岑,山锐而高曰乔,山上有水曰埒。"《尔雅·释山》:"山顶,冢;山脊,冈;山大而高,崧;山小而高,岑;锐而高,乔;山上有水,埒。

凡此之属,皆与《尔雅》同训者也。

(六)与《尔雅》不同训

《释山》:"石戴土曰崝,土戴石曰崔嵬。"《尔雅·释山》:"石戴土谓之崔嵬,土戴石为砠。"与此相反。《释宫室》:"宫,穹也,屋见于垣上穹隆然也。室,实也,人物实满其中也。"《尔雅·释宫》:"宫谓之室,室谓之宫。"——《尔雅》谓"宫""室"同实而异名;《释名》谓环其外者谓之"宫",其内为"室"。《释宫室》:"楼,言牖户诸射孔娄娄然也。"《尔雅·释宫》:"狭而修曲曰楼。"——《释名》"牖户诸孔娄娄"者谓之"楼";《尔雅》凡狭而修曲谓之"楼",不必"牖户诸孔"也。

凡此之属,皆与《尔雅》不同训者也。

(七)与《尔雅》同训而实不同

《释水》:"侧出曰氿泉,氿,轨也,流而狭长,如车轨也。"《尔雅·释水》:"氿泉穴出。"——"穴出""侧出"之训虽同,但"狭而长如车轨"者,未必皆"穴出";"穴出"之泉,其流虽狭,未必皆长如车轨也。《释丘》:"锐上曰融丘,融,明也;明,阳也。凡上锐皆高而近阳者也。"《尔雅·释丘》:"再成锐上为融丘。"——《释名》凡上锐高而近阳者皆谓之"丘",《尔雅》必"再成锐上"者,始谓之融丘。郭注:"成,重也。再成,再重也。"

凡此之属,皆与《尔雅》同训而实不同者也。

(八)与《尔雅》不同训而实同

《释水》:"天下大水四,谓之四渎,江、河、淮、济是也。渎,独也,独出其所而入海。"《尔雅·释水》:"江、河、淮、济为四渎,四渎者,发原注海者也。"——《释名》以"独出入海"释"渎",《尔雅》以"发原注海"释"渎";"独出其所",其所者即发源之处也。《释水》:"凡行水波成文曰澜,澜,连也,波体转流相及连也。"《尔雅·释水》:"大波为澜。"——《释名》虽不言"大波",但"波体转流相及连"即大波之谓也。

凡此之属,皆与《尔雅》不同训而实同者也。

(九)与《说文》同训

《说文解字》是文字、声韵、训诂之总书。其训诂之谊,必求其朔,且必与形相应,是《说文解字》之书虽在《尔雅》之后,而其本字之训诂,尚在《尔雅》之先也,故特举之。如《释天》:"日,实也,光明盛实也。月,阙也,满则阙也。水,准也,准平物也。火,毁也,物入中皆毁坏也。土,吐也,能吐生万物也。丑,纽也,寒气自屈纽也。卯,冒也,载冒土而出也。巳,已也,阳气毕布已也。午,仵也,阴气从下上,与阳相仵逆也。"《说文》:"日,实也,大阳之精不亏。月,阙也,大阴之精。水,准也,北方之行。火,煅也,南方之行炎而上。土,地之吐生万物者也。丑,纽也,十二月万物动用事。卯,冒也,二月万物冒地而出。巳,已也,四月阳气已出,阴气已藏,万物见成彣彰。午,啎也,五月阴气相啎逆,阳气冒地出也。"

凡此之属,皆与《说文》同训者也。

(十)与《说文》不同训

《释天》:"金,禁也,气刚毅能禁制物也。未,昧也,日中则昃,向幽昧也。酉,秀也,秀者物皆成也。戌,恤也,物当收敛矜恤之也。"《说文》:"金,五色金也,黄为之长,久埋不生衣,百炼不轻,从革不韦,西方之行。未,味也,六月滋味也,五行木老于未。酉,就也,八月黍成,可为酎酒。戌,灭也,九月阳气微,万物毕成,阳下入地也。"

凡此之属,皆与《说文》不同训者也。

(十一)与《说文》同训而实不同

《释天》:"木,冒也,华叶自覆冒也。"《说文》:"木,冒也,冒地而生,东方之行。"——《释名》之"冒",为叶之自覆;《说文》之"冒",为木之冒地。《释天》:"癸,揆也,揆度而生,乃出土也。"《说文》:"癸,冬时水土平,可揆度也。"——《释名》之"揆",言万物自身之揆度,所谓阳气动于下也;《说文》之"揆",言水土既平,可以揆度土地也。《释天》:"霜,丧也,其气惨毒,物皆丧也。"《说文》:"霜,丧也,成物者。"——《释名》训"丧",以丧物而言,霜所以肃杀物也;《说文》训"丧,"以成物为言。《诗·秦风》传:"白露为霜,而四时成。"按所谓丧于彼成于此也。

凡此之属,皆与《说文》同训而实不同者也。

(十二)与《说文》不同训而实同

《释天》:"岁,越也,越故限也。"《说文》:"岁,木星也,越历二十八宿,宣遍阴阳,十二月一次。"——《说文》之"越历",即《释名》"越也"之义;《说文》"十二月一次",即《释名》"限也"之义。《释天》:"申,身也,物皆成,其身体各申束之,使备成也。"《说文》:"申,神也。七月阴气成体,自申束。"——"身"与"神"之训虽不同,而"成体申束"之义同也。《释天》:"亥,核也,收藏百物,核取其好恶真伪也。"《说文》:"亥,荄也,十月微阳起,接盛阴。"——《释名》之"核"为考核之核,《说文》之"荄"为根荄之荄,所训虽不同,考核而知其为根荄,好恶真伪知其实,乃始得其根荄也。《释天》:"乙,轧也,自抽轧而出也。"《说文》:"乙,象春草木冤曲而出,阴气尚强,其出乙乙也。"——《说文》之"冤曲而出",即《释名》之"抽轧而出"也。

　　凡此之属,皆与《说文》不同训而实同者也。

(十三) 与诸子同训

　　诸子者,周秦诸子及两汉人之书也。两汉以前人之著作,绝少空言,而训诂之存于著述极为丰富,故以举之。如《释天》:"火,化也,消化万物也。"《白虎通》:"火之为言化也,阳气用事,万物变化也。"《释天》:"时,期也,物之生死各应节期而止也。"《白虎通》:"时者期也,阴阳消息之期也。"《释天》:"云犹云云。"《吕氏春秋》:"云气西行云云然。"《释天》:"子,孳也。戊,茂也。"《白虎通》:"子者孳也,戊者茂也。"

　　凡此之属,皆与诸子同训者也。

(十四) 与诸子不同训

　　《释水》:"江,公也,诸水流入其中所公共也。"《风俗通》:"江者贡也,珍物可贡献也。"《释水》:"渎,独也,各独出其所而入海也。"《白虎通》:"渎者浊也,中国垢浊,发源东注海。"《释州国》:"县,悬,县系于郡也。"《风俗通》:"县,玄也,言当玄静平徭役。"《释丧制》:"诸侯曰薨,薨,坏之声也。"《白虎通》:"薨之为言奄也,奄然亡也。"

　　凡此之属,皆与诸子不同训者也。

(十五) 与诸子同训而实不同

　　《释长幼》:"男,任也,典任事也。"《白虎通》:"男者任也,任功业也。"——"事"之范围普遍,凡人所任者皆可谓之"事";"功业"之范围稍别,凡人所任者不可皆谓之"功业"。《释亲属》:"匹,辟也,往相辟耦也。"《白虎通》:"庶人匹夫者匹偶也,与其妻为阴阳相偶之义也。一夫一妇成一室,明人君者不可使男女有过失时无匹偶也。"——《释名》之"辟耦"即《白虎通》之"匹偶"。《释名》之"辟耦",自相辟耦;《白虎通》之

"匹偶",人君毋使男女失其匹偶。《释言语》:"凶,空也,就空亡也。"《墨子·七患》篇:"三谷不收谓之凶。"——《释名》之"凶"指一般空亡而言,是"凶"之通名;《墨子》之"凶",指三谷不收而言,是"凶"之专名。

凡此之属,皆与诸子同训而实不同者也。

(十六) 与诸子不同训而实同

《释天》:"丁,壮也,物体皆丁壮也。"《白虎通》:"丁者,强也。"——按"强""壮"义同。《释言语》:"良,量也,量力而动,不敢越限也。"《贾子·道术》篇:"安柔不苛谓之良。"——按"安柔不苛"即量力不敢越限之义。《释言语》:"名,明也,名实使分明也,号呼以其善恶呼名之也。"《春秋繁露》:"鸣而命施谓之名。"——"名"之为言鸣与命也,"号"之为言谪而效也;谪而效天地者为"号",鸣而命者为"名",训虽不同,而其义则一也。

凡此之属,皆与诸子不同训而实同者也。

(十七) 与纬同训

纬书盛行于汉代,康成注经,间引证之。后儒引证纬书者极多。纬之训诂,与经殊科,多奇异之说。《释名》成于东汉之末,间有与纬同训者,特举之。如《释天》:"云又言运也,运行也。"《初学记》引《春秋说题辞》:"云之为言运也,动阴路触石而起谓之云,合阳而起以精运也。"《释天》:"虹,攻也,纯阳攻阴气也。"《春秋元命苞》:"阴阳为虹蜺。"——按即阳攻阴之义。《释天》:"雾,冒也,气蒙乱覆冒物也。"《春秋元命苞》:"雾,阴阳之气也,阴阳怒而为风,乱而为雾,气蒙冒覆地之物也。"《释天》:"辛,新也,物初新者,皆收成也。"《春秋元命苞》:"辛者阴始成。"与初新收成之义合。

凡此之属,皆与纬同训者也。

(十八) 可以解说经典者

经典中之名词,有可解其当然而不能解其所以然者。《说文解字》有单词之训,未有合二字为名词之训,《尔雅》虽颇有之,而不释其所以然。《释名》每一名词皆言其所以然之故,虽或有牵强附会之处,然古人制名词之思想或可由此而窥其一二。如《诗·邶风·泉水》:"我思肥泉。"《传》:"所出同,所归异,为肥泉。"《正义》引《尔雅》:"泉归异,出同流为肥。"何以名"肥"之故,终言之未析也。《释名·释水》:"所出同,所归异,曰肥泉。本同出时所浸润少,所归各枝散而多,似肥者也。"《邶风》:"旄丘之葛兮。"《传》:"前高后下曰旄丘。"《正义》引《尔雅》而亦不能明所以名旄丘之故。《释名·释丘》:"前高曰髦(旄、髦通)丘,如马举头重髦也。"《左·文十六年传》:"楚大饥,戎又伐其东南至于阳丘。"注:"阳丘,楚邑。"疏不言何以名为阳丘,莫之知也。《释名·释丘》:"丘高曰阳秋,体高近阳也。"《诗·大雅·抑》:"相在尔室,尚不愧于屋漏。"《传》:"西北隅谓之屋漏。"《礼记·中庸》亦引此诗,注同。西北隅何以谓之屋漏? 不能明也。《释名·释官室》:"西北隅曰屋漏,礼每有亲死者,辄彻屋之西北隅薪,以爨灶煮沐供诸丧用,时若值雨则漏,遂以名之也。"

凡此之属,皆可以解说经典者也。

(十九)可以解说《尔雅》者

《尔雅》为训诂最古之书,然其为训诂也而无解说。如《尔雅·释丘》:"当途,梧丘。"而不解说何以名"梧丘"之故。"途出其右而还之,画丘。"而不解说何以名"画丘"之故。"途出其前,戴丘。"而不解说何以名"戴丘"之故。"泽中有丘,都丘。"而不解说何以名"都丘"之故。《释名·释丘》:"当途曰梧丘。梧,忤也,与人相当忤也。""道出其前曰载(戴、载通)丘,在前故载也。""泽中有丘曰都丘,言虫鸟往所都聚也。"又如《尔雅·释官》:"四达谓之衢。"而不解说何以名"衢"之故。"五达谓之康。"而不解说何以名"康"之故。六达谓之庄。"而不解说何以名"庄"之故。"七达谓之剧骖。"而不解说何以名"剧骖"之故。《释名·释道》:"四达曰衢。齐鲁间谓四齿杷为欋,欋杷地则有四处,此道似之也。""五达曰康。康,昌也;昌,盛也。车步并列并用之,言充盛也。""六达曰庄。庄,装其上使高也。""七达曰剧骖。骖马有四耳,今此道有七,比于剧也。"

凡此之属,皆可以解说《尔雅》者也。

(二十)可以与《说文》互相证者

《说文》是整理文字学之书,形声义皆互相关应,虽其解说未免有牵强附会之处,要为当时相传之说,决非出于许君私人之臆见。刘成国之解说名词,极有许君解说单字之精神,惜成业盖寡,不足以媲美于《说文》。而其解说,原亦为当时之传说,决非出于刘成国私人之臆见,所以《释名》与《说文》有可互相证者。如《说文·禾部》:"秦,伯益之后所封国,地宜禾,从禾,春省。"段玉裁疑之曰:"《职方氏》雍州谷宜黍稷,岂秦谷独宜禾与?"王绍兰订之曰:"《沟洫志》:韩使水工郑国说秦,令凿泾水,于是关中沃野。又赵中大夫白公复奏穿渠引泾水,民得其饶。歌之曰:'泾水一石,其泥数斗,且溉且粪,长我禾黍。'此战国秦汉后,秦地宜禾之证也。"《释名·释州国》:"秦,津也。其地沃衍有津润也。"此更定为秦地宜禾之证。《说文·壬部》:"壬,位北也。阴极阳生,故《易》曰'龙战于野'。战者,接也,象人怀妊之形。"壬之形并不象人怀妊,壬之妊则古流传之义。《释名·释天》:"壬,妊也。阴阳交物怀妊也,至子而萌也。"即段玉裁《说文注》所谓"亥壬合德,亥壬包孕,阳气至子则滋生矣"是也。《说文·丁部》:"丁,夏时万物皆丁实。"《释名》:"丁,壮也,物体皆丁壮也。按,"丁"之双声为"当",《广韵》:"丁,当也。""当""强""壮"叠韵。《白虎通》:"丁者,强也。"强壮即实义。《说文·帛部》:"锦,襄邑织文也。从帛,金声。"照文字学例,声多兼义。锦从金声,其义难言。照言语发达之程序而言,襄邑织文所以名为"锦"者,必有声韵互相关系之故。《释名·释彩帛》:"锦,金也。作之用功重,其价如金,故其制字,从帛与金也。"名襄邑文为"锦"之故,虽无他证,或亦如是。

凡此之属,皆可与《说文》互相证者也。

(二十一)可以解说传注者

汉人作注,多以今物释古物。至于今日,汉时之今物,又为今日之古物矣。所以汉时之物,汉人所共知者,作注者不必加以说明,人人共晓,今日不加以解释,即不能知其为何物。如郑注《礼记·间居》传云:"芐,今之蒲平也。""芐"固不知为何物,即"蒲平"亦不知为何物也。《释名·释床帐》云:"蒲平,以蒲作之,其体平也。"郑笺《氓》诗云:"帷裳,童容也。""帷裳"尚可以意会,"童容"则更难知矣。《释名·释床帐》云:"幢容,幢,童也。施之车盖,童童然以隐蔽形容也。"

凡此之属,皆可以解说传注者也。

(二十二)有孤说无他证者

刘成国之著《释名》,必本古时流传之说,与当日通行之语。其孤说而无证者,必今日而已泯灭也。此种泯灭之孤说,在训诂学上自有其本身之价值,不可以亦无证而漠视之也。如《释天》:"辰,伸也,物皆伸舒而出也。"毕沅曰:"伸之义训,孤而无据,当训震为安。"《释天》:"戌恤也,物当收敛矜恤之也。"毕沅曰:"《律书》《白虎通》《说文》皆说戌为灭,与恤义不合。"《释丧制》:"狱死曰考竟,考得其情,竟其命于狱也。""考竟"一名词,亦不见于经传。又如《释典艺》:"八索,索,素也。著素王之法,若孔子者圣而不王,制此法者有八也。"与相传所解"八索"之说不合。然《文选·闲居赋》引贾逵《左传注》:"八索,素王之法。"仅此一证,据此可见古训之逸者甚多也。

凡此之属,皆其孤说无他证者也。

(二十三)有自以为说者

刘成国以声韵为训诂,每一名词义,必以声韵释之,即不免有自以为说之处。如《释天》:"雨,羽也,如鸟羽动则散也。雨小从云上也。""暑,煮也,热如煮物也。""雪,绥也,水下遇气而凝,绥绥然也。""霰,星也,水雪相搏,如星而散也。""雹,跑也其所中物皆摧折,如人所蹴跑也。"《释床帐》:"筵,衍也,舒而平之衍衍然也。""嫌,廉也,自障蔽为廉耻也。"《释丧制》:"死于水者溺,溺,弱也,不能自胜言之也。""既定死曰尸,尸,舒也,骨节解舒,不复能自胜敛也。"

凡此之属,皆自以为说者也。

(二十四)有古语之遗者

言语时时变迁,文字略为固定,群经之记载,除《尚书》数篇外,难寻古时言语之遗留。欲知古语,常求之训诂诸书。《释名》虽作于汉末,古语之遗留,往往有之。如《释天》:"露,虑也,覆物也。"皮锡瑞曰:"覆虑盖古语,亦谓之覆露。《汉书·晁错传》:'覆露万民。'《严助传》:'陛下垂德惠以覆露之。'《淮南子·时则》篇:'包裹覆露。'皆以'覆露'连文,即'覆虑'也。虑、露一声之转。"孙诒让曰:"《释宫》云:'庐,卢也。'取自'覆虑'也。"《释天》:"虹又曰美人。"郭璞注云:"俗名美人虹。"《异苑》曰:"古语有之曰:古者有夫妻荒年菜食而死,俱化成青虹,故俗称为美人虹。"

凡此之属,皆古语之遗者也。

(二十五)有当时之方言者

汉以前之方言,有扬子云一书为之记载。《释名》虽非记载方言之书,而当时之方言,或可见之于《释名》之中。如《释天》:"天,豫、司、兖、冀以舌腹言之,天,显也,在上高显也。青、徐以舌头言之,天,坦也,坦然高而远也。""风,兖、豫、司、冀横口合唇言之,风,泛也,其气博泛而动物也。青、徐言风,踧口开唇推气言之,风,放也,气放散也。"又如《释水》:"今兖州人谓泽为掌也。"《释兵》:"镝,敌也。言可以御敌也。齐人谓之镞,约胁而邹者陷房,言可以陷破房敌也,今谓之曰露见是也。"《释丧制》:"汉以来谓死为物故,言其诸物皆就朽故也。"

凡此之属,皆存当时之方言者也。

(二十六) 有当时器物之称谓者

汉代器物,不传于今者多矣。今日器物,原始于汉,有其器物尚沿用,而称谓已异;有称谓尚同,而不知原始者。如《释床帐》:"搏壁,以席搏著壁也。"即后世之壁衣。《释饮食》:"鸡纤,细擗其腊令纤,然后渍以酢也。兔纤亦如之。"即后世之鸡鬆。《释首饰》:"香泽者,人发恒枯顿,以此濡泽之也。"即今日之生发油。《释衣服》:"裲裆,其一当胸,其一当背也。"即后世之背心。又如"榻登""屏风""剪刀""书刀",今尚有其物,称谓亦相同。《释名·释床帐》:"榻登,施之承大床前小榻上,登以上床也。""屏风,言可以屏障风也。"《释兵》:"剪刀,剪,进也,所剪稍稍进前也。""书刀,给书简札有所刊削之刀也。"

凡此之属,皆当时器物之称谓者也。

(二十七) 有汉代之制度者

汉律见于《说文解字》者颇多,《释名》中亦颇有之。有明言汉制者,有不明言汉制而实是汉制者。如《释书契》:"汉制约封侯曰册,册,赜也,敕使整赜不犯之也。"——此明言汉制者。其不明言汉制者,如《释典艺》:"碑,被也,此本葬时所设也,施鹿卢以绳被其上引以下棺也。臣子追述君父之功美以书其上,后人因焉,无故建于道陌之头显见之处,名其文,就谓之碑也。"——用以下棺是古时之碑制,建于道之头显见之处者,是汉时之碑制。

凡此之属,皆汉代之制度者也。

(二十八) 有可以校正古书之误者

篆变而隶,隶变而真,竹木变为缣楮,缣楮变为镂木,古书流传至今者,讹夺羡误,不可纪数,有赖于古书彼此之互相校雠。《释名》每一名词,必言其所以然之故,苟有误字,知之略易。《尔雅·释丘》:"水出其右,正丘。水出其前,渻丘。"《释名·释丘》:"水出其右曰沚丘,沚,止也,西方义气有所制止也。水出其前曰阯丘阯，基阯也，言所出然。"《尔雅》之"渻""正"字，有致误之可能；《释名》"沚，止也""阯，基阯也"，"沚"字、"阯"字，决不容有误。又如《诗》"陟彼岵兮""陟彼屺兮"，毛《传》："山无草木曰岵，山有草木曰屺。"《释名·释山》："山有草木曰岵，岵，怙也，人所怙取以为事用也。山无草木曰屺，屺，圮也，无所出生也。"毛《传》"岵"字、"屺"字有颠倒之可能，《释名》解说"岵""屺"二字，决不容有误。以《释名》校古书，较为有据。

凡此之属，皆可以校正古书之误者也。

《释名》一书的条例，创自清人顾广圻，他有《释名略例》一篇。其后张金吾作《释名例补》，对顾氏有所补苴。胡朴安《中国训诂学史》又进一步作了补充。至杨树达作《释名新略例》，以声韵为本，厘成条例，不拘牵字形，较之顾氏有很大的进步。他指出：

元和顾千里撰《释名略例》……能于刘氏书义训繁复之中细绎端绪，使其井然不紊，信足为美矣。顾《释名》乃以音为训之书，治之者宜于声音求其条贯，不当全以字形为说。顾氏以本字、易字为大例而以十凡括之，盖犹不免泥于迹象也。今用顾氏之法为《释名新略例》一篇，虽未能尽舍字形，原以声音为主。其说曰：

《释名》音训之大例有三：一曰同音，二曰双声，三曰叠韵。其凡则有九：一曰以本字为训，二曰以同音字为训，三曰以同音符之字为训，四曰以音符之字为训，五曰以本字所孳乳之字为训，此属于同音者也，六曰以双声字为训，七曰以近纽双声字为训，八曰以旁纽双声字为训，此属于双声者也，九曰以叠韵字为训，此属于叠韵者也。

一曰以本字为训者，如以"宿"释"宿"、以"阙"释"阙"、以"苍苍"释"苍天"、以"孚甲"释"甲"之类是也。

二曰以同音字为训者，如以"省"释"青"、以"丧"释"霜"、以"竟"释"景"、以"孳"释"子"、以"扞"释"寒"、以"羽"释"雨"、以"禁"释"金"、以"冒"释"卯"、以"丽"释"离"、以"身"释"申"、以"恤"释"戌"、以"更"释"庚"之类是也。声韵兼符，是为同音。今音有四声之别，古无是也。

三曰以同音符之字为训者，如以"闵"释"旻"，"闵""旻"皆从"文"声；以"燿"释"曜"，"燿""曜"皆从"翟"声；以"扬"释"阳"，"扬""阳"皆从"昜"声；以"遇"释"偶"，"遇""偶"皆从"禺"声之类是也。

四曰以音符之字为训者,如以"止"释"趾","趾"从"止"声;以"卻"释"脚","脚"从"卻"声;以"殿"释"臀","臀"从"殿"声之类是也。

五曰以本字之孳乳字为训者,如以"忾"释"气","忾"从"气"声;以"荫"释"阴","荫"从"阴"声;以"爇"释"热","爇"从"热"声;以"蠢"释"春","蠢"从"春"声;以"终"释"冬","终"从"冬"声;以"吐"释"土","吐"从"土"声;以"仵"释"午","仵"从"午"声;以"核"释"亥","核"从"亥"声;以"轧"释"乙","轧"从"乙"声;以"炳"释"丙","炳"从"丙"声;以"纪"释"己","纪"从"己"声;以"茂"释"戊","茂"从"戊"声;以"妊"释"壬","妊"从"壬"声;以"揆"释"癸","揆"从"癸"声;以"广"释"光","广"从"黄"声、"黄"从"光"声之类是也。

六曰以双声字为训者,如以"坦"释"天"、以"散"释"星"、以"氾"与"放"释"风"、以"冒"释"木"、以"化"释"火"、以"散"释"巽"、以"战"释"震"、以"绥"释"雪"之类是也。

七曰以近纽双声字为训者,如以"健"释"乾"、以"昆"释"鲲"、以"课"释"寡"之类是也。又如以"进"释"年",今昔声类若相远,然"年"从"千"声,"千""进"为近纽双声,亦当属此。

八曰以旁纽双声字为训者,如以"假"释"夏"、以"祝"释"孰"、以"承"释"朕"之类是也。

九曰以叠韵字为训者,如以"阙"释"月"、以"显"释"天"之类是也。虽古今音变,不可悉知,然大旨具是矣。

(《积微居小学金石论丛》卷五)

我们把胡、杨二家所分析的《释名》条例参互考察,不但可知《释名》一书的大例,同时可以看到它在训诂学上的价值。

关于《释名》一书,前人有哪些重要著述呢?下面我们择要介绍一下。

(一)韦昭《辨释名》一卷

见于《三国志·吴书·韦曜传》《隋书·经籍志》及《新唐书·艺文志》所著录。《四库全书总目提要》云:"吴韦昭尝作《辨释名》一卷,纠熙之误,其书不传。"马国翰《玉函山房辑佚书》云:"《辨释名》一卷,吴韦昭撰。昭有《毛诗杂答问》,已著录,此篇以汉刘熙《释名》解有不合者,辨而正之。《隋·志》《唐·志》皆一卷,今佚。"

清人辑此书者,有毕沅、任大椿、黄奭、顾震福、龙璋、马国翰六家,其中马氏所辑最为详备。

(二)毕沅《释名疏证》八卷

此书有正书、篆书二本。其叙曰:"余览载籍,凡经传子史有与此书相表里者,援引以为左证,唐宋人有引是书者,会萃以相参校,表其异同,正其纰缪,又益以《补遗》及《续释名》,题曰《释名疏证》,刊印寄归,属江君声审正其字。"梁启超认为此书"全出江艮庭(声)之手"(说详梁氏《中国近三百年学术史》)。

(三)毕沅《释名补遗》一卷

依照《释名》的篇目,从《广韵》《太平御览》《一切经音义》《北堂书钞》《艺文类聚》《初学记》等书中辑录其所引《释名》今本中所未见的共有二十九条,附于《释名疏证》一书之后。

(四)毕沅《续释名》一卷

《续释名》其实仍为辑佚之作。毕沅从《周礼》《汉书·律历志》《白虎通》《太平御览》等书中辑录其义例与《释名》相同,而不明言《释名》者,别为一卷,亦附于《释名疏证》之后。

(五)孙诒让《释名札迻》

《释名札迻》共三十九条。以毕氏《疏证》本、吴志忠校刊本、成蓉镜《补证》为主,广引经籍,校正讹脱,疏通证明之。

(六)王先谦《释名疏证补》八卷,补附一卷

王氏以毕沅《疏证》本为主,纂集王启原、叶德炯、孙楷、皮锡瑞、苏舆、王先慎、成蓉镜、吴翊寅、孙诒让诸家之说而成。每条之下,注明某氏之说。因为它晚出,所以较毕氏及各家都精审,可谓集其大成,是通行疏解本中最好的一种。王氏深明韵理而补证此书,多援声韵反切之说为证,可以说是得其门径。

(七)张金吾《广释名》二卷

凡《释名》原书未释以及已释而训解有异,或训同义异,及推阐未尽者,俱辑周秦两汉之书以广之,故名《广释名》。所引佚书二十余种,援据既博,又能独主谐声之道,对刘书多有校正补苴。

第七节 《广韵》

《广韵》全称《大宋重修广韵》,共五卷。公元 11 世纪宋真宗时,陈彭年等

奉诏根据唐代流传下来的《切韵》《唐韵》一系列的韵书刊定撰集而重修,成书于大中祥符元年(1088 年)。《广韵》是按照字音分韵排列的一部通古知今的韵书,凡是学习汉语音韵史的人,无不以《广韵》作为主要的依据典籍。它不仅是研究周秦古音、六朝以迄隋唐音韵乃至现代方音变异的凭借,而且也是研究文字、词汇和词义的重要资料。

韵书起于魏晋,盛于南北朝。据谢启昆《小学考》所载,魏晋南北朝的韵书有魏李登《声类》、晋吕静《韵集》等二十七种之多。李登的《声类》“以五声命字,不立诸部”(见封演《闻见记》),吕静的《韵集》则“宫商角徵羽各为一篇”(见陈鳣《韵集叙录》)。虽没有“四声”的名目,却已有分列的韵部。嗣后逐渐增订,至隋,陆法言等作《切韵》,就集前人韵书之大成。今本《广韵》前面载有《切韵》序文,说明其撰集经过:

> 昔开皇初,有仪同刘臻等八人,同诣法言门宿,夜永酒阑,论及音韵,以古今声调自有别,诸家取舍亦复不同,吴楚则时伤轻浅,燕赵则多伤重浊,秦陇则去声为入,梁益则平声似去。又支、脂、鱼、虞,共为一韵,先、仙、尤、侯,俱论是切,欲广文路,自可清浊皆通;若赏知音,即须轻重有异。吕静《韵集》、夏侯该《韵略》、阳休之《韵略》、周思言《音韵》、李季节《音谱》、杜台卿《韵略》等,各有乖互,江东取韵与河北复殊,因论南北是非,古今通塞,欲更捃选精切,除削疏缓,萧、颜多所决定。魏著作谓法言曰:“向来论难,疑处悉尽。何不随口记之,我辈数人定则定矣。”法言即烛下握笔略记纲纪,博问英辩,殆得精华,于是更涉余学,兼从薄宦,十数年间,不遑修集,今返初服……遂取诸家音韵,古今字书,以前所记者,定之为《切韵》五卷。

《切韵》一书,是中国音韵学史上最伟大的著作,唐代孙愐据陆氏书而有《唐韵》之作。今《声类》《韵集》久已亡佚,而《切韵》《唐韵》皆残缺不完,仅宋代的《广韵》尚能保存。

《广韵》一书虽在序次分合方面不完全依照陆法言的韵目,但大体承袭隋唐以来的部目,是累积隋唐诸家而成的。它共分五卷,以平、上、去、入为四,因平声字多,故分上、下。所列韵目,平声五十七,上声五十五,去声六十,入声三十四,共二百零六韵。以韵目为纬,把全书二万六千一百九十四字都归入其中。它基本维持了《切韵》的声韵系统,与现存的王仁昫《刊谬补阙切韵》相比较,增设“谆、桓、戈、准、缓、果、稕、换、过、术、曷”十一韵,韵目字也作了些调整,除使四声相承外,其韵部安排也较《王韵》(按,指王仁昫《刊谬补阙切韵》,下同)合理。每韵之中依同音字组排列韵字,每组前加一圈,称为"小纽"或"小韵",全书共三千八百九十个"小纽",在每个"小纽"的第一个字下面,除注明本字义训外,还注明音切及同音字数,如有"又音",则附于"正音"之后。《广韵》反切取音多因《切韵》《唐韵》之旧,也兼采他书音训。《广韵》的注文是编辑前代多种韵书、字书而成的,比《切韵》《王韵》详尽,沿用最多的是《唐韵》,不仅字字皆出注,而且注出多种词义,有的还引征典籍,解说原委。同时,注文中还包含了大量对文字形体的说解和字形变易的说明,旁征博引,存留不少佚书资料,与今所见《广雅》说法不尽相合,故而在文献研究和词汇研究、训诂研究上具有重要价值。江永在《古韵标准例言》中指出:"《广韵》本之唐,唐又本之隋,其原盖自六朝创之。""古韵既无书,不得不借今韵离合以求古音。"所以,在《切韵》残卷和《王韵》发现前的三百年间,学者们一直把《广韵》看作据以上推古音、下连今音的桥梁,即便在全本《王韵》发现后的今天,由于二书音系相同,《广韵》内容又较《王韵》丰富,所以其研究价值仍未减少。

《广韵》分韵的条例,钱玄同认为其故有四:(1)平上去入之分;(2)阴声阳声之分;(3)开齐合撮之分;(4)古今沿革之分。其中"古今沿革"之分,也包括了南北方音之分,因而又可细分为四例:(1)古同今变者,据今而分;(2)今同古异者,据古而分;(3)南同北异者,据北而分;(4)北同地异者,据南而分。

总而言之,四声、阴阳、开合、等呼,是《广韵》分部所根据的音理,而古今沿革与南北异变,是《广韵》分部所依据的事实。(详钱玄同《文字学音篇》)

《广韵》切语系联的条例,陈澧《切韵考》言之最详;虽非《广韵》本书所有,但于研究《广韵》最为有用,凡《广韵》一书的声韵类别,莫不可借系联而得,附录于下:

> 切语上字与所切之字为双声,则切语上字同用者、互用者、递用者,声必同类也。同用者,如"冬,都宗切""当,都郎切",同用都字也;互用者,如"当,都郎切""都,当孤切","都""当"二字互用也;递用者,如"冬,都宗切""都,当孤切","冬"字用"都"字,"都"字用"当"字也,今据此系联之,为切语上字四十类。

> 切语下字与所切之字为叠韵,则切语下字同用者、互用者、递用者,韵必同类也。同用者,如"东,德红切""公,古红切",同用红字也;互用者,

如"公,古红切""红,户公切","红""公"二字互用也;递用者,如"东,德红切""红,户公切","东"字用"红"字,"红"字用"公"字也,今据此系联之,为每韵一类二类三类四类。

《广韵》同音之字,不分两切语,此必陆氏旧例也。其两切语下字同类者,则上字必不同类,如"红,户公切""烘,呼东切","公""东"韵同类,则"户""呼"声不同类,今分析切语上字不同类者,据此定之也。

上字同类者,下字必不同类,如"公,古红切""弓,居戎切","古""居"声同类,则"红""戎"韵不同类,今分析每韵二类三类四类者,据此定之也。

切语上字既系联为同类矣,然有实同类而不能系联者,以其切语上字两两互用故也,如"多""得""都""当"四字声本同类,"多,得何切""得,多则切""都,当孤切""当,都郎切","多"与"得"、"都"与"当"两两互用,遂能四字系联矣。今考《广韵》一字两音者,互注切语,其同一音之两切语,上二字声必同类,如一东:"冻,德红切,又都贡切。"一送:"冻,多贡切。""都贡""多贡"同一音,则"都""多"二字实同一类也。今于切语上字不系联而实同类者,据此以定之。

切语下字既系联为同类矣,然亦有实同类而不能系联者,以其切语下字两两互用故也,如"朱""俱""无""夫"四字韵本同类,"朱,章俱切""俱,举朱切""无,武夫切""夫,甫无切","朱"与"俱"、"无"与"夫",两两互用,遂不能四字系联系。今考平、上、去、入四韵相承者,其每韵分类亦多相承,切语下字既不系联,而相承之韵又分类,乃据以定其分类,否则,虽不系联,实同类耳。

(《切韵考》卷一)

对于陈澧系联《广韵》切语用字的条例,黄侃先生曾称赞说:"往者古韵、今韵、等韵之学,各有专家,而无条贯,自番禺陈氏出,而后《广韵》之理明,《广韵》明,今古之音尽明,而后等韵之纠纷始解。"(《声韵略说》)由此可知陈氏系联条例的价值。

关于《广韵》的重要著述,当然要首推陈澧的《切韵考》六卷,此外又有《外篇》三卷。又,由刘半农草创,魏建功、罗常培续成的《十韵汇编》,收韵书十种,即唐写《切韵》残卷五种(包括王国维手写法国巴黎国民图书馆所藏敦煌发现者三种,德国普鲁士学士院所藏吐鲁番发现者一种,大谷光瑞《西域考古图谱》所收吐峪沟发现者二种),《刊谬补缺切韵》残本二种(包括刘复《敦煌掇琐钞刻》法国巴黎国民图书馆所藏敦煌唐写本、延光室影印及唐兰手写清故宫所藏写本),国粹学报馆影印蒋斧所藏《唐韵》残本,及法国国民图书馆所藏五代刊本《切韵》残本,及《古逸丛书》覆宋本《广韵》,共十种。排比对照,可以相对校勘,每韵之末载有《广韵校勘记》,是研究中古音及上古音系的重要参考资料。此外,张世禄《广韵研究》、周祖谟《广韵校勘记》均为较重要的著作。

第八节 《集韵》

《集韵》是《广韵》的增补和改定本。在宋仁宗景祐四年(1037 年),宋祁、郑戬议论《广韵》"多用旧文,繁略失当",仁宗诏丁度、李淑等在《广韵》基础上重编官韵,《集韵》于宝元二年(1039 年)撰成,仅晚于《广韵》三十一年。其《韵例》云:"今所撰集,务从该广,经史诸子及小学书,更相参定。"故《集韵》内容较《广韵》尤繁,邹长蘅在《古今韵略叙录》中说:"当时虽有《广韵》《集韵》二书,不甚通行,盖《广韵》多奇字,《集韵》苦浩繁也。"据其字例所云,《集韵》收字五万三千五百二十五,较之《广韵》的二万六千一百九十四字新增二万七千三百三十一字。《集韵》通用《广韵》韵部,但改移韵目的次第,正如戴震在《声韵考》中所指出的:"刊修《广韵》,改称《集韵》。《集韵》成于《礼部韵略》颁行后二年,是为景祐、宝元间详略二书,独用、同用例,非复《切韵》之旧,次第亦稍有改移矣。"戴氏还指出:"景祐中,以贾昌朝请,韵窄者凡十三处,许令附近通用,于是合'欣'于'文'、合'隐'于'吻'、合'焮'于'问'、合'迄'于'物'、合'废'于'队代'、合'严'于'盐添'、合'俨'于'琰忝'、合'酽'于'艳栝'、合'业'于'叶帖'、合'凡'于'咸衔'、合'范'于'豏槛'、合'梵'于'隐鑑'、合'乏'于'洽狎'。"

《集韵》共十卷,平声四卷,上声、去声、入声各二卷。全书又兼重形体训诂,一面删去《广韵》中一字两音的"互注切语",一面又改订《广韵》中的切语,除部分归并外,又有增加。《广韵》共有反切三千八百七十五音,而《集韵》共有四千四百七十三音,计增加五百九十八音。而且,《集韵》的反切上字既顾及字调,又顾及洪细音,所以反切上字也由《广韵》的四百五十二字增到八百六十九字。《集韵》对《广韵》中一部分反切进行的改造,反映出某些字的读音所发生的变化。《广韵》"杓,都历切",《集韵》改为"丁历切";"佃,徒年切",《集韵》改为"亭年切";"土,他鲁切",《集韵》改为"绕五切",这就使反切上字与被切字在声调、开合、洪细上趋向一致。特别是在二、四等韵开口喉牙音,《集韵》改其反切上字作三等(少数四等),反映了二、四等喉牙音与三等字具有相同的介音。如《广韵》"檻古颜切",《集韵》改为"居颜切";《广韵》"谏,古晏切",《集韵》改为"居晏切";《广韵》"颜,五檻切",《集韵》改为"牛檻切";《广韵》"坚,古贤切",《集韵》改为"经天切";《广韵》"见,古电切",《集韵》改为"经电切";等等。在《集韵·韵例》中,作者还指出:"凡字之翻切,旧以'武'代'某',以'亡'代'茫',谓之'类隔',今皆用本字。"即改"类隔"为"音和"。如《广韵》"丕,敷悲切",《集韵》改为"攀悲切";《广韵》"邳,符悲切",《集韵》改为"贫悲切";《广韵》"眉,武悲切",《集韵》改为"旻悲切";等等。此外,端、知两系的类隔,《集韵》也作了一些,如《广韵》"湛,徒减切",《集韵》改为"文减切",等等。它还以禅纽字切船纽,或以船纽字切禅纽,开始混淆了两类的界限。这些,都一定程度地反映了语音的实际变化。

《集韵》的贡献,不止在于增加字数和改正反切,因为它可以作为改正群书、钩沉辑佚的资料书,所以很受训诂学家的宝重。孙诒让在《集韵考正·后记》中说:"《集韵》虽修于宋人,而故书雅记载奇字异音,甄采郅备,较之《广韵》增字到二万七千有奇。自李登《声类》以来,音韵书之赅博,无有及之者。且其时唐以前古籍存者尚众,其所征引,若吕忱《字林》、萧该《汉书音义》之属,今并亡失,采辑家据以钩沉补逸,诚韵书之总汇也。"清代训诂大家如段、王等人对《集韵》一书都能很好地加以利用,诚如黄式三在《集韵考正序》中所指出的:"段氏注《说文》,据之以定古音、辨古体;王氏疏《广雅》,据之以补阙字、订讹字,此书之可宝亦已明矣。"

《集韵》一书的条例,在卷首有《韵例》十二条以说明之(为明晰故加序码):

(一)凡字训悉本许慎《说文》,慎所不载,则引他书为解。

(二)凡古文见经史诸书可辨识者,取之,不然则否。

(三)经典字有数读,先儒传授,各欲名家,今并论著,以梓群说。

(四)凡通用韵中,同音再出者,既为冗长,止见一音。

(五)经史用字,类多假借,今字各著义,则假借难同,故但言"通作某"。

（六）凡旧韵字有别体，悉入子注，使奇文异画湮晦难寻，今先标本字，余皆并出，启卷求义，烂然易晓。

（七）凡字有形义并同，转写或异，如"坪—𡍬""峕—旹""心—忄""水—氵"之类，今但注曰"或书作某字"。

（八）凡一字之左，旧注兼载它切，既不该尽，徒酿细文，况字各有，不烦悉著。

（九）凡姓望之出，旧皆广陈名系，既乖字训，复类谱牒，今之所书，但曰"某姓"，惟不显者则略著其人。

（十）凡字有成文，相因不释者，今但曰"阙"，以示传疑。

（十一）凡俗用字，附意生文，即无可取，徒乱真伪，今于正文之左直释曰"俗作某，非是"。

（十二）凡字之翻切，旧以"武"代"某"、以"亡"代"茫"，谓之"类隔"，今皆用本字。

可见《集韵》凡对《广韵》有修改之处，都在《韵例》中加以发凡。《四库全书总目提要》曾评论其得失，说：

> 其驳《广韵》注，凡姓望之出，广陈名系，既乖字训，复类谱牒，诚为允协。至谓兼载他切，徒酿细文，因并删其字下之互注，则音义俱别与义同音异之字难以遽明，殊为省所不当者。又韵主审音，不主辨体，乃篆籀兼登，雅俗并列，重文复见，有类字书，亦为繁所不当繁。其于《广韵》，盖亦互有得失，故到今二书并行，莫能偏废焉。

《四库全书总目提要》的这个评价，基本上是允当的。但正如吴钟骏在《集韵改正序》中所说的："借资《集韵》考正群书者，亦不一而足……《释文》经开宝中陈谔等删改，《集韵》据开宝以前未经删改之本，寻是根柢，识其条理，辨乎此，而后可读《集韵》，而后可读秦、汉、晋、唐一切声音训诂。"《集韵》一书在训诂学上的功劳不可埋没，这一点，已为清代以来学者所重视，只是系统专门的阐发还不够。

关于集韵的重要著述，首推方成珪（雪斋）的《集韵考正》十卷。方氏初据曹寅扬州刊本，以群书校其讹字，后又得汪远孙、段玉裁、严杰等手校本，重加校订。孙诒让在《集韵考正后记》中充分肯定了方氏此书的价值，他说：

> 顾其书元明之际不甚显，亭林顾氏作《音论》遂疑其不存。康熙朱检

讨彝尊始从汲古毛氏得景宋本,属曹通政寅刊于扬州。其本雕镂颇精,而校雠殊略,文字讹互,寖失本真,治小学者弗心慊也。乾、嘉以来,经学大师皆精研《仓》《雅》,其于此书,率多综涉。以诒让所闻,则有徐仲林(萧客)、段若膺(玉裁)、钮非石(树玉)、严厚民(杰)、陈硕甫(奂)、汪小米(远孙)、孙颂南(庆镛)诸校本,无虑十余家,顾世多不传,其传者又皆展转移录,未有成书,且诸家所校,大都凭据宋椠,稽撰同异,于丁叔雅诸人修定之当否,及所依据之旧籍,未能尽取而覆审之也。吾兄雪斋方先生博综群籍,研精覃思,储藏数万卷,皆手自点勘,而于《集韵》致力尤深,既录得段、严、汪、陈四家校本,又以《经典释文》《方言》《说文》《广雅》诸书悉心对核,察异形于点画,辨殊读于翻纽,条举件系,成《考正》十卷,盖非徒刊补曹本之讹夺,实能举景祐修定之误,一一理董之,是非读《集韵》者之快事哉?

我们综观方书,校录既勤,钓析精当,孙诒让的话,确实不是溢美之辞。有清一代校订《集韵》者不下十余家,而成书者不多,方氏此书确实是很有益处的。

此外,有段玉裁《集韵校本》,仅成初稿,未有成书。黄侃先生有手写《集韵声类表》一帙,据此可知《广韵》与《集韵》二书韵部之开合,及每韵所包含的声纽之出入。潘重规为之作《述例》,评之甚详。施则敬《集韵本》将《集韵》反切列为图表,眉目清楚,为研究者之一助。又有白涤洲《集韵声类考》,也可以作为研究者的参考。

第七章　训诂学的发展概况

在这一部分,我们简略地回顾一下训诂学的发展概况。了解训诂学史,可以使我们从语言本身的发展去认识训诂学的发展规律,也有助于我们系统地掌握各个时代的训诂成果,为训诂学的进一步发展奠定基础。

训诂是语言本身发展的需要,起源应该是很早的,但具体早到什么时候,历来说法不一。但整个训诂学史的大体分期,学界的看法还是统一的,即划分为先秦时期、两汉时期、魏晋至隋唐时期、宋元明时期、清代及近代五个时期。我们也依这个顺序作一简单回顾。

第一节　先秦时期的训诂

训诂早在先秦时期已有了萌芽,这是没有疑义的。王力先生《汉语史稿》说:"在中国语言学史上,训诂学最先出现,这是合乎发展规律的。汉语的特点决定了这样一个发展道路。印度在纪元前二世纪或三世纪产生了一部《梵语语法》,而中国上古时代不需要这样一部语法。因为汉语是分析语,很少形态变化。在梵语语法中,语音是语法的组成部分,所以语音学在古印度也很发达。中国则由于汉字不是拼音文字,语音学的产生也要晚一些,只有训诂学是最适应社会需要的,所以训诂学首先萌芽了,到战国末期训诂已由萌芽而逐步发展了。"汉语作为分析语的自身特点加之语言的时空差异及随社会生产发展而带来的交际需要,都决定了到先秦时期训诂作为一门解决这些差异、满足人们交际需要的学问必须产生了,而散见于先秦典籍中的训诂事实也证明了这一点。如《周易·系辞上》:"易者,象也;象也者,像也。"《左传·庄公三年》:"凡师一宿为舍,再宿为信,过信为次。"《公羊传·隐公二年》:"天子曰崩,诸侯曰薨,大夫曰卒,士曰不禄。"(《礼记·曲礼下》有相同记载)《论语·季氏》:"邦君之妻,君称之曰夫人,夫人自称曰小童,邦人称之曰君夫人,称诸异邦曰寡小君,异邦人称之亦曰君夫人。"《孟子·离娄上》:"责难于君谓之恭,陈善闭邪谓之敬,吾君不能谓之贼。"《仪礼·聘礼》:"十斗曰斛,十六斗曰籔,十籔曰秉。"《礼记·射义》:"祈,求也。"《周礼·冬官·考工记》:"青与赤谓之文,赤与白谓之章,白与黑谓之黼,黑与青谓之黻,五采备谓之绣。"《国语·齐语》:"五人为伍。"又:"五家为轨。"《庄子·让王》篇:"无财谓之贫。"《荀子·解蔽》篇:"圣也者,尽伦者也;王也者,尽制者也。"除了这种解释单个词义的训诂之外,还有不少解释句、段乃至篇的训诂事实。释句的如《荀子·解蔽》篇引用了《诗经·周南·卷耳》第一章:"采采卷耳,不盈顷筐。嗟我怀人,寘彼周行。"并解释说:"顷筐,易满也。卷耳易得也,然而不可以贰周行。故曰:心枝则无知,倾则不精,贰则疑惑。"不但逐词解释,还阐发句中的隐含之义。释段的如《左传·昭公二十八年》:"《诗》曰:'惟此文王,帝度其心。莫其德音,其德克明。克明克类,克长克君。王此大国,克顺克比。比于文王,其德靡悔。既受帝祉,施于孙子。'心能制义曰度,德正应和曰莫,照临四方曰明,勤施无私曰类,教诲不倦曰长,赏庆刑威曰君,慈和遍服曰顺,择善而从之曰比,经天纬地曰文。九德不愆,作事无悔,故袭天禄,子孙赖之。"这段话是魏献子向晋大夫成鱄请教是否应该任用魏戊时,成鱄回答的一部分。成鱄引用了《诗经·大雅·皇矣》的第四章,他解释了其中的部分单词,最后又总括这段话的大义,并借此表示同意魏献子任用魏戊的做法。释篇的如《国语·周语下》记载了周灵王二十二年(前550年)晋大夫叔向向单靖公家臣解释《诗经·周颂·昊天有成命》整篇诗:"其诗曰:'昊天有成命,二后受之。成王不敢康,夙夜基命宥密。於缉熙!亶厥心。肆其靖之。'是道成王之德也。成王能明文昭,能定武烈者也!夫道成命者而称昊天,翼其上也。二后受之,让于德也。成王不敢康,敬百姓也。夙夜,恭也。基,始也。命,信也。宥,宽也。密,宁也。缉,明也。熙,广也。亶,厚也。肆,固也。靖,和也。其始也,翼上德让而敬百姓;其中也,恭俭信宽帅归于宁;其终也,广厚其心以固和之。始于德让,中于信宽,终于固和,故曰成。"《诗经·周颂·昊天有成命》是一首周王祭祀宗庙、歌颂成王的乐章,当作于西周初年。到春秋时候,连周室公卿的家臣也不得其解了。周灵王二十二年,晋大夫叔向到周王室慰问,周天子之卿单靖公设宴招叔向,并诵读《昊天有成命》这首诗。叔向返国时,单靖公家臣去送行,叔向便向他详细讲解了这首诗。全诗共七句三章。一、二、三句没有难解词,叔向只点明了大义。四句以下分别解释重点词,最后概括了三章的要点。这是现存文献里解释整篇诗最早的记录。翻开先秦典籍,训诂事例俯拾皆是。据周大璞《训诂学初稿》引张新武《先秦文献正文中词义训诂辑录》的统计,《周易》《孝经》《左传》等三十一部书中共有一千五百六十二条。这些训诂现象与后世不同之处在于训释和被训释的内容都在正文中,这也可以说是先秦训诂萌芽时期的一个重要特点。我们还可以从这些例子中发现一些后世通用的声训、形训、义训等训诂条例及"曰、谓、谓之、为、犹"等基本术语。诸多训诂专书都有论述,这里不再赘述。虽然先秦萌芽时期的训诂在方法、术语等方面粗具了规模,但还只是一些零碎、具体的训诂现象。直到我国第一部成系统的训诂专著,也是我国第一部词典《尔雅》在秦汉之际产生,才标志着真正训诂学的成立。

关于《尔雅》一书的作者、内容、注家等问题,本书在"训诂学的根柢书"一章中已作详细介绍。

第二节　两汉时期的训诂学

西汉时期,训诂学大兴,原因是多方面的。首先,汉代的统一,结束了秦的暴政和战乱,带来了社会的稳定和繁荣,这也使得训诂作为一门学问有了发展兴盛的可能。汉代的统治者都十分重视文化的发展,废弃暴秦的"挟书律",针对"焚书坑儒"采取了一系列抢救古籍的措施,极大地促进了训诂学的兴盛。其次,到汉代时,汉语发展了千余年,就是自春秋战国算起,也有了四五百年,出于语言本身发展的需要,训诂的兴盛也成为必然。千余年中,在社会生活各个方面都发生了巨大变化的同时,语言本身在的方方面面也产生了很大变化。不但到了汉代已不存在而先代书籍里仍有的风物、制度等需要解释,就是语言从声韵到形体各方面不可通的地方也很多了,这时训诂就成为一个沟通的桥梁。最后,汉代经学地位的提高,社会对经学的重视是推动训诂学前进最主要、最强大的动力。到汉武帝时,由于采纳了董仲舒"罢黜百家、独尊儒术"的建议,儒家经学被抬到了国学的地位。《汉书·儒林传赞》云:"自武帝立五经博士,开弟子员,设科射策,劝以官禄,讫于元始,百有余年,传业者寖

盛,支叶蕃滋,一经说至百余万言,大师众至千余人,盖禄利之路使然也。"而
经学传授的两大派——今、古文经学——的争讦更刺激了训诂学的发展。由
于秦的挟书律和"焚书坑儒",传到汉代的经书大多是凭口耳相传,用汉代隶
书记录下来的,这就是今文经。汉武帝时所立"五经博士",指的就是今文经。
武帝末年,又发现了用战国古文字写成的古文经。《汉书·艺文志》载:"武帝
末,鲁恭王坏孔子宅,欲以广其宫,而得古文《尚书》及《礼记》《论语》《孝经》,
凡数十篇,皆古字也。"同时民间时有用古文写的经书奉献上来,如《左氏春
秋》等,这样许多经书就有了两种版本,而两种版本之间又有着许多不同之
处,引发了所谓今古文经学之争。因为武帝所重的是今文经,古文经未被列入
学官。但这并未影响古文经学者著书立说,教书育人,同今文经学家进行争
辩,而争辩的结果就产生了一大批著名的经学大师,同时,也是有名的训诂学
家。汉代训诂学的兴盛正是以出现了这许多的训诂学家和训诂成果为标志
的。今古文经学特点不同,对训诂的影响和贡献也不一样。总起来说,古文经
学以通经为本,以考据为先务,从内容到体例、方法各方面对训诂的贡献要比
今文经大些,这是比较一致的看法。胡朴安《中国训诂学史》中说:"今文家为
微言大义之学,以通经致用为治学之准绳,以经术饰吏治。古文家以考证为先
务。盖今文有师传授,古文无之,无训诂以通其意,则古文几不能读也。"对古
文经学者来说,欲通经旨,需先考据,而考据乃是训诂之根本。

　　两汉时期的著名训诂学家及训诂成果很多,择其要者简介如下。

　　毛亨和他的《毛诗故训传》(以下简称《毛诗》)是汉代经学训诂的一项伟
大的成就。《诗经》作为我国第一部诗歌总集,传说由孔子删定,是先秦两汉
时期较为通行的"教科书",很早就有为之作注的。西汉时就有所谓《鲁诗》
《齐诗》《韩诗》《毛诗》之说,即鲁之申公、齐之辕固、燕之韩婴及鲁人毛亨为
《诗》所作的注。其中前三家所传都是今文经,得以列于学官。《毛诗》是古文
经,后来(汉平帝时)才列为学官。四家传《诗》,不仅注解不同,连诗句也多有
不同,流传至今的只有《毛诗》。《毛诗》之传授,历来说法不一。据三国时人
陆玑《毛诗草木鸟兽虫鱼疏》云:"孔子删诗,授卜商,商为之序,以授鲁人曾
申,申授魏人李克,克授鲁人孟仲子,仲子授根牟子,根牟子授赵人荀卿,荀卿
授鲁国毛亨,亨作诂训传,以授赵国毛苌。"这样,就与《汉书·儒林传》中"毛
公,赵人"和郑玄《诗谱》中"鲁人大毛公……为训诂传于其家,河间献王得而
献之,以小毛公为博士"的说法统一起来。史书关于二人的记载少,仅知大毛

公为鲁人,小毛公为赵人(按:此说尚有争议,此取大多数人看法)。《毛诗》的重要性不仅在于其所注的是《诗经》且成书较早,有很重要的参考价值,还在于它在训诂的内容及体例对后世来说都是一种开创。其中《毛诗》之序的内容,不但对理解《诗》本身有很大参考价值,同时可以作为史料印证史书。如《卫风·氓》小序云:"《氓》,刺时也。宣公之时,礼义消亡。淫风大行,男女无别,遂相奔诱。华落色衰,复相弃背,或乃困而自悔,丧其妃耦,故序其事以风焉,美反正,刺淫泆也。"这个小序对于理解《氓》是一首去妇诗很有帮助。再如《卫风·硕人》序:"《硕人》,闵庄姜也。庄公惑于嬖妾,使骄上僭。庄姜贤而不答。终以无子,国人闵而忧之。"这篇小序恰好可以和《左传》中所记载的史实相互印证,《左传·隐公三年》:"卫庄公娶于齐东宫得臣之妹,曰庄姜,美而无子,卫人所为赋《硕人》也。"另外《毛诗》将释词作为训诂重点,对后世也是很有启发的,它可以说是我国训诂史上第一部以词语为重点解释对象的注释著作。《毛诗》四千八百余条释文中,解释词义的有三千九百多条。在这些解释中,大多继承运用了先秦时期已存在的术语和随文释的方式,同时这些术语和方式也因此而固定下来。作为《诗经》研究最有参考价值的《毛诗》在训诂史上的地位绝不亚于《诗经》在文学史上的地位。

稍后于毛亨的贾逵也是一位古文大师,他对古文经学的发展起了很大的推动作用,在训诂学上的成就也很了不起。贾逵是扶风平陵(今陕西咸阳)人,其父贾徽曾从刘歆学《左传》《国语》《周礼》等。他继承父业,好学深思,著书百万余言,还兼通今文。据《后汉书·贾逵传》载:其训诂著作有《左氏传解诂》《国语解诂》《欧阳大小夏侯尚书古文异同》《齐鲁韩毛诗异同》等等。他推崇古文经,曾于章帝建初四年(79 年)在白虎观力驳今文经对古文经的攻击。他一生极力广泛地传授古文经学,许慎就是他的学生之一。可惜的是,他的著作今已不存。

与贾逵声名并重的另一位古文经大师兼训诂家是时称"通儒"的马融。马融是扶风茂陵(今陕西兴平)人。他通读群经,精于训诂,故时称"通儒"。从业者甚众,其中郑玄、卢植等人成为后世大儒。《后汉书·马融传》称:"融才高博洽,为世通儒,教养诸生,常有数千。涿郡卢植、北海郑玄,皆其徒也。"除经书外,他还为《列女传》《老子》《离骚》等作过注。这些注本虽今已失传,但他注书不限于经书的做法开了后世遍注群书的先河。

郑玄是马融诸弟子中最突出的一个,也是汉代最伟大的注经专家。以经学大师名噪当时的马融在郑玄学成东归时,慨然而叹:"郑生今去,吾道东矣。"郑玄,字康成,东汉末年北海高密(今山东高密)人。他出身贫寒,但幼而好学。先从太学京兆第五元先受业,那时已精通《京氏易》《公羊春秋》《九章算术》等,后来又跟随东郡张恭祖学《周官》《礼记》《左氏春秋》《韩诗》《古文尚书》等,最后西行入关,受业于古文经大师马融。可以说,郑玄在经学、训诂学上能占有如此重要的地位,除聪颖好学之外,同时也与他不拘一家,兼采众说,向几乎是当时所有的大儒虚心求教是分不开的。正如《后汉书·郑玄传》所载:"在位通人,外逸大儒,得意者咸从奉手,有所受焉。"正是这个缘故,郑玄不仅精通今、古文经学,还深悟谶纬之学,成为为数不多的博学大师之一。在外游学十余年,归乡后又遭党锢之禁,于是便闭门不出,潜心注经。郑玄《自序》说:"遭党锢之事,逃难注《礼》。至党锢事解,注《古文尚书》《毛诗》《论语》。为袁谭所逼,来至元城,乃注《周易》。"除此之外,他的著作还有《仪礼注》《礼记注》《孝经注》《乾象历》《天文七政论》《鲁礼禘祫义》《六艺论》《毛诗谱》《驳许慎五经异义》。郑玄为人质朴,不乐仕途,虚心求学,潜心著书,精心传道,从业者上万人,著书达百万余言。作为两汉经学集大成者的郑玄,在训诂上的成就也给了我们很大的启发。郑玄继承并发展了先秦随文释义的方法。在注经过程中,往往先罗陈前人之说,或保持原注,或下己意。郑玄在《六艺论》中说:"注《诗》宗毛为主,毛义若隐略,则更表明,如有不同,即下己意,使可识别。"注《诗》如此,注他经亦是。郑玄注经的高明之处还在于他熟练地以相应的今语释古语。春秋战国时代的经书流传到汉代,其中的风俗习惯、典章制度及语言本身都发生了变化,注意到古今语言不同,并有意识地以今语注古语,正是郑玄的独到之处。如《礼记·月令》:"腏分则同度量,均衡石,角斗甬,正权概。"郑玄注:"甬,今斛也。"此外,郑玄还是最早意识到古今字这种现象、提出古今字这种概念的学者之一,他在注经过程中多次提这个概念。如《礼记·曲礼下》:"君天下曰天子,朝诸侯,分职授政任功,曰予一人。"郑玄注:"《觐礼》曰:'伯父实来,余一人嘉之。'余、予,古今字。"郑玄在训诂学上的贡献还在于他在古音学方面的发现。张舜徽先生说:"郑玄在古声韵学方面,也有他的创造发明,他在注述工作的过程中,经常通过'声类''音类'相同相近的关系,进行文字通假的分析和说明。"(《郑学丛著》)如《诗·豳风·东山》:"蜎蜎者蠋,烝在桑野。"毛《传》:"烝,真也。"郑《笺》云:"古者声真、填、尘同也。"在汉代,在没有科学的声韵学理论指导的情况下,郑玄的发现,其价值是不可言喻的。清代学者戴震曾论及此,他说:"郑笺《毛诗》云:'古声填、实、尘同。'及注他经,言古者声某某同、古读某为某之类,不一而足。是古音之说,汉儒明知之,非后人创议也。"由此可见,为后世训诂家所艳称的即音求义之法,汉代训诂家已启其端倪了。可以说,郑玄就原文考训诂,搜秘逸,发疑正读,乃"汉学"之宗正及集大成者。

两汉卓有成就的训诂大家中,大多是古文经大师或兼通古今文者,其中唯有何休专精今文经。虽然他所遵从的经书是今文经,所持观点亦是今文家之观点,但他研究经书的方法却与古文经学大师别无二致,精钻深研,旁征博引,于经书不限于义理的推阐,还有字词的考释,成为今文家中在训诂学上为后世所称道的为数不多的人之一。唐人纂集《十三经》,辑录的注家之中,唯有何休的《春秋公羊解诂》一家为今文经家所注,其成就和影响可见一斑。据《后汉书·何休传》载:"何休字邵公,任城樊(今山东济宁)人也。"他虽然为人质朴口讷,但别有心志,精研六经,为当世儒生推崇。曾以刘卿子诏拜郎中,后因太傅陈藩之祸受牵连,退而著《春秋公羊解诂》,先后花费了十七年时间。《春秋公羊解诂》为《公羊传》制定了"义例",说明了其三科九旨,系统地阐发了《春秋》中的"微言大义",深得《公羊》本意,成为今文经学家议政的主要根据。

除了对先秦经书的注释推阐,两汉训诂大盛还在于出现了一批类似《尔雅》的训诂专著,开始了从文字、声音、方言俗语等多方面对语言的研究,这对训诂学的发展有着不可或缺的作用。其中包括扬雄的《方言》、许慎的《说文解字》、刘熙的《释名》和服虔的《通俗文》。下面我们分别从作者和专著本身两方面作一简介。

扬雄,又作杨雄,字子云,蜀郡成都人,是我国有名的语言学家、文学家和哲学家。据《汉书·扬雄传》载,他幼贫,口吃,然好学深思,善于辞章,以辞赋闻名于当世。汉成帝时,曾献《甘泉》《河东》《羽猎》《长杨》四赋,拜为郎。王莽时,受株连退而著书。仿《论语》作《法言》,仿《易经》作《太玄》,仿《尔雅》作《方言》,仿《仓颉》作《训纂篇》。其中《方言》是他在语言学方面的重要著作,他也因此确立了在训诂学史上的地位。《方言》全称《輶轩使者绝代语释别国方言》,也就是考释解说輶轩使者采集的别国方言之义。相传自周代就有每年秋收后农闲之时,派使者采集民风之习。乘坐着輶轩车,摇着带木舌的铃铎,收集民间的歌谣和方言,然后整理保存到朝廷藏书秘室。扬雄就是针对这种情况,在前人严君平和林闾翁孺研究周秦残存方言的资料的基础之上,又亲自主动地对全国各地的活方言进行调查、搜集和研究。通过研究前人资料及自己的调查采集,他已认识到了语言随时空而变化的规律。在这种科学的研究方法的基础上,他用了二十七年的时间完成了《方言》这部著作。记载了当时汉语大部分方言的词汇,还包括了部分少数民族的语言。以活语言为研究对象,从时空两个方面对语言作全面研究,以方言释古语,以通语释方言,《方言》可以说是我国最早的方言词典,在世界语言学史上也算得上第一部。有学者说,我国小学之创始当从扬雄的《方言》开始,这个说法并不过分。晋人郭璞《方言注》序云:"考九服之逸言,标六代之绝语,类离词之指韵,明乖途而同致。辨章风谣而区分,曲通万殊而不杂,真洽见之奇书,不刊之硕记也。"关于《方言》一书的详细内容参见本书"训诂学的根柢书"一章第五节。

许慎作为一个古文经大师在经学上的贡献是巨大的。但他最卓越的成就还要算《说文解字》,作为第一部分析字形、说解字义,辨识声读的字典,不仅是我国文字学的滥觞,在训诂学和文献学上的价值也是卓越千古的。许慎字叔重,汝南召陵(今河南偃城)人,东汉有名的经学家、古文字学家。《后汉书·儒林传》有传。据载,他生性淳厚,小时就博读经书,经常受到通儒马融的推崇,当时人称"五经无双许叔重"。后来就学于古文大师贾逵。曾任过郡功曹,被举为孝廉后,又被任为太尉南阁祭酒、洨长等职,并得以进东观(东汉朝廷的藏书库)校书,广见秘籍。晚年居家讲学著述,先后著《五经异义》和《说文解字》等著作。其中后者花费了他二十一年的时间和精力,是他针对当时今文派经生不识古字而滥造、乱解字的情况,为"理群类、解谬误、晓学者、达神旨"的目的而完成的巨著。《说文解字》不同于它以前的字书,从字形出发,综合研究字形、字音、字义三方面的关系,开了将文字、声音、训诂研究结合在一起的先河。关于《说文解字》的详细介绍见本书"训诂学的根柢书"一章第三节。

刘熙的《释名》是第一部以声训的手法以来推求语源的训诂专著。刘熙,字成国,东汉北海(今山东昌乐、寿光一带)人。史籍传记材料不多。《后汉书·文苑传》又载有刘珍作《释名》说,有人认为刘熙、刘珍乃是一人,其实并非如此。关于这个问题,钱大昕在《释名跋》中作过论述。可知今传《释名》乃刘熙所作无疑。刘熙著《释名》体例与《尔雅》相仿,但他著书的出发点与研究方法均与《尔雅》不同。他在《释名·自序》中说:"熙以为自古造化制器立象,有物以来,迄于近代,或典礼所制,或出自民庶,名号雅俗,各方名殊。圣人于时就而弗改,以成其器,著于既往,哲夫巧士以为之名,故兴于其用,而不易其旧,所以崇易简省事功也。夫名之于实,各有义类,百姓日称而不知其所以之意,故撰天地、阴阳、四时、邦国、都鄙、车服、丧纪,下及民庶应用之器,记叙指归,谓之《释名》。"他发现事物名称之创制都是有来由的,这种来由可以用声训的方法进行推求。全书八卷二十七篇。详细情况参见本书"训诂学的根柢书"一章六节。《释名》在推究事物命名由来的过程中,虽不无穿凿,但其利用声训推求语源的方法及保存的大量语音材料和汉代的名物典章制度、风俗习惯,今天看来,都有极重要的参考价值。

除《方言》外,汉代还有一部专释俚言俗语的训诂专著,那就是服虔所著的《通俗文》。服虔,字子慎。最初名重,又名祇,后改为虔。河南荥阳(今河南荥阳)人。《后汉书·儒林传》有传。据载,服虔少年生活清苦,然极有志气,入过太学受业,曾被举为孝廉,灵帝中平末年又拜九江太守。战乱流离中病死。他很有才华,曾作《春秋左传解谊》,驳难今文经大师何休。另外,还有赋、碑、诔、《连珠》、《九愤》等十数篇,但今已不传。《通俗文》是专门辑录方言俗语的著作,又省称《通俗》,是与《尔雅》相对而言的。《尔雅》以"雅语"来释方言俚语的,《通俗》则以方俗言语来通释标准语,其目的都是想沟通"古今异言"和"方俗殊语",是汉代语言学趋向成熟的又一标志。

东汉时,学者注释古书的范围有所扩大,已不仅限于经书,集部、子部的书的注解已有出现,暗示着训诂摆脱附庸地位的开始。其中集部有王逸的《楚辞章句》,子部、史部中有赵岐的《孟子章句》(《孟子》当时还在子部,宋代方列为经书),高诱的《淮南子注》《吕氏春秋注》和《战国策注》。同时,章句这种注释方式也渐渐走向正规并兴盛起来。所谓章句就是离章析句之意,从西汉初发展到东汉末,经历了一个由烦琐到简洁的过程。西汉初许多今文经学家所作的章句极其繁复,浮辞蔽本,大而无当。据传有个叫秦恭的人解说小夏侯的《尚书》,光《尧典》一个题目就用了十万字,整部《尚书》章句达一百万字。东汉时期的章句多非为经书而作,大多文辞简练精当。这当中王逸的《楚辞章句》是《楚辞》现存最早的注释。

王逸,字叔师,南郡宜城(今湖北宜城)人。《后汉书·文苑传》有传,但叙述草略,生卒不可考。安帝元初拜校书郎,顺帝时官至侍中,其著作除《楚辞章句》外,还有赋、诔、书、论、杂文共二十一篇,《汉诗》一百二十三篇。《楚辞章句》是他在任校书郎期间所著,是王逸在刘向汇集的《楚辞》(包括屈原《离骚》《九歌》《天问》《九章》《远游》《卜居》《渔父》，宋玉《九辩》《招魂》，景差《大招》，贾谊《惜誓》，淮南小山《招隐士》，东方朔《七谏》，庄忌《哀时命》，王褒《九怀》，刘向《九叹》)十六篇的基础上，加上自己所作的《九思》，共十七篇，逐篇进行离章析句的注释而成。他首先在每篇前作一叙，对原文的作者和写作背景、主旨作一说明。如《九歌》叙曰："《九歌》者，屈原之所作也。昔楚国南郢之邑，沅、湘之间，其俗信鬼而好祠。其祠必作歌乐鼓舞以乐诸神。屈原放逐，窜伏其域，怀忧苦毒，愁思沸郁。出见俗人祭祀之礼，歌舞之乐，其辞鄙陋，因为作《九歌》之曲，上陈事神之敬，下见己之冤结，托之以风谏。故其文意不同，章句杂错，而广异义焉。"再如《招魂》叙曰："《招魂》者，宋玉之所作也。招者，召也。以手曰招，以言曰召。魂者，身之精也。宋玉怜屈原，忠而斥弃，愁懑山泽，魂魄放佚，厥命将落。故作《招魂》，欲以复其精神，延其年寿;外陈四方之恶，内崇楚国之美。以讽谏怀王，冀其觉悟而还之也。"尽管后世关于这些叙多有争议，但其至少反映了汉人对这些作品的看法，对理解原作意义重大。王逸还为篇中各小题作了小叙。如《九章》之《惜诵》篇前注曰："此章言己以忠信事君，可质于神明，而为谗邪所蔽，进退不可，惟博采众善以自处而已。"这些小叙反映了原作的主要内容，使我们更容易把握。不过关于这些叙，尤其是大叙，是否确为王逸所作，今天争议还很大。有学者认为只有《离骚》《天问》后叙和刘向《九叹》之叙文为其所作，其余均可疑。我们认为除极个别篇章尚不好确定外，大多数应为王逸所作。《隋书·经籍志》云："王逸集屈原以下，迄于刘向;逸又自为一篇，并叙而注之。"又明人王世贞云："《楚辞》十七卷前后皆王逸通故为章句，最后卷则逸所撰《九思》，以附于中垒者也。"从中可以看出，历代学者对王逸作叙没有疑问。小序之后，王逸往往先注解字词，然后诠释句意，有时亦列他说，以广听闻，层层渗透，意义明析可解。如《九章·惜诵》："余幼好此奇服兮。"王逸《章句》："奇，异也。或曰:奇服，好服也。""年既老而不衰。"王逸《章句》："衰，懈也。言己少好奇伟之服，履忠直之行，到老不懈。五臣云:'衰，退也。虽年老而此心不退。'"另外值得注意的是，王逸还在注中多次指明一些楚地方言，并加以解释。如《离骚》："朝搴阰之木兰兮，夕揽洲之宿莽。"王逸《章句》："草冬生不死者，楚人名曰宿莽。"再如："忳郁邑余侘傺兮，吾独穷困乎此时也。"王逸《章句》："侘傺，失志貌。傺，往也。楚人名往曰傺。"他所保留的楚地方言虽然还不够完全，但很有价值。总起来讲，王逸的《楚辞章句》，不仅在《楚辞》研究史上因其发端而占有非常重要的地位,而且其所保留的古音古义和楚地方言材料,及章句的训诂体式在训诂学史上也是不可忽略的。《四库提要》云:"逸注虽不甚详赅,而去古未远,多传先儒之训诂,故李善注《文选》全用其文。"

第一部对子部书注释的是赵岐的《孟子章句》,这是现存关于《孟子》最早的注释。赵岐字邠卿,又名嘉,字台卿,京兆长陵(今陕西咸阳)人。《后汉书》有传。据载,他活了九十多岁,四十岁前卧病在床。四十多岁时辟司空掾,后迁皮氏长。五十余岁时,为避京兆尹唐玹迫害,藏于安丘孙嵩家复壁中多年。唐玹死后,方得以复出。六十岁时又遭党锢十余年。七十岁拜议郎,复举敦煌太守、太仆,终于太常。他的著作除了《孟子章句》,还有《三辅决录》。赵岐之所以在《孟子章句》上下了很大功夫,主要在于他极为推崇《孟子》。他在《孟子题辞》中说:"儒家惟有《孟子》,闳远微妙,缊奥难见,宜在条理之科。于是乃述已所闻,证以经传,为之章句,具载本文,章别其指,分为上下,凡十四卷。"同王逸《楚辞章句》中每篇的小叙一样,赵岐对《孟子》每一篇的篇名都作了解释。在第一篇《梁惠王》篇下解题曰:"梁惠王者,魏惠王也。魏,国名。惠,谥也。王,号也。时天下有王,皆僭号者也。犹春秋之时吴楚之君称王也。魏惠王居于大梁,故号曰梁王。圣人及大贤有道德者,王公侯伯及卿大夫咸愿以为师。孔子时诸侯问疑质礼,若弟子之问师也。鲁卫之君皆尊事焉,故《论语》或以弟子名篇而有《卫灵公》《季氏》之篇。孟子亦以大儒为诸侯所师,是以《梁惠王》《滕文公》篇题与《公孙丑》等为一例也。"这里详细解释了《梁惠王》篇的内容,说明了以梁惠王为题的原因。《孟子章句》对字词注解不多,主要着眼于句段章节大义的分析,而一章末均有"章旨"来阐述全章大义。《孟子章句》虽以推阐为要,却不像汉初章句之冗杂,简而精当。

汉代对子书进行注释的除了《孟子章句》,还有高诱注《淮南子》和《吕氏春秋》。同时高诱还注释了史部的《战国策》。高诱,东汉涿郡(今河北涿州)人。《后汉书》没有为他立传,故生卒年未详。他在《淮南子注》的《叙目》中说:"自诱之少,从故侍中同县卢(植)君受其(《淮南子》)句读,诵举大义。会遭兵灾,天下棋峙,亡失书传,废不寻修二十余载。建安十年,辟司空掾,除东郡濮阳令。睹时人少为《淮南》者,惧遂陵迟,于是朝铺事毕之间,乃深思先师之训,参以经传道家之言,比方其事,为之注解,悉载本文,并举音读。"又在《吕氏春秋》的序中说:"诱正《孟子》章句,作《淮南》《孝经》解毕讫。家有此书(《吕氏春秋》),寻绎案省,大出诸子之右。既有脱误,小儒又以私意改定,犹虑传义失其本真,少能详之,故复依先师旧训辄乃为之解焉,以述古儒之旨。"由此可知,高诱年轻时从同县卢植学习,卢植少与郑玄同学于马融,能通古今学,精研诸经。可见他所说的"先师旧训"大抵是指马融、郑玄、卢植等人在经学方面的训诂。高诱要继承发展他们的学术,除经学之外,必定还要留意于史部、子部。因此,他精心注解了《孟子》《淮南子》《吕氏春秋》《孝经》《战国策》等。但他的《孟子章句》与《孝经解》均已失传。只有《淮南子注》《吕氏春秋注》《战国策注》流传下来。关于《淮南子注》,《隋书·经籍志》载:"《淮南子》二十一卷。许慎注。又有高诱注,亦二十一篇。"今天看来,高、许二人之注有些地方相混了。从目下较为通行的题为"高诱注"的本子来看,其注解往往简质而可观。例如《原道训》:"夫道者……甚淖而滑,其纤而微。"诱注云:"滑亦淖也。夫馈粥多潘者,谓滑。滑读歌讴之歌。"考之《说文》:"滑,多汁也。"今徽州方言谓多汁为"淖",粥多潘则谓之"淖粥",形容之则言"淖滑滑"。类似的许多注解均可与训诂专书相比照,又可以古今方言相佐证,不能不说很有价值。高诱对《吕氏春秋》格外青睐,他在《吕氏春秋训解序》中说:"家有此书,寻绎案大出诸子之右。"他的评价于实不过。《吕氏春秋》是吕不韦组织众多门客费时数年才完成的。曾于书成之后"暴之咸阳市门,悬千金其上,有能增损一字者,与千金"。高诱之注"凡十七万三千五十四言"(《吕氏春秋注序》),不仅是研读《吕氏春秋》必备之书,而且是一项很重要的训诂资料。高注往往不限于随文释义的词语训释,还广引《诗》《传》对句意、文意进行解释,同时在注文中还纠正了不少原书引证颠舛之处。他在注解过程中,对自己没搞明白的地方往往直曰"未闻",这种实事求是的态度也保证了其注的质量。高氏《战国策注》传到今天,已残缺不全,多宋人姚宏的考异而少旧注了,很难考见高氏之注的体例和特点,但注《战国策》由高诱始,从而说明高氏把训诂领域扩展到杂史这一点,是毋庸置疑的。高诱的成就,首先在于他扩大了训诂实践的范围,其次还在于他严谨的治学态度,发扬了古文学派实事求是的学风。他的注解,对于阅读和整理这几部书,对于研究秦汉间的语词音义,都是极有价值的材料。

两汉称得上是中国训诂学史上的发皇期,随着社会政治、经济的进步和语言本身的发展,到汉代,训诂学已正式产生并成熟兴盛起来,产生了一大批训诂成果和训诂专书。这些成果和专著是用功颇勤、态度严谨的经学大师和学者在已接近科学的训诂方法指导下完成的。他们去古未远,对前代名物制度和语言本身都还不太陌生,而且他们个人学识渊博、实事求是、操守坚贞,常为完成一部书不惜数十年精力,因而他们的成果信而有征,详实可靠。同时他们所树立的汉学朴实无华的学风、求是存疑的态度,深深地影响着后人。

第三节　魏晋至隋唐时期的训诂学

魏晋至隋唐七百多年间,是中国历史上一个分裂多于统一、动乱多于安定的混乱时期。社会动乱、人心难安、变幻无常,除了唐代,没有一种像两汉那样的学术环境、学术风气,人们对经学的尊严地位发生了怀疑,同时在玄学的兴起和佛教的影响下,人们的思想进一步开放,信念已不囿于传统经学。反映在训诂学上,除了音韵之学和文字之学较前有成就外,其他方面均属于保守停滞的情况,少有两汉影响之大。这一时期的训诂学,历来被学者称为保守期,或称为沿袭期、或称为继承期等等。总的来讲,这一时期的训诂在继承的基础有所发展。对经书的注解仍是这一时期的重点,而且出现了对前人注的结集——集解,对后来学者是一个有益的启示;同时,训诂实践涉及的范围较东汉更加扩大,越来越多的史部、子部、集部的书得到重视,训诂学开始有了摆脱经学附庸地位的势头,这也是魏晋至隋唐时期训诂学一个比较突出的表现。这一时期训诂对后世贡献最大的地方还在于,随着佛经研究的需要,在隋唐之际出现的汉语声韵学,由此而带来反切的成熟、四声的出现和一批有影响的韵书,成为中国古代语言学史上的一朵奇葩。此外,一批对前代训诂专书进行研究的专著和新的训诂专书的出现,奠定了字学、雅学的兴起,也是一大特色。下面我们就这几个方面作一简述。

这一时期的主要训诂对象,仍然首推儒家经典,不仅在前人注释基础上又有了新注,还出现了集解、义疏等新的注释体例。所谓集解,即集众说于一书,不仅有利于人们对经书之注有一个全面的印象,还具有保存古注材料,以防散佚之憾的功用。不只儒家经典有集解,一些史部、子部的书也有了集解。义疏者,疏通其义也,起于六朝时,与佛家讲经说法的疏本不无关系。六朝去古已远,古书不易读懂,连汉人之注也须加以解释方能明白,于是模仿佛教徒讲经时的方法,产生既注经文又疏经注的"义疏"。今天仍可见到较有价值的集解、义疏有如下几家。魏何晏的《论语集解》。何晏字平叔,南阳宛(今河南南阳)人。《三国志·魏书》有传。据载,他是汉室外戚何进之孙,曾任吏部尚书,后为司马懿所杀,其著作有《周易说》《老子讲疏》《孝经注》等。价值最大的还是他所作的《论语集解》。何晏不仅搜集了从前代孔安国、包咸、周氏、马融、郑玄到当时人王肃、周生烈等人的注释,还谈了自己的观点,同时又详细地论述了《论语》版本的情况,使我们可以大致了解已经散佚的《齐论》《鲁论》《古论》记录的情况。这一时期关于《论语》另一部有影响的注疏是梁人皇侃的《论语义疏》。皇侃,吴郡人,《梁书·儒林传》有传。据载,他精于《三礼》《论语》《孝经》等,曾"起家兼国子助教,于太学讲说,听者数百人",《论语义疏》就是他讲学的底稿。皇侃讲《论语》以何晏的《集解》为依据,然后阐发。他在《论语义疏叙》里说:"南阳何晏,字平叔,因《鲁论》集季长等七家,又采《古论孔注》,又自下己意,即世所重者。今日所讲,即是《鲁论》为张侯所学,何晏所集者也。"他又说:"侃今之讲,先通何集,若江(东晋江熙)集中诸人有可采者,亦附而中之。其又别有通儒解释于何集无,好者,亦引取为说,以示广闻也。"也就是说,皇侃集众家之说,择其善而从,又申之以自己的观点。在行文中,他不仅解释词义,串讲句义,还阐发章旨,总括全篇大义。与何晏《集解》有相辅相成之功。《易经》注本中以魏王弼、晋韩康伯之影响至深,可谓《易》注里由释词析句向义理阐发迈进的标志。王弼字辅嗣,山阳(今河南焦作)人,喜好老庄,善言能辩。曾从何晏受业,与何晏一起成为玄学的肇始者。他的《周易略例》及《周易注》六卷与韩康伯之《系辞传注》《说卦传注》《序卦传注》《杂卦传注》合在一起,即今日《十三经注疏》所遵从的《周易注》。其于字词释析之外,多有义理之阐发。《四库提要》评论说:"平心而论,阐明义理,使《易》不杂于术数者,弼与康伯深为有功;祖尚虚无,使《易》竟入于老庄者,弼与康伯亦不能无过。瑕瑜不掩,是其定评。"《春秋》经注本中,这个阶段以西晋杜预《春秋左氏传集解》、东晋范宁《春秋穀梁传集解》为最。杜预字元凯,京兆杜陵(今西安东南)人,做过河南尹,后拜镇南将军。精通诸经,其中尤好《春秋左传》,自称有《左传》癖。曾著《春秋左氏经传集解》《春秋释例》《春秋长历》等。他把《春秋》和《左传》按时间先后互相参照讲解,合成《春秋左传集解》。他在《集解序》中说:"分经之年与传之年相附,比其义类,各随而解之,名曰《经传集解》。"成为后世研究《左氏传》不可或缺的参考资料。另一部关于春秋经传的集解是东晋范宁的《春秋穀梁传集解》。范宁字武子,南阳顺阳(今河南淅川东)人,幼而好学,博览群书。因为感到诸人对《穀梁传》的注解不能尽如人意,乃花费数年精力作了《春秋穀梁传集解》,"兼载门生故吏子弟之说",多处引用"雍曰""邵曰""如熙曰"等,颇有存古之功。

隋朝开始出现了科举制度,唐朝在此基础上又采取诗赋取士的办法。无论是政治上,还是学术思想本身的需要,都必须对魏晋南北朝造成的学术分歧进行统一。唐太宗认为,南北朝分裂、隋王朝灭亡的原因之一,就在于经学著作文字不一及传经者各执其说。因此,他在贞观四年(620年)下诏让颜师古审订了《周易》《尚书》《诗经》《礼记》《左传》,统一了经书的文字词句,使五经有了统一的定本,这不仅对经学传授很有益处,对训诂学发展的帮助也不在小。审订经书工作本身就是一种训诂工作,在经文有了定本的基础上,唐太宗又在贞观十六年(642年),命孔颖达、贾公彦、杨士勋等对经注进行统一,这就是《五经正义》。孔颖达字仲达,冀州衡水(今河北衡水)人。曾向刘焯、刘炫受业。博学多闻,精于治经。曾在唐贞观初年,与魏征撰写《隋书》,后又受诏修《五经正义》。《五经正义》在某种程度上,可以说是经学史上一部承前启后的著作,在体例上与集解相似,又有不同。其特点在于"疏不破注",即它所遵从的注本,即使注经注错了,也必严格遵从,这实不足为法。《五经正义》共二百多卷,包括《周易正义》十卷(以王弼注为本),《尚书正义》二十卷(以伪孔安国传为本),《毛诗正义》七十卷(以毛《传》、郑《笺》为本),《礼记正义》六十三卷(以郑玄注为本),《春秋左传正义》六十卷(以杜预注为本)。经过孔颖达等人统一后的《正义》,较旧注更浅明详尽,并且对古书"辞例"发凡起例,多有阐释。编纂体例前后一致,非常清楚。不仅于时人学经大有裨益,其中的词语注解、名物典制的考证,及旧注辞例的发凡,对训诂学的贡献也是很大的。《五经正义》既保留了前人注解,并且就唐人看来不易懂的地方进行了解释,又在此基础上进行了符合当时政治需要的推演。因而,《五经正义》既保留了古义,又考释了古义、演绎了古义。皮锡瑞在《经学历史》中评价说:"学者当古籍沦亡之后,欲存汉学于万一,窥郑君之藩篱,舍是书无征焉。"其存古之功又可见一斑。

在注释经书的同时,史部、子部、集部书的注解也大量出现,甚至有了佛经的注解。史部中,《国语》和正史中的"前四史"都有了很好的注本。三国时吴人韦昭的《国语注》是现存最早的《国语》注。韦昭,字弘嗣,吴郡云阳(今江苏丹阳)人。其《国语注》十分重视前人的研究成果,吸收了郑众、贾逵、唐固等人的旧注中合理的成分,在名物训诂上要比在词语考释上成就更大些。今天所传的《史记》三家注,均成书于这个时期,刘宋裴骃的《史记集解》最早。裴骃,字龙驹,闻喜人,乃裴松之之子。《宋书》云,他曾做过南中郎参军,以注《史记》而名于当世。《史记》传到魏晋,展转传抄中,产生了许多谬误和不同。宋人徐广曾写成《史记音义》十二卷(今已佚),来记录《史记》中的不同。裴骃则认为还太简略,而又有所增演,遂成为《史记集解》。他在《集解序》中说:"故中散大夫东莞徐广研核众本,为作《音义》,具列异同,兼述训解,粗有所发明,而殊恨省略。聊以愚管,增演徐氏。采经传百家并先儒之说,豫是有益,悉皆抄内。删其游辞,取其要实。或义在可疑,则数家并列……时见微意,有所裨补。譬彗星之继朝阳,飞尘之集华岳。以徐为本,号曰《集解》。未详则阙,弗敢臆说。"裴骃以"未详则阙,弗敢臆说"的态度,以"悉皆抄内""取其要实""数家并例"的方法,完成了《集解》,对研究《史记》之人帮助不小。司马贞的《史记索隐》和张守节《史记正义》均产生于唐代。司马贞,唐河内(今河南)人。年轻时曾从别人专学《史记》。他认为,东汉以来《史记》的注解不完备。他以裴骃的《集解》作为底本,对《史记》"探求异闻,采摭典故,解其所未解,申其所未申者,释文演注,又重为述赞……号曰《史记索隐》"。张守节,生卒事迹不详。关于《史记正义》的创作初衷和写作方法,他在《序》中说:"守节涉学三十余年,六籍、九流、地里、《苍》、《雅》,锐心观采,评《史》《汉》,诠众训,释而作正义,郡国城邑,委曲申明;古典幽微,窃探其美,索理允惬,次旧书之旨,兼音解注,引致旁通,凡成三十卷,名曰《史记正义》。"这个时期,《汉书》较好的注为颜师古所作。颜师古名籀,以字行,京兆万年(陕西西安)人。祖父是北齐有名学者颜之推,其父颜思鲁亦精语言文字之学。他秉承家学,自幼博览群书。《旧唐书》称其"尤精训诂,善属文"。曾历任中书舍人、中书侍郎和秘书少监。在贞观四年(630年)时奉太宗诏刊定过《五经定本》,并与孔颖达合修过《隋书》,还注释了《急就篇》。自贞观十一年始,用了四年时间,完成了《汉书注》。《旧唐书·颜师古传》云:"专典刊正所有奇书难字,众所共惑者,随宜剖析,曲尽其源。"他广征博引前人旧注,从史实内容入手,字形、音读、语法、修辞、词语训释无不涉及,在名物方面也作了细致深入的研究。此外,章怀太子李贤招集多人所作的《后汉书注》,是《后汉书》较早的、质量较好的注本。李贤,字明允,唐高宗之子,一生中经历了被立为皇太子复被废为庶人的转折。他招集多名当世有名的学者,共同注释《后汉书》。注文征引之广博,注音释文之精当,都决定了其在《后汉书》研究上的地位。

在魏晋玄学影响下,这一时期注《老》《庄》之风大盛。如魏王弼《老子注》,晋郭象《庄子注》,唐陆德明《庄子音义》《老子音义》,晋张湛《列子注》,等等。可惜多已失传,只能在一些书的引文中可窥其一二,且大多精于谈理,训诂不足。只有唐杨倞所注《荀子》和南梁刘孝标《世说新语注》价值颇高,杨倞生卒年不可考,只能在《荀子注》序中知道此书是在他为官期间所著。在他之前还无人专注《荀子》,而且流传中有了许多舛误。"《荀子》未有注解,亦复编简烂脱,传写谬误……至于文意不通。"杨倞之注"或取偏旁相近,声类相通;或字少增加,文重刊削,求之古字,或征诸方言",在很大程度上重新整理了《荀子》这部书,使其得以完整地流传到今天,成为后世研究《荀子》必备之本。宋刘义庆所撰《世说新语》是一部记录东汉到晋末佚事的特殊的子书。梁刘孝标为之作了注。刘孝标名峻,字孝标,山东平原人。他的注就原书所记佚事进行了考辨,增补了大量有关的史料。其所征引非常广博,引书达三百九十种之多。而这些书今天多已不存,所以刘氏所引内容就成了非常宝贵的材料。《四库提要》说许多书籍"惟赖是注以传。故与裴松之《三国志》、郦道元《水经注》、李善《文选注》,同为考据家所引据焉"。

集部书的注解要属李善《文选注》价值为最高。由梁昭明太子萧统组织编选的《文选》是我国文学史上较有影响的文学总集。李善的注不仅具有文学价值,还有很高的训诂价值。李善,扬州江都(今江苏扬州)人。唐高宗显庆中补太子率府录事参军、崇贤馆直学士兼沛王侍读。注《文选》四易其稿,其最大特色在于广征博引。据统计,他所引经部传注百余种,小学三十七种,谶纬七十八种,正史、杂史四百种,诸子一百二十种,兵书二十种,道经三十二种,及其他体裁各种文集共一千多种。而这些书中失传的部分,均可能在《文选注》中管窥一二。因而《文选注》不仅具有很高的文学研究参考价值,在训诂和校勘上也是重要的参考资料。

作为集中解决训诂问题的工具的训诂专著及前人之注,到魏晋隋唐时期,又有了重新注释的必要,并受前人启发,又产生了一批新的训诂专著。其中尤以《尔雅》及其注为训诂家重视,魏晋时期对《尔雅》各方面进行研究的著作有十几种五十卷之多。郭璞的《尔雅注》就是其中卓有成就的一家。郭璞字景纯,晋河东闻喜人。《晋书》有传。他喜好经术,博学高才,但拙于表达。精通古文奇字、阴阳历算。曾注释《尔雅》,别为《音义》《图谱》,又注《三仓》《方言》。郭璞对汉儒奉为经典的《尔雅》非常重视。在他的《尔雅注》序中说:

"夫《尔雅》者,所以通训诂之指归,叙诗人之兴咏,总绝代之离词,辩同实而殊号者也。诚九流之津涉,六艺之钤键,学览者之潭奥,摛翰者之华苑也。若乃可以博物不惑,多识于鸟兽草木之名者,莫近于《尔雅》。"虽然在他之前已有犍为文学、刘歆等十数家注。他仍然感到不够详备,觉得谬误太多且没有定说,他在《尔雅注》序中说:"虽注者十余,然犹未详备,并多纷谬,有所漏略。"因而他深研钻极十八年,重注《尔雅》。注解过程中,他"缀集异闻,会粹旧说;考方国之语,采谣俗之志;错综樊、孙,博关群言,剟其瑕砾,搴其萧稂;事有隐滞,援据征之,其所易了,阙而不论"。他从《尔雅》"总绝代之离词,辩同实而殊号"的宏旨出发,用以今释古、因声求义、描写释义的方法,并"缀集异闻,会粹旧说;考方国之语,采谣俗之志"。博采众长,使得郭注问世后,旧注都慢慢消失,且后来也未能有出其右者。《四库提要》说,后世研究《尔雅》的人"虽迭为补正,然宏纲大旨,终不出其范围"。郭璞还注释了扬雄的《方言》,其方法体例与《尔雅注》大致无异。这个阶段新出现的训诂专著,主要有"雅学"类的《广雅》和字书《玉篇》《字林》。《广雅》(隋时为避炀帝杨广之讳,一度将"广"改为"博",故又称《博雅》),由魏张揖著。张揖,生平事迹传记不详,仅知他字稚让,清河人,一说河间人,魏太和中博士。其著作有《埤仓》《广雅》《古今字诂》等。所谓《广雅》即增广《尔雅》之义,他在《上广雅表》中说:"夫《尔雅》之为书也,文约而义固。其陈道也,精研而无误。真七经之检度,学问之阶路,儒林之楷素也。若其包罗天地,纲纪人事,权揆制度,发百家之训诂,未能悉备也。臣揖……窃以所识,择群君艺,文同义异,音转失读,八方殊语,庶物易名,不在《尔雅》者,详录品核,以著于篇。"全书仿《尔雅》旧例,共分十九篇,所释词条二千三百四十三个。清代学者王念孙在《广雅疏证》序中全面评价了《广雅》。王氏说:"魏太和中博士张君稚让,继两汉诸儒后,参考往籍,遍记所闻,分别部居,依乎《尔雅》,凡所不载,悉著于篇。其自《易》《书》《诗》《三礼》《三传》经师之训,《论语》《孟子》《鸿烈》《法言》之注,《楚辞》、汉赋之解,谶纬之记,《仓颉》《训纂》《滂喜》《方言》《说文》之说,靡不兼载。盖周秦两汉古义之存者,可据以证其得失;其散逸不传者,可藉以窥其端绪,则其书为功于训诂也大矣。"王氏之言殆非过誉。字书《字林》由晋吕忱所著,是晋唐之间影响较大的一部字书。吕忱,字伯雍。他撰《字林》,体例分部均依《说文》,收字比《说文》要多一些。唐人封演《闻见记》云:"晋有吕忱,更按群典,搜求异字,复撰《字林》七卷,亦五百四十部,凡一万二千八百二十四字。诸部皆依《说文》,

《说文》所无者,皆忱所益。"《字林》问世后,与《说文》相得益彰,并行于世,影响不在《说文》之下。唐代科举设明字科,考试科目有《说文》六帖、《字林》四帖。张参《五经文字·序例》也说:"今制国子监置书学博士,立《说文》《古经》《字林》之学……《说文》体包古今,先得六书之要,有不备者,求之《字林》。"南朝梁顾野王所撰的《玉篇》,是我国第一部楷书字典,亦是类似《说文》的一部有影响的字书。顾野王字希冯,吴郡吴县人。《陈书》有传,云:"幼好学……能属文……长而遍观经史、精记嘿识,天文地理、蓍龟占候、虫篆奇字,无所不通。"原本《玉篇》三十卷,收字一万六千九百一十七个,其部首与《说文》稍有不同,分五百四十二部(其中与《说文》相同的有五百二十九部,不同的十三部),释文与《说文》没有什么大的差别,只是标了切音,并广引群书训诂,作了力所能及的补充。而且,还为释文提供了书证,加了案语,为后世字典开创了编排义项的先例。今天流传的《玉篇》是宋代大中祥符六年陈彭年等重修的本子,删削不当,不及原本。

在已萌芽的声韵学的影响下。这个时期还出现了部分汇集经书音义和佛经音义的专书,影响较大的如唐陆德明的《经典释文》和僧人玄应、慧琳各自撰写的一部《一切经音义》。陆德明名元朗,苏州吴人。曾受学于陈代玄学大师周弘正,博学多识,一生历经三朝。他的著述目的在《经典释文序录》里可以清楚地看出:"循省旧音,苦其太简。况微言久绝,大义愈乖。攻乎异端,竞生穿凿。"所以他"研精六籍,采撮九流,搜访异同,校之《苍》《雅》,辄撰集五典,《孝经》《论语》及《老》《庄》《尔雅》等音,合为之帙三十卷,号曰《经典释文》"。全书三十卷,包括《序录》一卷、《周易音义》一卷、《尚书》音义二卷、《毛诗音义》三卷、《周礼音义》二卷、《仪礼音义》一卷、《礼记音义》四卷、《春秋左氏音义》六卷、《春秋公羊音义》一卷、《春秋穀梁音义》一卷、《孝经音义》一卷、《论语音义》一卷、《老子音义》一卷、《庄子音义》三卷、《尔雅音义》二卷。博采众家训诂成果和音切,集训诂、音韵、校勘、考据之学于一书。"采汉魏六朝音切,凡二百三十余家,又兼载诸儒之训诂,证各本之异同。"虽多为守成而少创新,但这不影响它在训诂学上的重要地位。佛教初入我国时,佛经只是有音而无字,需在通音的基础上译成汉语,于是产生了专门解释佛经音义的著作,为佛门弟子所作。其中两部《一切经音义》最负盛名。其中一部由唐大慈恩寺和尚玄应所作。玄应,生卒未详。据书前所附终南太一山释氏序云:"有大慈恩寺玄应法师,博闻强记,镜林花之宏标,穷讨本支,通古今之互体,故能雠校源流,勘阅时代,删雅古之野素,削浇薄之浮杂,悟通俗而显教,举集略而腾美,真可谓文字之鸿图,言音之龟镜者也,以贞观末历,敕召参传,综经正纬,资为实录,因译寻阅,捃拾藏经,为之音义,注释训解,援引群籍,证据卓明,焕然可领,结成三帙。"《一切经音义》共二十五卷,收录了四百五十多部佛经。体例与《经典释文》相同,先注音,后释义,虽为译读佛经而作,却有着不朽的训诂价值。另一部是由唐长安西明寺和尚慧琳所作,一百卷,注译了一千三百多部佛经,是佛家经典注释的集大成者,同时具有很大的训诂价值。《经典释文》《一切经音义》是与音韵学相关的书。音韵学是随佛教传入在魏晋后兴起的,主要在佛学声明论的影响下,由于佛经翻译的需要,参以中国古已有之的双声、叠韵的语言现象,从而产生了反切注音法和四声(南北朝以前有声调之实而无声调之名,南朝宋周颙、沈约提出了平、上、去、入四声)。这乃是一个了不起的进步,对训诂学的发展功不可没,并在此基础上产生了一些有影响的韵书。据载我国最早出现的韵书是魏时李登《声类》,此后有晋朝吕静的《韵集》,但均已失传。隋朝陆法言编定的《切韵》,吸收了前人韵书的成果,奠定了音韵学发展基础,影响了其后几百年内的韵书系统。陆法言,名词,临漳人,祖先为鲜卑族。隋开皇初年,颜之推与刘臻、魏彦渊、卢思道等人讨论音韵,陆法言作了记录,于仁寿元年(601年),写成《切韵》这部音韵学巨著。全书分五卷,平声分上、下两卷,其余上、去、入共三卷,共分一百九十三韵,收字一万二千一百五十八个。到了唐天宝年间,孙愐改编为《唐韵》,今只能见到这些韵书的残卷。总言之,此一时期训诂学发展虽然守成居多,但有一定的发展。训诂学作为一门学科,进一步摆脱了经学附庸的地位。训诂实践涉及的范围进一步扩大,出现了集注类、义疏类及记录群书音义的训诂体式。而且,随着语言学的发展和佛教的传入,音韵学渐成体系,对训诂学又起了很大的促进作用。

第四节　宋元明时期的训诂学

这一时期,训诂学发展比较迟缓,两宋时期国势陵夷,外族强掠,人民不满,纷争群起,内忧外患。在这种情况下理学诞生了,宋儒对传统儒学进行了改造,指责汉儒的名物训诂为"玩物丧志",强调阐发义理的重要性,对经传妄加怀疑，强行曲解。陆九渊说："学苟知本，六经皆我注脚。"清人皮锡瑞在其《经学历史》中批评说："宋人尽反先儒，一切武断，改古人之事实以就我之义理，变三代之典礼以合今之制度。"这种本末倒置的方法，严重妨碍了秦汉以来传统训诂学的发展。自宋开始，训诂学一方面产生了一种变革，另一方面开始走向衰微。南宋末年，北方少数民族南下，建立了少数民族统治的元朝，尚武轻文，"九儒十丐"，除了周德清《中原音韵》于训诂学有所补益外，别无值得称道之处。有明一代，宋儒理学侈言义理已入歧途，成为远离时务的空谈。气节沦丧的明儒一脉相承，并有过之无不及，加之八股取士的科举制度推波助澜，导致治学之风颓废。顾炎武曾感叹道："当日儒臣奉旨修《四书五经大全》，颁餐钱，给笔札，书成之日，赐金迁秩，所费于国家者，不知凡几。将谓此书既成，可以章一代教学之功，启百世儒林之绪。而仅取已成之书抄誊一过，上欺朝廷，下诳士子，唐宋之时，有是事乎？岂非骨鲠之臣已空于建文之代，而制义初行，一时人士，尽弃宋元以来所传之实学，上下相蒙，以饕禄利，而莫之问也。呜呼！经学之废，实自此始。"顾氏之说或许过激一点，但在这种情况下，一直与经学相辅相成的训诂学也确乎不可避免地衰落到了极点。然而，在渐次湮废的大趋势中，这一时期的训诂学也并非一无是处。尤其两宋时期，思想体系的改变导致治学态度、治学方法的改变，虽使宋儒凭臆逞说，妄自凝古流于主观，另一方面也在一定程度上摆脱了泥古的弊端，不泥于经传旧说而开创新义。于经传注解中亦有成绩可观者，如朱熹、邢昺等。而且对后世影响极大的几种大型类书《太平御览》《册府元龟》等也都在此期间编成，对后世训诂学发展功不可没。两宋时期兴起的"右文说"与"金石之学"在文字学和训诂方法上有石破天惊的启示之功，也颇有研究的价值。另外，这一时期继续得到发展的音韵学、"雅学"也为清代训诂复兴奠定了基础。析言之，在经、史、集的传注上成就显赫者主要有以下几家：理学集大成者朱熹的《四书章句集注》乃是宋代经部新注中价值最高者。朱熹字元晦，一字仲晦，号晦庵，又号遁翁、云谷老人，晚年因主持紫阳书院，又别号考亭、紫阳。徽州婺源（今江西婺源）人。《宋史》有传，据载，他自幼聪颖好学，少年时曾拜多名学者为师，博采诸家之说。十九岁中进士，二十二岁做官后，正式拜理学家程颐的三传弟子李侗为师，专攻儒学。他一生中大部分时间在讲学授徒、著书立说。他的著作有《周易本义》《四书集注》《楚辞集注》等二十几种数百卷。后集录成《朱文公文集》一百卷、《续集》十一卷、《别集》十卷、《朱子语类》一百四十卷、《朱子遗书》、《遗书二刻》等等。其中《四书章句集注》(《大学章句》《中庸章句》《论语集注》《孟子集注》的合集),被统治者作为明经取士的根据,成为封建科举考试的教科书。宋儒当中,朱熹是唯一一位既不盲目泥古,又不妄加疑古的理学大师。他所依据的训诂方法是以阐发义理为主的新式方法,同时他又继承吸收了传统训学中优秀的原则和方法。他这种一分为二的方法形成了独特的训诂风格。他曾在《论语训蒙口义序》中说自己"本之注疏,以通其训诂;参之《释文》,以正其音读;然后会之于诸老先生之说;以发其精微"。这说明他是非常重视前人训诂成果的,正因为如此,他的《四书章句集注》及《楚辞集注》才在前人基础上推陈出新,既重名物训诂,又有义理的推阐。另外,朱熹注书简洁精当,通俗易懂,是一大特色,后世封建统治者把《四书章句集注》作为教科书,这也是原因之一。宋儒当中,朱熹在训诂学上的地位超越了其他任何一位,无论在理论上、方法上,还是在训诂成果的应用上,他对后世的训诂学的贡献都是值得称道的。

今本《十三经注疏》中的《论语注疏》《孝经注疏》《尔雅注疏》均是由北宋邢昺所著。邢昺字叔明,曹州济阴(今山东定陶)人,北宋有名的经学家,先后任大理评事、尚书博士、国子博士、金部郎中、谏议大夫、国子祭酒等职。他精通训诂,在做官的同时,也从事讲学著书之事。其《论语注疏》是以南朝梁皇侃《论语义疏》为底本,去粗取精而成的,"其书于章句训诂名物之际详矣"。《孝经注疏》则是以唐人元行冲为唐玄宗注所作的疏为底本完成的。《尔雅注疏》是以邢氏为主,与杜镐、孙奭等人共同完成的,他们坚持"考案其事,必以经籍为宗;理义所诠,则以景纯为主",也就是说,他们以郭璞注为本,有所增益而成,得以列入《十三经》,足见有其可采之处。

史部传注中以元代胡三省《资治通鉴注》为最。胡三省字身之,号梅磵,浙江天台(今浙江海宁)人。宋宝祐四年(1256年)中进士,后又任奉议郎,元灭宋后,遂隐居。他博学善文,尤精史学,乃宋儒王应麟的弟子。胡氏用了二十九年的时间,两易其稿,才完成了《资治通鉴注》。他不仅对《通鉴》涉及的地名和制度进行了详尽的考释,如他在《资治通鉴注》中所云:"凡纪事之本末,地名之异同,州县之建置离合,制度之沿革损益,悉疏其所然。"而且也注释了大量的词语,还对原文进行了校勘。其书材料翔实,加之考证用功,一直流传到现在。

到宋代,唐人的集子已有了注释,有的还不止一种。如《韩愈文集》《杜甫诗集》等都有了多种注本,但均不如洪兴祖的《楚辞补注》对后世训诂影响大。

洪兴祖字庆善,镇江丹阳人。除增补王逸《楚辞章句》的《楚辞补注》外,还著有《老庄本旨》《周易通义》《系辞要旨》《楚辞考异》等。洪氏的《楚辞补注》考证详实可靠,征引浩瀚广博,对研究《楚辞》有很高的参考价值。

"《说文》学"和"雅学"到了宋明时期得到了充分发展,成为这一时期的一大特色。五代到宋初,徐铉、徐锴二人对《说文》的研究,奠定了《说文》研究全面开始的基础。徐铉字鼎臣,扬州广陵(今江苏扬州)人。历任南唐中书舍人、尚书右丞、翰林学士、吏部尚书和宋散骑常侍等职。据《宋史·文苑传》载:"铉精小学,好李斯小篆,臻其妙,隶书亦工。尝受诏与句中正、葛湍、王惟恭等同校《说文》。"这就是后世所称"大徐本《说文》"。关于校《说文》的初衷及原则,徐铉在《进〈说文〉表》中说:"许慎注解,词简义奥,不可周知。阳冰之后,诸儒笺述,有可取者,亦从附益,犹有未尽,则臣等粗为训释,以成一家之书。"又说:"务援古以证今,不徇今而违古。""大徐本"对《说文》作了分卷,增加反切,增加新附字,都是很有意义的工作。在徐铉刊定《说文》之前,就有徐锴的《说文系传》流行了。徐锴字楚金,徐铉之弟。幼而聪颖嗜读,长而博闻强记,无所不通,尤精于小学。为纠正李阳冰所刊定的《说文》的失误,著了《说文系传》四十卷。这就是后世所说"小徐本"。全书分《通释篇》三十卷、《部叙篇》二卷、《错综篇》一卷、《疑义篇》一卷、《通论篇》三卷、《祛妄篇》一卷、《类聚篇》一卷、《系述篇》一卷,共八篇四十卷。不仅对许书每字均征引经传,又作了阐发,而且加了反切,辨证了李阳冰之差误。徐铉在《说文韵谱序》中说《系传》"考先贤之微言,畅许氏之玄旨,正阳冰之新义,折流俗之异端"。

由于语言本身的需要,以及社会发展的需要,加之《尔雅》的经学地位得到了恢复,宋明时期,"雅学"大兴,出现一批各有特色的"雅学"书。《埤雅》由北宋陆佃著,以补《尔雅》之阙漏为要。陆佃字农师,越州山阴(今浙江绍兴)人。从王安石受经学,学识渊博,曾著书二百四十余卷,今仅存《埤雅》《尔雅新义》。《埤雅》本名《物生门类》,收录的多是动植物词汇。今本《埤雅》分八类二卷二百九十七章,其中动物占一百八十九章,植物占九十五章,天文占十三章。对所收录的动植物词汇,进行了详细的考证解说,广征博引前人的学说或方言俗语。《四库提要》评价说:"其诠释诸经,颇据古义,其所援引,多今所未见之书。"但因其"寻究偏旁,比附形声,条求其得名之所以然",过于刻意追究,难免穿凿。同期另一部有关动植物词汇的专书——《尔雅翼》的性质与《埤雅》相类,由南宋罗愿著。罗愿字端良,徽州歙县(今属安徽)人。"翼,谓编次此书,所以羽翼《尔雅》并行于世也。"《尔雅翼》共释词四百零七条,包括《释草》八卷一百二十条、《释木》四卷六十条、《释鸟》五卷五十八条、《释兽》六卷七十四条、《释虫》四卷四十条、《释备》五卷五十条。《四库提要》云:"考据精博,体例谨严,在《埤雅》之上。"明代朱谋㙔著的《骈雅》是一部以收录双音节词为主的雅学书。朱谋㙔,字郁仪。博闻强记,学识渊博,著述丰富,达一百二十余种四百多卷。《骈雅》全书七卷,包括《释诂》《释训》《释名称》《释宫》《释服食》《释器》《释天》《释地》《释草》《释木》《释虫鱼》《释鸟》《释兽》等十三部分。收录的大多是冷僻艰涩的联绵词或叠音词,保留了一些很珍贵的材料。明人方以智所撰《通雅》,不仅是一部优秀的雅书,还附了大量有关文字、音韵、训诂的论文。方以智字密之,号曼公,又号鹿起,安徽桐城人。崇祯年间中进士,入清后出家,法名弘智。博学多才,著述甚丰。他从明崇祯十四年(1641年)到清康熙三年(1663年),用了二十二年时间完成了《通雅》,共五十二卷七十余万字。在卷首附列了五篇具有概论性质的学术论文,其中《音义杂论》《读书类略》《小学大略》是文字、音韵、训诂方面的通论,《诗说》《文章薪火》则是诗文评论。这些都在正文之外,不入卷数。五十二卷中,卷一、卷二《疑始》讨论古篆、古音;卷三到卷十《释古》;卷十一、卷十二《天文》;卷十三到卷十七《地舆》;卷十八《身体》;卷十九《称谓》;卷二十、卷二十一《姓名》;卷二十二到卷二十五《官制》;卷二十六、卷二十七《事制》;卷二十八《礼仪》;卷二十九《乐典》;卷三十《乐舞》;卷三十一到卷三十五《器用》;卷三十六、卷三十七《衣服》;卷三十八《宫室》;卷三十九《饮食》;卷四十《算数》;卷四十一到卷四十五《植物》;卷四十六到卷四十七《动物》;卷四十八《金石》;卷四十九《谚复》;卷五十《韵声原》;卷五十一《脉考》;卷五十二《古方解》。从内容看来,《通雅》并不限于对名物词汇的解释,而是一部近乎类书而又有着学术考辨性质的百科词典。他在《自序》中说:"自篆而楷也,声而韵也,义而释也,《三苍》、《五雅》、注疏、字说、金石、古文,日以犁然。匿庸嗜奇,一袭一臆,两皆不免。沿加辩驳,愈成纰谬。学者纷挐,何所适从? 今以经史为概,遍览所及,辄为要删,古今聚讼,为征考而决之,期于通达,免徇拘鄙之误,又免为奇僻所惑。不揣愚琐,名曰《通雅》。"这正说明方以智作《通雅》是以《尔雅》为例,而于考辨名物之外,兼及经史以及文字、音韵、训诂。他考辨名物的方法是从文字声音出发,同时佐以经史书证。他在《小学大略》中说:"溯其源,当因古籀而推之;备小篆,当遍考诸籍以补之;庆同文,当因《正韵笺》而详载其源流焉。通此,则无书不可读,而字学家纷然者,皆土苴矣。"难能可贵之处,还在于他发展了戴侗"因声以求义"的理论,在《音义杂论》中提出"欲通古义,先明古音",这种以"明古音"为要的认识,不仅使《通雅》这部雅学书的质量得到前所未有的提高,对清代古音学的发展也有一定的启蒙作用。《四库提要》认为,方以智无征不信的精神开了清代考据学的风气:"惟以智崛起崇祯中,考据精核,迥出其上。风气既开,国初顾炎武、阎若璩、朱彝尊等,沿波而起,始一扫悬揣之空谈。虽其中千虑一失或所不免,而穷源溯委,词必有征,在明代考据家中,可谓卓然独立矣。"

宋明之间所出字书数量之多,质量之精,非前代可比,大半由于汉字自身发展日益趋向更加完美的规律使然。除了前面交代的《说文》二徐本外,价值较高的字书还有几部。《龙龛手镜》,问世于与宋同时的辽国,由僧人行均编撰,传入宋朝后,因避赵匡胤祖父赵敬之讳,改为《龙龛手鉴》。行均,俗姓于,字广济,生卒事迹不详。《龙龛手鉴》收字两万六千四百余个,释文十六万三千余字,主要为了让僧人颂经时查检而用,而实际上远远超出了这个范围。其贡献在于打破了《说文》部首编排"始—终亥"的传统,而将部首归为二百四十二部,按平、上、去、入四声分类。部内字亦按四声分类,并用反切注音。而且在释文中每字之下,又详列正俗、古今、异体等字。《龙龛手鉴》对后世字典的编纂有很大的影响。《类篇》是一部严格按照《说文》体例编撰的字典,由多人编写,历时三十余年,于宋英宗治平四年,由司马光整理上奏。全书包括正文十四篇,末附目录一篇,共十五篇,分四十五卷,收字三万一千三百多字,重文两万一千八百多字,共五万三千一百六十五字。字条下,先注反切,后释其义,有异体异读音均注明。《类篇》涉及字的音义、形体乃至源流多方面的问题,实用价值很高。到了明代,产生一部中国字书史上划时代的著作——梅膺祚《字汇》。梅膺祚,字诞生,生卒事迹不详。《字汇》正文十二卷,加附录共十四卷,收字三万三千一百七十六个,都是经书、史书常用到的字,怪僻之字均无收录。《字汇》的贡献在于它将《说文》部首减缩为二百一十四部,并按部首笔画数的多少排列次序,同时,部首下面的字亦按笔画数从少到多的顺序排列。还在卷首后附"检字",列举部首不好安排的难检字。这种安排方法奠定了中国字典编纂的基本格局,影响了其后如《康熙字典》等一系列字书的编写,到今天还有它的生命力。其后张自烈的《正字通》基本上继承了《字汇》的传统,并纠正了《字汇》的一些讹误,也是一部质量不错的字典。明末黄生的《字诂》

《义府》是两部札记性质的著作。黄生,字扶孟,徽州歙县人。于汉学用功颇深,在古音古义方面多有发现。他写的《字诂》《义府》三卷。"虽篇帙无多,其可取者,要不在方以智《通雅》下也。"(《四库提要》)其最大贡献在于据谐声偏旁以说明字义,并进而探讨同源词命名的理据。同时,不限于具体词义的训释,还就某些理论问题展开讨论,形成了独特的风格。

韵书编纂到了宋明时期已达到了很高的水平,流传到今影响较大的有《广韵》《集韵》和《中原音韵》。《广韵》即《大宋重修广韵》,是宋真宗景德四年(1007 年)陈彭年等奉旨对《切韵》进行增广而成的。全书共收字两万六千一百九十四个,以四声为纲,以韵目为纬,共分五卷。其中平声分上平声一卷、下平声一卷,共二卷,上声、去声、入声各一卷。今天看来,其注音、释义的价值是很高的。《集韵》是在《广韵》基础上增订而成的。《广韵》颁行三十多年后,宋祁、郑戬多次上书说其"多用旧文,繁略失当",仁宗于是命宋祁、郑戬、丁度等人改订。《集韵》收字五万三千五百二十五字,比《广韵》多一倍,而体例大致无二。但在对异体字的处理上比《广韵》更仔细,几乎可以视为一部异体字字典。《广韵》《集韵》都属《切韵》系统,是一脉相承的。到了元代,周德清的《中原音韵》一反《切韵》系韵书的模式,开创了韵书史上一个新的派别。周德清,字挺斋,江西高安人。他于元泰定元年(1324 年)完成了《中原音韵》,全书收字五千八百六十六个,不注反切,不标字母,也没有释义。其独创性表现为:平分阴阳,入派三声,韵分十九部。将入声分派三声这一语言变化的现实从模糊语言现象中准确地离析出来,对于后人研究元代语音是一个了不起的帮助。宋明时期,古音学已有萌芽,这对清代古音学的发展无疑有导夫先路之功。唐宋时人们尚不了解古今读音的变迁,创"叶韵"的方法来强读古代韵文中在当时读来不押韵的地方。这种临时任意更改字音以求协韵的"叶韵"法,是一种毫无原则的不科学的方法,产生了一定的副作用。南宋初年,吴棫作《毛诗叶韵音补》和《韵补》,已经模糊地认识到上古韵文"莫不字顺音叶",提出上古音应专门来研究,《四库提要》中称:"著一书以明古音者,实自棫始。"事实正是这样,其后,程迥《音式》和郑庠《古音辨》中也都论及古音问题,但都没有完全摆脱"叶韵"的藩篱,没能清楚地谈到古今语音变迁的事实。直到明朝末年,陈第才根本推翻了"叶韵"之说。他在《毛诗古音考》中说:"盖时有古今,地有南北,字有更革,音有转移,亦势所必至。"科学地指出了古今音不同是语音发展了的缘故,并用归纳汇证法对《毛诗》字音进行了研究。陈第的研究为后世"系联法"的出现开辟了一条通路。

这一时期还有两种与训诂学关系密切的发现值得一提。其一是北宋王圣美的"右文说"。王圣美，名子韶，以字行，太原人，《宋书》有传。他的"右文说"理论只在沈括的《梦溪笔谈》里有记载："王圣美治字学，演其义为'右文'，古之字书皆从左文。凡字，其类在左，其义在右。如木类，其左皆从木。所谓'右文'者，如戋，小也。水之小者曰浅，金之小者曰钱，歹之小者曰残，贝之小者曰贱。如此之类，皆以戋为义也。"所谓"左文"和"右文"也就是指汉字的形符和声符。王圣美考察的对象是一部分形声字，他认为左边义符表示的只是义类，而形声字真正表示的意义实际在声符中。"右文说"在一定程度上揭示了语音和语义间的内在联系，为因声求义的训诂方法提供了线索，这是有一定道理的。但偏执一端，一概而论，则难免以偏概全，有失科学。其后的王观国、张世南也都曾就"右文说"有所讨论。大多数人认为"右文说"真正滥觞于晋代扬泉，但片言只语，难为根据，或可备为一说。其二是兴起于宋的金石之学，不仅对于后世训诂学、对中国古代史的研究也是一个重要的启示。所谓金石之学，主要指对先秦铜器及石器上的刻文进行研究。到宋代已有不少件铜器石器出土，人们发现其上所刻文字涉及史实，可与史书及古代诗文相印证，便有意识地进行搜集整理。有关的专著如郭忠恕《汗简》七卷、刘敞《先秦古器记》一卷、欧阳修《集古录》十卷、吕大临《考古图》一卷、赵明诚《金石录》三十卷、薛尚功《历代钟鼎彝器款识》二十卷等。金石学与训诂学结合在一起，开创了训诂学的新局面，同时也为史学研究者提供了不可多得的证据。历来对宋明重义理推阐而轻名物考释的训诂学的评价多有微辞。应该说，宋儒好主观臆断、疑古蔑经，是不足为范的，明儒气节沦丧、游学无根，亦应为戒。但宋明训诂学突破传统训诂学的束缚，大胆创新，将训诂学领出了汉唐轻信寡疑、墨守门户的死胡同，虽说成绩不显，但给清代乾嘉学者开创了一大片自由天地，这一点弥足珍贵。对于宋明训诂学来说，褒贬各持一端的态度都是不对的。这一时期训诂学是这一特定历史条件下的产物，是训诂学史上承前启后重要的一环，只是成就因各种原因不如汉唐和清代而已。

第五节　清朝及近代的训诂学

清代学者"因声求义"，重注古籍，提出前人所未发的理论，整理搜集大量资料,重义理,重考据,继承"汉学"传统,清代学者之多,著作之富,开掘之深,可以上追两汉,取得了巨大的成就。

清代训诂发展的原因,大致有以下几个方面。

(1)清室入关以后,在思想上对知识分子严加箝制,大兴"文字狱",使众多学者转向小学考据的研究领域,为训诂学的发展创造了条件。

(2)乾隆(1736—1795 年)、嘉庆(1796—1820 年)统治时期,社会逐渐恢复安定局面,经济繁荣,为文化的发展创造了条件。清政府组织大量人力编写成《古今图书集成》《四库全书》等几部大书,带动了学者辈出,互相影响。众多学者或师承,或创新,推波助澜,促进了训诂学的发展。

(3)资本主义萌芽与西洋文化的输入为训诂学的发展提供了条件。不少学者如江永、戴震等都曾学过西方的天文地理,眼界开阔,处理材料时表现出超越前人的逻辑思维能力,具备了一定的科学素养。

(以上只是清代训诂学发展的外因。)

(4)宋元明以来,训诂学者的空疏完全暴露出来,学术积累使清代学者经过努力取得了大的发展。清儒接过明末学者"古今音异"的钥匙,打通了训诂学的许多关节,以致"训诂明而小学明,小学明而经学明"(王念孙语),所向披靡,大有创获,进而影响到文字学、词汇学、语法学,互相推动,相得益彰。(这是清代训诂学发展的内因。)

清代训诂学的巨大成就包括以下四个方面。

(一)古书注释

1. 经部。清代学者对儒家经典几乎全部整理过,颇多新见。如《周易》:惠栋《周易述》;《尚书》:孙星衍《尚书今古文注疏》、阎若璩《古文尚书疏证》;《诗》:陈奂《毛氏传疏》、马瑞辰《毛诗传笺通释》;《周礼》:孙诒让《周礼正义》;《仪礼》:胡培翚《仪礼正义》;《礼记》:朱彬《礼记训纂》、孙希旦《礼记集解》;《左传》:洪亮吉《春秋左传诂》;《公羊传》:孔广森《公羊通义》;《穀梁传》:钟文烝《穀梁经传补注》;《论语》:刘宝楠《论语正义》;《孟子》:焦循《孟子正义》;《孝经》:皮锡瑞《孝经郑注疏》;《尔雅》:邵晋涵《尔雅正义》、郝懿行《尔雅义疏》。这众多的注释,凡是重要点的,都被吸收到了阮元所编的《皇清经解》中。《皇清经解》收书一百八十多种,一千四百余卷。后王先谦又编了《皇清经解续编》,收书二百零九种,一千四百余卷。

2. 史部。清人对史书的训诂,重点在前四史。如《史记》:梁玉绳《史记志疑》、郭嵩焘《史记札记》、张文虎《史记及三家注校勘记》;《汉书》:沈钦韩《汉书疏证》、王先谦《汉书补注》;《后汉书》:惠栋《后汉书补注》、王先谦《后汉书集解》;《三国志》:赵一清《三国志勘读》;等等。此外还有《国语》:洪亮吉《国语韦昭注疏》;《山海经》:郝懿行《山海经笺疏》;《水经注》:杨守敬、熊会贞《水经注疏》;等等。

3.子部。清代学者对子书注释的主要有孙诒让的《墨子间诂》,王先谦的《荀子集解》《庄子集解》《韩非子集解》,孙星衍的《晏子春秋音义》,等等。

4.集部。清儒对集部书的注释主要有胡克家《文选考异》、戴震《屈原赋注》、蒋骥《山带阁注楚辞》、王琦《李太白诗集注》、沈钦韩《王荆公文集注》等等。

此外,还有专门的训诂专著,如戴震的《方言疏证》,以及《说文》四大家——段玉裁的《说文解字注》,桂馥的《说文解字义证》,王筠的《说文句读》《说文释例》,朱骏声的《说文通训定声》。还有王先谦的《释名疏证补》、王念孙的《广雅疏证》、钱大昕的《广雅义疏》等。

清代的训诂学家们在对古代文献及历代训诂专书进行整理和注释的过程中,注重考据,方法科学,尤其是他们正确认识了汉语词音义之间的关系,掌握了"因声求义"的方法,就使他们的训诂成就远远高出前人。他们所作的解说,多发前人所未发,解决了历史上遗留下来的很多疑难问题,也纠正了不少荒谬的成说故训。

(二)工具书的编纂

清代学者很重视工具书和字典的编纂。首先是康熙皇帝令张玉书、陈廷敬等人编撰《康熙字典》。此书是在明代梅膺祚《字汇》和张自烈《正字通》的基础上扩充而成,共收字四万九千零三十。此书虽不够完善,但流行很广,影响较大。除此之外,张玉书等人又同时编纂《佩文韵府》,完成于康熙五十年(1711年)。这部书以元代阴时夫《韵府群玉》和明代凌稚隆《五车韵瑞》为基础增订而成,收录前人诗文用语,共分一百零六韵,按词语尾字归韵,对于查诗文出处颇便。《骈字类编》也是康熙年间开始编纂,共二百四十卷。该书所收全是二音节词语,按首字分类,是张玉书等人奉敕编成。此书体例较为完备,可供检查词藻、典故之用。

清代还有一部汇集前人训诂成果的书——《经籍籑诂》,阮元主编。王引之为之作序,对此书大为褒奖:"至于网罗前训,征引群书,考之著录家,罕见有此……自古字书韵书未有若此之多者,意其详载,先儒未释,分书类辑凡历二年之久,编成一百六卷。"此书收录了先秦到唐代的经传诸子史籍及训诂专书中的故训,按平水韵分部,每一部为一卷。此书资料性很强,虽不同于一般的字典辞书,但仍不失为一部具有较高价值的工具书。

清人还模仿《尔雅》体例编纂了一系列的"雅"书,如吴玉搢的《别雅》五卷,搜集六经子史中的复音词;朱骏声的《说雅》四卷,从义的角度来研究《说文》;程先甲的《选雅》二十卷,是汇集李善注《文选》的词语,仿照《尔雅》的体例编辑而成;洪亮吉的《比雅》,对于研究同义词、近义词、反义词等极有参考价值;此外还有夏味堂的《拾雅》二十卷、史梦兰的《叠雅》十三卷等。

《方言》类的著作,主要有两部。一是翟灏所著的《通俗编》,共三十八卷。该书收方言词语五千多条,广引书证,条目颇多。另外一部是钱大昕所著之《恒言录》。"恒言"即常语,共八百余条,钱氏解释的重点在于指明出处和后代使用源流。该书搜辑材料比较广泛,便于研究方言俗证者参考。这两部书皆有补正之书,一为梁同书的《直语补正》,补翟氏之缺,为《通俗编》之佐助;一为陈鳣的《恒言广证》,仍按《恒言录》原来的卷数和门类编次文字,以补充书证为主。

清代已有汇释虚词的工具书,刘淇的《助字辨略》是我国第一部专门研究文言虚词的著作,成书于康熙年间。该书共收虚词四百七十六个,依平水韵顺序排列,按照上平、下平、上声、去声、入声分为五卷。此书收集材料的范围相当广泛,但其精审逊于王引之的《经传释词》。《经传释词》共十卷,其体例是先说明所释虚字的用法,然后从群书中征引例证,追溯其原始,申明其演变。有时对所引例证也加以解释,内容较为丰富。其特点有三:(1)以音求义,不囿旧说。王氏由声音通训诂,以形音义互相推求,对虚字遂多确诂,往往有所创获,为前贤所不及。(2)引征博赡,详加辨析。(3)条理清晰,分类简明。该书是一部优秀的训诂著作,也是一部重要的语法学著作。

(三)札记·论文

清人常把他们日常研读的心得点点滴滴记录下来,汇集成册。这种笔记、札记的内容是多方面的,许多是纠正前人误说的,其中大部分涉及训诂问题,其价值不亚于专著。这类著作的代表作有王念孙的《读书杂志》,王引之的《经义述闻》,俞樾的《群经平议》《诸子平议》,等等。王念孙的《读书杂志》凡八十卷,为读书时的心得札记,主要是纠正原书和后世训诂之误,其中有句读、校勘、解释词语之义等方面的训诂问题。该书考辨精审,向为学者所尊崇。王引之的《经义述闻》共三十二卷,两千零四十五条。阮元《经义述闻序》曰:"《经义述闻》一书,凡古儒所误解者,无不旁征曲喻,而得其本义之所在。使古圣贤见之,必解颐曰:吾言固如是,数千年误解之,今得明矣。"俞樾治学崇尚王氏父子之学,其《群经平议》仿照王引之《经义述闻》体例,《诸子平议》仿照王念孙《读书杂志》体例,二书大要在考订群书讹舛,审定字义,发明通假,正其句读,于特殊文法和修辞现象亦有所阐发。然俞氏求新太过,往往缺少足够根据即摒弃故训创发新解,武断之处时或有之,其治学不如王氏父子谨严。除此之外,较为有名的笔记、札记还有顾炎武的《日知录》、钱大昕的《十驾斋养新录》、何焯的《义门读书记》、赵翼的《陔余丛考》、臧琳的《经义杂记》、俞正燮的《癸巳类稿》等。

除了专著,清代学者还撰写了一些单篇论文,如王念孙的《释大》,阮元的《释门》《释旦》,程瑶田的《果蠃转语记》《九谷考》《释宫小记》《释艸小记》《释虫小记》,汪中的《释三九》,等等,都是从一字一词出发,进而归纳出训诂的某些理论问题。

(四)训诂大家的出现

到清代,训诂学已发展到前所未有的鼎盛时期,它的成就除了体现在累累的硕果上,还体现在涌现出了一大批造诣很深的训诂学家上。这些学者耗尽毕生精力,刻苦研读,著书立说,为训诂学的发展立下了不朽的功勋。

清代训诂学的奠基人是顾炎武、阎若璩等人,他们开朴学之先风,为清代训诂学的发展打下了坚实的基础。接下去的吴派和皖派又培养和造就了大批卓有成绩的训诂大师。吴派以惠栋为代表,其中坚人物有江声、王鸣盛、钱大昕、汪中、刘台拱、江藩等;皖派的创始人是戴震,其承学者有卢文弨、程瑶田、段玉裁、孔广森、王念孙、王引之、焦循、桂馥、王筠、朱骏声、郝懿行、陈奂、俞樾、孙诒让、章太炎等。他们或发掘汉人旧旨,或以文字、音韵训诂作为治经的途径,为后世留下了许多宝贵的遗产。

清代训诂学有哪些主要特点呢?

1. 对汉字形、音、义的研究有重大突破。清代,古音之学大明,音义之间的关系引起了学者广泛的注意。戴震曾明确提出"义由声出""因声而知义"的原则,他在《论韵书中字义答秦尚书蕙田》中说:"字书主于故训,韵书主于音声;然二者恒相因:音声有不随故训变者则一音或数义,音声有随故训而变者则一字或数音。大致一字既定其本义,则外此音义引申咸六书之假借。"他的学生们在此基础上更进一步阐述音义之间的关系。如段玉裁在《广雅疏证序》中谈到:"小学有形、有音、有义,三者互相求,举一可得其二。有古形、有今形,有古音、有今音,有古义、有今义,六者互相求,举一可得其五……治经莫重于得义,得义莫切于得音……怀祖氏能以三者互求,以六者互求,尤能以古音得经义,盖天下一人而已矣!"在实践中,他们认识到"声之相同相近者,义每不相远"的道理,且"就古音以求古义,引申触类,不限形体",以声音通训诂,明通假,知流变,彻底打破了汉字形体的局囿,进入语言学的境界。

2. 他们具有初步的历史发展观点,并认识到语言发展的阶段性。在实际的研究中,清代学者认识到从古到今,语言在不断的发展中,形、音、义都有不同程度的变化。段玉裁在《说文解字注·言部》"谊"字下曰:"古今无定时,周为古则汉为今,汉为古则晋宋为今。"又说:"概曰:古不同今尚皮傅之说也,音韵之不同,必论其世……其迁移之时代,皆可寻究。"清代学者能从发展的角度看问题,把所研究的对象放在了历史的长河中,其研究成果也较为科学。

3. 清代学者注重实证,多发前人之未发而博引群书参互证发,反映了他们对词的社会性的认识。如王念孙在《广雅疏证》卷六上有"踌躇,犹豫也"一条,共写了五百多字。他们还注重校勘、辑佚,如马国翰的《玉函山房辑佚书》,规模宏大,集唐以前经史子集遗文六百多条,十分宝贵。

4. 对语法、词例的研究有较大成就。在训诂中结合语法的分析,在清人的著述中极为常见。如段玉裁在《说文解字注》"梳"字下注曰:"器曰梳。用之理发,因亦曰梳。凡字之体用同称如此。""体用同称",即一个词既可作名词,又可作动词的语法现象。像这样的语法术语,在段氏《说文解字注》中时有所见。清人对虚词的研究开拓之功甚大,刘淇的《助字辨略》和王引之的《经传释词》是这一方面的代表作。词例研究的杰出代表作是俞樾的《古书疑义举例》,他把许多词例一并列出,条分缕析,已脱离了随经而释的框框。正如齐佩瑢在《训诂学概论》一书中所言:"俞曲园承二王之后,于古人行文之法,立言之例,研究发明,盖为精密。……所著《古书疑义举例》……可与《经传释词》并驾齐驱……刘师培叹为绝作,发千古未有之奇;马叙伦推为县之日月而不刊,发蒙百代,梯梁来学的著作。"

5. 清人尊重旧训但不拘守。他们提倡重实证、详考据,而不囿于汉唐人的训诂结论。如王引之在《经义述闻序》中说:"择其合经者从之;其皆不合,则以己意逆经意而参之他经证以成训,虽别为之说,亦无不可。"清代学者讲究师承,这样一脉相传,有利于把优良的东西继承下来。但清人认为:为学如积薪,后来者居上,弟子不必不如师,师不必贤于弟子。且清人学风优良,如王筠在《说文释例跋》中说:"且著书者每勇于驳古人,而怯于驳今人,谓今人徒党众盛,将群起而与我为难也。然使群起难我,我由之而讲其非而趋于是,则我愈有所得矣;或以非义之词相难,则人皆见之,而我亦无所失矣。"这种勇于辩论,以学术为天下之公器的优良学风,也大大推动了清代学术的向前发展。

清代训诂学也有其局限。

1. 清代训诂学仍未彻底摆脱经学的附庸地位,学者们把精力主要放在对儒家经典的整理和解释上。他们首先是经学家,然后才是小学家。治古音学为训诂,治训诂学为通经,通经为致用,这就是清人的治学目的和途径。在这种思想的指导下,训诂学自然具有很大的依附性。而且他们不注意汉唐以后的实际语言,较少接受口语。虽颇多创获,然终于为框框所限,使语言学不能独立成为一门科学。

2. 清代学者多着眼于字句名物的考据,不重视系统的、理论的研究。他们没有给后人留下全面系统的理论著作,而是随文立意,把自己许多真知灼见分散于注疏和短文中,没有建立起真正的训诂学体系。

3. 清代学者因声求义,以声音通训诂,这本是极有创见性的训诂方法,但有滥用通假处,古人不会连篇累牍地运用通假,因此不能任意通转,有些清代学者在明假借时失之于滥,以致真理变成了荒谬。王力先生就曾指出:"王氏父子治学谨严,所证也还不能尽是;俞樾、章炳麟则每况愈下,借声近义通的原则来助成武断,此风至今未泯。"(《中国语言学史》第三章)

4. 清人对书本以外的材料没有很好地利用。当时由于时代所限,未能得到甲骨文进行研究;金文虽有整理,但运用不够;一些活的方言材料被清代学者抛置于视野之外。而这些材料对于训诂学而言,都是十分重要的。

总之,清代训诂学虽有许多创新与突破,但在训诂方法、实践中仍存在着很多缺陷。正如王力先生在《中国语言学史》中指出的:"清儒虽然有了历史发展观点,但是古非今,眼睛不是向前看的,而是向后看的。小学既然只是为经学服务,就不重视现代语言的研究。即使是研究现代方言,也涂上了复古的色彩,以证明方言中保存着许多古代词语为目的。这样,就使中国的语言学停滞在'考古'的阶段,不但不能产生描写语言学,甚至不能产生真正的历史语言学。"

清代学者本着因声求义的原则,把汉语的古音系统应用于词义解释,在训诂学上取得了巨大的成就。关于古音学研究的具体情况以及它和训诂学的密切关系,本书在第二章中已专门讲到,这里不再重复。

下面重点对清代语言学专著作一简介。

(一)《尔雅》派训诂著作

邵晋涵《尔雅正义》

邵晋涵(1743—1796年),清史学家、经学家、训诂学家。字与桐,又字二云,号江南,浙江余姚人。乾隆三十六年(1771年)中进士,曾任四库馆纂修。他殚思十年,四易其稿,撰成《尔雅正义》二十卷。据邵氏自序,可看出其书体例有六。

一为校文。《尔雅》之成书年代相当久远,由于传本、文字各不相同,不免舛误;郭璞注在流传中也有脱落,俗说极为盛行,古义不明。邵氏便以唐石经本、宋刻本以及诸书所引为据,审定经文,增校郭注。

二为博义。该书采用注疏体,以郭注为注,其疏则博采舍人、刘歆、樊光、李巡之注以及梁沈旋的集注、陈顾野王的音义、唐裴瑜注等,进行征引。邵氏自称:"今以郭氏为主,无妨兼采诸家,分疏于下,用俟辨章。"又曰:"或与郭训符合,或与郭义乖违,同者宜得其会通,异者可博其旨趣。"

三曰补郭。郭注义有幽隐或云"未详"之处,邵氏便考齐、鲁、韩三家《诗》,马融、郑玄的《易》注,以及诸经旧说,会萃群书,取证雅训。对于有疑问的地方,他只是存旧说而不论;只有当掌握了令人信服的证据时,他才补充旧说中不完备之处。

四曰证经。郭注多引《诗经》为证,故使人误认为《尔雅》是专门用来解释《诗经》的。邵氏则广泛引用《易》《尚书》《周礼》《仪礼》《春秋三传》《礼记》《大戴礼记》等书以及周秦诸子、汉人撰著之书,与郭注相互证明,使人们清楚《尔雅》所解释的是一般书面语的词语。

五曰明声。邵氏《自序》云:"声音递转,文字日孳,声近之字,义存乎声。自隶体变更,韵书割裂,古音渐失,因致古义渐湮。今取声近之字,旁推交通,申明其说。"

六曰辨物。邵氏《自序》云:"草木虫鱼鸟兽之名,古今异称,后人辑为专书,语多皮傅。今就灼知副实者,详其形状之殊,辨其沿袭之误;其未得实验者,择从旧说,以近古为征,不敢为亿必之说。"

黄侃先生评价邵疏得失说:"清世说《尔雅》者如林,而规模法度,大抵不出邵氏之外。虽笃守疏不破注之例,未能解去拘挛;然今所存《雅》注完书,推郭氏最善;坚守郭义,不较胜于信陆佃、郑樵乎?惟书系创作,较后人百倍为难。故其校文,于经,于注,多所遗漏,不如严元照《尔雅匡名》、王树楠《尔雅郭注补正》。其博义,于诸家注议搜采不周,不如臧镛堂《尔雅汉注》。其补郭,则特为谨慎,胜于翟晴江之为。其证经、明声,略引其端,而待郝氏抽其绪。其辩物,则简略过甚,又大抵不陈今名。"(《尔雅略说》)

郝懿行《尔雅义疏》

郝懿行(1757—1825年),清代经学家、训诂学家,字恂九,一字兰皋,山东栖霞人。嘉庆四年进士,官至户部主事,精于名物训诂之学。他一生著述甚多,除《尔雅义疏》之外,尚著有《反语考》《山海经笺疏》《春秋说略》《荀子补注》《春秋比》《易说》《郑氏礼记笺》《竹书纪年校正》《通俗文疏证》等多种。《尔雅义疏》在清代"雅"学著作的研究中,成书较晚,因而它吸收了前人的多种研究成果。它的释义,一般是精确可信的。宋翔凤《尔雅义疏序》对此书作了较高评价:"迨嘉庆间,栖霞郝户部兰皋先生之《尔雅义疏》最后成书。其时南北学者,知求于古字古音,于是通贯融会谐声、转注、假借,引端竟委,触类旁通,豁然尽见。且荟萃古今,一字之异,一义之偏,冈不搜罗;分别是非,必及根原,鲜逞胸臆。盖此书之大成,陵唐跞宋,追秦汉而明周孔者也。"黄侃在《尔雅略说》中评价此书说:"郝疏晚出,遂有驾邢轶邵之势。今之治《尔雅》者,殆无不以为启辟户门之书。"胡朴安对郝疏推崇赞誉亦可谓高。他在《中国训诂学史》中说:"其书视邵氏之《正义》为善,足与王氏之《广雅疏证》同其精博,为治《尔雅》者必须研究之书也。"

郝氏书也存在着缺点。如推求本字方面,"蛊"为"鹽"之借,"笑"为"妖"之借,这些极为明了常见的字,郝氏却没有说到。在释物名时,他多根据目验,个别方面稍嫌疏略。

王念孙《广雅疏证》

王念孙(1744—1832年),江苏高邮县人。字怀祖,号石臞(或作石渠)。

乾隆四十年(1775 年)进士,选翰林院庶吉士,入四库全书馆,任篆隶分校官,累官至永定河道。年轻时受业于戴震,精通音韵、文字、训诂之学。他著有《广雅疏证》二十卷,最后两卷署"引之述",是其子王引之的作品。除此书外,他还有《读书杂志》《毛诗群经楚辞古韵谱》《说文解字校勘记残稿》《别国方言疏证补》等著作。

王念孙是一位学养深厚、治学专精的学者。阮元在《王石臞先生墓志铭》中曾介绍他写这一部书的原委:"先生初从戴东原氏受声音、文字、训诂,遂通《尔雅》《说文》,皆有撰述矣。继而余姚邵学士晋涵为《尔雅正义》,金坛段玉裁为《说文注》,先生遂不再为之,综其经学,纳入《广雅》,撰《广雅疏证》。"王氏在他四十五岁那年(1788 年)作疏证,到乾隆六十年(1795 年)冬,已完成前十八卷,后二卷用其子引之之稿,到此全书遂告完成,用了七年半的时间。嘉庆元年(1796 年)正月,他又写出著名的《广雅疏证自序》,对全书进行了总结。

《广雅疏证》的内容十分丰富,既有对《广雅》的证发阐释,又有超出《广雅》范围者。《疏证》内容有以下几方面。

1. 对《广雅》作了精审校勘。《广雅》虽然宋代已有刻本,但因历代研习此书者甚少,遂致传本讹误殊多。王氏既以各种明刻本互校,又用影宋本以正明本之误,并旁考群书所引以正唐宋以来传写之误,所校明本讹误错乱脱夺的正文竟达千余处,随条补正,大多精确可信。王氏在《自序》中说:"今据耳目所及,旁考诸书以校此本,凡字之讹者五百八十,脱者四百九十,衍者三十九,先后错乱者百二十三,正文误入《音》内者十九,《音》内字误入正文者五十七(按:《音》指曹宪所作《音释》),辄复随条补正,详举所由。"

2. 充实扩展了《广雅》的内容。《广雅疏证》虽然是疏证《广雅》的,但其内容远非《广雅》所能包括。《广雅》原书只有一万八千一百五十字,而《广雅疏证》及王氏的另一著作《广雅疏证补》两书有五十万字之多,是《广雅》字数的二十五倍。《疏证》对张揖书大加增广,有些义项,《广雅》漏落了,《疏证》则在相应词条下加以补充说明,如《释训》:"从容,举动也。"《疏证》曰:"从容有二义,一训为舒缓,一训为举动。"

3.《疏证》对《广雅》的错误,以及通行之说的错误,常常加以匡正。如《释言》:"廪,治也。"《疏证》曰:"廪,曹宪为禀。廪、禀二字,诸书皆无训为治者。治,盖'给'字之讹。《说文》:'禀,赐谷也。'《汉书·文帝纪》:"吏禀当受鬻者。'颜师古注云:'禀,给也。'《苏武传》:'廪仓不至。'注云:'无人给饲也'。"《疏证》谓"治"为"给"之误,此误当为张揖误释,而传写讹误。《疏证》不仅匡正张揖之误,对前代通行之说的缪误也往往予以纠正。

4. 揭示了《广雅》的部分体例。如《疏证》在《释言》"漠,怕也"一条中说:"《广雅》属辞之例,皆本于《尔雅》,《尔雅·释言》之文,每因一字而引申其义,有因上一字而连及之者,若'爽,差也;爽,忒也。基,径也;基,设也'之类是也。有因下一字而连及之者,若'流,覃也;覃,延也。速,征也;征,召也'之类是也。《广雅·释音》亦用此二例,若上文'羌,乃也;羌,卿也。奋,讯也;奋,振也'之类,皆因上一字而连及之者也。若'厕,闲也;闲,非也。况,兹也;兹,今也'。及此条'莫,漠也;漠,怕也',皆因下一字而连及之者也。凡如此者,或义同而类及,或义异而别训,屑辞比事,各有要归。若改其文云'羌,乃也,卿也,莫,漠也,怕也',则是传注解经之体,非《尔雅》释言之例矣。"

5. 对《广雅》进行精审的疏通考证。王氏搜括群书故训及例证进行疏证,他搜集的书证十分广泛,不仅有历代经传、类书和小学书中的材料,而且对于同时代学者的著述,如惠栋的《毛诗古义》、戴震的《方言疏证》、程瑶田的《通艺录》等,以及钱大昕、段玉裁、阮元等人之说也时加征引。有些材料王氏曾亲自加以观察和检验,有些方俗词语还是他亲自搜集的。王氏对词义之间的"相近""相通"现象加以深刻阐发。《疏证》从词义的系统性和词义的流转通变角度,说明某些词之间存在"同义""义相近""义相通""义相因"的关系,因而它们可以在一系列语词中贯通共存。王氏对语词相反为义现象,提出了新见解。如《释言》:"毓,长也。"《疏证》曰:"以下八条,皆一字两训,而其义相反。"按:所举八条指"毓,长也""毓,稚也""曩,久也""曩,乡也""陶,喜也""陶,忧也""泞,清也""泞,泥也"。王氏明确指出这类词"一字两训,而其义相反"。王氏对连语的性质亦有所认识。他从语音入手,把双音连语看成是一个不可分离的整体,认为只有二字连缀才能表示词义;同时认识到双音连语以音为主,凡字之音同音近者,古书往往通用,故一个连语,往往写法多种,对这类词审音则焕然冰释,泥形则诘屈难通。王氏对同源词问题亦有深刻的阐发,他提出了"名之于实,各有义类"之说,并提出事物"命名之意"的概念。王氏以声音通训诂,往往破字立训,申明通假关系,解决了许多训诂疑难问题。

《广雅疏证》受到学者的极高赞誉。段玉裁在《广雅疏证序》中说:"小学有形、有音、有义,三者互相求,举一可得其二,有古形、有今形,有古音、有今音,有古义、有今义,六者互相求,举一可得其五。……怀祖氏能以三者互求,以六者互求,尤能以古音得经义,盖天下一人而已矣!"王力《中国语言学史》曰:"王氏在训诂学上的贡献是巨大的。如果说段玉裁在文字学上坐第一把交椅的话,王念孙则在训诂学上坐第一把交椅。世称'段王之学',段、王二氏是乾嘉学派的代表,他们的著作是中国语言学走上科学道路的里程碑。在他们的研究工作中,有好多东西是值得我们继承下来的。"

　　但王氏研究方法也有不足之处。就体例而言,王氏未能详举原书编制的阙失,疏解中缺乏明确的有关训诂条例的说明。某些术语含混,概念不明,尤其表现在对字音的论述上。释义上亦存在着不足。有些解释失于浑笼和牵强附会,个别解释又不免流于玄虚,本末倒置。校勘补正,不尽中肯,亦有漏校、误校之处。尽管如此,《广雅疏证》仍可以说是清代训诂学中一部最有代表性的著作。

(二)考订、校勘、归纳古书文例的训诂著作

王念孙《读书杂志》

　　《读书杂志》凡八十二卷。此书对《逸周书》《战国策》《史记》《汉书》《管子》《晏子春秋》《墨子》《荀子》《淮南子》等九种书的文字讹误详加校勘,于音训异同及句读错乱亦一一加以"辩证",并附《汉隶拾遗》一种。该书博大精深,往往一字之释,博及万卷,向为学者所推崇。例如《战国策杂志》卷二"触詟、揖之"条:"太后明谓左右:'有复言令长安君为质者,老妇必唾其面。'左师触詟愿见太后,太后盛气而揖之。吴曰:'触詟,姚云:"一本无言字,《史》亦作龙。"案《说苑》:"鲁哀公问孔子,夏桀之臣有左师触龙者,谄谀不正。"人名或有同者;此当从"詟"以别之。'念孙案:吴说非也。此策及《赵世家》皆作'左师触龙言愿见太后',今本'龙言'二字误合为'詟'耳。太后闻触龙愿见之言,故盛气以待之。若无'言'字,则文义不明,据姚云'一本无言字',则姚本有'言'字明矣。而今刻姚本亦无'言'字,则后人依鲍本改之也。《汉书·古今人表》正作'左师触龙'。又《荀子·议兵》篇注曰:'《战国策》赵有左师触龙。'《太平御览·人事部》引此策曰:'左师触龙言愿见。'皆其明证矣。又《荀子·臣道篇》曰:'若曹触龙之于纣者,可谓国贼矣。'《史记·高祖功臣侯者表》有'临辕夷侯戚触龙'。《惠景间侯者表》有'山都敬侯王触龙'。是古人多以'触龙'为名,未有名'触詟'者。"王氏对于"詟"字的校释,用内证、外

证、推理等方法,使读者对其结论心悦诚服。且 1973 年长沙马王堆汉墓中出土的帛书正为"左师触龙言愿见太后",与王氏所言相合。

该书与《广雅疏证》《经义述闻》《经传释词》合称"高邮王氏四种"。

王引之《经义述闻》

王引之(1766—1834 年),字伯申,号曼卿。王念孙之子。嘉庆四年(1799 年)进士,官至工部尚书。少受庭训,精通音韵、文字、训诂之学。

清周中孚《郑堂读书记》在谈到此书时说:"国朝王引之撰。伯申之父怀祖著有《广雅疏证》一书,于声音文字训诂,一以贯之;而其治经也,诸说并列,则求其是,字有假借,则改其读;其所为说,俱见于《广雅疏证》中。伯申即本《疏证》所诠,及平日所闻于其父者,旁征典喻,证明其说,日积月累,遂成此帙,故曰《经义述闻》。"在谈及该书的命名时,王引之《自序》曰:"引之过庭之日谨录所闻于大人者以为圭臬,日积月累,遂成卷帙。既又由大人之说,触类推之,而见古人之诂训有后人所未能发明者,亦有必当补正者,其字之假借,亦有必当改读音,不揆愚陋,辄取一隅之见,附于卷中,命曰《经义述闻》,以志义方之训。"

此书共三十二卷,两千零四十五条,皆是摘经句为题而解,间或有摘字及句子,或校勘,或训诂。例如,卷五"终风且暴"条曰:"家大人曰:《终风篇》'终风且暴',《毛诗》曰:'终日风为终风。'《韩诗》曰:'终风,西风也。'此皆缘词生训,非经文本义。终犹既也,言既风且暴也。《燕燕》曰:'终温且惠,淑慎其身。'《北门》曰:'终窭且贫,莫知我艰。'《小雅·伐木》曰:'神之听之,终和且平。'《甫田》曰:'禾易长亩,终善且有。'《正月》曰:'终其永怀,又窘阴雨。'终字皆当训为'既'。'既''终'语之转,'既已'之'既'转为'终',犹'既尽'之'既'转为'终'耳,解者皆失之。"

清代学者对此书给予较高评价。如阮元在《经义述闻序》中曰:"《经义述闻》一书,凡古儒所误解者,无不旁征曲喻,而得其本义之所在。使古圣贤见之,必解颐曰:吾言固如是,数千年误解之,今得明矣。"

(三)文字著作

段玉裁《说文解字注》

段玉裁(1735—1815 年),江苏金坛人。字若膺,一字懋堂。乾隆二十五年（1760年）举人。曾历任贵州玉屏、四川巫山等县知县。少年师事戴震，年四十六以父老归，卜居苏州，杜门著述三十多年，一生致力于《说文》和古音研究。段氏著述宏富，有《古文尚书撰异》《毛诗小学》《声韵考》《说文解字注》《汲古阁说文订》《六书音韵表》等，其中《说文解字注》是他的代表作。

《说文解字注》是段氏倾注了大半生的心血而成，它是在段氏《说文解字读》的基础上櫽括而成，其贡献和成就是多方面的，主要表现在以下几个方面。

1. 段注对《说文》传本进行了精审的校订。传世的二徐本已非许书之原貌，段氏为了恢复许书的本来面目，以他自己所作的《汲古阁说文订》为基础，对"大徐本"进行了精审校订。

2. 段注发凡体例，即对《说文》条例进行全面的归纳和透彻的阐发。正如殷孟伦先生在其《段玉裁和他的〈说文解字注〉》中所言："读《说文解字注》引起我们注意的一个问题是这注里有近二百条的凡例。这些凡例，有的概括性很大，对研究汉语的内发展规律提供了不少线索。还有些不在凡例里的注语，也很重要，同样对我们有很大的启发。"

3. 对《说文》全文的疏通证明及补充阐发。段氏注《说文》首先采取融会全书，"以许解许"的方法。许书中同义词往往互训，段氏必随文举证，申明其义。其次则援引经传子史，推求许说所本，间或引用今方言与许说相证。许说有可疑或传写有问题的，段氏便随例诠发；许说不可确知的，则阙而不释；汉人传注与许氏说解不同的，段氏往往一并采录，加以比较，考其源流，辩其得失。段氏对于同源字、古今字、同义词、词义的引申和假借等分析亦有许多独到之处。例如在谈到假借时，段氏认为："许以形为主，因形以说音说义。其所说义与他书绝不同者，他书多假借，则字多非本义，许惟就字说其本义。知何者为本义，乃知何者为假借，则本文乃假借之权衡也。"又列举了许多字例，如："来，周所受瑞麦来麰也；而以为行来之来；乌，孝鸟也，而以为乌呼字；朋，古文凤，神鸟也，而以为朋党字……"最后说："大氐假借之始，始于本无其字；及其后也，既有其字矣，而多为假借；又其后也，且到后代讹字亦得自冒于假借。博综古今，有此三变。"此段论述极为精辟。

总之，段注已超出了一般注释的范围，高出了《说文》本身的水平。所以，这部著作刚一问世就受到了学术界的高度推崇，王念孙在《说文解字注序》中称赞道："盖千七百年来无此作矣。"阮元在《段氏说文注订叙》称此书："可谓文字之指归,肄经之津筏矣。"但段注也不免罅漏和缺点,如他对某些通行的字形武断地加以改动,解释许说时有时穿凿附会,曲为之解,失于武断,这也是段氏的不足之处。他自己曾说过:"剖析既繁,疵类不免,召陵或许其知已,达者及俟诸后人。"看来,段氏对自己的评价也是十分客观的。但瑕不掩瑜,《说文解字注》仍是一部体大思精之作。详见本书"训诂学的根柢书"一章第三节。

桂馥《说文解字义证》

桂馥(1736—1805 年),山东曲阜人。字冬卉,一作东卉,号未谷。乾隆五十五年(1790 年)中进士,选云南永平知县,卒于官。他少承家学,博览群书,尤精文字之学。著有《说文义证》五十卷。另有《说文段注钞及补钞》《札朴》《缪篆分韵》等著作。

桂馥与段玉裁同时,且同治《说文》,桂、段之书并重于一时,在清代"说文四大家"中,段、桂往往并称。张之洞在《说文解字义证序》中曾评论道:"窃谓段氏之书,声义兼明,而尤邃于声;桂氏之书,声亦并及,而尤博于义。段氏钩索比傅,自以为能冥合许君之旨,勇于自信,欲以自成一家之言,故破字创义为多;桂氏敷佐许说,发挥旁通,今学者引申贯注,自得其义之所归。故段书约,而猝难通辟,桂书繁,而寻省易了。夫语其得于心,则段胜矣;语其便于人,则段或未之先也。其专胪古籍,不下己意,则以意在博证求通,展转孳乳,触长无方,非若谈理辨物,可以折衷一义。亦如王氏《广雅疏证》、阮氏《经籍籑诂》之类,非可以己意为独断者也。"

桂氏的《义证》一般包括两部分,一是举例证明某字之本义,二是讨论许慎的说解。在第二部分中,或引他书的说解来证实许书的说解,或引他书所引许书以相参证,或引他书来补充许书。如"珊"字,《说文》曰:"珊瑚,色赤,生于海,或生于山。从玉删省声。"桂氏先引《华严经音义》来证实"色赤"一条,又引《汉书》《海中经》《南州异物志》来补充说明"生于海"者,又引《盐铁论》而言"生于山"者,最后又说明珊瑚的同类——琅玕。通过丰富的例证,桂氏对字义和许氏说解井然有序地加以疏通证明,条理十分清晰。除此之外,桂氏对于二徐本的讹舛亦加以厘订,并搜补了《说文》原本所应有而今本所失的遗文共一百一十九字。

桂氏耗尽了毕生精力来治此书,是难能可贵的。但桂氏因认为许书皆是正确,须为它找出例证,因而对许氏的一些错误说法,也要勉强附合,从而使错误延续下去,这是桂氏的不足之处。

朱骏声《说文通训定声》

朱骏声(1788—1858 年),江苏吴县人。字丰芑,号允倩,晚年自号石隐山人。少承父教,十三岁开始接触《说文》,一读即通。十五岁从钱大昕游学。嘉庆二十三年(1818 年)举于乡,后被推荐任江阴暨阳书院讲席,并历主吴江、萧山等地书院。道光间以举人选授黟县训导,咸丰元年(1851 年)献所著《说文通训定声》等,恩加国子监博士衔,升扬州府教授。著有《诗集传改错》《春秋左传识小录》《古说字形谬误》《小学识余》等书。

《说文通训定声》共十八卷,成书于道光十三年(1833 年)。此书包括三方面的内容,根据书名即可得知:一为"说文",二为"通训",三为"定声"。根据朱氏卷首的说明,可获悉其大意如下。

第一部分"说文"是讲文字本义的。朱氏以许说为基础而加以补充厘订。他把本义称为本训,认为本训决定于字的形体结构。"六书"中的前四书,即象形、指事、会意、形声,关系字的形体结构,所以这部分是分析"六书"中的前四书的。朱氏认为:"夫象形指事谓之文,会意形声谓之字,但称'说文'者,文可统字也。"有些字的解释还有"别义"一项,朱氏曰:"字有与本义截然各别者,既无关于转注,又难通以假借,文字中才得百一,今列为别义。""别义"即关于本义的另外说法。同于《说文》中的"一曰"。

"通训"主要是指文字的引申义、假借义。就"六书"论,是讲后二书即转注、假借的。朱氏认为:"其一字而数训者,有所能之也。通其所可通则为转注,通其所不通则为假借。"他所说的转注、假借也与许慎不尽相同。许慎对转注、假借分别下的定义是:"建类一首,同意相受,'考''老'是也;本无其字,依声托事,'令''长'是也。"朱氏则曰:"转注者,体不改造,引意相受,'令''长'是也;假借者,本无其意,依声托字,'朋''来'是也。凡一意之贯注,因其可通而通之为转注;一声之近似,非其所有而有之为假借。就本字本训而因以展转引申为他训者曰转注,无展转引申而别有本字本训可指名者曰假借。依形作字,睹其体而申其义者,转注也;连缀成文,读其音而知其意者,假借也。假借不易声而役异形之字,可以悟古人之音语;转注不易字而有无形之字,可以省后世之俗书。假借数字供一字之用,而必有本字;转注一字具数字之用,而不烦造字。"由此可见,朱氏的转注也就是我们现在所说的引申义,朱氏的假借即后世所说的用字假借。朱氏的假借字中还包括"重言形况字"(即叠字)、"连语"(即联绵字)、"语助之辞"等。朱氏还讲到"声训",把它也列为假借之类。

所谓"定声",是把《说文》中的字按古韵分类。朱氏云:"六书形声之字十居其九,是编就许书五百四十部,舍形取声,贯穿连缀,离之为一千一百三十七母(按:声符字),比之为十八部,以著文字声音之原,以正六朝四声之失,前哲江、戴、段、孔分部递益,各有专书,今复参互加核,不妄立异,亦不苟同。"

朱氏《说文通训定声》一书,打乱了五百四十部首,而按十八韵部分类。这十八部的名称是丰、升、临、谦、颐、孚、小、需、豫、随、解、履、泰、乾、屯、坤、鼎、壮。这些名称采自《易经》的卦名。此书收正篆九千五百零七字,旁注字五千八百八十九字,附存字一千八百四十四字,共收一万七千二百四十字。每字之下分别注明本训、转注、假借、别义、声训、古韵(同韵相押)、转音(邻韵相押)等,征引资料极为丰富严谨。

朱氏的最大贡献是运用声义相通的道理全面地解释词义。朱氏的注释包含很多创见,给后代学者以很大启发。他对"转注"和"假借"两个术语重新加以界定,并赋予新的含义,对字义进行全面阐发,并把声义贯通起来,摆脱了形的束缚,来全面解释字义的流变和会通。朱氏自称:"夫叔重万字,发明本训,而转注假借则难言;《尔雅》一经,诠释全《诗》,而转注假借亦终晦。欲显厥旨,贵有专书。"王力《中国语言学史》云:"朱骏声则在词义的综合研究上应该坐第一把交椅,他的主要贡献不在《说文》的研究上,而在全面地研究了词义。"

朱氏之书亦有几点不足,如他认为凡假借字都有本字;且对于《说文》的修订,有些地方不妥当,特别是关于"省声"的理论,朱氏多主观臆测,从而形成了错误的研究方法,导致了错误的结论。详见本书"训诂学的根柢书"一章第三节。

王筠《说文解字句读》《说文释例》

王筠(1784—1854年),山东安丘人,字贯山,号菉友。道光元年(1821年)举人,游京师三十年,与学者广泛交往。后任山西宁乡知县。少喜篆籀,及长,博涉经史,尤长于《说文》。其《说文》著作最精者为《说文句读》《说文释例》,另有《文字蒙求》《说文系传校录》《说文韵谱校》《说文部首读补注》《文字蒙求广义》等。

在王筠时代,段、桂二家《说文》之学,已经享有盛名。王氏治《说文》,最推崇段、桂二家。他在《说文释例》序中说:"今天下之治《说文》者多矣,莫不穷思毕精以求为不可加矣。就吾所见论之,桂氏未谷《说文义征》、段氏茂堂《说文解字注》其最盛也。"王氏在这两家的基础上,另树一帜,成就斐然可观。

《说文解字句读》三十卷,成书于道光三十年(1850 年)。王氏自序作此书的经过曰:"道光辛丑(1841 年),余又以《说文》传写多非其人,群书所引有可补苴,遂取茂堂及严铁桥(按:名可均,字景文,号铁桥,清代著名小学家)、桂未谷三君子所辑,加之手集者,或增、或删、或改,以便初学诵习,故名之曰'句读',不加疏解,犹初志也。三篇业将毕矣,而雪堂、颂南两陈君曰:'君所增改者,既援所出之书以证明之,又引经典以发挥之;而无所增改者,但如其旧;则忽详忽略,体既不伦。且茂堂之学力思心,固能远达神旨,而性涉偏执,瑕类不免;又加桂氏之博洽,严氏之精确,以及非石钮氏(按:钮树玉,字匪石,著《说文解字校录》《段氏说文注订》《说文刊误》等),汾泉(按:王煦,字汾泉,号定桐,著《说文五翼》)、松亭(按:王玉树,字廷桢,号松亭,著《说文拈字》)两王氏,其书皆有可为羽翼者:君盍荟萃之,以省我辈日力,以为后学南针乎!'"王筠采纳了他朋友的建议,"乃取《说文义证》《说文解字注》,删繁举要,以成此书。其或二家说同,则多用桂氏说,以其书未行,冀少存其梗概;且分肌擘理,未谷尤长也。惟两家未合者,乃自考以说之,亦不过一千一百余事。惟是二家所引,检视原书或不符,此改旧以就己说也"。

王氏的《说文句读》有述有作,取材谨严,考订审慎,解释简明,又加以句读,很便于初学者。但王氏引用的资料有讹误之处,又不具篇章名目,使人们很难复核。清李慈铭《越缦堂读书记》云:"王氏于此书剖抉极精,采证尤博,然好改原文,多所增减,至有无坚据而竟删篆者,则较金坛为甚矣。所注大概本段、桂二家,兼用严氏、王氏,惜尚未能最诸家之长。"这个评价是比较公允的。

《说文释例》二十卷,成书于道光十七年(1837 年),是一部专释《说文》体例的著作。王氏认为:"惟既创为通例(按:此处指段玉裁《说文解字注》对《说文》体例的阐发),而体裁所拘,未能详备,余故辑为专书,与之分道扬镳,冀少明许君之奥旨,补茂堂所未备,其亦可矣。"

《说文释例》前十四卷说明"六书"及《说文》的条例、体制,各卷后附有"补正",往往用金石古文补正《说文》的形体和说解。卷十五到卷二十为"存疑",皆辨说解中之可疑者,驳段注者亦附焉。

《说文释例》对《说文》一书条分理析,十分周密清晰;解释六书条例,远出宋元明诸家之上;对今本《说文》的脱文、衍文等也有所匡正;并证以金石文字,来探求文字的原始形体,论及文字使用中的孳乳变化。总之,《说文释例》一书内容丰富,创见很多,是学者研读《说文》必须参考的著作。

上面我们择要介绍了清代训诂学复兴的情况。有些专书如《说文》《尔雅》等著作及其研究情况,我们在第五章介绍训诂学的根柢书时已经较为详细地作了介绍,所以不再重复。

总之,清代训诂学是在汉唐训诂学实事求是的良好学风和宋明训诂学创新精神的浇灌下开出的学术奇葩。

清代以前,中国传统语言学大抵分为"字学"(以《说文》为宗)、"雅学"(以《尔雅》为宗)、"音学"(以《切韵》为宗)三科,各自独立发展。自顾、戴、段、王以来,传统语言学便由单科深入进而成为综合的运用,由对繁复的语言现象的研究进而为语言内部规律的探求,从而取得了超越汉唐的业绩。

可以说,是段、王等人共同奠定了近代中国语言学研究的基础。

又可以说,高邮王氏的训诂学,是旧训诂学转入新训诂学的良好开端。

清人训诂,以古音相贯穿,探讨语言的内部规律,他们首先利用可以见到的资料认真地对上古声韵进行了归纳,找出了声韵通转的规律,对词语的孳乳演变作了可贵的探索,又发明了文辞条例之学,探讨语法、修辞的规律,还成功地运用了比较、归纳的"重实证"的研究方法,从文字、声韵、语法、修辞、典章制度诸方面综合考察语言现象。而且,他们大多治学专精,终生致力于训诂学而坚韧不拔,足以为后世楷模。章太炎在《訄书》中称赞王氏父子说:"释姬汉古书,冰解壤分,无所凝滞,信哉,千五百年未有其人也。"这是很正确的。

清代训诂学家们好学深思,实事求是,学风正派,不设门户,又兼方法缜密,学有系统,所以能取得超迈前人的成果。梁启超在《清代学术概论》一书中归纳出清代乾嘉学风的十大特色:

1. 凡立一义,必凭证据。无证据而以臆度者,在所必摈。

2. 选择证据,以古为尚。以汉唐证据难宋明,不能宋明证据难汉唐。

3. 孤证不为定说。其无反证者,姑存之;得有续证,则渐信之;遇有力之反证,则弃之。

4. 隐匿证据或曲解证据,皆认为不德。

5. 最喜罗列事项之同类者,为比较的研究,而求得其公则。

6. 凡采用旧说,必明引之。剿说认为大不德。

7. 所见不合,则相辩诘。虽弟子驳难本师,亦所不避,受之者不以为忤。

8. 辩诘以本问题为范围,词旨务笃实温厚,虽不肯枉自己意见,同时仍尊重别人意见;有盛气凌轹,或支离牵涉,或影射讥笑者,认为不德。

9. 喜专治一业,为"窄而深"的研究。

10. 文体贵朴实简洁,最忌"言有枝叶"。

乾嘉学派以经学为中坚,旁及小学、史学、天文、历算、金石、校勘、辑佚等。学者们交相师友,彼此推崇,共同探讨学术真谛,学术界人才济济,著述宏富,可谓"家家许郑,人人贾马",呈现出一派兴旺景象。清代学者以极大的精力和极其审慎的态度整理、注释古代文献,一言一事,必求其证,虽然有时失于穿凿,但大旨不越绳尺,为我国学术作出了巨大的贡献,他们注释的书,超迈前贤,嘉惠后学。

但作为一种学术思潮,它总有兴有衰,从戴、段、二王之后,学者们越搞越专门,许多人昧于知时,动矜博古,在圣经贤传中寻章摘句,日益脱离现实生活,所以方东树在《汉学商兑》中批评道:"反之身己心行,推之民人家国,了无益处,徒使人狂惑失守,不得所用。"这个说法虽然有些偏激,但我们看看道光、咸丰以来的著作,被收在《皇清经解》中的那些关于典章制度的训诂,确实是烦琐寡要,与宋明理学并无二致。所以,梁启超概括道:"要之,清学以提倡一'实'字而盛,以不能贯彻一'实'字而衰。自业自得,固其所矣。"

清代训诂学的衰落,有其自身规律也有着客观上的原因。乾嘉时期,中国国内社会矛盾已日趋激化,农民起义和边远地区少数民族的抗清斗争风起云涌。世界形势也发生巨变,英国资产阶革命以及法国大革命之后,资本主义迅猛发展,积极向海外实行殖民扩张。鸦片战争敲开了中国闭关自守的大门,中国社会自此兵连祸结,历史的进程发生了天翻地覆的变化。在这种历史条件下,学者们已很难专心于学术研究,有志之士开始转而研究今文经学,主张托古改制,刘逢禄、龚自珍、魏源,以至康有为,都企图把学术与政治结合在一起,以经术作政论,成为戊戌变法运动的倡导者。考据训诂之学,除俞樾、孙诒让等人还在坚守壁垒之外,确实已江河日下,逐渐衰落。

下面我们简单介绍一下近代训诂学研究的概况。

20 世纪初的训诂学者们继承清人的研究成果，并吸收了西方的科学成果，为训诂学史写下了重要的一章。其中，章太炎、黄侃是这一时期的代表人物，他们著书立说，培养人才，为训诂学的发展作出了贡献。这一时期的训诂学成绩主要表现在：

（一）对字源、语根的探求

这一时期的学者已开始重视原始资料，在进行学术研究时，往往是先审音，后求义，并且探求语词间的亲属关系。其中成就最大的当推章太炎。

章炳麟（1869—1936 年），近代浙江余杭县人。字太炎，一名绛。曾跟随俞樾学习，又问学于黄以周。早年曾参加维新运动，后来倡导资产阶级革命，晚年以讲学为业。他学识渊博，在语言研究上的成就尤为卓越，为清代朴学的殿军，并开创了具有深远影响的"章黄学派"。他一生著作甚丰，有《文始》《新方言》《小学答问》《国故论衡》《庄子解故》《訄书》等，后人辑为《章氏丛书》。

章氏的《文始》是探讨语言文字根源的著作，是汉语史上第一部理论、方法、条例都初具规模的语源学书，共九卷。章氏把《说文解字》中的独体字如"人""上"等称为"初文"，其他一切省变、合体、象形、指事、声具而形残，以及同体重复的字称为"准初文"。初文、准初文共五百一十字，分四百五十七条。他认为所有其他字都是由这五百多字演变而来的。他把凡字形不同而音义相同或音近义同者，叫作"变易"，凡音转义变而有迹可循者，叫作"孳乳"。他通过运用变易和孳乳这两种途径，来推求初文和准初文所引出来的音义相关的词语。他认为，在远古时代，先有语言，后有文字，所以探求文字的起源，一定要与研究语音联系起来。因此，他从字的读音入手，按声韵分类，互相推较，析其本义。这样，就使古书典籍中很多字词的本义豁然冰释。如他对"土"字的解释，音读为"tǔ"，是由人们口吐东西发出的声音而来的，万物由土里长出，就象东西自人口吐出一样。字形为"土"，是"二"表示地下，"丨"表示物生之形。又古人的测量是从土地开始的，所以"土"字又可以作为动词用，表示测量，古书上的"土其地"就是这个意思。后来"土"音转为"度"，便"度量"连用了。

章氏弟子黄侃也深入探讨了语言文字的根源问题。他说："象形之进于形声，六书中之孳乳也；本义之进到后起义，一字中之孳乳也。一字之义，初本不多，迨乎人事既繁，一义不足，于是引申推衍之法兴，而一字始有数义。《说文》列字,多载本义,然后起之义亦间载之,而本义反晦。故欲推其本义,不外求之形与声二者。因流以探其源,因子以定其母,皆由于音韵的功绩。"又曰:"太古人类,本无语言,最初不过以呼号感叹之声表其喜怒哀乐之情,由之而达于物。于是见水之流,则以沓沓泄泄之声表之;见树之动,则以萧萧索索之音表之。然则感叹之词,因为言语真正根源,亦即文字远溯之祖,故名词由是生、动词由是生。"

《小学答问》是章氏在回答学生们提出的疑问的基础上写出来的,体例取一问一答的形式。他根据《尔雅》《诗经》《山海经》等大批古籍,对《说文解字》中的一些字义进行详释、订正,解决了许多前人的难题。

《新方言》是章氏研究古今方言的专著,搜集方言俗语八百余条,仿《尔雅》体制,分为《释词》《释言》《释亲属》《释形体》《释宫》《释器》《释天》《释地》《释植物》《释动物》十篇。每篇为一卷,第十一卷为音表。末附《岭外三州语》一篇,考释惠州、嘉应州、潮州客家话中一部分词语的来源。书中,章氏以"疑于义者以声求之,疑于声音以义正之"为原则,根据声韵通转的规律,以古语证今语,以今语通古语,从时、地两方面出发,把语音、语义密切结合,相互照应,说明了某些方言词的错综变化,具有很高的学术价值。

《国故论衡》是一本论学文集,分为三卷。上卷论语言文字学,共十一篇,根据声韵转变的规律,上探语源,下明流变。中卷论文学,共七篇,首论文学界说,然后品评历代散文、诗赋的优劣,大抵对于论辩之文,尊崇先秦、魏晋;对于诗赋,贬薄中唐以后。下卷论诸子学,共九篇,通论儒墨道等诸子学的流变,尤其推崇道家。《国故论衡》立论严谨,新见纷呈,而且文字古朴、隽永,受到近代学者的绝口称赞。

对于上述几本著作,章太炎自己也自视甚高,特别是《文史》,他曾说此书"一字千金",无人可比。这话虽不够谦虚,但事实上,在近代,章太炎确是文字音韵学方面当之无愧的集大成者。他的上述著作,至今还是人们研究汉字渊源的重要参考资料。胡适在1922年曾撰文说:"章炳麟是清代学术中的押阵大将,但他又是一个文学家……他的古文学功夫很深,他又是很富于思想与组织力的,故他的著作在内容与形式两方面都能'成一家言'。"

(二)对于同源字、同源词的研究

音近义同和义近音同的字叫同源字即同源词。在此方面作出较大贡献的是王力。他所著的《同源字典》,以韵部为纲,以声组为目,是研究汉语词义学的新著作。王力在《汉语史稿》中谈到同源词时说："在人类创造语言的原始时代,词义和语音是没有必然的联系的。但是,等到语言的词汇初步形成以后,旧词与新词之间决不是没有联系的。有些词的声音相似(双声叠韵),因而意义相似。这种现象并非处处都是偶然的。相反地,声音相近而意义又相似的词往往是同源词。至于声音完全相同而意义又非常接近,简直可以认为同一个词的两种写法,至少也可以认为同一个词的引申。"他举了几个例子:小犬为狗,小马为驹,小羊为羔,小熊为豿,狗、驹、羔、豿在古音中都相同或相近而意义又皆相近。又如:草木缺水为枯;江河缺水为涸,亦为竭;人缺水欲饮谓之渴;这是音近义同的例子。《说文》中也有许多同源字,如走和趋、颠和顶互训,又"省,视也""相,省视也","省""相"声相近,为同训之例。

(三)对虚词的研究

从唐朝孔颖达起,虚词便受到了应有的重视。元代卢以纬所著的《助语辞》,是较早专释虚字的著作。清代研究虚字的著作也是蔚为大观,如袁仁林的《虚字说》,最有名的当数刘淇的《助字辨略》和王引之的《经传释词》。时至晚清,学者们对虚词的类别和用法都有了更深入的研究。杨树达以《马氏文通》为基础,著有《高等国文法》;并且参照王引之的《经传释词》,写了《词诠》一书。裴学海的《古书虚字集释》多是探求由同一个声音引演出来的虚字,从而发现音义之间的关系。吕叔湘的《文言虚字》简明而严谨,极有利于初学。

(四)根据甲骨文和铜器铭文等实物资料来勘证古书

清光绪二十五年(1898年)甲骨文被发现以后,王懿荣、刘鹗即广泛搜求,1903年出版了《铁云藏龟》,这是甲骨文的第一部著录书。1904年,孙诒让写作了《契文举例》,这是第一部考释甲骨文的著作。其后,罗振玉编辑了《殷虚书契前编》《殷虚书契后编》《殷虚书契菁华》,写作了《殷虚贞卜文字考》《殷虚书契考释》,奠定了甲骨文的考释基础。王国维的《殷虚卜辞中所见先公先王考》树立了以古文字学考证古代史的典范。郭沫若的《卜辞通纂》《甲骨文字研究》等著作亦是通过文字来考察历史。于省吾的《甲骨文字释林》是辩释文字的代表性作品。胡厚宣等人所编辑的《甲骨文合集》,是甲骨学史上一个新的时程碑。唐兰的《古文字学导论》是我国第一部研究古文字学的专著。此外,还有董作宾、陈梦家、容庚、商承祚、朱芳圃、孙海波、李孝定等研究甲骨文字学的名家。

金文学早在宋代已有所研究,但当时尚以考证器物形制为主,铭文的考释居于从属地位,宋人著述多属于金石考古范围,《四库全书总目提要》列于子部谱录类,唯薛尚功《钟鼎彝器款识法帖》列于小学数。到了19世纪末,金文研究日盛,著作丰富,对铭文的训释考证已成为主要内容,金文研究渐成为独立领域。这一时期的著录主要有吴大澂的《愙斋集古录》,阮元的《积古斋钟鼎彝器款识》,孙诒让的《古籀拾遗》《古籀余论》《札迻》《名原》《籀庼述林》等,吴式芬的《攈古录金文》,林义光的《文源》。王国维著有《观堂集林》,利用铜器上的铭文来考释《诗经》《尚书》中的常用语。

（五）对唐宋以后的词语进行考释

唐宋以后,随着话本的流行,出现了大量的口语词,在民间流传甚广,但是在字书、词书上却难以找到解释。这一时期的学者便搜集了大量的口语词,将其类比研究,一一解释。如罗振玉的《俗说》,张相的《诗词曲语词汇释》,陆澹安的《小说词语汇释》《戏曲词语汇释》,蒋礼鸿的《敦煌变文字义通释》,等等,都是有关这方面的内容。

总之,从训诂学的发展历史上来看,两汉和清代形成了两个高峰。近代学者受语言语源学的影响,开创了新的途径,在理论和方法上都有新的建树,使训诂学向着科学的方向发展。他们总结前人成果,吸收前人经验和外国语义理论,联系古今,结合方言,分别层序,寻找规律,从音义关系的研究进一步发展为词族的研究,为汉语史增添了新的内容。

时代在前进,学术在发展,我们相信,在前代训诂学研究的基础上,在我们的辛苦耕耘下,作为中华民族传统学科之一的训诂学将会再一次振兴起来。

第六节　训诂学的现状与前景

提起这个问题,可以用得着一句常语,叫作"问题不少,前途光明"。

我们这里所说的现状,既要考虑自从新中国成立以来几十年的发展,也要看到改革开放之后学术界的现状。单就训诂学来说,近二十年可以说是"大丰收",各种训诂学专著、教材不断印行,中青年学者大批涌现,队伍不断扩大,报考这个方向研究生的人数也有日渐增多之势,出版界在前段急功近利的情形得到适当纠正之后,也逐渐开始把眼光转向传统学术了。所以说,生在当今时代,看不到光明的一面,看不到成绩,是不对的。那么,为什么还要说"问题不少"呢?这主要是从学术观点、治学态度、治学方法等方面说的。总的说来,当今学术界弥漫着一种浮躁之气。从客观上讲,商品大潮的裹挟和名利之徒的跳梁自然是造成这种气候的原因;从主观上讲,学者们"安贫乐道",肯下死功夫去钻研学问的人少了,坐不住冷板凳了,老想从外国人的时髦学说那里捡点"洋捞儿"改头换面一番,创立个什么"体系""框架"之类,以便出人头地,辉煌一下。这种风气影响到训诂学领域并非始自今日,本师殷孟伦先生在他所著《子云乡人类稿·训诂学的回顾与前瞻》中早就语重心长地指出过:

> 作为汉语言的考虑与研究,训诂学正如传统医学、传统天文、物理学一样有其不容抹杀的传统的、民族的特点,这不是普通语言学由西方印欧语系等研究所得出的一般性结论所可全部概括得了的。从"语言"这一广泛的观念看,它固应属于世界语言学的一部分,但任何事物都有其个性(共性即寓于个性之中),而因为西方语言学者对于汉语研究的历史较短,程度不深,其量也少,所以我们的精粹之处倘经深入发掘,必当为世界语言学说提供新的东西。

如果只是出于懒惰或知识贫乏之类,自然也令人无话可说,但倘若自己崇洋,却又转回头来指责同胞"守旧""没有新玩意儿",那可就是个品格问题了。

现在大家都有一种紧迫感。看到日本学者、韩国学者以及港台地区的中国学者在努力研究我们的"国学",而我们自己却往往并不够努力,或者虽有努力而成果却被冷落,心里总觉得很不平衡。有人说:"再下去十年八载的,中国的学问恐怕得请外国人来教了。"这话虽说未必恰如其分,但却道出了一种忧国忧民的心态,具有一定的普遍性。训诂学从来不是"显学",将来也不可能有大批学者从事于斯学,但作为最具中国特点的学术之一,它总不应该长期受到冷遇而自生自灭。前辈学者的研究成果和他们踏踏实实、孜孜不倦的学风总要有人继承下去,而这一点,正是当前我们所担心的。

训诂学界自身也有个队伍的问题。徐复先生以八十高龄而痛心疾呼:"当前搞训诂的人就已经很少了,还要闹不团结,怎么得了呢?"(这是笔者在徐先生华诞之日亲自听他在会上讲的)学术之争,自古以来就有门户之异、师说之别;而观点的不同,也是完全正常的。但如果问题不止于此,而是以学术之名行派斗之实,大而至于结党结派,排斥异己,小而至于互相攻讦,兄弟阋于墙,那可就连乾嘉学派的老底都抖落光了。还谈得上什么继承、发展呢?队伍问题说到底是个学风问题,有了一批学风正派而人品也好的人来从事训诂研究与教学,势必影响到下一代甚至下几代人,训诂学也就大有希望了。

殷孟伦先生曾很具体地提到今后训诂学的研究要作哪些工作:

(一)在批判继承传统训诂学遗产的基础上,对训诂学的理论与方法必须进行深入的研究,通过这种研究,带动对我国传统的文字、音韵理论的研究,并且吸收外国语言学的先进理论和科学方法,使训诂学更为科学化、系统化,在普通语言学中发挥它应有的作用。

(二)在党和国家的统一领导与规划下,有步骤地整理、正确注释我国的古代文献,使它们能够为今后社会主义的文化发展和建设服务。正如陈云同志所提出的方案,要抢救文化遗产,方能对得起今后的接班人。

(三)对我国历代的训诂著作,有计划地进行一次全面的整理、研究。对于国内少数民族语文和汉语的相互影响也要进行研究,并编写以马克思主义语言理论为指导的训诂学教材和普及读物,出版训诂工具书(包括群书索引及目录等),进一步要编写高质量的训诂学工具书。

(四)有必要在重点高等学校内开办训诂学研究班,努力造就又红又专的专业人才。要创办训诂刊物和印行专著,扩大训诂学阵地,深入开展训诂学各方面的研究工作。

(五)加强中外有关训诂研究和书刊的交流,互通声气,互相学习,共同提高,建立一定的组织联系。

关于训诂学研究今后的任务,殷先生已经说得很全面、很具体,而且自从他的文章于20世纪80年代初在《文史哲》上发表以来,训诂学界也确实在上述五个方面取得了不同程度的进步,特别是古籍整理和训诂学教材编写方面,成果更为显著。

如果还要作一点补充的话,我们以为训诂学也应当像其他各种学术一样,更加注意普及和打基础的工作。训诂的基本常识、基本方法,特别是它的朴学传统应该从高中语文教学抓起。高中教师迫于升学率的压力,苦于图书匮乏,在讲授语文教材中的文言文时有不少臆必之说,学生受了这种影响,一辈子都很难纠正。如果高校中从事于斯学的先生们肯屈尊做一点普及工作,在研究高深理论同时,也适当培训一下中学教师,哪怕办些短训班之类,讲得浅显明白一些,多从中学语文材料中选些例证,将会大有益于师资水平的提高。山东大学近年来举办了几届函授教学,就已经收到了可喜的效果。由此类推,如果我们把这项工作做到报社、杂志社、电台、电视台以及出版社的青年编辑中去，那么取得的社会效果将更加喜人。我们觉得这是普及工作，却也是至为重要的基础工作，轻忽不得。

　　另外，不定期地举办一些国际性的学术讨论会，或者与港台地区学者的学术研讨会，对于弘扬中华传统文化、振奋民族精神、交流科研成果，也是大有益处的。近年来书法学界做了不少这方面的工作，取得了很大成绩，训诂学界也可以利用诸如地方名人（如郑康成、段玉裁、王念孙等）效应，与政府及工商界人士联合举办一些此类活动，甚至可以与海外学者联合，把会议开到国外或港台地区去，这样将会更有利于学术的活跃与交流。这些工作，我们除寄厚望于训诂学研究会之外，各高校也要根据自身条件做些努力。

　　可以期待，随着经济的繁荣、学术的振兴，训诂学必将像其他学术一样，进一步出现繁荣昌盛的局面。所以，我们说"前途光明"，决不是一句空话。

整理后记

近年来,山东大学文学院高度重视教材建设,组织整理出版"高等学校中文一流学科参考教材",并成立编辑出版工作委员会,全面负责系列教材的出版事宜。

训诂学是文学院本科生的一门重要选修课。2015年,我从杨端志先生手上接过训诂学的教学工作。2022年4月下旬,马兵副院长与我联系,希望由我带领相关同学一起校对我校老先生们的系列训诂学教材。

路广正,1939年11月2日出生。1963年大学本科毕业,曾任中学语文教师。1978—1981年,师从殷孟伦教授攻读汉语史研究生并获得文学硕士学位,后留校任教。曾任山东大学文学院教授、古代汉语教研室主任、山东省语言学会理事、中国训诂学会会员、华东修辞学会会员。主要著作有《训诂学通论》《孔融集校注》《文言文解析》《诸子精语译释》《孔子文化大典》《古代记叙文选译》《古代议论文选译》等。

《训诂学通论》是路广正先生在训诂学理论方面的一部重要著作,全书38万余字,于1996年由天津古籍出版社首次出版。时隔二十余年,此次重新整理出版,以首版作为底本,同时改正原书中的排校错误,重点复核全书引文,并订正引文错字以及繁简字转换讹误等。

本书的校对工作始于2022年6月1日,我从编辑张铭芳女士处拿到书稿,即邀请友生王觅(目前在上海交通大学读博)一起进行校对工作。她在完成硕士学位论文答辩后,就投入到了文稿校对中,利用暑假一个半月的时间,对全书引文进行核对,发现并纠正了原书不少文字及标点排版错误。7月29日,王觅返回校对稿,我做了进一步的复核,截至8月31日,完成整个校对工作。

虽说我们师徒二人已尽力去消除书稿中的各种讹误,但由于时间精力等条件所限,错讹处恐在所难免,望方家指正为盼。

刘祖国

2022年9月10日